启笛

醅
醇
古
回
甘

胡小远 著

大清团练

北京大学出版社
PEKING UNIVERSITY PRESS

图书在版编目（CIP）数据

大清团练 / 胡小远著. —北京：北京大学出版社，2024.7.— ISBN 978-7-301-35204-5

Ⅰ. E295.2

中国国家版本馆 CIP 数据核字第 2024YG4142 号

书　　　名	大清团练 DAQING TUANLIAN
著作责任者	胡小远　著
责 任 编 辑	闵艳芸
标 准 书 号	ISBN 978-7-301-35204-5
出 版 发 行	北京大学出版社
地　　　址	北京市海淀区成府路 205 号　100871
网　　　址	http://www.pup.cn　　新浪微博：@北京大学出版社
电 子 邮 箱	zpup@pup.cn
电　　　话	邮购部 010-62752015　发行部 010-62750672 编辑部 010-62752824
印 刷 者	三河市博文印刷有限公司
经 销 者	新华书店 880 毫米×1230 毫米　16 开本　24.75 印张　343 千字 2024 年 7 月第 1 版　2024 年 7 月第 1 次印刷
定　　　价	98.00 元

未经许可，不得以任何方式复制或抄袭本书之部分或全部内容。
版权所有，侵权必究
举报电话：010-62752024　电子邮箱：fd@pup.cn
图书如有印装质量问题，请与出版部联系，电话：010-62756370

目录
CONTENTS

导　言　/ 001

第一章
这是我们的广州

英国工业革命的蝴蝶效应 / 017

帝国的军事斗争 / 026

英雄时代 / 036

锄奸运动 / 041

关于忠诚的阐释权 / 046

宗亲办差 / 050

反洋人入城运动胜利了 / 055

第二章
他们走下高地

高地上的"天国" / 061

铁流 / 066

在广西的帝国雇佣兵 / 070

英雄跌下神龛 / 074

间谍坟场 / 078

第三章 脱下朝服办团去

自酿的苦酒自己喝 / 082

宫中发出违背祖训的圣谕 / 087

今夜吕府哭声一片 / 090

满城 / 096

天京时代 / 101

一个人的抵抗 / 103

迷舟 / 107

第四章 莫要惹恼守土者

孤军北上 / 113

围猎 / 116

第五章 有灵的岳麓

楚勇出湘 / 118

庐州的池塘很冷 / 121

斯人从戎 / 125

幕府 / 130

歌着的战士以及湘勇领袖的政治宣言 / 134

圣谕日日抵衡阳 / 140

湘人从水 / 145

速胜论的终结 / 153

第六章 洋人又来了

枪炮与贸易 / 161

又是三元里 / 167

南方归于沉寂 / 173

皇帝想出上上策 / 180

北方的民间抵抗 / 190

第七章 逐鹿安徽

得安庆者得金陵 / 196

窗口期转瞬即逝 / 199

天国的青年们 / 203

夺安庆 / 213

第八章 瓯地诗与火

皇家园林诗人 / 219

从吹哨人到樵夫 / 225

你方唱罢我登场 / 233

龙蛇瓯中斗 / 240

公子与游侠 / 247

1861年的乡村减租运动 / 254

文化生成于血泊 / 257

无兵者无话语权 / 263

第九章	淮军出师 / 273
战上海	非私军者亡 / 281
	远东最大的军火市场 / 289
	差点儿就有了中英联合舰队 / 293
	沪上广东帮 / 298

第十章	他们选择离开 / 304
万里江山图	江边再无"天国" / 311
	赢者断臂 / 316
	无所不在的袍哥 / 322
	淮北之乱 / 327
	江山属谁 / 339
	最后的满蒙铁骑 / 346
	淮盛湘衰 / 353
	终战 / 360
	微光摇曳水云间 / 365

参考文献书目　/ 377

后　记　/ 387

导 言

一

在历史长河中偶尔会有"团练"这个词浮出水面,很快就被滚滚波浪推入水底了无踪影。会有心细者记得梁山好汉百胜将韩滔、天目将彭玘、圣水将单廷珪、神火将魏定国等,但知道他们上梁山前都曾做过团练使的就不多了。晁盖、吴用等结伙劫取生辰纲,被派去缉捕肇事者的黄安是团练使;地痞蒋门神夺走施恩的快活林酒家,背后指使者是孟州张团练,于是就有了武松醉打蒋门神血溅鸳鸯楼的故事。这些个刻画得惟妙惟肖的形象都出自《水浒传》。虚构人物当不得真,不过宋代大文豪苏东坡却是货真价实的团练使,他因乌台诗案被放逐到湖北黄州当八品职官团练副使,相当于现在的副处级。苏东坡在黄州当了几年闲官被调至汝州,居然还做团练副使。宋朝实行强干弱枝政策,团练使有职无权,团练副使更是无足轻重,但一代文学大家居然与"团练"有过交集,对提高这个词的关注度多少会有些帮助。

团练的前身是乡兵即乡村民兵。清人孙鼎臣认为乡兵出现在东周时期,有"今之团练乡兵,其遗意也"之说,这里的"团练"作动词用,意为集合民兵进行军事训练。孙鼎臣称"周官(《周礼》)之所以联其民使其相属,后世之乡兵也",他说的"联其民使其相属"即保甲制度雏形。有保甲必有乡兵,有乡兵则必须团练,于是相辅相成。他这样推论论据尚且不足。《周礼·地官·司徒》记述王畿之地实行保甲制度,"令五家为比,使之相保;

五比为间,使之相受;四闾为族,使之相葬;五族为党,使之相救;五党为州,使之相赒;五州为乡,使之相宾",并无"相保相受,刑法庆赏,相及相共"的条例,有互助而无惩罚。到了春秋战国时期,齐国国相管仲为防止人口流亡制定"什伍法",秦国大良造商鞅严禁秦民迁徙流亡,依据"什伍法"制定"连坐法",规定乡民"五家为保,十家相连收司,一家有罪,九家举发,若不纠举,十家连坐","犹得乡田同并守望相助","什伍法""连坐法",这些都是惩罚性法规,保甲组织需要承担的职能更大了。

亚圣孟子推崇井田制,乡村农民"出入相友,守望相助",大家一起犁田播种耕耘收获,一起拿起武器保护劳动果实。这就是写在竹简木牍上的乌托邦了,祥和温馨满满爱意。然而理想很遥远,现实却总是硝烟四起烽火连天,各种样式的军事组织充斥人间,温情脉脉的出入相友守望相助,实则是动辄纠举牵累连坐的网格式保甲制度。

魏晋南北朝出现府兵制度,府兵是私属地方大族的宗族民兵,大族职官利用宗姓关系,让族内佃农做效忠于他们的府兵,开启地方宗法制私属武装之端倪。中央政权容许宗族民兵存在,战时通过属主让府兵执行军事任务。

正式的"团练"一词在唐代已经出现。武则天执政时突厥入侵,鉴于军队、府兵兵力不足,唐政府开始动员边境地区居民组建武骑团兵,又称团结兵、团练兵,官府免除团练兵税赋,由团练使指挥他们作战。团练使是体制内军事长官,负责组织团练兵军训,指挥他们作战。安史之乱后为填补一些属郡、藩镇的防备空白,唐政府开始广置团练使代为履行职事。"乾元元年(758),置团练守捉使、都团练守捉使,大者领州十余,小者二三。"[①]黄巢起事反唐后,唐廷将一些藩镇团练使擢升为节度使。

宋代仍设团练使,乡兵"选自户籍,或士兵应募,在所团结训练,以为

[①] 《新唐书·志三十九下·百官四》。

防守"①。元末明初人施耐庵把宋代"团练使"写得活灵活现，他的《水浒传》除了写团练使，也写地方民兵，不过小说中的民兵与团练使风马牛不相及。梁山晁盖、宋江部队三打祝家庄，庄里的民兵不可小觑。小说中他们被叫作庄客，庄客可不是好惹的，在庄主指挥下把武艺高强的梁山好汉打得人仰马翻损兵折将。元代诗人徐贲写有五言诗："远塞频经扰，重烦团练行。墩兵传烽信，关吏说边情。月黑深防檄，风高屡按营。羽书闻近息，喜复见秋成。"②那时的团练使兼管民政农事，职务全名为团练安抚劝农使，所以诗中有"喜复见秋成"之说。

明代不设专职团练使，由按察使、兵备道兼管民兵组织。明代后期关外军事形势严峻，明廷任用辽地豪强吴襄为"辽东团练镇总兵官"③。明代在北方实行九边军镇体制，在辽东、蓟州、宣府、大同、太原、延绥、宁夏、固原、甘肃九地置镇设总兵官，职权相当于战区司令。辽东团练镇总兵官又称辽东团练总兵、辽东总兵、宁远总兵，团练镇总兵意谓负责训练当地商民、应戍边兵、充军罪犯，组建辽兵部队对清作战的总兵。1639 年，总监关宁两镇太监高起潜、辽东巡抚方一藻、蓟辽总督洪承畴，联名奏准吴襄之子吴三桂为"辽东团练总兵"，命其在宁远"中后所、前屯卫训练辽兵"④，子承父业的吴三桂在团练总兵任上引清军入关，为大明王朝、大顺政权敲响最后的丧钟。

清人入主中原初时的官方文献少有团练的记述。顺治年间出现乡兵的讯息，1648 年，"常熟有贼匪万人啸聚"，羊尖镇乡绅席家三兄弟出资召集三千民兵将其驱散（清·钱泳《履园丛话》）。地方官建议举行团练是 1657 年的事，巡按福建监察御史成性奏称："宜令居民筑土堡，多备长枪鸟铳，习为团

---

① 《宋史·兵志四·乡兵一》。
② （元）徐贲：《送王团练赴边》，（清）钱谦益编《列朝诗集》甲集第十，中华书局 2009 年版，第 1334 页。
③ 《兵科抄出革任候拟辽东团练镇总兵吴襄奏本》，《明清史料》乙编第 2 册，国家图书馆出版社 2008 年出版。
④ 李治亭：《吴三桂全传》，人民文学出版社 2017 年版，第 602 页。

练。"① 1708 年山东布政使蒋陈锡奏称:"战船当更番修葺,水手当召募熟谙水道之人,沿海村庄当举行团练,互相接应。"② 1711 年清廷命令沿海地区团练壮丁:"至沿海村庄,拣选壮丁,兴立团练。多备弓箭鸟枪,遇有贼警,与地方弁兵协同缉拏。"③ "习为团练""举行团练""兴立团练"等,皆为团练即训练民兵之意,并非将民兵武装命名为团练。康熙、雍正两朝因海禁政策导致局势不稳,需要地方民兵协助军队守卫海岸线。

清代中期反清会党武装活动频繁,清廷动员地方绅民参战。嘉庆年间白莲教起义,领侍卫内大臣德楞泰呈《筹令民筑堡御贼疏》,奏请清廷"劝民修筑土堡。环以深壕。其余散处村落。酌量户口多寡。以一堡集居民三四万为率。因地之宜。就民之便。或十余村联为一堡。或数十村联为一堡。更有山村僻远。不能合并作堡者。即移入附近堡内。所有粮食牛豕什物。一并收入"。甘肃庆阳知府龚景瀚撰《坚壁清野并招抚议》,指出军队和乡勇(雇佣兵)均难以歼敌,建议乡村组织民兵自卫,"守陴壮丁,惟贼至时数日给以口粮耳,无按月之盐粮,无安家之银两也,其费较招募乡勇,所省何啻天渊。而爱护乡里,朝夕相见,犹有古者守望相助之意。可以情法维系之"。四川梁山知县方积撰《团练议》:"每保正所管之地为一团,又合数保正或十数保正之地为一大团。每小团设立团长一二人,或三四人。无论绅士居民,务须其人心地明白,晓畅大义,向来为一方之仰望者,始准议立,不必拘定资格,亦不得徇私妄举。其大团议立团总一二人,或三四人,总理各团之事。所有大团团总,须各团公举后,访查明确,当面验试,如果可以胜任,再行给札饬办。"这份出自地方官之手的《团练议》中,出现"团""小团""大团""团总"的概念,说明嘉庆年间官方和民间已约定俗成把乡村民兵武装称为团练,团练武装组织作为独立实体瓜熟蒂落。乡村武装形成一定规模以"团练"冠

---

① 《清史稿·列传三十一·成性传》。
② 《清史稿·列传六十三·蒋陈锡传》。
③ 雍正朝《大清会典》卷一百三十九,《兵部二十九》。

名，较松散型民兵战斗力增强许多，发生在1809年的一次海战中，珠江三角洲地区的团练击退了三百多艘进攻顺德、番禺的海盗船。

二

晚清团练运动是中国团练发展史中最重要的阶段。这场运动并不局限于军事斗争，绝非百年未有之变局中的旁枝末叶，而是以熔岩一般炽热狂烈的无序动力，将末代王朝推越过横亘于近古与近代之间的沉重门槛。

与成型于嘉庆朝的团练呈单一走向不同，道光、咸丰、同治诸朝团练路径多向，突破了传统乡村民兵概念的边界，亦难以用地方自卫组织来框定。同样，也难以由团练叙事中最具影响力的曾国藩、李鸿章所辖武装笼统概括。因特定的历史生态，晚清团练运动并无明确宗旨和统一纲领，在变化未定的外部环境和无休止的内部裂变中无序漂移，因此存有各种可能性。由不同群体组成的各式团练，怀有各式各样的政治经济权利诉求，在当时是一股生机勃勃的力量，在锁国反洋与接触外部世界、国家权力与地方利益、族群凝聚力与不同阶级冲突的框架中，寻求并不兼容的前行路径。

晚清团练运动发端于广东。1841年，珠江三角洲的数万民兵集结三元里，手持冷兵器阻止侵华英军进入其耕作之地；1848年，广州商民团练守住城门，决不让一个外国人入城贸易；1858年，广州团练总局集结七千名团勇进攻广州，与守城的英法联军激战四小时。一切因贸易而起，农耕社会坚守自给自足形态，工业革命催生的西方列强以先进热兵器突破东方朝贡体系的边界，构建以棉纺织品、鸦片为主要商品交换茶叶、丝绸、陶瓷的国际贸易体系，变白银从西方流向中国为从中国流向西方，整个世界为之失衡。

最早在广州三元里组织民间抵抗组织的，是一群乡村底层知识分子，因创办或服务于乡村自治组织社学，又被称为社学乡绅。社学担负传授儒学、训练乡兵的任务，社学武装可称社学团练。

广州上层士绅也办团练，他们建立大佛寺绅士公局，董事会成员多为书院山长（相当于现下院校负责人、学术带头人）。大佛寺绅士公局撰写告示威吓广州城外洋行区的英国人，创作诗歌赞美三元里抗英英雄，揭露广州当局昏聩导致军事和外交的失败，控诉外省援粤清军对外怯懦对内残暴，其政治意图是战时的广州由公局和团练自治。

社学士绅群体由尚未进入官僚系统的文武举人、生员组成，因被战功、捐输等因纳入品级管理，下层士绅人数急剧增多，利益要求亦趋多元。下层乡土士绅与上层绅士儒学信仰相同，政治、经济地位则全然不同，这使得鸦片战争初期的广州团练未能形成紧密型集团组织，城内上层士绅团练与乡村社学团练并非隶属关系。

广州买办阶层的处境跌宕起伏，他们在1841年被视为唯利是图的汉奸，1848年反入城运动中则出力甚多。广州买办富绅伍崇曜，1854年出面联络行商之子梁伦枢成立护城委员会，募集50万两白银建立自卫团，被地方官府、绅民视为民族英雄。买办团绅身份多元，他们曾是官方外贸代理商，通过捐纳成为红顶商人，同时又是外国洋行金融、贸易经纪人，与反满组织天地会等亦关系密切。广州持续经久的反洋运动影响到对外贸易，粤籍买办转赴上海开拓新市场。在沪粤籍买办是上海城市团练的重要推手，为在内战中保护私有财产，他们组建买办私属武装。当时中国的资本所有者未具近代政治意识，他们多是实用主义者，选择走便利实惠的路，通过捐纳获取官职，依靠体制保护其商业利益和财产安全，他们对外部世界的开放立场仅表现在对外贸易事务中。

内部斗争和变节，使粤籍买办失去对上海的控制权。继而获取上海统治权的浙籍富商吸取粤籍买办官员教训，不再组建城市团练，把白银花在招募外籍雇佣兵组建洋枪队上，人数不多的私募武装战力强悍，因战功由清廷允准改名为常胜军。他们给予外籍雇佣兵"加厚"的薪饷，"自是常胜军之用，始得力矣"①。外籍雇佣军职业性地扮演城市保卫者的角色，使这座通商口岸城市一度成为中外资本所有者的战时避难所。上海这座脆弱多难却又生机勃勃的通商城市在战争中存留下来，同时给东方大陆烙下含义复杂难以言喻的近代性印记。

  湖南书院精英在团练运动中脱颖而出，知识群体在儒教政权陷入危机时组建团练，在此基础上以雇佣军湘勇的名义与地方团练脱钩。由在籍办团缙绅曾国藩统领的宗法制武装湘军，以强大的内河水师和野战陆军战胜南京政权的太平军。满蒙八旗军主力在内战中覆灭后，湘军和由湘军分出、独立成军的淮军并肩而立，成为当时中国最强大的军事力量。湘淮集团动摇了由中央政权和地方士绅阶层构成的双重统治格局，湘淮系督抚道府既是清廷任命的军政主官，又是代表湘淮集团的地方主义者，兼顾中央政权和地方集团的利益，而非地方士绅群体的代言者。中央政权和地方士绅阶层构成的双重统治架构，因湘淮集团的插入演变为多重统治格局。

  浙江温州也属于早期办团的地区，此间地方武装分为缙绅大族团练、乡土士绅团练、工商市民团练。前身为秘密宗教组织金钱会的工商市民团练平阳金钱义团，领导者为木材商、粮商和手工业作坊主。金钱义团与瑞安缙绅大族团练安胜义团对峙，双方在博弈中挤压蚕食乡土团练统治区。缙绅大族武装、乡土士绅武装、工商市民团练在对抗中形成等边关系，以政治身份、地方影响及军事实力提出权力诉求，触碰固化不变的儒教秩序。

  值得一提的是离开乡村迁入城市者，他们以各种职业谋生，被耕读社会维护者视为三教九流。团练运动改变了他们的处境，因加入武装组织且握有兵器，一直以来陷于边缘化处境的底层市民，终于可以平视乡村士绅甚至地方官员，他们要做城市共治者和社会秩序维护者。工商市民团练是汇集了商贾百工、会徒僧尼、兵弁游民、底层市民的地方武装，以其纷杂随机的多神

---

① （清）梁启超：《中国四十年来大事记》，中华书局2015年版，第16页。

崇拜、经商制器所得的财富积累和挣脱儒教秩序的自由意志，挑战向来鄙视他们的在籍缙绅和乡村士绅，由此突破了乡村宗亲团练模式，为团练运动增加了不确定性及变数。

皖北苗氏团练踩着历史旧辙倒行，试图复制汉末豪强割据模式，组建者苗沛霖是中国近代史上首位军阀。苗氏团练在统治区域实行圩寨制度，所有居民被纳入网格化管理。圩寨制度有别于保甲制度，社会基层组织领导权由有产者出资获得，捐款用作团练经费。苗氏军阀建立了新的权力制度，帝国双重权力格局再次受到重击，地方官府治权难以下沉到基层社会，文官系统因缺乏施政接口失去行政职能。

三

晚清团练运动伊始即有官方的影子。1841年禁烟大臣林则徐在两广总督任上颁布《团练告示》："通谕沿海乡村父老绅商居民知悉，仰即遵示会商，购置兵器枪炮，招集村民之身强力壮者，以备自卫。"他的继任者祁贡、耆英、徐广缙、叶名琛、黄宗汉，亦利用团练捍卫中国主权。徐广缙、叶名琛策动反洋人入城运动，动员广州商人市民团练把守城门，决不让一个英国商人入城贸易。"时民团号十万，声势甚张。华商会议暂停各国贸易。"奉行硬式外交的总督徐广缙发出警告："入城万不可，广东民情剽悍，与闽、浙、江苏不同。"①

深宫中的皇帝亦始终站在团练身后。清皇室极力抵抗西方全球贸易体系瓦解东方朝贡贸易制度，鉴于中国军队难以战胜西方军队，民间抵抗组织受到清廷鼓励。1841年清廷对英宣战，道光皇帝爱新觉罗·旻宁颁旨对英宣战

---

① 《清史稿·列传一百八十一·徐广缙传》。

前，对由旗军、绿营及政府雇佣军构成的国防体系产生怀疑，谕令"散去乡勇（雇佣军），赶紧设法团练"①，允许地方名流控制宗族武装。1853年，爱新觉罗·奕詝命令部分官员回籍贯地组建团练。大清律规定官员不得在籍任职，咸丰皇帝变通的做法是让官员离职以缙绅身份办团。就是否打开官员在籍办团这只潘多拉魔盒，年轻的奕詝一直犹疑不决，但在洪秀全率领反叛大军攻抵南京城下时，他不得不打开魔盒，让官员回籍组建团练协助兵员不足的军队作战。

回籍办团的官员一旦握有地方武装后极有可能成为帝国潜在的敌人，事实证明这一担忧并非空穴来风。皇室嫡系部队旗军消亡，国家建制军绿营式微，能以大兵团作战的野战军唯有脱胎于团练的湘淮军，至于各地团练更是漫天漫地如荼如火，其组织者中缙绅官绅乡绅商绅应有尽有，简直就是牛鬼蛇神应出尽出，肆无忌惮遨游于世。总之属于皇帝的权杖不灵了，军事指挥权名存实亡，圣旨谕令尽管发随时发，听不听那是湘淮督抚和团绅团总的事。湖南、安徽那群人还好说，切几块奶酪给他们，让他们做封疆大吏就是，地方团练导致绅权扩张的后果就严重了，即便战后解散团练，病根也已经落下。

绅权扩张是团练运动留下的政治遗产，团练在内战结束后式微，但一旦有事缙绅士绅还会出头主持地方事务，由此与官府龃龉不断。对官绅博弈感触至深的一代经学大师孙诒让曾说："官绅新旧之间，凿枘不相入。"此话形象逼真，官绅之争可谓贯穿整个晚清团练史。皇权主张者极力维稳，绅权主张者竭力求变，便有了新与旧的较量。湘淮督抚们走到洋务运动一段便失去动力，团二代孙诒让们则继续前行，站在"公车上书""百日维新""君主立宪"倡导者一边。

在内战中清廷被迫推行地方军事化，将部分军事权力下放到地方，旗军

---

① 《清宣宗实录》卷三四四。

绿营大部被歼湘淮武装崛起，满汉畛域之基石随之坍陷，权力天平向湘淮集团倾斜，帝国统治结构出现内轻外重现象。满人皇室成员与湘淮汉人督抚政治结盟，条件是不成文地放弃大部分省份的地方治权。此后中国政治格局的种种变化，都与此息息相关。

湘淮军有无可能走得更远，成为真正意义上的近代军队，取决于是否进行军事改革。湘淮军脱胎于湘淮团练，法定身份为政府雇佣军，实质私属于湘淮督抚，战时集结战后裁撤，并非国家常备军。近代军队须得突破地域限制与宗法牵羁，实行近代兵役制，开设近代化军事院校、野战军医院，完善后勤系统，但骨子里依旧具有地域性的湘淮军难以做到这些，真正意义上的军事变革离他们非常遥远。洋务运动发起者曾国藩、李鸿章的改革主张集中于武器装备更新和开办军工企业，涉及范畴极其有限，落实于点上而非全局。闽浙总督左宗棠创办福州船政学堂招收学员，直隶总督、北洋大臣李鸿章任命北洋舰队军官，两江总督、南洋大臣曾国荃选择南洋舰队军官，迫于湘淮籍将士对海洋陌生无感，才不得不任用闽粤籍职业军官，舰队水兵亦多来自福建和广东。

与之相比较，太平天国后期领导人洪仁玕似乎走得更远，对中国跻身近代国家行列更为迫切，所拟政治纲领就政体、宗教、军事、司法、教育、新闻、贸易、税务、交通诸方面提出系统性改革。洪仁玕试图以长江为界划江而治，夺取上海作为对外贸易口岸，开放意识远超湘淮督抚，但其战略设想则受制于现实条件无法实行，仅能作为思想遗产留存于世。内战双方为迥然相异却时有重合的政治理念而战，客观上推进了中国近代化转型，这个过程错综复杂光影繁叠，其历史指向和政治影响波及整个晚清乃至民国时期。

四

与早已成为显学的太平天国运动研究相比,晚清团练研究似乎一直属于冷门课题。较早注意到团练运动的是外国学者,早在1966年,美国学者魏斐德(Frederic Evans Wakeman)便出版了《大门口的陌生人:1839—1861年间华南的社会动乱》,以两次鸦片战争期间广州社会群体为研究对象,展示近代中国的某些演变趋势。此著以珠江三角洲地区团练发展演变过程为突破口,描述并阐释发生于中国近代史的"在世界主义基础之上的'地方主义'"①,团练组织的运作、与地方的关系、对外来势力的态度等基本问题都有所涉及。

1970年孔飞力(Philip Alden Kuhn)的《中华帝国晚期的叛乱及其敌人——1796—1864年的军事化与社会结构》是团练研究中很重要的一部著作,该书由作者哈佛大学博士论文《中国太平叛乱时期的民兵:团练的理论与实践》修改而成。与魏斐德聚焦于鸦片战争当中的反洋团练不同,孔飞力着重研究江忠源、曾国藩、胡林翼等湖南士绅为抵御太平天国军队进入湘地,通过各样纽带组建团练武装,从而改变了基层政治社会结构的过程。这些科举精英依赖的诸多资源中,最为重要的是宗姓族亲关系网络。在孔飞力的论著中,团练运动的崛起被赋予了"传统国家的崩溃"和"中国近代化的开端"的重要地位。然而尽管孔飞力对晚清团练做出精细梳理,但由于未能区分乡勇和团练之间关系等种种情况,诸多结论存在可以商榷的空间。爱德华·麦科德(Edward McCord)便指出孔飞力过高评估了太平天国运动结束后"地方军事化"的规模强度,内战结束后团练组织整体上呈衰疲涣散之态,已无法左右地方军政事务②。

---

① 李雪涛:《增订版序:冲击——回应说的社会史解读》,[美]魏斐德:《大门口的陌生人》,王小荷译,新星出版社2017年版,第3页。
② [美]爱德华·麦科德:《清末湖南的团练和地方军事化》,周秋光译,《湖南师范大学社会科学学报》1989年第3期。

海外学界中除魏斐德、孔飞力之外，还有部分学者关注到团练运动，例如萧公权的《十九世纪的中国乡村与帝国控制》、裴宜理（Elizabeth J. Perry）的《华北的叛乱者与革命者，1845—1945》等，都在一定程度上对团练运动的乡村背景、政治环境做出补充说明。只是这些著述大多在讨论其他问题时连带论及团练，未对晚清团练展开专门的研究。正如龚咏梅所述："1900—1970年间，美国出版了大约500本有关'民兵'的著作，但其中绝大部分是关于美国民兵的"，涉及中国民兵的著作很少，"中国的民兵组织及其制度"，是绝大多数"美国历史学家非常不熟悉的一个问题。"①

国内学术界对团练问题的关注相对较晚。罗尔纲在民国时期研究湘军时对团练现象有所注意，总体上则一笔带过未作深入探研。大陆学界在一段时期中强调阶级斗争论，将团练简单定性为"地主团练""反动武装"，作为农民阶级对立面予以批判。改革开放以来学术观点多元化，出现科学看待团练现象的论文和专著。张研、牛贯杰的《19世纪中期中国双重统治格局的演变》，突破传统政治史和地域社会史之间的界限，认为地方团练崛起动摇了清廷长期以来"稳定""均衡"的双重统治结构，改变了中国地方社会和国家政权之间的传统关系，其影响波及中国历史进程。崔岷的《山东"团匪"：咸同年间的团练之乱与地方主义》，深度剖释绅权过度扩张的负面作用：山东团练以暴力手段夺取属于官方的地方税赋权、司法权，地方主义者对权力运作和利益分配存在利己主张。台湾学者郑亦芳的《清代团练的组织与功能——湖南、两江、两广地区之比较研究》②，较为系统地梳理了几个南方省份团练的组织方式和社会作用。

历史研究以及著述方式应是多元的，可依照学术规范罗列材料论证观点，亦可突破规范边界更为生动地、带有温度地描摹人事诠释历史真相，将

---

① 龚咏梅：《孔飞力中国学研究》，上海辞书出版社2008年版，第31页。
② 郑亦芳：《清代团练的组织与功能——湖南、两江、两广地区之比较研究》，《中国近现代史论集第二十八编》33集，台湾商务印书馆1986年版。

特定历史时期作全相呈现。全相历史写作的典范之著,有美国学者史景迁(Jonathan D. Spence)的《太平天国》、裴士锋(Stephen R. Platt)的《天国之秋》,著者精心编织史料,将当时人物、历史事件用戏剧矛盾冲突、情节线性发展的叙事方式展开,时空转换、心理描写亦运用其中,这样的写作既面向专业学者,同时接纳更宽泛的阅读者。鉴于至今尚无全相式书写晚清团练的专著,本书试图在这个方面做出一些探索和尝试。

不过,全相式叙述风起云涌的团练运动、剖析其整体演进脉络的同时,更应该面对无数微观个体,不遗忘被岁月埋没于地表下的个体生命,他或她即便轻如微尘,也曾有过体温有过血泪有过情感。

历史学者王笛曾说过:"如果我们有利用显微镜解剖对象的本领,有贴近底层的心态和毅力,我们都可以从那表面看来'无意义'的对象中,发现有意义的内涵。黄仁宇的《万历十五年》,不正是从一个个平平常常的、'没有意义的一年'(a year of no significance)而发现了这个帝国内部所隐藏的、导致灭顶之灾的深层危机吗?当然,黄仁宇的兴趣,仍然在于帝王将相,与我所关注的默默无闻、日出而作日落而息的老百姓,依然有着遥远的距离。"① 王笛谈及罗威廉所著《红雨:一个中国县城七个世纪的暴力史》,称此书"从'小历史'观察'大历史'的眼光,显示了作者精湛的历史写作技巧和对历史的深刻认识"。

历史并非完全由上层政治人物和社会知识精英合成,宏观历史现象中的微观个体,他们的经历履痕心迹、文化性格价值取向,都可以作为研究对象。阐述诠释晚清团练运动,从缘起滥觞、高潮迭叠到衰减式微,以仅存之果湘淮军作为休止符,这个过程即便完整亦并非全部,是数千万个体生命涌溅出的汩汩鲜血,把湘淮集团拱推到团练这棵巨树的树冠顶端。这场历经"15

---

① 王笛:《走进中国城市内部:从社会的最底层看历史》,北京大学出版社 2020 年版,第 17 页。

年的屠杀和饥馑，使中国付出1000万到2000万生命的代价"①，"中国这场内战的死亡人数至少是美国内战（南北战争）的三十倍之多"②。一切都无法挽回地发生了，历史能做的就是把冰冷的数字记录下来。

屠杀发生在满汉之间，也发生在汉人之间。1842年3月英军进攻镇江，旗兵"满城捉路人作汉奸，付邑宰监拷掠，不容置辩"，副都统海龄还纵使旗兵"城上开炮开枪，击杀平民，指为汉奸"③。同年8月清廷因战败签订中英《南京条约》，珠江三角洲地区的团练"像杀英国人一样，也开始屠杀'汉奸'"④。1853年1月太平军攻陷武昌，进入满城屠杀满人。同年3月攻占南京，胜利者再次杀光满城所有人，"贼破内城，屠戮尤惨，男妇几无孑遗"⑤。1861年9月湘军攻陷安庆，此前曾国藩先后两次写信给曾国荃："克城以多杀为妥，不可假仁慈而误大事。""既已带兵，自以杀贼为志，何必以多杀人为悔？""天父天兄之教，天燕天豫之官，虽使周孔生今，断无不力谋诛灭之理。"⑥安庆城破，近万名战俘被杀。瓯郡瑞安天远地偏，团练杀起战俘来也毫不留情，1861年12月7日瑞安乡绅团练与平阳工商市民团练互斗，瑞安团勇"生缚贼五百人送县城，杀之城东小教场，皆破其腹而斩之。小教场贼尸如山，血流入河，水皆赤"⑦。1864年7月湘军攻夺南京，曾国荃奏称："毙贼共十余万人，秦淮长河尸首如麻。"⑧

曾国藩幕僚赵烈文在日记中记述湘军纵火抢劫，逼使战俘、市民挖掘财

---

① [美]魏斐德：《大门口的陌生人》，新星出版社2017年版，第1页。
② [美]裴士锋：《天国之秋》，黄中宪译、谭伯牛校，社会科学文献出版社2014年版，"英文版自述"第4页。
③ （清）周顼：《常镇通海道周顼谨禀》，《筹办夷务始末（道光朝）》卷五十五，第2119页。
④ [美]魏斐德：《大门口的陌生人》，第47—48页。
⑤ 《清史稿·列传一百五十八·祥厚传》。
⑥ （清）曾国藩：《致沅浦、季洪弟》，《曾国藩全集·家书》卷七，第7689页。
⑦ （清）孙衣言：《会匪纪略》，《孙衣言集·文钞》卷二，第328页。
⑧ （清）曾国荃：《奏报攻克金陵尽歼全股悍贼并生俘逆首李秀成洪仁达疏》，《曾国荃集·奏疏》，岳麓书社2008年版，第24页。

物挑往军营:"其老弱本地人民不能挑担又无窖可挖者,尽遭杀死。沿街死尸十之九皆老者,其幼孩未满二三岁者亦斫戮以为戏,匍匐道上。妇女四十岁以下者一人俱无,老者无不负伤,或十余刀,数十刀,哀号之声达于四远。其乱如此,可为发指。"① 南京少女黄淑华被湘军掳往湘南,她在途中杀死劫持者,把遭遇写在纸上后上吊自杀。黄淑华控诉闯入者:"杀二兄于庭,乃入括诸室。一壮者索得余,挚以出,弟牵其衣,母跪而哀之。彼怒曰:'从贼者,杀无赦,主帅命也。'遂杀母及弟。长嫂至,又杀之。掠余行,而仲嫂则不知何往。余时悲痛哭,詈求速死。彼大笑曰:'余汝爱,不汝杀也。'"② 战时及战后的帝国大地,对于黄淑华们而言是狰狞可怖的地狱。黄钟大吕庄严恢宏自有高妙之处,但这个世界同时还有亡灵的哭泣声,心存爱意的怜悯者会不断倾听。

人性弱点也会在战时显露出来。杭州城陷落敌围,浙江巡抚王有龄向湘军求援,曾国藩因王有龄与前两江总督何桂清交好,非但不让湘军驰援,还力阻由王有龄奏准任浙江布政使的湘系将官李元度率部赴浙,以至城破浙抚自杀。南京政权忠王李秀成和英王陈玉成约定合攻武昌,陈部抵达武昌之际李部还裹足不前,以至于军事计划付诸东流,缺乏契约精神的结果是两位最有军事才能的名将,在之后的一系列战役中各自为战,直到两支最精锐的太平军主力部队被湘淮军全部歼灭。政治立场、军事策略、性格差异等说辞,解释不了同道同僚之间为何下得了如此重手。历史叙事的完整性,正在于触及人性内在的细微幽暗处。

历史书写,是为长河钩沉,是为求得启迪。

---

① (清)赵烈文:《赵烈文日记》,中华书局2020年版,第1171页。
② (清)黄婉华:《题壁诗》,钱仲联编《清诗纪事》,凤凰出版社2004年版,第3992页。

第一章 这是我们的广州

英国工业革命的蝴蝶效应

英国作家盖斯凯尔夫人1832年于北部城市曼彻斯特与牧师威廉·盖斯凯尔结婚，1848年出版叙述曼彻斯特工人家庭生活与命运的长篇小说《玛丽·巴顿》，之后又写了因19世纪工业化导致诸多矛盾与信仰危机的长篇小说《北与南》，受到写过类似题材的狄更斯青睐。在盖斯凯尔夫人的小说中，北部工业城市与田园风光犹存的英国南部存在强烈反差。与田园风光犹存的南方相比，19世纪的西北部城市曼彻斯特几乎集中了英格兰所有棉纺织厂，这里烟囱密集伸向黑烟滚滚的天空，整座城市以至郊野充满刺耳的噪声，河水墨黑腥臭如同扒开的阴沟。法国思想家托克维尔1835年赴英考察工业革命中的曼彻斯特，此地留给他的深刻印象是："城市被黑烟覆盖，透过它看到的太阳是一个没有光线的圆盘。在这样的半日半夜的环境里，30万人不停地工作。上千种噪声在这个潮湿、黑暗的迷宫中扩散，这些噪声绝不是一个人在大城市中听到的普通声音。""从这些肮脏的沟渠里，人类工业劳动的成果滋养着整个世界。从这条肮脏的下水道里流出的是纯金。人性在这里实现了最全面的发展，也显露出最野蛮的一面，在这里文明缔造了奇迹，但在这里文明人几乎沦为野蛮人。"①

---

① ［美］斯文·贝克特：《棉花帝国》，徐轶杰、杨燕译，民主与建设出版社2019年版，第78页。

英国人对新技术的痴迷与天赋，是任何国家的棉纺织业者难以企及的。1733年，约翰·凯伊发明了飞梭，使得织工生产率提高了1倍。詹姆斯·哈格里夫斯随后发明了珍妮纺纱机，从最初的纺8条纱线到后来纺16条甚至更多。1769年，理查德·阿克莱特发明水力纺纱机，随着这些纺纱机的出现，纺织业从家庭转移到纺织厂。1779年，塞缪尔·克朗普顿发明了以水为动力的骡机。1785年，埃德蒙德·卡特赖特发明了效益更高的新型织布机，并为其注册了专利。工业革命使曼彻斯特出现了一大批企业主。1795年，一位名叫罗伯特·皮尔的企业主把他的工厂扩展到了23家。1833年，拥有5家纺织厂的塞缪尔·格里格雇用了2084名工人。生于1756年的学徒工出身的奥尔德诺，1781年回到家乡创业，6年后成为拥有29家细平布纺织厂的资本家，1793年建成投产的梅格尔德纺纱厂厂房有6层楼高。

棉纺织业成为英国经济增长的领头羊。1831年棉纺织业占国民总产值的22.4%，同期钢铁工业仅占6.7%，煤炭工业7%，毛纺织业14.1%。棉纺织业集中在曼彻斯特所在地兰开夏郡，80.3%的棉纺织工厂所有者来自这个郡。当时的英国人口仅有866万人，消化不了数量如此巨大的棉纺织品，这些工业制成品的出路依赖外贸出口。从17世纪末到19世纪初，英国国库年收入增长了16倍，在这些年中英国有56年处于战争状态，出口棉纺织品获得的巨额顺差为英国对外战争提供了重要保障。

与在其他国家进行贸易获得顺差不同，英国与中国的贸易是一边倒的，中国的茶叶、丝绸和瓷器在英国很受欢迎，英国的棉纺品、毛纺品在中国则不受欢迎，造成巨额贸易逆差。这个完成工业革命后的岛国试图改变这样的局面，他们需要庞大的中国市场消化工业制成品，热切地期待中国开放对外口岸，并且葡萄牙人、荷兰人已先于英国人抵达中国。1787年，奉英王乔治三世促进两国贸易的命令，英国国会议员兼驻孟加拉军需司令加茨喀特中校率使节团赴中国朝觐乾隆皇帝。乔治三世让特使把他的信带给中国皇帝，信中写道："吾等深信，陛下的圣意长久以来如同此政策，鼓励两国子民以信誉及安全之公正平等原则来进行商品贸易。"①遗憾的是加茨喀特病逝于途中，英王的信未能送达北京皇宫。

5年后英国派出了历史上最高规格的使团，他们以大英帝国祝贺中国皇帝诞辰80周年的名义前往东方。这次的使节是曾任英国驻俄罗斯大使的乔治·马戛尔尼勋爵，他肩负乔治三世与中国建立贸易关系的嘱托，试图劝说中国开通宁波、舟山、天津为通商口岸。1792年9月26日，停泊在英国朴次茅斯港的"狮子"号、"豺狼"号、"印度斯坦"号战舰，在一片欢呼声中起锚驶向中国。阵容豪华的使团有一百多位成员，除了外交官还有青年贵族、学者、医生和艺术家，护送他们的则是六百多名皇家海军。马戛尔尼一行在海上航行近九个月，1793年6月19日抵达广州，北上至天津大沽要塞已是8月份了。马戛尔尼停留通州时与中国礼部官员商议觐见乾隆皇帝的礼仪，就行中国叩拜礼或英国单膝下跪礼一事磋商，这样的磋商从8月持续到10月，一直到爱新觉罗·弘历亲自参与，最终也没有形成共识。80岁的弘历把大不列颠王国定位为清帝国朝贡国，他乐于会见来自西方的朝贡国使臣，认为让马戛尔尼按中国礼制觐见，是教育夷人懂得区分华夷尊卑。弘历事先认真地读完乔治三世写给他的信，优美的辞藻和自负的腔调给他留下深刻印象。信中写道："我们掌握各种机会装备我们的船只，送出一些最有智能、饱学的人民，以探寻遥远、未知的区域。如此做并非为了征服，并非为了扩张如我朝所愿已足够宽广的疆土，不是为了获取财富，甚至不是帮助我朝子民的商业活动，而是以增进对我们所居世界的知识为名，遍寻天下各种物产，传递艺术与舒适的生活到那些至今鲜为人知的区域。"信末署名"大不列颠、法兰西、爱尔兰之王""信仰之守卫者""海上霸主"。②弘历读信后感到不快，给乔治三世回信说："天朝物产丰盈，无所不有，原不藉外夷货物以通有无。"

---

① ［加］卜正民主编、［美］罗威廉著：《哈佛中国史·最后的中华帝国：大清》，李仁渊、张远译，中信出版社2016年版，第130页。
② 同上书，第131页。

他强调中国经济可以自给自足，没必要非得与英国贸易。

中国皇帝说得一点没错，东方帝国不需要西方岛国的棉纺织品。早在明代，中国就盛产棉花，还是东方的纺织大国。17世纪晚期葡萄牙耶稣会传教士抵达上海，发现仅此一地就有20万织布工人和60万提供纱线的纺纱工人，中国制造的棉纺织品除了满足内需，还有一部分出口到欧洲。中国非但没有闭关自守，还和世界经济保持着密切关系，持续不断地出口丝绸、瓷器和水银，17世纪后还出口茶叶、锌、铜镍合金，这两种金属矿石在其他国家用于铸造货币。到了清代，棉纺织业更加庞大，早在1750年，中国的纺纱工和织工加工的棉花就已经是1800年英国的420倍。使英国人感到头疼的还有中国的银本位政策，东方帝国对外贸易完全使用银锭，英国购买大宗中国丝绸、瓷器的白银，须高价购自西班牙诸国，这导致国际银价大幅提高。尤其是英国从中国进口茶叶贸易额逐年递增，17世纪进口额仅占进口总额1%，到了18世纪20年代前后已增长到10%，1747年为20%，1760年激增到40%以上，马戛尔尼访华时英国对华贸易年逆差达二百多万两白银。中国对英国货物征收20%的进口税，高税率使英国工业制成品难以进入中国市场。英国为了进口足够的中国茶叶，只能让东印度公司出口棉花到中国换取茶叶，以减少白银的支出。

在北京的马戛尔尼试图说服中国皇帝对英国开放更多贸易口岸，使两国贸易得以平衡，他一厢情愿的努力显然是徒劳的，东方帝国没有必须与西方岛国进行贸易的理由，工业革命造成的棉纺织品滞销，与能够自给自足的中国人又有什么相干。1793年10月7日，勋爵留下英王赠送给中国皇帝的礼品，失望地离开帝都北京。这些礼物中有代表英国最新科技的天文观测仪、地球仪、热气球、望远镜，还有加农炮和卡宾枪，这是贺礼亦是达摩克利斯之剑，其威力要等到1840年英国军队远征中国时，中国君臣绅民才能真正领略到。

回到英国后，马戛尔尼给英国议会写了报告，认为中国是一艘破旧的大船,之所以没有倾覆仅仅是由于一班幸运、能干而警觉的军官们的支撑,以及它的体积和外表。一旦一个没有才干的人在甲板上指挥,那就不会再有纪律和安全了,这艘大船随时可能沉没。勋爵的预言源于未达成贸易协定的深切失望,以及经历漫长的航行后迈上神往已久的东方大陆时,看到的并非伏尔泰笔下盛世繁华的中央王国。

已被人遗忘的孟德斯鸠中国论,重新成为欧洲人的共识。孟德斯鸠赞赏英国当时所实行的君主立宪,认为这是"由法律维护的、以理性为原则的政体形式;与这一欧洲的希望之光相反,中国是一个以恐怖为原则的专制国家,而专制主义是一种令法律失效的制度,它的专制随着历史的发展会愈演愈烈"。狄德罗和霍尔巴赫也都认为专制主义是中国和东方政治的典型特征,不足以成为欧洲的范本,而欧洲即使是实行专制主义,也比东方要谨慎、节制和有分寸一些。孟德斯鸠还认为:"土壤和气候性质的关系造成了他们生活的不稳定,这使他们有难以想象的活动力(勤劳),但同时又有异乎寻常的贪得欲,结果没有一个经营贸易的国家敢于信任他们。"① 法国思想家伏尔泰曾是那样地仰慕东方哲人,在1764年匿名出版的《哲学辞典》中他用生花妙笔写道:"我认真地读他(孔子)的全部著作并做了摘要,我在这些书里只找到最纯洁的道德,而没有丝毫江湖骗子的货色。"② 他认为孔子律法时代是这个世界最幸福、最值得尊敬的时代。伏尔泰说的孔子律法即自然法,独立于政治、宗教的实在法,以道德准绳贯穿天地、君臣、父子、夫妻关系,长幼有序的礼俗和血缘宗亲结构使中华帝国成为宁静平和的大家庭,人们现在知道这位启蒙运动泰斗对中国也并非全然肯定,他认为中国人"不间断地致力于各种技艺和科学已有遥远的历史","进步却微乎其微"③,很晚获得知识的欧洲人则后来居上,在天文、历法、音乐诸方面超越早慧的中国,其原因是中

---

① [法]孟德斯鸠:《论法的精神》,许明龙译,商务印书馆2012年版,第308页。
② [法]伏尔泰:《哲学辞典》,法国伽尼耶出版社1967年版,第481页。
③ [法]伏尔泰:《风俗论》,梁守锵译,商务印书馆1995年版,第215页。

国人故步自封，他们敬畏祖先，认为古老事物尽善尽美，不需要再做任何改变。伏尔泰还认为汉语表意系统存在某种缺陷，用文字表达思想本应是一种极其简单的手段，现在却沉迷在对于繁文缛节的表述，语言表意系统制约了科学思维的养成。

20世纪80年代崛起的加州学派不这样认为，提出了"中国中心论"或"多中心论"，称中国并未孤立于国际社会。贡德·弗兰克认为，亚洲，尤其是中国，1800年还居于世界经济的中心地位，19世纪的欧洲搭上亚洲经济列车，才幸运地发展起来并最终超越亚洲，成为世界经济发展的火车头。彭慕然认为，1800年以前世界是多元的，中国与欧洲在19世纪发生分流。日本学者近年也主张，亚洲历史曾经以奉行朝贡制度的中国为中心。滨下武志提出，朝贡制度除了在地缘政治中宣示中央帝国的存在，同时还是一个贸易体系，在朝贡制度下完成商业交易。日本学者认为，中国把朝贡国分成各种等级，首先是朝鲜和日本，然后是东南亚、印度、葡萄牙和荷兰，中国在朝贡贸易结构中享有定价权，白银成为中国持续贸易顺差的结算手段。在这样的贸易体系中，中国凭借无与匹敌的丝绸、陶瓷制造业，一度成为国际经济与贸易的中心。

英国人要打破这样的贸易体系，大不列颠联合王国绝不愿意做东方帝国的朝贡国，这个率先在欧洲崛起的岛国，除了拥有诞生于工业革命的棉纺织业、冶金业和远洋运输业等，还建立了武器精良的军队，用来争夺海上霸权并推行殖民主义，暴力强占印第安人土地，保护跨大西洋的贩奴贸易，开辟加勒比海沿岸棉花种植园，还致力于建构保护私人产权的法治，开启和发展保险业、金融业，创造有利于商业资本主义运作的环境。这是一个真正具有全球规模的帝国，是工业资本主义与战争资本主义混成的近代国家，这个既文明又野蛮的帝国不会任由世界白银流向中国，终究要以他们的方式瓦解中国的朝贡贸易体系，将其纳入欧洲人建构的国际贸易体系中。

英国人在改变中国之前已成功地改造了印度。印度曾是世界上最大的棉纺织品出口国，印度棉布在古吉拉特海港装船，经过印度洋后换乘骆驼穿越阿拉伯半岛，运往欧洲各大港口。印度美丽的轧光印花布、细平布、纯色棉布等柔软精致，质地胜过欧洲亚麻织物，售价仅为后者的三分之一，欧洲宫廷、都市和小镇曾满目皆是穿着印度布裙服的淑女。15世纪是大航海时代，达·伽马开拓了欧洲至印度的航线，葡萄牙人在印度西岸建立了贸易据点。16世纪末，英国、荷兰挑战葡萄牙在亚洲的垄断地位，瓜分了葡萄牙在亚洲的利益，印度纺织品贸易主导权落到英国人手中。1600年，125位英国商人在印度成立"伦敦商人在东印度贸易的公司"，即东印度公司，随后荷兰、丹麦、法国也相继成立东印度公司。1727年，欧洲商人从印度进口了约3000万码棉布；18世纪90年代，增加到每年约8000万码。1685年，英国采取贸易保护措施，对进口印度棉布征收关税。1701年，英国宣布进口印度棉布为非法行为，仅允许白胚棉布由英国作坊染色加工后在市场出售，而在这之前英国人已获取了印度布染色技术。1721年，英国颁布法令禁售印度棉布，1774年才允许印度棉布在英国加工用于出口。18世纪的工业革命使英国棉纺业快速发展，大量工业棉织品取代印度棉布垄断了世界贸易市场。这个时期英国棉纺织品出口额增加了二百倍，其中"94%的增长发生在1780年后的20年中，这一阶段出口激增16倍以上，从1780年的355060英镑增加到1800年的5854057英镑"。① 来自英国的冲击波彻底摧毁了主导全球纺织品市场几个世纪之久的印度，1747年到1797年，仅达卡地区的棉布出口量就下降了50%，达卡地区1776年有8万名纺纱工、2.5万名织工，18世纪末因纺织业萎缩陷入贫困，大量房屋废弃变为废墟，许多失业的纺织工人在灾年死于饥饿。

现在轮到中国面对英国了。这个西方工业化强国从1770年到1841年的70年间，纺织业用棉量增加了100倍；1839年的煤产量是法国、比利时、

---

① [美]斯文·贝克特：《棉花帝国》，第72页。

普鲁士三国总量的 3 倍；1840 年的贸易额占世界贸易额的 25%。如此旺盛的生产力就像炽热的熔岩，从火山口喷涌而出流向东方。马戛尔尼使团未能完成的任务，现在交给了英国东印度公司，这家公司成立之初即获得女王伊丽莎白一世颁发的特许证，获得对清帝国贸易专卖权。1670 年，英王查理二世授权东印度公司组建军队占据所在国之地，享有发行货币及民事、刑事审判权，可与他国结盟、宣战和签订和平条约。1833 年，英国政府将东印度公司变成统治机关，即英国在印度的殖民政府。

东印度公司对付中国的手段不多，中国不需要任何英国工业产品，包括棉纺织品和毛纺织品。英国不能像毁灭印度纺织业那样毁灭中国茶叶种植业和丝绸、陶瓷制造业，东印度公司的唯一选择是增加对华出口印度鸦片。早在 17 世纪中期，东印度公司就在中国、印度和英国之间，建立了呈三角关系的海上贸易航线，在中国唯一的对外口岸广东，用白银换取茶叶、丝绸等中国商品。18 世纪后期，英国开始对华输入鸦片，最初的鸦片交易通过走私进行。马戛尔尼勋爵率团赴华前，内政大臣亨利·登达斯提醒他，此行是为谋求中国开放贸易口岸，即便中国禁止英国把印度鸦片销往中国，也不要冒与其发生冲突的风险。内政大臣还提醒这位使者，英国在印度生产的鸦片实际上销往中国的不在少数，如果中国政府提要求不能把鸦片运入中国，使团表面上可接受，不要因为强调贸易自由而失去实际利益，孟加拉邦的鸦片的贩售或可在东海海域以分散迂回的途径销往中国大陆。

东方帝国对罂粟情有独钟。中国人沉迷于鸦片之前，先是爱上璀璨夺目的罂粟花，将其视作观赏性植物。南北朝时罂粟由西亚传入，陶弘景在所著《仙方注》中称，"其花美好，名芙蓉花"。到了唐代，罂粟依然被视为佳花名木，陈藏器在《本草拾遗》中描摹罂粟花，"有四叶，红白色，上有浅红晕子，其囊形如髇头箭，中有细米"，将其称作米囊花。诗人雍陶在行途中以罂粟花消解乡愁，深情地吟道："行过险栈出褒斜，历尽平川似到家。万里愁容今日散，马前初见米囊花。"诗仙李白视罂粟花为烟花女子，怜其身世之苦，在题为《妾薄命》的诗中写道："昔作芙蓉花，今为断根草。以色事他人，能得几时好？"宋代发现鸦片具有药用价值，寇宗奭在《本草衍义》中记载："罂粟米性寒，多食利二便，动膀胱气，服食人研此水煮，加蜜作汤饮，甚宜。"宋人将罂粟籽、罂粟壳当成滋补品，苏轼诗曰："道人劝饮鸡苏水，童子能煎莺粟汤。"苏辙撰文："畦夫告予，罂粟可储。罂小如罂，粟细如粟。与麦皆种，与稷皆熟。苗堪春菜，实比秋谷。研作牛乳，烹为佛粥。老人气衰，饮食无几。食肉不消，食菜寡味。柳槌石钵，煎以蜜水。便口利喉，调养肺胃。"元人开始服用鸦片，这些鸦片是蒙古人从印度缴获的战利品。明人掌握了鸦片制作技术，李时珍在《本草纲目》中写道："阿芙蓉前代罕闻，近方有用者，云是罂粟花之津液也。罂粟结青苞时，午后以大针刺其外面青皮，勿损里面硬皮，或三五处，次早津出，以竹刀刮，收入瓷器，阴干用之。"他所称的阿芙蓉就是本土鸦片。到了明初，暹罗、爪哇、榜葛剌等朝贡国将鸦片作为贡品献给中国皇帝，因稀少珍贵，市面价格等同于黄金。万历年间东南沿海富绅服用鸦片者为数不少，鸦片贸易逐渐增多，明廷1615年起对鸦片交易课税。清代，印度鸦片由葡萄牙人经澳门传入广东、福建，清人对鸦片更为迷醉，赵学敏在其编纂的《本草纲目拾遗》中记述，鸦片"价值千金，手蘸少许吸入鼻中，能骤长精神"，"其性大热，乃房中药也"。热爱鸦片的人们发明了烟枪，吸食用火加热后的鸦片蒸发出来的气体，这种气体具有强烈的致幻性，使沉迷其中的吸食者难以戒除。随着吸食者日趋增多，从富裕阶层普及至各色人等，不分满汉、官阶、行业，许多人最快乐的事就是握着长杆烟枪吞云吐雾，与此同时白银由他们付给烟馆，由烟馆付于烟贩，由烟贩付于船员，汇成银色的巨河流入东印度公司的金库。

马戛尔尼中国之行的遗憾，终于由东印度公司的商人予以弥补。1781年至1793年，英国出口中国的全部工业品总额，仅为进口中国茶叶的六分之一，造成英国白银大量流出。到了19世纪初，鸦片走私改变了对华贸易逆差的状况，每年从广州口岸流出的白银约在100万两至400万两之间，到了19

世纪二三十年代中国白银流出量稳定在每年 200 万两至 300 万两以上。在西孟加拉大量种植罂粟并向中国输入鸦片制成品，成了英国对华贸易主要政策。适合中国吸食者口味的鸦片，由东印度公司以高于成本 10 倍的垄断价格卖给英国烟贩，这些烟贩将之销往中国能赚取 50% 以上的利润。英国政府和鸦片商人的努力没有白费，在鸦片战争发生前的四十年中，英国先后运入中国的鸦片达四十多万箱，从中国掠走约三四亿银圆。

鸦片贸易阻止了英国白银外流，这是极其重要的转折点，无论怎样强调都不过分。在英国人值得纪念的日子里，黑瘦矮小的低种姓印度人用滑竿抬着东印度公司的英国人去到恒河南岸，西孟加拉的阳光刺穿白色礼帽下的墨镜，蓝色虹膜因摄入过多的紫外线缩成细孔，一望无际的罂粟花曼舞于血管纵横神经密布的视网膜，在湛青天空雪白云朵下美得无以名状。

帝国的军事斗争

一些中国官员认为鸦片走私贸易动摇国本。1838 年 6 月 2 日，主管外事的鸿胪寺卿黄爵滋上疏，建议道光皇帝颁旨禁烟。在题为《请严塞漏卮以培国本》的奏章中，他告诉爱新觉罗·旻宁，吸食鸦片烟的风气正在迅速蔓延开来，从最初少数纨绔子弟，到现在上自官府缙绅下至工商优隶以及妇女僧尼道士，大多购置烟具成了瘾君子。市面流通的印度鸦片，由外国趸船运至零丁洋的老万山、大屿山诸岛，广东烟商勾结水师官兵用扒龙、快蟹等船只运送白银出洋，向洋人购进鸦片偷运到广州。黄爵滋报告给皇帝的统计数字是惊人的，因走私进口印度鸦片，1823 年前中国每年流出白银数百万两，1823 年至 1831 年流出 1700 万—1800 万两，到了 1834 年至 1838 年 6 月，仅 4 年半时间就流出白银 3000 万两之多。中国从西方诸国进口毛纺织品和钟表，向其出口茶叶、大黄和湖丝，年交易量约 1000 万两白银，获利数百万两，仅为进口鸦片价值的几十分之一。鸿胪寺卿称有官员提议，取消在国内种植罂粟的禁令，以国产鸦片替代印度鸦片直供烟民，他否定这些观点，认为国产鸦片质量远低于印度鸦片，不可能被吸食鸦片者接受，难以制止印度鸦片继续进入中国。他还告诉皇帝，荷兰人贩卖鸦片而不自食，凡自食鸦片者按照律法规定绑在木头上，投入海中放炮击沉；英国人运送鸦片到中国，其国法有食鸦片者处以死刑。所以西洋国家只有造烟之人，无一食烟之人。鸿胪寺卿说，他了解到东印度公司运送鸦片的货船由印度孟买出发途经安南边境时，曾经诱使当地人吸食，安南人觉其阴谋立即严令禁止，凡食鸦片者杀无赦。黄爵滋建议道光皇帝借鉴这些国家的经验，务必尽快严降谕旨实行禁烟。

湖广总督林则徐支持禁烟，1838年9月20日呈递的奏章《钱票无甚关碍宜重禁吃烟以杜弊源片》，除强调白银大量流出中国，大量官员吸毒导致吏治崩塌，还指出国防系统因毒品泛滥濒于瓦解。他在奏章中告诉皇帝，1826年，在广东的外国走私船增加到25艘，每年走私鸦片烟20000箱，两广总督李鸿宾命令水师缉私，巡逻师长每月受贿35000两白银，听凭鸦片进入国门。林则徐说，军队参与是"藉寇资盗"，这样下去怎么得了。1837年又发生了更为恶劣的事，广东水师副将韩肇庆为保护走私，与外国烟商约定每走私10000箱鸦片须上交100箱给水师用于报功，水师战船则替他们运送鸦片进关。这样的结果便是韩肇庆以缴获走私获功，经保举获得总兵职衔赏戴孔雀翎。这样的风气使得"水师兵人人充橐，而鸦片遂至四五万箱矣"。广东水师如此，福建水师也这样，每艘巡逻船只要收取贿赂400—600银圆，就放任走私船运进鸦片，"得自粮饷者百之一，得自土规者百之九十九"，"海口兵弁代藏毒品"，"夷船之鸦片一时不能进口，往往寄顿于炮台左近"，① 中国军队实际上成为英

---

① （清）桂良：《桂良奏覆查禁鸦片章程折》，《筹办夷务始末（道光朝）》卷三，中华书局1964年版，第72页。

国东印度公司的保护伞。卡尔·马克思在《鸦片贸易史》中写道："帝国当局、海关人员和所有官吏都被英国弄得道德堕落。侵蚀到天朝官僚体系之心脏、摧毁了宗法制度之堡垒的腐败之风，就是同鸦片烟箱一起从停泊在（广州）黄埔的英国趸船上被偷偷带进这个帝国的。"①

白银外流国库枯竭危及军事经费，军队在缉私时索取巨额贿赂，军纪涣散，吸毒致使合格兵员数量不足，这是清王室不愿意看到的。道光皇帝决定向鸦片宣战，下谕严禁鸦片走私，"务期净尽根株"，"毋以虚饰图功，毋以苟且贻患"。②太常寺卿许乃济提议依照旧制准许鸦片交易，照药材纳税，爱新觉罗·旻宁为表示禁烟的决心，勒令他辞职休致。林则徐在这年11月奉旨进宫，向皇帝汇报赴广州禁烟的方略，并被任命为钦差大臣，授权节制广东水师，赴广州禁止鸦片交易。

林则徐1839年3月10日抵达广州，16日即派兵封锁广州城外珠江边的十三行，命令英国商人交出鸦片，今后不得再走私鸦片，一经查出"货尽没官，人即正法"。广州十三行又称"公行"，是受粤海关节制的半官方对外贸易垄断机构，清政府实行一口通商政策，全国仅开放广州一地对外贸易，规定来华外商须经十三行担保，他们的妻子、子女禁止入境。这种限制国际贸易、监控外商的规则，被西方国家称为"广州体系"。广州体系的奇特之处还在于收税甚巨的粤海关越过户部直属于内务府，时人称其"天子南库"。十三行垄断对外贸易，养肥了一批行商，他们身家殷实赀财素裕，可与淮商、晋商比富。行商与外商关系密切，1832年苏格兰人威廉·渣甸创办渣甸洋行从事鸦片贸易，和行商伍崇曜密切合作。林则徐决定盯住广州十三行。

清军包围十三行，英国驻广州商务总监督、海军上校查理·义律提出抗议，声称钦差大臣侵犯私人财产。林则徐态度强硬，封锁商馆断粮断水断通

---

① [德]马克思：《鸦片贸易史》，《马克思恩格斯选集》第一卷，人民出版社1995年版，第717页。
② （清）杨殿邦：《杨殿邦奏陈查禁粤省纹银出洋烟土入口办法折》，《筹办夷务始末（道光朝）》卷五，第132页。

讯，命令所有华商撤离公行，颁布《谕各国商人呈交烟土稿》，这是清政府的最后通牒。1839 年 3 月 28 日，义律向林则徐送达《义律遵谕呈单缴烟二万零二百八十三箱禀》，以不列颠女王陛下政府的名义交出鸦片，截至 5 月 18 日，英美两国烟商实际上缴的鸦片为 19187 箱又 2119 麻袋，共计 237 万余斤。义律向烟商保证损失由伦敦承担，将鸦片所有权人置换成英国政府，为启动战争寻找借口。6 月 3 日，林则徐在虎门主持销烟，白金汉宫和唐宁街认为这是中国皇帝和大臣对伦敦的公然冒犯，英国由此自认已具发动对华通商战争的理由。

1839 年 7 月，英国水手在九龙尖沙咀的斗殴中打死一个中国农民，义律判决涉案水手监禁。林则徐认为义律没有审判权，命案须由九龙地方官员判决。义律不接受钦差大臣的决定，林则徐要求葡萄牙总督驱逐英国人，命令在澳华人不为英国人提供服务。8 月 26 日，义律命令在澳英人离岸寄宿英船。英国政府命令东印度防区舰队司令马他伦率装备 28 门火炮的战舰"窝拉疑"号和五百多名士兵，赴澳门保护英人。9 月 4 日，"路易莎""珍珠""威廉要塞""冈不里奇"号等英国战船与广东水师交火，水师船依托岸上炮火支援击退英船，此仗为"九龙海战"。1839 年 11 月 3 日，"窝拉疑"号率 1 艘装有 18 门炮的 3 桅炮舰拦阻已向中国具结的英国商船"撒克逊"号驶往广州，广东水师开炮击伤"窝拉疑"，英舰击沉 3 艘水师船，此战为"穿鼻之战"。同月 4 日至 13 日，义律率舰船 6 次攻击尖沙咀官涌山，守军居高临下炮击英军舰船，义律命令舰船后撤至外海。此仗称"官涌之战"。连经三战，爱新觉罗·旻宁下谕令林则徐兼任两广总督。

总督对战胜英军信心满满。他在折子中告诉皇帝："震于英吉利之名者"，"以其船坚炮利而称其强，以其奢靡挥霍而艳其富"，军舰体积大吨位重并不可怕，其弱点在于吃水深不灵活，扬长避短在浅水区发起攻击，英国人就死定了。林则徐还告诉旻宁，英军步兵也很弱，"夷兵除枪炮之外，击刺步伐俱非所娴，而其腿足缠束紧密，屈伸皆所不便，若至岸上，更无能为，是其强非不可制也"①。他还告诉皇帝一个秘密，英国人的食物是很难消化的牛羊肉，必须服用茶叶和大黄帮助消化，中国只需断供这些特产，英国兵就会腹胀而死："况茶叶大黄，外夷若不得此，即无以为命。乃听尔年年贩运出洋，绝不靳惜，恩莫大焉。"②

英国人不认同中国总督的看法，英国军队不会这么弱，英国军人必须保护英国商人。林则徐在虎门销烟后，39家曼彻斯特厂商联名致函外交大臣巴麦尊，希望政府将对华贸易置于安全、稳固、永久的基础上。伦敦、利物浦、里兹、利斯特等地与对华贸易有关的厂商，要求政府和议会对华宣战。中国人的愤怒不逊于英国人，1840年1月，爱新觉罗·旻宁下谕断绝中英贸易，宣布于各国并出示其罪状，这使得英国厂商几乎崩溃。白金汉宫开始对内阁施加压力，维多利亚女王在国会称她关注英中通商中断，这关系到英国的尊严和利益。唐宁街在2月任命好望角舰队总司令乔治·懿律为英国全权代表兼远征军总司令，查理·义律为副全权代表，作好对华战争的准备。英国议员4月就此激烈辩论，在维多利亚女王的影响下以271票对262票的微弱多数，通过采取军事行动的决议。

懿律率领由16艘战舰和32艘运输船、武装汽艇组成的远征舰队，从印度启航驶往中国。1840年6月21日，舰队驶抵澳门，6月28日封锁珠江口。随这支舰队远征的还有第18皇家爱尔兰联队、第26苏格兰来复枪联队、第49孟加拉联队、孟加拉工兵团和马德拉斯工兵团的四千多名官兵。紫禁城中的旻宁昼夜不眠，就着宫灯翻阅林则徐送来的战报，他的谕令是"以逸待劳，以主待客，彼何能为"。总督没有辜负圣恩，他命令水师提督关天培派出10艘装满火药的小船，乘风起潮涌突袭英国舰队，懿律命令各舰退往外海。捷报再次六百里加急由总督府送往宫中，渴望胜利的皇帝自然又是高兴一番。1840

---

① （清）林则徐：《林则徐等又奏英人非不可制请严谕查禁鸦片片》，《筹办夷务始末（道光朝）》卷八，第217页。

② （清）林则徐：《谕各国商人呈缴烟土稿》，《林则徐集·公牍》，中华书局1963年版，第58页。

年7月3日，远征舰队离开广州海面，北上攻击厦门要塞。闽浙总督邓廷桢登上炮台督战，英军并不恋战，全速东驶浙江。7月5日，英国舰队攻下舟山定海，建立补给基地后继续北上。旻宁这时觉察到懿律的意图，佯攻沿海清军要塞，主攻北京直捣龙庭。1840年8月9日，直隶总督琦善接到上谕："如该夷船驶至海口，果无桀骜情形，不必遽行开枪开炮。"①此谕表明皇帝开始不安，对战胜英军并无把握。对敌舰在珠江海口活动与驶近天津海口，旻宁的心理压力完全不同，在英军逼近京畿时他回想起师傅、体仁阁大学士祁寯藻的担心，后者认为帝国水师限于战力没有把握打赢强敌。祁寯藻1839年赴福建筹办海防，在福州写折子告诉皇帝，水师战船均为捕盗缉奸而设，最大的师船面宽不过2丈，安炮不过10门。实际上中国水师的情况比这位帝师看到的还要糟糕，师船多为捕盗缉私而设，船艏宽船底平吃水浅，吨位不超过350吨，每艘战船装备2至4门固定在木架上的火炮，除非风平浪静时发炮，否则全无准头。负有特别任务的大船装备6门大炮，2门旧式铜质主炮放在舱面，一旦开炮战船极易侧翻，火炮也因后坐力有跌落海中的隐患。皇帝在深宫中越想越怕，任命琦善为钦差大臣，赶赴天津与英国全权代表兼远征军总司令懿律议和。

1840年8月11日，大沽要塞的守军最先看到庞然大物"康华丽"号，这是英国远征舰队的旗舰，这艘3级战列舰长约54米，宽约15米，排水量约1700吨，载员600余人，2层火炮甲板装备了72门大炮，这艘令人生畏的战舰此刻距北京仅150多公里。随后守军又发现驶近的蒸汽动力战舰"复仇女神"号，这艘1840年初下水的56米长平底船是舰队之花，由东印度公司出资在利物浦船厂建造，是皇家海军首艘应用水密舱壁结构的铁壳战船，排水量660吨、载员90人、配备2门32磅和4门6磅大炮，采用蒸汽动力驱动铁制明轮航行。这是英国工程师的杰作，他们在建造"复仇女神"号时大胆地设

---

① 《清宣宗实录》卷三三六。

计了吃水 1.5 米深的平底，使战舰极易进入内河攻击敌船，又在舰上安装 2 条活动龙骨，龙骨往下伸展，舰体吃水可调整为 3 米，足可抵御风浪航行于大洋。远征舰队拥有 3 艘"复仇女神"级战舰，可经过白河口迅速抵近北京。旻宁决定议和似乎是正确的，清军与英军的装备存在代差。

懿律在旗舰上会见琦善，向他转交外交大臣巴麦尊的照会，英国要求中国赔偿英商被收缴销毁的鸦片，开放口岸恢复英中贸易，惩办主战官员等。琦善承认林则徐禁烟操持过急办理不善，称英军若离开天津海口南返广东，皇帝定会秉公办理并重治其罪。懿律同意琦善的提议，1840 年 9 月率舰队拔碇起锚返回中国南方。

旻宁为使英国舰队不再北上进攻皇城，把身段放得非常之低，按琦善和懿律的约定，在英国舰队南返后将林则徐和闽浙总督邓廷桢革职，由琦善任钦差大臣兼两广总督，赴广州继续交涉中英事务，"旋又颁布开放烟禁上谕"，无底线放弃禁烟政策。1840 年 11 月，英国舰队南返澳门海域，懿律因病回国，义律接任他的职务。琦善与义律的谈判从 12 月持续到 1841 年 1 月初，琦善同意由中方赔偿英方被销毁鸦片计价 600 万银圆，中国增加 1 处对外贸易口岸，义律认为琦善没有诚意，终止谈判并令舰队攻击中国军队。

1841 年 1 月 7 日，远征舰队炮击珠江口大角、沙角炮台，副将陈连声和守军 600 人阵亡。1 月 25 日，英军登陆香港。旻宁闻报痛责广东水师指挥官："关天培身任提督，统辖水师，平时督率无方，临事又仓皇失措，著先行革去顶戴，仍令戴罪立功，以观后效。"① 关天培与总兵李廷钰退守靖远、威远炮台，火炮与英军舰炮存在代差难以遏制其攻势，残部退至虎门。2 月 26 日，关天培等战死，虎门炮台失陷。琦善情急之下再度请求议和，义律同意在沙角炮台进行谈判，要求中方履行天津约定并割让香港。沙角又名穿鼻，义律草拟的条约称为《穿鼻条约》，琦善未签署这份显然已抬高要价的条约。

---

① 《清宣宗实录》卷三四四。

战争远在南方，距离感使旻宁不再恐惧，为一劳永逸地解决问题密谕各省调兵赴粤作战。皇帝是在 1841 年 1 月 27 日下诏对英宣战的，任命御前大臣爱新觉罗·奕山为钦差大臣，户部尚书隆文、湖南提督杨芳为参赞大臣，务必率军歼灭入侵军。奕山离京前，旻宁嘱他智擒义律，说他接到杨芳密报敌酋义律藏在快蟹船中，可用重金激励将士将其抓获，缚献朝廷明正典刑以振国威。杨芳所称的快蟹船原系木质海盗船，船身两舷各置数十条木桨，由水手划动木桨驱船前行，状如爬行动物螃蟹，广东水师仿造数十艘用于缉私，与使用蒸汽动力的英国战舰风马牛不相及。渴望战胜敌人的旻宁轻信错误情报，期待用闪电战擒贼擒王速战速决，他明白无误地告诉奕山："该将军等，断不可因目前用羁縻之计，稍存观望坐失事机。朕日盼捷音之至也。"① 奕山自然不敢辜负圣恩，按照圣意制订了深入虎穴抓获敌酋的军事计划，途经福建时招募 1700 名水勇组建部队。在奕山的军事计划里清军将出动数百艘木质小船，以群狼战术围歼义律所在的快蟹船，将其抓捕解赴京城。

1841 年 5 月 21 日，集结珠江口白鹅潭海域的清军发动夜袭，几百艘小船团团围住早已锁定的几艘英国船只，水勇用弓弩射出捆绑着桐油布团的火箭，敌船顿时燃起熊熊烈火。清军的喷筒威力更大，这些填满火药、砒霜、硇砂、鸟粪、石灰、蒜泥、辣椒粉的双节竹筒，捆绑在长枪上向船掷去，英船很快燃作巨大火球，在突袭者的呐喊和被袭者的哭号中沉入水底。在平定张格尔之乱中屡建功勋的悍将奕山在白鹅潭海战中又建奇功，率部一举击沉 7 艘大型英船，令人遗憾的是这些船只并非英军战舰，而是碇泊于海面的英国商船。

义律站在旗舰舰桥，握着单筒望远镜观看宏大场景，天亮后命令舰队驶入珠江轰炸要塞炮台。1841 年 5 月 24 日，2400 名英军离舰登陆，在军号声中分成两拨，一路进攻广州城西南商馆占领制高点，一路攻击城东北各座炮

---

① 《清宣宗实录》卷三五〇。

台。奕山、杨芳等抵粤后，虎门要塞兵力一度增至11000人，依然抵挡不住英军的进攻。守军在不间断的轰炸中失去斗志，丢下被炸坍的阵地逃入城中。英舰把所有炮口都对准广州城，几发试射炮弹准确击中奕山指挥部，钦差大臣惊恐万分。现在除了议和别无他法，他决定放弃抵抗接受英方条件，5月26日与义律签订《广州和约》，条约规定中国钦差和所有清军6天内撤出广州，驻扎在距城三十公里之外的地方，缴清广州赎城费600万两白银后，英军交还广州城外所占炮台，英舰撤出广州海域。

伦敦对义律签署《广州和约》很不满意，认为条约没有体现英国政府的全部诉求，罢免其特命全权代表职务。外交大臣巴麦尊指责义律占领鸟不生蛋之地香港岛毫无意义，维多利亚女王讽刺义律，称其为完全不遵指令而努力争取最短任期的人。

1841年8月21日，新任英国全权代表璞鼎查率英国舰队自香港再度北上。8月26日，攻陷鼓浪屿炮台，占领厦门，总兵江继芸战死；9月26日，英军进攻定海，10月1日，总兵葛云飞、郑国鸿、王锡朋及守军五千人战死，定海失陷；10月10日，英军进攻镇海，总兵谢朝恩阵亡；10月13日，英军攻占宁波、镇海，两江总督裕谦投水自尽。旻宁命协办大学士爱新觉罗·奕经领兵两万集结浙江绍兴，寻机与英军决战。1842年3月上旬，清军分三路反攻英军，冒雨夜袭宁波、镇海、定海，各路皆败，全军溃散，英军反扑攻陷慈溪。6月16日，英军攻占长江门户吴淞，江南提督陈化成战死。7月21日，英军攻入镇江，1500多名蒙古旗兵与其巷战，副都统海龄战败自杀，英军焚城并切断京杭大运河。扬州绅民向英军献银50万两赎城免战。8月4日，远征舰队向南京开进。

战到这个份上，旻宁知道不能再打了。杭州将军爱新觉罗·耆英揣摩圣意，上疏称他可亲往夷船妥为招抚，旻宁准奏。耆英与璞鼎查签订《南京条约》，规定中国割让香港岛；向英国赔偿禁烟损失600万元，商业债务300万元，远征军军费1200万元，共计白银2100万元，广州赎城费600万元不包括在内；通商口岸增至广州、福州、厦门、宁波、上海五地，允许英国在通商口岸设领事馆，英国人在通商口岸有居住权；废除公行制度，准许英商在华自由贸易等。璞鼎查要求将鸦片交易合法化写入条约，耆英极尽能事避免将条款写入条约，私下答应璞鼎查另拟文书，写明"各国商船是否载运鸦片，中国无须过问"。

空阔的宫殿烛光昏黄静谧无声，龙椅上的爱新觉罗·旻宁心力交瘁，以举国之力对蕞尔夷国作战竟以完败告终，他的失望是显而易见的。皇帝现在终于知道中英军队的武器装备存在代差，林则徐、奕山、杨芳等前线最高指挥官对英国舰船性能并不了解。林则徐告诉他英国战船吨位重吃水深动作迟缓，清军师船轻快灵活能击沉敌舰，战争实践证明英国蒸汽战船动力强劲，可以轻而易举地从珠江口驶到大沽口。外海如此内江亦然，英国舰船在江面行走如飞，其火轮船攻入长江击沉师船60多艘。军事装备落后的根源是帝国君臣将领对近代工业革命完全陌生，不能奢望他们从农耕社会一步跨入工业时代。旻宁、奕山、杨芳分不清楚战列舰与快蟹船，被糟糕的情报牵着鼻子一路走到黑，这并非个人智商有缺陷或能力不足，而是巨大的文化差异限制了他们的想象力和判断力。

旻宁不肯轻易放弃国家主权，曾让在广州的奕山重金雇佣洋人制造或购买先进战舰。这显然是他一厢情愿，缺乏近代工业基础的中国难以在短时间内制造出可与英国战舰匹敌的舰船，欧洲更不可能轻易对华出售先进武器。轻视英军战力的林则徐，也并非不考虑武器装备更新，甫抵广东即命关天培急购200多门西方火炮，部署在珠江两岸炮台备战。为提高士气他亲赴珠江口狮子洋校阅水师，许诺士兵每杀1个白人英军赏200块银圆，杀1个黑人英军赏100块银圆，将义律斩首者重赏20000银圆；为打赢英国海军组建水勇队，制定近战夜战战术，试图以奇人奇术打赢英军。只是这样的军事准备不足以抗衡英军，英国远征舰队鸣笛驶入中国海疆内江，帝国几乎所有军事要塞都被舰炮夷为废墟。林则徐战后心有余悸，称"彼之大炮远及十里内外，若我炮不能及彼，彼炮先已及我"，"彼之放炮如内地之放排枪，连声不断。我放一炮后，须辗转移时，再放一炮"，"不此之务，即调百万貔貅，恐只供临敌之一哄"，"似此之相距十里八里，彼此不见面而接仗者，闻之未闻"。这场力量对比悬殊的战争给他留下阴影，亦使他转而相信人海战争的作用，认为中国或可利用人口优势，动员取之不竭的民兵建立抵抗组织，协助帝国军队歼灭武器精良兵员匮乏的小国强敌。

英雄时代

林则徐是1840年10月3日被革职的，在广州无所事事待了7个月，1841年5月1日又接到将他降为四品卿衔的圣旨，命他去浙江镇海随营效力。到镇海后再接圣谕革去四品卿衔，从重发往新疆伊犁效力赎罪。道光皇帝面对一场场败仗焦头烂额，认定这一切都由这位言过其实好大喜功的汉臣引起。林则徐这年7月离开镇海远赴新疆，途中建议在舟山定海速建团练，以民兵武装歼灭英军。他告诉旻宁，即使军队溃退市民逃亡，只需采用人海战争模式即可打赢敌人，"该县周围二百余里，各村居民总不下十余万众，夷匪既在岸上，要令人人得而诛之"，"似此风声一树，不瞬息间，可使靡有孑遗"①。

前总督虽对英国巨舰铁炮甚是后怕，固有的乐观精神却不曾失去，认定人海战术可以有效地歼灭英军。他这样地高看团练武装，是基于登陆珠江三角洲的英军几度被三元里民兵打败，而他甫抵广州禁烟，除命令军队备战外，还推行地方军事化，颁布《团练告示》："本大臣等兹通谕沿海乡村父老绅商居民知悉，仰即遵示会商，购置兵器枪炮，招集村民之身强力壮

---

① （清）林则徐：《林则徐奏英船据定海拟用民众杀敌片折》，《筹办夷务始末（道光朝）》卷十四，第432页。

者，以备自卫。"林则徐还和拥有大量土地的广州书院领袖建立了良好关系，说服他们建立大佛寺绅士公局，动员城市士绅组织团练武装，参与他领导的禁烟运动。

广州的军事斗争实践表明，正规军战力羸弱不堪一击，地方民兵却可以打败英军。林则徐是离开广州后读到《三元里平夷录》的，记录战事的军务记从军中流传到民间，详细记述了发生在 1841 年 5 月的战斗。军务记称英军这月 25 日登陆广州泥城曾埠，清军弃守炮台四散溃逃；29 日英兵进入广州城北三元里，抢掠财物侮辱妇女，挖掘坟墓寻找珠宝，三元里、萧岗乡乡民当天击杀英兵 6—7 人。5 月 30 日，各乡士绅鸣锣集结民兵，在暴雨中假装败退，诱引英军至黄婆洞磨刀坑，击杀 1 名军官和 100 多名士兵。英军溃败四散，或被水流冲淹，或迷路饿毙。乡村民兵源源驰援，英军残部肝胆俱裂，窜入四方炮台保命。军务记绘声绘色地描述 5 月 31 日的战斗："乡民仍鸣锣传递，富者捐资，贫者出力，备乃器械，持乃糇粮，响应风从，不谋而合者，遥遥百有余里，聚至百有余乡。将方、圆两炮台四面围住，各处设伏，奋呼攻打，昼夜不息。逆夷各狐凭鼠伏，潜避两炮台中，不敢出入。十二日，逆夷义律极目远望，见遍地旌旗炫耀，刀戟纵横，乡民蚁拥蜂攒，布满山麓，有十余万众。逆夷更觉胆落心寒，亟请广州府余暨南、番二县代求解免，情愿即刻撤兵下船，不敢复行滋扰。"不甘心对英妥协的前总督读到这段文字后大受鼓舞，在《密陈以重赏鼓励定海民众诛灭敌军片》中重燃理想，认为浙江战场完全可以复制照搬广东民兵经验。

英军驻华陆军司令郭富的报告与清军军务记不同，称英军在三元里有 5 人死亡，23 人受伤。进入广州市郊三元里布防受到当地民兵攻击的，是哈菲尔德中尉指挥的第 37 马德拉斯步兵团第 3 连，这个连队由印度兵组成，装备比其他部队落后许多，配发的燧发火枪遇到雨天弹药受潮难以击发。前线副指挥官布尔利少校率第 26 喀麦隆团和一些孟加拉志愿兵急行军增援马德拉斯步兵团第 3 连，滂沱大雨使他们迷失方向。马德拉斯步兵团的印度兵不得不孤军作战，一些人被中国民兵的长矛刺中，情况危急时两个海军陆战连队奉命赶到，用防水的布鲁斯维克新式步枪击退敌人，接应印度兵撤入四方炮台。民兵的战果显然被夸大了，但他们确实给英军造成不小的麻烦。四方炮台被越聚越多的民兵包围，数万人摇晃旌旗挥舞刀戟敲鼓鸣锣，羞辱吓唬困在炮台中的英军。为应付这些难缠的民兵，英国远征军司令义律通报广州官方，要求当地民兵撤围让英军回到舰上。

如何答复英方的要求是十分困难的，奕山亲自指挥的珠江夜袭战中，由闽籍水勇组成的突击队被证明毫无用处，英军随后进行的反攻势如破竹，包含七省援军在内的广州防线形同溃堤，四万多名守军逃离阵地，珠江沿岸所有炮台为敌所毁，包括在佛山铸造的1门万斤大炮。奕山为保住广州城，授意知府余保纯出城谈判，同意交付英军600万两白银作为赎城费以求停战。这位御前大臣现在从极端轻敌变为极度现实，认为武器低劣的当地团练用人海战争或能打赢小股敌军，对整个战场局势则并无帮助。为阻止英军占领广州已经花费600万两白银，决不能在三元里重燃战火，奕山给余保纯的指示是即行劝退包围四方炮台的乡土民兵。

广州城里的一些文官和书院士绅愤愤不平，认为广东军政领导奉行投降主义政策，事实已证明地方团练能打赢英军，却情愿付白银赎城，不考虑围歼登陆之敌。广东按察使王庭兰认定团练能战且能打赢，写信给同窗、福建布政使曾望颜，说三元里之战"歼敌百余人，斩兵目二人"。① 香山生员李福祥以亲历者身份称，他率水勇赴战三元里，"予水勇砍得逆夷兵头首级一颗，杀毙夷兵十二名；乡民杀得夷兵二百余名"。② 他们提供的歼敌数量与清军军务记《三元里平夷录》相吻合。广东战区最高指挥官奕山战后向宫中递呈折

---

① （清）夏燮：《中西纪事》，岳麓书社1988年版，第95—96页。
② （清）李福祥：《三元里打仗日记》，广东省文史研究馆编《三元里人民抗英斗争史料》，中华书局1978年版，第27页。

子,先称此仗由他亲自指挥,各乡团练"杀死汉奸及黑白夷匪二百余名,内夷目二名",之后于1851年6月、8月两次再奏时口风大变,将战果缩至斩杀英夷"10余人"。①奕山后两份奏折的统计数字,与英军司令郭富给伦敦的报告较为接近。但在岭南乃至帝国更广远的地方,没有人相信符合战争规律的真实数字,说出真相被视为卖国行为。

福建布政使曾望颜把广东按察使王庭兰写给他的信转给闽浙总督颜伯焘,颜伯焘阅后写折子附上这封信呈递宫中,皇帝把王庭兰的信转给两江总督梁章钜,梁章钜告诉皇帝他相信三元里大捷真实发生过,珠江三角洲地区团练真的可以打赢英国人。总督为证实他的判断,呈上三元里社学团练的告示,这份告示以极其严厉的语气警告英军不要再进入他们的家乡,否则将再次领教被痛击的滋味。总督的结论是英军在遭受5月的失败之后没有再深入到三元里地区,他避而不谈奕山、余保纯为英军停止在广州的军事行动付出600万两白银,更重要的是英国人不打算在广东升级军事行动,对他们而言三元里之战只是偶发事件,这样的零星遭遇战不在原定作战计划中,远征舰队的军事目标是迅速北上进攻中国首都,没有必要分散兵力在珠江三角洲地区与难缠的当地民兵交战。

旻宁在宫中收到各种信息,对奕山没能拖住英国舰队不使其北上非常恼火,好不容易广东地方民兵把英军包围在一个炮台,倘若一鼓作气将其歼灭正好替他出一口气,不中用的奴才奕山、余保纯却劝说团绅散去团勇。奕山尚须在广东办差,就把罪责归咎于已革职罪臣琦善、知府余保纯吧,旻宁定下的调子是"开门揖盗,咎在琦善;而受其指使者,为余保纯",②谕令广西巡抚秘密调查此事。

三元里之战的主力是乡村民兵,他们闻锣集结诱敌深入,包围炮台呐喊

---

① 茅海建:《天朝的崩溃》,生活·读书·新知三联书店2017年版,第295页。
② 《清宣宗实录》卷三五三。

不攻，步步紧扣严密老道，一经地方官劝阻即行散去，如此进退有序，倘若没有强有力的指挥班子，是不可能做到的。奕山第一次奏告宫中时称，是他指挥团练搜捕英军而引发三元里之战，在随后的折子中他收回谎言，告诉皇帝系团练自发攻击英军，他说的这些团练是珠江三角洲地区的社学士绅组建的。社学原为乡土士绅主持的乡村学堂，其办学历史可以追溯到明代，到了清代，乡绅利用社学传授儒学之余，还在农闲时利用学堂场地训练乡民，用于应付宗族冲突和族群自卫，这些办学乡绅又称社学士绅。广州番禺、南海两县社学较为普及，林则徐颁发《团练告示》动员绅民办团，社学士绅是十分赞同且付诸行动的，在珠江三角洲地区广泛形成了基层乡村社学武装，这是晚清最早出现的团练组织。

1841年5月21日清军战败珠江口，5月25日英军登陆广州泥城曾埠，逼近广州郊区三元里区域，社学团练成员的世居之地面临危机。社学士绅作为基层社会实际领导者，当天夜里在牛栏岗村召开紧急会议，讨论如何指挥民兵抵抗入侵者。13名读书人参加这次会议，歃血盟誓并选出3位领袖，他们是慕德里司萧岗乡人何玉成、西恩洲人梁廷栋、嘉应洲荷田堡客家人王韶光。各乡民兵在三元里会议后被动员起来，5月29日至31日的三元里之战中，英军面对的是数万名愤怒的民兵，他们从100多个村庄赶过来，在自发组织的抵抗运动中三角洲地区以惊人的速度实行了军事化。5月29日，社学团练在牛栏岗村设伏打赢英军后，士绅们再度在这里召开军事会议。5月31日，南海、番禺、增城以及东北六社、城北十二社的社学团练被组织起来，把四方炮台围得水泄不通。

打赢英军的三元里人被视为国民英雄，人们把中英战争的最终失败归咎于满人统治者的无能，认为若非爱新觉罗家族的琦善、奕山、耆英、奕经一味退却，战争结局或全然不同，这样的怨尤在民间滋生疯长。一些内幕被透露出来，原本可以用人海战术全歼逃入四方炮台的数百名黑白英夷，满人钦差奕山却出卖了社学团练，他让知府余保纯带话给民兵领袖，如不收兵，则六百万元要他们负责。话说到这种程度,当地团练只能放弃唾手可得的胜利。

广州城里的书院缙绅替乡村社学士绅感到不平,白云山派诗人、大佛寺绅士公局领袖张维屏以《三元里》为题写了一首诗:"一戈已搰长狄喉,十日犹悬郅支首。纷然欲遁无双翅,歼厥渠魁真易事。不解何由巨网开,枯鱼竟得攸然逝。魏绛和戎且解忧,风人慷慨赋同仇。如何全盛金瓯日,却类金缯岁币谋。"① 他认为英军少校毕霞已被三元里团练用长矛刺死并悬首数日,就像汉元帝时西城都护甘延寿、副校尉陈汤杀匈奴郅支骨都侯单于,悬其首于蛮夷邸门。诸乡团练数万人正待攻入四方炮台全歼英军,敌人犹如《庄子·外物》中困于网中的待死之鱼,竟然因满人将军奕山投降议和,逃脱网具游回水中。这位大佛寺绅士公局团绅在诗句中愤怒地斥责投降派在帝国如此强盛宛如纯金器皿的情势下,却如北宋对待辽国、金国那样不战而求和,不可思议地屈膝缴纳巨量财物。

珠江三角洲社学士绅以激昂斗志和军事手段,在19世纪40年代初期创造了以弱御强的奇迹,这个奇迹被农耕时代的英雄情结放大开来,用来对抗工业革命后向东走来的西方。自然而然的挣扎,不屈不挠的呐喊,甚至用鲜血和生命抗击,用神话般的传说洗刷耻辱,这都是转型期的必然反应。新旧激烈交锋的时代,出现各类含意的英雄亦属必然。

锄奸运动

不对外部势力妥协是汉人英雄的基本特征,其对照物是满人大臣将领,后者因战败居于鄙视链顶端。处于鄙视链下端的是住在广州城里的买办商

---

① (清)张维屏:《三元里》,钱仲联编《清诗纪事》,凤凰出版社2004年版,第237页。

绅，相对于居住在乡间的耕读世家，他们一直以来处于道德低洼，战争放大了两者之间的伦理距离。与城市书院士绅、乡村社学士绅不同，从事对外贸易的公行商绅与外国商人有共同利益，行商们甚至请求林则徐不要对英开战，以免影响广东的进出口贸易，林则徐对此非常愤怒，认定他们为商业利益出卖国家。义律为了拉拢这些中国商人，宣称中英战争时期广州口岸的贸易仍可照常进行。义律挑唆广州商民与官府对立，张贴布告称英国只同中国官府作战，那些驻扎在广州的外省军队才是广州市民真正的祸害，他们破坏了广州的城市秩序和营商环境。义律清楚儒教传统深入城市书院和乡村社学，儒学士绅一向鄙视买办商绅，尽管行商们向官府捐纳白银换取职衔品级，极力过着具有中式文化特色的精致生活；但儒学士绅与捐纳买办商绅对于外部世界的认知存在巨大分歧，前者固守重农主义的儒学传统，后者与外部世界保持互动，被前者视为唯利是图毫无操守的夷奴，就是这类商人使广州沦为物质主义甚嚣尘上的商业城市。

农耕文明捍卫者对广州过度喧嚣的商业活动怨恨已久，这些反城市主义者和林则徐一样，认为行商过度牟利毫无底线导致社会无信无义。林则徐对广州行商恨之入骨，把广州的所有外贸商人都归于"汉奸"之列，到广州后做的第一件事，就是处死了一两名公行成员以儆效尤。他于1839年12月宣布禁止与英国通商，十三行富绅伍崇曜（又名伍绍荣）成为他选中的祭物。伍秉鉴、伍崇曜父子主持的怡和商行，以出口茶叶到美国而发迹，和英国鸦片商威廉·渣甸、查顿·马地臣的渣甸洋行和美国鸦片商塞缪尔·罗素的旗昌洋行业务关系密切，与英国外交官义律亦有来往。林则徐专门提到伍崇曜："今令洋商伍绍荣等到馆开导，限三日以内回禀，一边取具切实甘结，听候会同督部堂、抚部院示期收缴，毋得观望逶延，后悔无及。"①林则徐把行商买办视为汉奸，实际操作中则留有余地，在打压的

---

① （清）林则徐：《谕各国商人呈缴烟土稿》，《林则徐集·公牍》，第59页。

同时争取让他们提供军费，英国远征舰队 1840 年 6 月封锁珠江口，伍秉鉴父子会同十三行行商捐出大量白银修缮炮台铸造铁炮，还建造战船供清军使用。

林则徐为打赢英军组建水勇队，称"自去岁至粤，日日使人刺探西事，翻译西书，又购其新闻纸，具知西人极觊水师，而畏沿海枭徒及渔船、疍户。于是招募丁壮五千，每人给月费银六元，赡家银六元，其费洋商、盐商及潮州客商分捐"。[①] 这是一笔很大的军费开支，仅军饷、养家费年支出就达 72 万银圆，武器、训练经费等开支更大，林钦差把这些费用全都摊派到行商和盐商、潮商头上。水勇队用于突袭英军大型舰船，林则徐把海洋想象为陆地，期待创造一剑封喉式奇迹。实现奇迹须靠他招募的水勇，这些雇佣兵多为横行洋面的海盗、捕鱼为生的渔民、居于水屋的疍户。林钦差流水一般花出大把银子后，亲临狮子洋校阅他寄予厚望的雇佣军，完整地观赏极其壮观的海上演习后，对怀有独门绝技的雇佣兵甚为满意，写折子报告皇帝说水勇已经练成，他们"演放大小炮位，抛掷火球火罐，撒放火箭喷筒，以及爬桅跳船各技，与水师官兵一体演试，均尚可观"。[②]

即使亲手打造了这支部队，林则徐依然怀有戒心，尤其对他招来的疍户即水上无业居民充满警惕。广东地少人多住房困难，仅广州一地就有近 10 万人以船为屋居于水上，被当地人称作疍户。疍户多为来历不明的底层贱民，按清律不得参加科考。一些疍户为维持生计，受雇去外国商船做差役、家佣，官府为禁烟不许华人贩卖食物给船上的英国人，疍户中有人违反命令暗中贩卖违禁品。林则徐知道这些情况，权衡利弊后仍然把这些人招募到水勇队，他在密折中向皇帝报告，"唯有以奸治奸，以毒攻毒"，"当防夷吃紧之时，恐此辈被其勾作汉奸"，唯恐水上居民为英国人所用。为防雇佣兵战时生

---

① （清）魏源：《道光洋艘征抚记》，《魏源集》，中华书局 2009 年版，第 174 页。
② 郭廷以：《近代中国史纲》，格致出版社 2009 年版，第 6 页。

变，水勇队"每船领以一二兵弁"，以清军低级军官监控雇佣兵。林则徐还告诉旻宁他对疍户慎之又慎，"当其招募之时，即令查明亲戚"。①

琦善比前任林则徐更加警惕汉奸，到广州后即下令裁撤水勇部队。他在折子上写道："粤省民风浇薄而贪，除业为汉奸者更无庸议外，其余亦华夷杂处，习见为常，且率多与夷浃洽"，"大兵经过，势不能无风声，汉奸即早为走漏消息，该夷必先肆猖狂"。②奕山到广东指挥军事，也认为粤省遍地汉奸，"近海商民，多能熟悉夷语，其中狡者布为奸细"。③他招募福建雇佣兵组建水勇部队，不让广东人参与，称"粤民皆汉奸，粤兵皆贼党，故远募水勇于福建，而不用粤勇"。④浙东战场总指挥奕经也为汉奸之事寝食不安，上折子说"曹江以东，到处汉奸充斥，商民十有七八。孰奸孰良，竟莫能辨"。⑤这样的惶恐蔓延到满人旗军驻守的各个城市，1942年3月，英军进入长江攻至镇江，驻防副都统海龄认定粤闽浙连战连败，皆因汉人通敌所致，于是大肆搜捕汉奸，镇江一时间"布满旗兵，满城捉路人作汉奸，付邑宰监拷掠，不容置辩"。海龄还纵使所部旗兵和青州旗兵在城上开炮开枪，击杀贫民，指为汉奸。1842年7月21日，英军轰毁镇江城墙，海龄率二千部众冒死巷战，青州兵四百人全部战死，海龄引火自杀，妻子孙子同时罹难。满人血拼到这种地步，当地汉人却无动于衷袖手旁观，在他们眼里英国人和满洲人都是夷族外人。

时值晚清，满汉种族矛盾乃至种族仇恨依然存在。满人指定汉奸的尺度具有种族倾向，汉人身份是判断为汉奸的基本标准。汉人认定汉奸的标准

---

① （清）林则徐：《覆议团练水勇情形折》，《林则徐集·奏稿》，第881—882页。
② （清）琦善：《琦善奏义律缴还炮台船只并沥陈不堪作战情形折》，《筹办夷务始末（道光朝）》卷二十二，第777页。
③ （清）奕山：《奕山等又奏察看粤省并筹防情形折》，《筹办夷务始末（道光朝）》卷二十七，第994页。
④ （清）魏源：《道光洋艘征抚记》，《魏源集》，第184页。
⑤ （清）奕经：《奕经等奏接仗不利长溪岭等营盘被焚折》，《筹办夷务始末（道光朝）》卷四十四，第1669页。

则广泛许多，只要对夷妥协就会被指责为通敌，签订和约的爱新觉罗族人、捐献广州赎城费的行商等都是叛国者。汉奸的概念越来越广泛，外省来粤参战官兵遇到本地百姓指称其为汉奸，目的是使自己抢夺其财物的恶行具有正当性；患有梅毒的清军官兵与当地妇女发生性关系，难以治愈的性病随之传播到乡村，南海、番禺的社学团练袭击这些军人，骂这些寻欢作乐者是汉奸。

战时的帝国确有中国人站在英军一边，或做向导引路或攻击清军。大角炮台之战，英军"拨夷兵、汉奸数百名，由大角山后缘山而上，从墙缺处打进炮台"；沙角炮台之战，"逆先拨黑夷千余名、汉奸百余名，由穿鼻湾登岸，逆兵船则攻炮台前面，黑夷从山后攻炮台后面，我兵两面受敌"。① 汉奸不限于广东，浙东战场也时常出现他们的身影，浙江巡抚刘韵珂奏告，英军攻城略地多由"汉奸为之导引，各处路径，较我兵反为熟悉"②。江苏巡抚程矞采奏告，浙东乍浦之战中有闽人冒充乡勇，引导英军攻击守军。皇帝严谕浙江官员警惕汉奸，"浙江省义勇沙民，人数既多，即难保无匪徒溷迹其中，必应稽查周防，勿堕诡计"。③

战争结束之时，便是严惩卖国者之始。卖国者人数如此之多令人难以置信，珠江三角洲的民兵"像杀英国人一样，也开始屠杀'汉奸'。仅在三元里一地，就有一千二百余名所谓的'汉奸'被杀害"。④ 参加三元里之战的103个乡的乡民团勇全都投入锄奸运动，整个珠江三角洲地区被处死的汉奸无以数计，满人统治者坐观汉人屠杀汉人的疯狂场景，以这场血腥围捕证明并非满人跪舔洋夷，真正的汉奸在汉人中，尤其是东南沿海的汉人。

---

① （清）梁松年：《英夷入粤纪略》，广东人民出版社2018年版，第845页。
② （清）刘韵珂：《刘韵珂大兵在慈溪失利事势深可危虑折》，《筹办夷务始末（道光朝）》卷四十四，第1680页。
③ （清）旻宁：《谕刘韵珂密防义勇沙民》，《筹办夷务始末（道光朝）》卷三十九，第1474页。
④ [美]魏斐德：《大门口的陌生人》，王小荷译，新星出版社2017年版，第47—48页。

关于忠诚的阐释权

旻宁在下诏对英宣战的前一天，在闽浙总督吴文镕呈奏严防海口的折子上御批："散去乡勇，赶紧设法团练。"

乡勇是官方招募的雇佣兵，作为帝国军事力量辅助部分，战时协助正规军作战，战后即予裁撤。旻宁质疑由军队和雇佣军构成的国防体系，认为雇佣军不能在战争中发挥作用，宣战前夕命令将其解散。他的疑虑在战争中得到证实，林则徐招募雇佣兵组建的水勇队，在广州保卫战中并未发生作用，奕山赴福建招募雇佣兵重建的水勇队，在广州海域突袭战中全军覆没。地方团练则在战时发挥重要作用，珠江三角洲地区的社学民兵痛击英军，此时距帝国对英宣战仅一百多天。

中英战争终究以议和签约收局，这是旻宁不愿意看到的，个中情由他自以为清楚明了，总之是办差的奴才不争气，打仗的军队很怕死。当局对社学团练始终抱有警惕。1842年10月1日，南海知县梁星源、番禺知县张熙宇颁布解散团练令，宣布由英国挑起的战争已经结束，守卫广州的军队即将撤走，当地所有团练择日解散回家，军民均臻和平无废常业。中英签订《南京条约》才1个月时间，两位知县就匆忙命令团练解散，决策之快令人诧异，究其原因是团练在战争中做大，团绅以社学武装控制基层社会，成为官府之外的小政府。士绅何玉成在三元里战前"柬传"南海、番禺、增城诸县，一日之内应者百乡，从者数万，地方长官居然事前一无所知，权力被架空者生发卧榻之侧岂容他人鼾睡之念，作出解散团练的决定。尤其令知县们不安的是，号召力这么强的社学团练是否有天地会背景，后者是遍及南方的反满秘密组织。

战时形成的社会基层力量削弱了地方政府的职能。社学领袖认为他们负有抵抗外敌、清除汉奸、维持乡村秩序等使命。1841年5月三元里之战后，何玉成率先在番禺成立团练局；王韶光联络士绅高梁材建立东平公社即东平总社；1841年年底，南海举人李芳等组建升平社学即升平总社，设立石井团练局，仅这个团练局就下设 15 个到 18 个团练局。对于人数众多组织严密的社学武装，广东最高当局认为应予以保留，奕山、祁贡、怡良 1841 年奏告官中，试图说服皇帝完全承认团练。奕山甚至在 1842 年 1 月举行公宴为团练筹集资金，这时南海、番禺两县团练民兵已达 36000 人。

与钦差督抚对团练采取实用主义的态度不同，地方府县官员忧心忡忡，他们敏感地嗅到潜在的危险。受战后广泛散布的三元里英雄传说影响，汉人对满人政权充满敌意。1841 年 9 月 16 日，广州知府余保纯主持府试时被南海、番禺的士子们逐出考场，他们向他投掷砚台毛笔，指责他在三元里之战中强令包围四方炮台的团练散去，声称"不考余汉奸试"。前来安抚的南海、番禺县令也遭到斥责，考生们情绪激烈地要求知府辞职，否则会把罢考进行到底。闹事者的背后站着士绅群体，余保纯为此被巡抚革职，北京改派易长华接任知府。发生在战时的这次罢考事件，距离 1841 年 5 月底的三元里之战一百多天，尽管何玉成等温和派团绅接受官方命令撤回包围炮台的团练，但激进派对此耿耿于怀，为此发动抗议活动。

这次罢考事件给南海、番禺知县内心留下阴影，他们决定在合适的时机解散团练，一劳永逸地消除隐患。譬如战后需要恢复日常秩序，首先要做的是解散控制在士绅手里的民兵组织。社学士绅则不肯轻易解散抵抗组织，他们认为战争并未结束。1842 年 9 月中英签订《南京条约》，南海、番禺县衙 10 月即贴出告示解散团练。社学士绅 12 月 2 日召开会议，质疑《南京条约》的合法性，这样的事发生在地方当局发布解散团练令之后，表明他们不会轻易放弃武装力量和基层社会治理权。一些温和派社学领袖按照地方当局的命令解散团练，过了一段时间后又向官府提出重组团练的要求，王韶光、高梁材 1842 年 10 月宣布解散拥有 9000 名团练的东平公社，1843 年初则又试图重开团练局。种种迹象都表明士绅集团在战后依然十分强势，地方政治结构已经发生变化，帝国统治权力失序初现端倪。

激进派不满清廷签订《南京条约》，把表示抗议的告示贴到广州城里。几名白人女性恰在这个敏感的时期进入珠江边的商馆地区，而清廷从未允许英国商人携带女眷进入贸易区。1842 年 12 月 7 日，又有英军中的印度兵寻衅斗殴，用刀将一个广州小贩刺死，愤怒的市民放火焚烧英国商馆。何玉成奉祁𫑡命令率一千名团勇进城维稳，驻扎在小北校场。通过科考获得举人身份的何玉成对体制有着天然好感，他服从府县主官命令解散包围炮台的数万民兵，为三元里之战画上句号，给两广总督祁𫑡留下深刻印象。南海、番禺两地知县颁布的团练解散令被延期执行，祁𫑡还向宫中保奏何玉成。很快接到圣谕："交将军伊里布妥为管束，如始终如一，再行会同督抚保奏。"皇帝没有对抗英团练领袖打开通往文官系统的口子，何玉成两年后经过严格的科举考试进入体制，1844 年赴四川担任知县。另一位团练领袖王韶光亦考中进士去山西任知县，成为体制内低品阶官员。北京利用南方民兵抵抗英军只是权宜之计，帝国维持科举取士的用人制度，不允许乡绅以战功进入体制。

1843 年夏天，皇帝颁发永远解散团练的圣谕，这个决定的推手居然是祁𫑡。总督忽然发现团练武装并不总是掌握在忠诚者手中，一些团总有可能成为帝国的敌人。他曾经热情地支持团练，允许数千名团勇驻守炮台，委托团练局在城乡巡逻盘查，战争结束后主张延迟解散团练，上折子称民兵还有用处，说依"臣等愚昧之见，总以为民为邦本，民心坚定，则国势自张，外夷之所惮者在此，内地之所恃者即在此"①。总督对团练的态度忽然发生变化，是因为一位从浙江来的监生钱江给他留下恶劣印象，此人自称参加过三元里之战，当地士绅苏朗荛便委托他管理团练，钱江挪用团费吃喝嫖赌，还以团董身份闯入总督衙门，要求任命他为防务指挥官。总督愤怒地命令士兵逮捕他，经审讯获知此人曾参与 1842 年 12 月火烧英国商馆事件。祁𫑡现在知道办团士绅并不总像何玉成这样忠诚，许多人如苏朗荛那样地不负责任，把民兵交给钱江这样的歹徒指挥。团练过度扩招人员混杂，兵痞无赖混迹其中，已

---

① （清）祁𫑡：《祁𫑡等又奏团练乡兵于粤省情形相宜折》，《筹办夷务始末（道光朝）》卷六十七，第 2674 页。

失去继续存在的正当性。

旻宁早在1842年3月就考虑解散南方团练，因奕山、祁贡未能组织起珠江三角洲地区的民兵在广东相机对英寻战以呼应浙东战役。奕山战败以白银赎广州城，旻宁未曾深责，期待这位族亲奋起再战，促使在浙江作战的英国舰队南撤，以策应在浙江作战的另一位族亲奕经，使后者在浙东歼灭英军主力。奕山麾下无可战军队，唯有动员地方民兵参战，旻宁毫不犹豫地颁旨普设团练。奕山决定由广州大佛寺士绅公议局招募水勇，各县社学团练亦积极备战，选择适当时机夜袭驻港英军，届时香港的华人苦力和仆佣也加入进来，一举摧毁英军驻港基地，逼迫部分东进英军后撤，以利于浙东会战。实施这个计划需要大量经费，户部拿不出太多白银，祁贡让大佛寺士绅公议局解决这个难题。书院士绅大多主战，对官府劝退包围炮台的三元里民兵耿耿于怀，总督希望他们在创作反英诗歌的同时，能在军事斗争中有所作为。大佛寺公议局获得审批并争取到监管珠江三角洲下游沙滩的开发的优惠政策，上层士绅集团可以团练机构的名义发放土地使用证，公议局对土地使用者收取年费来支付水勇经费。书院士绅原本就拥有大量土地，战争又让他们垄断了三角洲处女地的开垦权和租赁权，使他们的生活越发富裕。

浙东清军按计划在1842年3月上旬发起总攻，英国战舰钉子一般钉在海面，毫无调头南返的动向。数百门大口径舰炮对准清兵齐射，像无数只狮子张开血盆大口吞噬被打蒙溃散逃命的中国士兵。倘若广东团练进攻香港英军，部分英舰为保护后方南撤，浙东战役或不至于如此难堪，但一切都为时已晚，皇帝亲自策划的大会战终告失败。数万清军分三路发起总攻前，紫禁城城门为宫中信使洞开，沿途所有驿站备足草料，圣旨一道接一道六百里送到钦差和总督手中，但他们所在的广州战区却杳无音信，随即四万清兵被英军歼灭在东海边。远征舰队继续北上，攻陷吴淞血洗镇江，驶抵南京下关登陆燕子矶，耆英登上英国军舰签署《南京条约》。旻宁拍案拟谕质问奕山，广东为何置身事外？奕山喏喏奏称珠江防线尚未巩固，部署停当方可攻击香港。这是他的搪塞之词,实情是当地团练的抵抗具有区域意识,民兵不会越过县域出海攻击英国人,他们与旻宁不同,对后者而言普天下皆为皇土。解散南方团练的想法,其实那时已开始在皇帝心中酝酿。

宗亲办差

国与国的战争暂时结束了,但广州的问题尚未解决,人们拒绝英国人进入他们的城市。乡土士绅组织民兵在三元里打败过英国人,差一点就端了四方炮台,是满人钦差和汉奸知府迫使他们放弃胜利。现在要做的是阻止洋人进入广州,这是珠江三角洲绅民的共识,他们在内心呐喊着同一个声音——这是我们的广州!

旻宁将宗亲耆英派往广州,处理战后的外交事务。1842年耆英在南京与英国代表璞鼎查签订《南京条约》;1843年赴广东与璞鼎查签订《五口通商章程》《海关税则》《虎门条约》;1844年接任两广总督兼办通商事务,与美国代表签订《望厦条约》、与法国代表签订《黄埔条约》。这一系列条约签下来,西孟加拉鸦片洪流一般涌进国门,中国白银从烟馆哗哗泄出口岸。在广州的钦差耆英忐忑不安,唯恐自己被当地人视为汉奸。远离皇宫的珠江三角洲地区,团练曾经像杀英国人一样屠杀汉奸,在这样的地方做最高长官,稍有不慎就会如琦善、奕山那般身败名裂。

耆英办差时变得诡秘乖张,不再当面与外国人谈判,而是让家仆张禧替他出场,还请旨赏张禧五品顶戴以壮观瞻。清人崇彝在《道咸以来朝野杂记》中记述此事,说耆英这样做"太近儿戏"。在耆英看来他这样地"儿戏",是为了不去看洋人骄横脸色,在弱势外交中表现东方智慧;最重要的是他自己不出面让家仆代理,可以对关键问题进行模糊式处理,使外事文本中的某些用词和含义模糊不定,为日后谈判留有余地。模糊化是耆英的拿手好戏,他亲笔签署的《南京条约》中英文表达就不一致，英文本第二条规定，英国人享有居住在中国5个通商口岸"城镇"的权利，中文本写明，"自今以后，大皇帝恩准英国人民带回所属家眷，寄居大清沿海之广州、福州、厦门、宁波、上海等五处港口，贸易通商无碍；且大英国君主派设领事、管事等官，住该五处城邑，专理商贾事宜，与各该地方官公文往来；令英人按照下条开叙之列，清楚交纳货税、钞饷等费"。英文本规定英国人可以居住在所有通商口岸的城镇地区；中文本则为中国同意英国外交官居住在5个通商口岸市区，包括商人、传教士和他们的家眷在内的英国平民，只能居住在城外的港口。这样的文本模糊式表述造成条约某些部分具有不确定性，在以后很长时间里成为阻止英国商人进入广州市区贸易的正当理由。

英国商馆位于广州城外珠江边的一块狭长地带。久居城外的英国人按照他们理解的《南京条约》，准备进入广州市区贸易，把守城门的乡村民兵很不客气地把他们挡在城外，依据是同一个条约的中文本。当地士绅们认为广州是省城，是两广地区的政治中心而非贸易区，广州市区乃至乡村与英国商人毫无关系。双方都有文本依据，于是引起外交纠纷。当年被皇帝派往南京，在《南京条约》中文本和英文本上签字的钦差大臣，现在面无表情地坐在两广总督衙门，听任事态发展。总督知道出自他与英使之手的条约存在歧义，只是倘若追究起责任来，英使璞鼎查亦须担责，错不在他一人。

签署《南京条约》的英方代表璞鼎查现任英国驻华公使兼香港总督，他提出赴广州会晤昔日的谈判对手耆英，要求他履行条约制伏反对英国人进城的暴徒，强悍的团勇关上城门把他拒之城外。"璞鼎查将入城，粤民不可，逡巡去"，"自江宁和议有省城设立栈房及领事入城之约，粤民犹持旧例，愬于大吏"，"乃举团练，众议汹汹，不受官吏约束"①。一边是强势的英国人，一边是不屈的团绅民兵，在他们的长久角力中，皇室宗亲把自己定位为代表中

---

① 《清史稿·列传一百五十七·耆英传》。

央政府调解中外冲突双方关系的仲裁者，以中立立场使得冲突双方谋求对己方有利的裁判。耆英是一位实用主义者，中英战争时有官员提议让地方民兵进入沿岸炮台保卫长江，他上疏强烈反对，认为团练成员复杂，混杂顽劣之徒，坐食富户惹是生非，"若再加以司炮之权，其弊更不可胜言"，① 但在广州时为利用民兵阻止英人入城，在官府颁布团练解散令后听任南海、番禺两地团练卷土重来。

总督很少按常规出牌，他的判决十分随意。1842 年年底，一名中国小贩被英兵杀死，广州民众出城烧毁英国商馆，耆英代表官府道歉并答应赔款，将 10 名闹事者斩首，同时释放了有团练背景的闹事者，由此成为冲突双方都能接受的人。1843 年 7 月，耆英宣布允许外国人进城，社学士绅发动民众请愿集会，耆英对璞鼎查说看来这事儿还得缓缓，等本地人情绪稳定下来再说，璞鼎查认为他说的有一定道理就答应下来。旻宁密切关注广东局势，觉得耆英办差还算称他的心。总督以团练不服从管理的名义延迟开放广州城，英国人除了干着急无计可施，这样的状态一直延续到 1845 年璞鼎查退休回国。

新任驻华公使德庇时发誓解决英国人进城问题，他认为中英战争时英军把重点放在进攻北方而没能在三元里征服民兵是错误的，这也使得毫无契约精神的清政府把阻止英人入城的责任推诿给当地人。英国领事马额峨奉命与广州知府及南海、番禺知县谈判入城之事，地方官员依然如先前那样把责任推给乡村团练。1845 年 9 月，英国领事再度施压，地方当局象征性地张贴同意英国人入城的告示，未能起到实际作用。马额峨致函耆英称，广州当局不履行条约让英人进入广州，伦敦将不会依据《南京条约》在 1846 年 1 月 22 日前归还舟山群岛和厦门鼓浪屿。英国人把球踢回到耆英手中，再不让英国人进入广州的后果是中国放弃这些岛屿。

---

① （清）耆英：《耆英奏议造炮架炮位设守当水陆并重团练只可劝民自为折》，《筹办夷务始末（道光朝）》卷六十五，第 2597 页。

这是一个非常严厉的警告，英国依靠海上力量可以轻易地达到目的。总督不得不采取行动，1846年1月13日颁布告示允许英人进城。广州士绅针锋相对，张贴告示扬言对进城洋人格杀勿论。1月15日，风传知府刘浔同意洋人进城，愤怒的民众涌进衙门烧掉他的官袍，刘浔逃到巡抚黄恩彤处避难。耆英、黄恩彤等唯恐受到攻击，表态说他们认为反洋人入城是爱国行为，蛮夷必须被阻挡在城外。此时总督接到圣旨，要求广东绅民善待远人，允许洋商进城从事贸易。耆英知道皇帝不想失去舟山群岛和鼓浪屿，权衡利弊后作出他的决定。

总督让团练打开城门，守城者坚持强硬立场，总督再次表示对局势无能为力，要求进城英人注意生命财产安全。英国人再次屈服，1846年3月11日拉上法国和美国共同宣布："皇帝陛下已经声明：经过一段时间能够确保局面稳定之后，允许外国人进城才是安全可靠的。目前中国政府不能压制广州的百姓，公使们同意此事暂时推迟，但英国女王陛下的要求并未取消。"湖广道监察御史曹履泰奏告皇帝，广东官员已失去对团练的控制，强烈的排外意识与激烈的反洋行为或会使英军再次入侵中国。耆英辩称广州社学团练有公正士绅为之钤束，督抚并未对其失去控制权。

1846年7月8日，广州再次发生斗殴事件，英国商人射杀了3个中国人。总督衙门向英国外交官提出交涉，对方把过错推到中国人身上。广州绅民发誓报仇，对总督施加压力，说他若不能保护人民，他们就向皇帝控告他。社学团练开始召集民兵。广州城外商馆区弥漫惊恐不安的情绪，英国商人武装起来，请求伦敦提供军事保护。9月7日，装备14门大炮、4门可旋转小炮的三帆战舰"复仇"号驶抵广州商馆区码头，形势陡然紧张起来。驻华公使德庇时在最后时刻决定妥协，应耆英要求让英商赔偿二百银圆了结此案。

事件虽然平息下来，涉事双方都不满意，英国商界十分愤怒，广州绅民觉得官方出卖他们。零星的排外事件继续发生，外交大臣巴麦尊警告德庇时，再这样妥协下去英国将失去在华有利地位。事态继续发酵，1847年3月

27日，6名英国人进入佛山，正在训练的团练认为他们是刺探军情的间谍，投掷石头驱赶他们。公使就此事提出抗议并要求惩罚暴徒，总督不同意。刚受到伦敦警告的公使毫不犹豫地下令报复，4月1日，达格拉将军指挥的英军突袭中国军队，虎门炮台很快被攻陷。另一支英军在商馆区登陆，封锁猪巷准备攻入城中。耆英再次娴熟地运用平衡术，下令对3名肇事团勇施以鞭刑，答应1849年4月6日让英国人进城。英国人再次妥协，同意把入城时间延迟两年。

鉴于不能入城贸易，英国商人要求广州在商馆区附近提供土地，便于他们建造仓库。地方官认为这是合理要求，同意拆迁猪巷居民用来出租的杂院供英商所用。猪巷拆迁工程1847年5月初开始，距虎门炮台被英军攻陷不到1个月，当地人敏感的神经再次被触碰，认为被英军打怕了的总督出卖他们的私产。小业主、租户和木匠、泥水匠的行会，出资购买武器组建团练，阻止官方拆迁人员进入猪巷，这是广州第一支城市民兵武装。市民们拿起武器为私人财产而战。事态在这年夏天平息下来，官府作了许多解释才让人们明白，英国人打算付钱租借土地作为货栈。广州英国商人也认为无须过度解读这次冲突，这只是由于租借少量土地发生的误会，商馆区无须过分恐慌。

这边的事刚平静下来，番禺、南海又出事了。商馆区过于促狭，市区又进不去，一些不甘寂寞的英国人就跑去郊野打猎。这是十分危险的行为，当地人往往向他们投掷石子，把这些不守规矩的"番鬼"赶回珠江边。总督继续扮演第三方角色，劝告英国人尽量不要去到乡村，以免惹恼当地人受到伤害。到了1847年冬天，出人意料的事情发生了，6名英国人驾船进入南海县黄竹岐，用猎枪射杀水鸟，民兵听到枪声以为洋人入侵，敲锣聚众围捕他们。1847年12月8日，升平社学发出告示，抗议英国人侵入他们的地盘。公使德庇时得到的消息则是6名英国人被中国人杀死。美国学者魏斐德在所著《大门口的陌生人》中描述受害者，"两名被残酷杀害的年轻人的尸体被找到了，遍身都是刀砍的伤痕。另外四具尸体据说仍在黄竹岐"。公使馆命令所有外国人撤出商馆区住进商船，这是发动战争的信号。耆英清楚战争的后果，命令军队占领黄竹岐，逮捕杀死闯入者的团练，"4个人立即被斩首，其余15人被捕交付审判"。耆英以为他惯用的策略还会奏效，就黄竹岐事件写折子急送宫中，这回皇帝没有站在总督一边，他直接为广东绅民站台，军机处接到的圣谕是重在安民，"民心不失，则外侮可弭。嗣后遇有民夷交涉事件，不可瞻循迁就"。耆英没有预料到会是这样的结果，这位宗亲的政治生命结束了。

反洋人入城运动胜利了

1848年春，云南巡抚徐广缙调任两广总督兼办通商事务，广东布政使叶名琛升任巡抚。徐广缙崇拜名臣林则徐，在外交上倾向强硬。

德庇时已奉调回国，文翰接任英国驻华公使。1848年3月新公使抵粤，4月6日在英军旗舰"哈斯汀斯"号上就英国人入城一事和徐广缙谈判。新总督告诉英国公使，前总督与前公使约定两年后准许英人进城的事他一概不知，不过英人入城并非毫无希望，在北京的前总督或会说通皇帝，只要皇帝同意英人进城，广东这边没有任何问题。文翰知道总督把球踢给北京，他现在遇到难缠的对手了。

和平入城已不可能，除非再次进攻守卫广州的中国军队，击垮这些守军易如反掌，只是广州的民兵未被消灭，强行进入广州城的后果便会是持续不断的暴动。最稳妥的办法是集结特混舰队，在远东显示英国的强大力量，迫使中国政府管束团练，履约打开广州城门。文翰告知伦敦他的想法，外交大臣巴麦尊的答复是，女王陛下不会为英国商人进入广州派遣远征舰队，除非出现更多违反条约的事件。伦敦的表态使广州城外的三百名外国商人感到绝望，被广州"暴民"搞得狼狈不堪，望眼欲穿却不见英国舰队来粤，他们只能困缩在面积狭小的商馆区继续受苦。广州英国商会不断地向曼彻斯特商会发函，曼城商界大佬深表同情，认为1844年后广州贸易赢利逐年减少，原因在于英国未向中国施压使英商入城，以及中国征收内地转运税。曼彻斯特商会向巴麦尊表明上述看法，外交大臣同意就入城问题向中国政府施压，但就整个中英贸易而言，当时英国处于顺差状态，尚不是对中国彻底摊牌的时候。

不许洋人进城并暗中阻碍贸易，似乎是只有广州才发生的事，条约签订后中国的贸易口岸增加到5个，英国货物进口量迅速增长。1843年，英国输华棉纱计621万磅，较战前增加1倍；1845年，英国输华棉布达1.12亿码，为战前的5倍，同年英国棉织品输华总值达170多万英镑，而战前为每年70万英镑左右。中国对外出口量也在增加，19世纪30年代，茶叶年出口量为5000万磅，1843年增至7000万磅；丝绸年出口量战前为1.2万包，19世纪40年代后期约两万包。之后情况发生变化，在自然经济和手工业的抵制下，进口工业品积压严重。1846年，英国洋纱、洋布进口量大幅下降，巴麦尊注意到英国棉纺织品在中国市场滞销，这位辉格党人对此深表忧虑。但就英国对华贸易整体而言，棉纺品贸易的亏损会被大宗鸦片交易弥补，1810年至1840年，输入中国的鸦片为42.7万箱，年均13000箱，中英战争结束后东印度公司年输华鸦片40000箱，到了19世纪50年代，输华鸦片每年达70000箱。

战后的对华贸易对英国是有利的，对伦敦而言英人在广州遭袭的问题尚未紧迫到派遣远征舰队干预的地步。前公使德庇时1847年4月命令英军攻占虎门炮台，事后受到首相严厉批评，告诉他未得到内阁准许不得采取任何军事行动。这个时期英国发生经济危机，粮食投机商破产，银行停止兑付支票，这些现象由工业、铁路投资过热引发，并非对华贸易引起，曼彻斯特棉纺织品在中国滞销属于局部问题。在华英商有自己的问题，他们受到国内经济萧条、中国手工棉纺织品充斥市场的双重打击，滞销的英国棉纺织品堆满珠江边的商馆区货栈。流动资金运行也出现了问题，最有信誉的怡和洋行也只能拿到少量贷款。

英国怡和洋行、宝顺洋行，美国琼记洋行、其昌洋行等开始迁出广州，去往反洋情绪不强烈的通商口岸，位于长江口的上海是他们的首选之地。对华贸易中心随之北移，广东本土航运业巨头也把总部迁往上海，加入外国轮船公司成为股东。这是难以阻遏的旋风，岭南的掮客、买办、翻译纷纷赶去上海，水手、厨师、佣人甚至粤剧演员也跟随过去，一时间粤人居沪者达数万之多。广州不再是东方最大通商口岸，留在本地的英商情绪低落，脾气也变得暴躁古怪，从1842年到1849年，他们已困于城外整整8年，绝望悲观成为日常生活的主调。

文翰陷入困境情绪低落，广州英国商会不断地对他施加压力，狡猾的中国总督回避所有问题，公使现在什么事情都做不了。1849年4月6日让英国人进城，是耆英对德庇时的许诺，文翰扬言广州方面若再推诿，英国远征舰队定会再次来华，事态如何发展就看北京的决定。这是外交辞令亦是谎言，他知道伦敦不在乎发生在广州的事，尽管如此他还是虚张声势地作出强硬姿态，他能做的也就只有这些，剩下的唯有等待北京回复。球已经踢到皇宫，旻宁担心英国舰队再次从印度驶来，再度攻到天津大沽口，曾经的失败给他内心留下难以治愈的创伤。皇帝被英国公使的谎言震慑，"密诏许（英人）暂入城一次，以践前言，不得习以为常"①。总督拒绝执行密旨，他要和英国人硬扛到底。他写折子告诉皇帝，英夷"入城万不可行"，广东民风剽悍，洋人入城势必交恶，考虑到拒绝入城或导致英军进攻，他已委托在籍缙绅许祥光组建团练，军队这边亦会暗中备战。

许祥光曾任户部员外郎，其家族有着办团的成功经验。许祥光的父亲许拜庭嘉庆年间组团抵抗海盗，御赐"中议大夫"名号。许祥光1842年捐资建造2艘三桅木质战船用于抗英，每船配置15门800—2000斤重的大炮，上舱与下舱相通以便炮手上下来往，下舱两旁安排64把长桨驱船前行，桨眼相间处安设子母炮、小铜炮等，用于近战杀敌，这是当时中国最先进的战船。

---

① 《清史稿·列传一百八十一·徐广缙传》。

徐广缙除密嘱许祥光组建团练，还动员南海、番禺社学团练备战，官府秘密向其提供经费，允许团练局征收名目繁多的税款，让团绅购买火炮弹药。为加强乡土民兵战力，官方还提供新式滑膛枪。升平社学的团勇被派到炮台、瞭望台、城墙，用来阻止英军进攻广州城，他们在入城的必经之路挖掘壕沟，埋下竹签、铁蒺藜、硫黄、硝石和火药。

1847年为抵制猪巷拆迁组建的市民团练，现在又恢复起来。城里的商户也出资购买武器，组建民兵武装保卫自家商铺。行商富绅也加入反入城运动，他们的生意在《南京条约》签订后跌宕起伏，英国人废除公行制度，剥夺行商外贸特权，作为买办他们既尝到自由贸易的甜头，又受到英国经济萧条的影响，在备受煎熬时对英国人充满怨气。一些在公行制度废除后从事外贸的中国商号，在贸易繁荣时向当地买办、山西票号借钱进货，现在货物滞销还款困难破产关门，也是脾气暴躁怒火难消。生意上的挫折使广州商人整体感到愤怒，对洋人的态度由热到冷以至于敌对。

1849年3月底，徐广缙再次接到上谕，"自宜酌量日期，暂令入城瞻仰"。①皇帝坚持让英国人进入广州，将英人入城居住偷换概念改为一次性旅游。这样的权宜之计仍然被总督硬气拒绝："地方文武，亦安能有千亿化身，为之禁止耶？"②他告诉皇帝，广州现在团练人数已达十万之众，没有任何办法阻止他们对洋人关上城门，他唯一能做的就是静观事态发展。巡抚叶名琛支持徐广缙，认为广州虽然军力不够，但团练可以打赢英军。皇帝被说服了，1949年4月29日下谕："照该督等所议酌办。"③

实际上广州的危机在4月初就解除了，总督伪造了一份圣旨交给英国公使，内容为朝廷不能违背百姓的意愿而屈从于来自远方的人。文翰以为这是

---

① （清）旻宁：《答徐广缙折片允英使入城一游》，《筹办夷务始末（道光朝）》卷七十九，第3166页。
② （清）徐广缙：《徐广缙奏熟筹英人进城一事实属不可行折》，《筹办夷务始末（道光朝）》卷七十九，第3170页。
③ （清）旻宁：《答徐广缙、叶名琛等折片》，《筹办夷务始末（道光朝）》卷七十九，第3174页。

中国政府的正式决定，他所称英国派遣舰队再次远征只是谎言，心中没底的公使致函总督，称将向伦敦报告广州当局无视条约的行为。对英国而言外交官和商人被长久地关在城外，他们的女眷甚至不能进入商馆区，至今毫无解决问题的兆头，这实在是很不体面的事。外交大臣巴麦尊为挽回面子，在伦敦发表了被称为"威吓的棍子"的演讲，他说"这些半开化的政府"，"每八到九年就需要整整队，以使他们不要乱了套"。① 他和内阁成员都知道也就过过口瘾而已，距离再次发动鸦片战争还有漫长的日子。

把英国人阻于广州城外，兵不血刃便做到了，这是何等解气的事！在宫中接到奏报的旻宁欣喜若狂，与洋人打交道将近10年，沿海扰累，縻饷劳师，近来虽略微安静些，也还是频频生事，徐广缙等处置得当，不折一兵达到绥靖目的，实深嘉悦！旻宁赏徐广缙一等子爵，赐双眼花翎；缙绅许祥光、商绅伍崇曜出力很多也得到优擢。广州绅民集资为徐广缙、叶名琛建造英雄碑，刊印小册子附于《京报》赠送订户。小册子写道，自中英战争中结下仇怨以来，英人践踏我疆土，捕逐我男妇，河海内外同被摧陷，唯独我广东绅民奋起反抗，灭英军于三元里，诛英人于黄竹岐，即使三尺童子都欲食其肉而寝其皮，这样的行为是我广东民风使然，也还依仗督抚大人关心民间疾苦，激励百姓奋起，才得众志成城，固若金汤。② 徐广缙在城市商业精英、地方儒学名流的眼里俨然已成了精神领袖。只是反入城运动的胜利仅是局部的胜利，以鸦片为主体的贸易模式并未改变。英国在洋人居住地一事上多次妥协，原因在于对华贸易连年盈余，鸦片贸易收益完全可以抵消棉纺织品滞销带来的损失，对英国而言战争临界点在于贸易是否顺差。

皇帝曾下谕开放广州，总督却看到这座南方通商口岸的衰落。战后的粤海关税收不断减少，已不再是帝国主要税源地，随着广东对外贸易式微，朝

---

① （美）魏斐德：《大门口的陌生人》，第103—104页。
② 同上书，第104页。

廷对其重视程度开始下降。徐广缙要改变广州口岸的边缘处境，这使他与英国人的博弈再次升级。无法阻止鸦片交易的总督，计划打一场有限的贸易战。1850年1月，徐广缙下令增收茶叶税，规定茶叶交易只能由官府批准的公行进行，这标志着官方插手商业贸易，在广州恢复公行制度。1850年6月，南海、番禺两县颁发新规定征收茶叶交易附加税，公行垄断与外商做茶叶生意的权力，将茶叶税直送总督衙门，以换取承包茶叶贸易的特权。英国人知道他们的抗议无济于事，只能忍气吞声地接受现实。

总督试图以这样的方式，弥补中国因鸦片贸易受到的巨额损失，他所做的一切努力，充其量就是部分地恢复了《南京条约》签订前的官商制度。总督勇敢地挑战英国人强加给中国的新的自由竞争市场制度，但鸦片交易还在公开进行，完全不受公行制度制衡，第一次鸦片战争后由西方强国建立的贸易体制难以撼动。在这次较量中徐广缙孤立无援，当地团练没有站在他一边。垄断茶叶贸易的行商在新贸易政策中得到好处，其他商人对公行建立并无好感，他们的注意力更多地转向鸦片交易；社学士绅是坚定的农耕主义者，他们置身于总督策动的茶叶贸易战之外。

第二章　他们走下高地

高地上的"天国"

广东花县官禄埗村塾师客家人洪秀全，对1842年发生的中英战争没有多加理会，在他看来，本地人表述"这是我们的广州"时是排外的，在这个排他的概念中，客家人和洋人并无差别，他们本质上都是外来人。虽然情况不全是这样，广州嘉应洲荷田堡讼师王韶光也是客家人，出头组织客家石匠参与三元里之战，一时间也觉得"这是我们的广州"，但他的广州显然是狭义的，意谓客家手工业者聚集的汉人居住区。王韶光可以通过科举改变个人际遇，跟随他的客家人做不到，他们终究处于社会底层。

客家人认为自己才是来自黄河文明发源地的正统汉民族后裔，在他们骄傲的内心，广州本地人不过是百越蛮族的一支，"粤"与"越"同音同义，粤地原住民到了汉代才成为汉人。客家人的祖上是中原汉人，为躲避战乱迁徙到岭南，作为后到者定居在条件恶劣的高地，被本地人称作客家人。客家人大多贫穷，出身农家的洪秀全亦然，族群歧视更是难以翻越的藩篱，族群文化优越感与移民自卑情结持久地纠缠于他的内心。一旦底层生活的困苦及科考落榜的积怨喷发出来，其能量巨大到撼动帝国基石。

即便是处在中英战争时期，帝国也没有放弃通过科举选拔官员，广州府试1843年如期举办，自幼好学的农家子弟洪秀全再次落榜。这是他自1827年去花县参加县城名列前茅，1836年、1837年两次赴广州府试都相继失败之后，帝国文官系统对他又一次关上门扉。这次遭际发生在满人钦差登上英国战舰签署《南京条约》之时，塾师的回应是轻蔑地转身拥抱西方宗教。洪秀全1836年参加广州府试时粗略读过《劝世良言》，这是广州雕版工匠、中国首位华人牧师梁发撰写的宣扬基督教教义的小册子，塾师当时没啥感觉，现在不同了，《劝世良言》让他幡然醒悟，让他知道崇拜儒教偶像文昌与魁星是那么地愚昧："中国之人，大率为儒教读书者，亦必立此二像奉拜之，个人亦都求其保佑中举、中进士、点翰林出身做官治民矣。何故各人都系同拜此两像，而有些自少年读书考试，乃至七十、八十岁，尚不能进簧门为秀才呢？还讲什么高中乎。难道他不是年年亦拜这两个神像么？"被梁发所言深深打动的洪秀全要与文官选拔制度决裂，去找适合自己发展的新路，由新路找到新的信仰。他想起6年前府试落第，大病一场，高烧中梦见游历天堂遇到一位老者和一位中年人，老者命他去拯救俗世，中年人愿意助他斩杀魔鬼。现在看来，这位老人就是耶和华，助他杀魔者就是耶稣了。再次落榜的洪秀全满心欢欣，决定皈依基督教并创建本土宗教拜上帝教。

洪秀全撰写小册子《百正歌》《改邪归正》和《原道救世歌》，在宗亲友朋中传道好几年，收效甚微。广州是中英战争爆发地，几乎所有当地人都仇视洋人，三元里之战、锄奸运动、反入城、反洋人运动一波接一波，源自西方宗教的拜上帝教很难为人接受，即便是洪秀全老家花县官禄埗村的客家人，对拜上帝教也不屑一顾。好在与官禄埗村相距三里地的禾乐地村出现了追随者冯云山，这位汉人塾师亦因落榜对儒教信仰发生动摇，他和洪秀全结伴，1844年远赴粤北八排瑶山传教，继而又转赴广西浔州府贵县赐谷村布道。洪秀全回广东后，冯云山转去广西浔州府桂平县紫荆山地区传道，发展了大批客家人和壮族信徒。

本土宗教传道者把重点放在广西边远地区，是因为这里的社会矛盾非常尖锐，可耕地不足，人满为患，贫富差距悬殊，原住民和外来移民不断械斗仇杀。道光年间紫荆山高地阶层分化与族群密切相关，最先迁入此地的汉人自诩岭南汉人,他们占据大片土地,壮族原住民成为依附他们的雇农,18世纪迁徙来的北方汉人因后到被称为客家人,居于高地烧炭为生。从18世纪中叶到19世纪中叶,外省移民不断地迁入广西,使其人口由368万激增至782万,人均耕地由2.4亩降至1.1亩,土客矛盾、族群冲突集中到一起,使拜上帝会创始者有了争取会徒的契机。

洪秀全1847年初再去广西传道,以一神教宗教教义动员紫荆山会众捣毁孔庙和民间社坛神祇。紫荆山的变化让传道者体会到,宗教一旦为民众接受会产生多么热烈的效果,为更深理解基督教以使其与拜上帝教接轨,洪秀全走下广西高地,携族弟洪秀仁去广州南关东石角礼拜堂,由美国传教士罗孝全指导通读《新旧约圣经》。洪氏兄弟在礼拜堂足不出户住了3个月,罗孝全在悉心传道中发现这位皈依者对耶和华其实保持距离,他的一些想法奇特诡异秘远离教义,由此无法为其洗礼。

洪秀全在广州逗留到1848年。在此期间拜上帝会发生权力之争,信徒杨秀清传道活动中忽然跌倒不省人事,苏醒后说耶和华附身,这样一来他就成了上帝的化身即洪秀全的天父。杨秀清姻亲萧朝贵如法炮制,在洪秀全布道时打断他的话,说自己是耶稣,问洪秀全是否认识他,在信徒面前洪秀全不得不说认得,萧朝贵则通过附于躯体的耶稣告诉洪秀全:"授予尔权威,尔须率兄弟共同平定天下。"① 烧炭工杨秀清、山民萧朝贵搬用民间喊魂手段,演绎短时间内人神交替的奇幻过程,让洪秀全不得不接受他们进入核心领导层的现实,以求贫苦农工与底层知识分子共同打天下。冯云山无疑是权力斗争的失败者,这位最早来到紫荆山传教的塾师,未能利用本土叫魂术在拜上帝教组织取得相应神位。

拜上帝会在力量尚且不足时采取相对低调的策略,会徒捣毁民间神庙神像,不对抗地方官府。洪秀全还以抵御反清组织天地会为名成立保良攻匪

---

① 刘晨:《萧朝贵与太平天国早期史》,社会科学文献出版社2019年版,第25—26页。

会，消除地方官对他的警惕戒备。紫荆山地区的乡绅最先发现拜上帝会的动机，当官府对洪秀全发动的捣毁民间神庙神像运动视而不见时，桂平县蒙冲乡士绅王作新1847年组建民兵武装，抓捕率众捣毁象州大樟甘王庙的冯云山。拜上帝会信徒抢回冯云山后，蒙冲团练1848年1月再次抓捕冯云山，将其押至桂平县衙。洪秀全为救冯云山去广州求见总督耆英，但后者已奉调回京，新总督徐广缙对洋人洋教恨之入骨，无奈之下洪秀全返回紫荆山，此时冯云山已被会众用烧炭换来的钱赎回。

紫荆山地区的乡绅不会就此罢休，他们拥有这里的广袤土地，以地方名流的身份维护乡村秩序，难以容忍拜上帝教四处捣毁孔庙和民间神祇塑像，破坏流传千年的文化遗产、乡里风俗。儒教信仰体系的捍卫者决定将外省传道者驱离紫荆山，1849年夏天蒙冲团练再度抓捕拜上帝教徒押送县狱。

拜上帝会的壮大除了创始人的坚持，还得力于富裕客家人、壮族人的加入。后者虽有土地、商铺和炭窑，仍受本地乡绅冷落难以融入主流社会，愤懑之下捐出钱物给拜上帝会。家境殷富的桂平县金田村壮族人韦昌辉、贵县客家人石达开相继成为拜上帝会会徒。平南县罗文村客家人胡以晃，拥有横跨平南县、藤县两地且远及金秀瑶山的农田，因与当地乡绅结怨，一怒之下把所有财产捐给拜上帝会，富裕阶层的加入使拜上帝会经济状况大为改善。在他们的带动下，更多的贫苦客家人、壮族人投奔拜上帝会，后者多是土客械斗的失败者，拜上帝会成其庇护所。

走上广西高地的还有失业游民、海盗团伙。中英战争后实行五口通商，随着贸易在1842年后转往北方港口，失业的船夫、脚夫结伴来到山中。随着贸易活动的减少，海盗团伙也变得无事可做，揭阳海盗罗大纲和贵县秦日纲、林凤祥，衡山洪大全聚集一万余人，秘密来到桂平金田村。一些珠江三角洲地区的团练成员也进入广西，反英人入城运动结束后他们无所事事，为生存成了抢劫勒索的盗匪。这些以英国人为敌的民兵战士曾为抵抗西方妖魔而战，把广州衰落的原因归咎于洋人和软弱的满人统治者，民族主义意识成为早期太平军征募的巨大动力。

洪秀全在1849年撰写《原道觉世训》，为反满运动夯实理论基础。他告诉聚集在紫荆山高地的信徒，造物者耶和华是"皇上帝"，除此之外任何称帝者都属僭越，汉人皇帝如此，满人皇帝也这样。上帝造人，所有人都是他的子民，子民没有高低贵贱之分，"若自人灵魂，其各灵魂从何以生？从何以出？皆禀皇上帝一元之气以生以出，所谓一本散为万殊，万殊总归一本"。[①]拜上帝会领袖抨击三纲五常和等级分明壁垒森严的儒教礼法，称违背基督教义的满君汉臣是僭越者，是妖魔，为建立国民平等的天国务必把清妖全部消灭掉。

1849年，洪秀全决定在桂平县金田村举旗起事。太平天国后期领袖李秀成当时还是贫苦烧炭工，他把起事原因归结于应付当地团练挑衅，拜上帝会和团练"各争自气，各逞自强，因而逼起"。[②]塾师洪秀全的视野比烧炭工李秀成宽广得多，他不屑与当地团练争输赢，要做的是正本清源，驱除入主中原的异族鞑虏，建立政教合一的国家。

洪秀全1850年7月下达团营令，命令所有会徒变卖田产捐出私财归属圣库，秘密进入金田村集结。金田、花洲、奇石、陆茵等地的军工作坊开始制造斩杀清妖的武器，会众分为男女别营进行训练，号衣食物均由圣库供给。1851年1月11日是洪秀全生日，拜上帝会领袖选择这天宣布起事，在广西高地建立他梦寐以求的天国，国号太平天国。拜上帝会武装也有了正式称号——太平军。从1843年创教到1851年起事建立政权，这是充满危险极其艰难的过程，现在，洪秀全和他的同道们解辫蓄发，头裹红巾，带着武器、给养和家眷走下荒蛮的高地，挑战爱新觉罗氏建立的大清帝国。

---

① （清）洪秀全：《原道觉世训》，《太平天国印书》第1册，江苏人民出版社1979年版，第19页。
② 广西通志馆编《忠王李秀成自述》，广西人民出版社1961年版。

铁流

紫荆山地区乡绅武装难以抵御太平军的磅礴铁流，蒙冲团练战败溃散退往武宣。王作新 1852 年 7 月率领民兵再战，他的儿子和 3 个侄子阵亡，战死的还有蒙冲武生罗思扬、罗思展，童生罗浩、罗启生等。这样的情状本可避免，广西官府本应在拜上帝会初创期即予清剿，但巡抚郑祖琛认为这个宗教组织和洋人有某种关联，应避免与其发生冲突。当地团练捕获洪秀全、冯云山，地方官呈报巡抚衙门问如何处理，郑祖琛的答复是将他们释放了事，各地官府须集中力量应付呈蔓延之势的天地会暴乱。

广西境内的天地会成员多来自广东、湖南。1847 年 10 月，瑶族人雷再浩在湖南新宁起事，率会众进入广西境内，会合全州天地会李世德部攻占咸永口。1848 年，广东高要县人张嘉祥在贵县起事，攻陷木梓圩，劫走大源、浩源典库财物，南宁协副将盛钧、浔州知府顾元凯督兵清剿，参将段炳南阵亡。1849 年 12 月，湖南新宁人李沅发攻下新宁县城，杀死知县后进入广西。秘密会社遍布广西忽聚忽散，入户掳人勒索银两。一些士绅也参与暴动，监生黄体中会同贵县张亚珍等两千会徒劫掳梁村 59 户。会党陶八等千余人屯聚黎塘墟，打败安城官军和团练。1850 年初，秘密帮会组织控制区几近广西总面积的 70%。

天地会又称三合会、洪门会。广州一口通商时期，秘密社会成员为筹集活动经费参与鸦片走私，广州口岸优势不再使其大量失业。五口通商影响到整个华南的经济，湘省高地的秘密社会武装活动频繁。天地会的政治主张是反满复明，其反满主义和拜上帝会有相同之处，他们都认为南方人是真正的汉人，北方人是"内亚王朝"的混血者。拜上帝会领袖洪秀全甚至模仿天地会首领，随身携带一把奉天诛妖的斩妖剑。

局势在 1850 年 6 月出现拐点，广西、湖南两省军队合围新宁李沅发会党，湖南提督向荣率部在金峰岭设伏歼灭其主力五千余人，李沅发被俘押往北京候斩。以为此役后广西再无大乱，朝廷上下都松了口气，广西巡抚郑祖琛因功获太子太傅衔。谁知道数月之后，自紫荆山高地杀下来一支生力军，再次把广西搅得天翻地覆。郑祖琛是1850年12月8日向宫中奏报的，称桂平县金田村、白沙、大洋，平南县鹏化、花洲一带，均有大股武装集结，这是官方文书首次提到金田村。由两江总督任上调至广西主持军务的钦差大臣李星沅12月21日奏告宫中，称桂平县金田村尚弟会擅帖伪号、伪示，招集游匪万余肆行不法，实为群盗之尤，必须集结军队予以歼灭。初到广西的李星沅虽把拜上帝会误写为尚弟会，就其认定拜上帝会武装系帝国最危险的敌人而言，还是颇有军事眼光的。

1850年2月25日，69岁的爱新觉罗·旻宁在圆明园抵达生命尽头，在位30年。3月9日，20岁的爱新觉罗·奕詝即位，1851年改年号为咸丰。新帝要扳倒首席军机大臣穆彰阿，他做太子时就看不惯主张对外妥协的穆彰阿。即位10个月后，奕詝颁发《罪穆彰阿、耆英谕》，痛责穆彰阿、耆英是"欲使天下群黎复遭荼毒"的汉奸，列数穆彰阿在道光朝陷害主战派达洪阿、林则徐，本朝又与英国人勾结欲加害新帝，以至于英国战舰抵近天津图谋不轨。奕詝直指耆英是穆彰阿的心腹同谋，两人"其心阴险，实不可问"。① 奕詝所称之事发生在1850年6月，1艘英舰未经通报驶抵北洋，登基才3个月的奕詝连发两道圣旨，谕令英船途经之地的督抚将官用心部署。"该夷在天津演放空炮二十余出"，"技穷而去"。②

奕詝在这次事件中绕过首辅亲自部署军事，告诉文武百官穆彰阿已经失去权力。帝国对外政策随之作出重大调整，从羁縻抚夷转为硬式对抗，林则徐等主战派受到重用。与此同时，广西平叛战争也提上议事日程，圣谕广东藩库调拨库银10万两，由徐广缙、叶名琛解赴广西用于剿乱。林则徐被委以

---

① 《清史稿·列传一百五十·穆彰阿传》。
② 《清文宗实录》卷十。

重任赴广西平乱，穆彰阿上疏反对，说林则徐柔弱多病不堪录用，奕詝怒斥其伪言荧惑，革去穆彰阿军机大臣职务永不叙用。穆彰阿其实说了实话，林则徐确实患病不起，在福州侯官接旨后抱病赶赴广西主持军事，1850年11月22日逝于潮州普宁行馆。

广西的军政班子再次重组，钦差大臣李星沅总负责，革去广西巡抚郑祖琛、广西提督闵正凤职务，前漕运总督周天爵接任广西巡抚，固原提督向荣转任广西提督，广州副都统乌兰泰帮办广西军务。新班子选择平南县思旺墟为首战之地，参战清军为贵州镇远总兵周凤岐部、清江协副将伊克坦布部，作战对象为拜上帝会武装。1850年12月27日，杨秀清令蒙得恩率太平军3000人，击退伊克坦布部。12月28日，杨秀清派人迎接洪秀全、冯云山至桂平县金田村总部。1851年1月1日，伊克坦布部渡过蔡村江进攻金田，拜上帝教武装乔扮团练击溃清军。

拜上帝教武装在金田之战中乔扮团勇袭击清军，表明当地团练已协同清军作战。两广总督徐广缙的奏折中述及参战团练，道光三十年"十一月二十四日黎明，有三千人由金田而来，兵勇不能御，退至官村。该匪等拥至思旺村，将团练冲散"；"巡检浦锌带同团练往击，擒获贼目朱士俭并其子侄朱兆沨、朱兆全及伙党黄德、李亚九等五名"；"二十九日，贵州镇远总兵周凤岐督带兵勇团练直抵贼巢，分路攻击，该匪约有万余人，蜂拥而出，轰毙数十人。忽有数贼手执红巾，披发执剑，率匪拼死直扑，副将伊克坦布等阵亡"。①

对于广西士绅团练而言，协同军队作战的意义在于官方终于承认其与拜上帝会武装交战具有正当性。而在郑祖琛主政广西时期这是难以想象的，当时官方唯恐团练抓捕会党激化矛盾，不予鼓励还强加制止，团练在交战中失败，军队和地方官坐视不救，抓获会徒押解送官，地方官"反羁押团长致毙，

---

① 中国第一历史档案馆编《道光三十年冬清军镇压广西会众史料》，《历史档案》1995年第3期。

遂群焉解体者"。① 团练解体团勇归田，会党组织声势日盛，19世纪40年代后期华南粤桂湘交界地区，广东河匪、梧州田芳帮、湖南棒棒会、广西陶八帮会、罗定州凌十八武装等此起彼伏如火如荼，这样的情势有助于拜上帝会起事。

奕詝重视广西团练建设，即位不久就谕令巡抚郑祖琛劝谕绅民组团保卫乡土。为激励团练奋勇作战，他还下旨抚恤阵亡广西乡绅杨廷芳、吕廷颂。徐广缙主政广西军务，奕詝亦提醒其重视团练保甲，"该督务当通盘筹画，迅速剿办。其团练保甲诸事宜，尤应随地布置，使贼匪不敢肆行，庶不致酿成巨患"。②

抗英总督徐广缙在广西领略到国内战争的残酷。广州团练善于营造声势屈敌之兵，三元里包围四方炮台、反洋人进入广州，均号称十万之众以吓阻非主力英军。广西的情况全然不同，当地团练须直面失意客家人、高地烧炭工、鸦片走私犯、失业旧团勇和秘密社会帮会成员，这些人都不是好对付的善茬。广西团练必须打硬仗，作战频次、激烈程度、伤亡人数与广东团练无法比拟。仅1850年11月至1851年1月，短短3个月内，广西官员奏章中就数十次提及团练参战情况。

广西武装暴动波及广东，徐广缙回广州平叛，李星沅主持广西军务，巡抚周天爵动员各地力行团练。邹鹤鸣继任广西巡抚，对地方武装也很重视，绅团在战事中亦有上乘表现。广东天地会颜品瑶部进入广西，为歼灭颜部，会办军务的劳崇光动员南、太、泗、镇四府团练协同绿营参战："广东贼颜品瑶扰南宁、太平，崇光驻兵南邕，与广东军合击，屡战皆捷，品瑶就歼"，"偕左江镇总兵谷韫灿平白山贼，举行南、太、泗、镇四府团练，歼颜品瑶余党於灵山"。③ 一役集结四地团练参战，如此规模的会战在晚清团练史上尚属

---

① （清）孙锵鸣：《与郑梦白中丞书》，《孙锵鸣集》，上海社会科学院出版社2003年版，第61—62页。
② 中国第一历史档案馆编《道光三十年冬清军镇压广西会众史料》，《历史档案》1995年第3期。
③ 《清史稿·列传一百八十·劳崇光传》。

首次。但就总体而言,广西团练仅为松散型低强度武装,难以大量杀伤敌人有生力量,在战争中不能起到决定性作用。进入广西作战的军队由各镇总兵统带,巡抚周天爵没有自己的军队,便积极推行地方军事化,檄令怀集、贺县、都康、下雷土司、凌云、东兰、横州、博白等地团练合力防剿。李星沅1851 年 5 月病逝军中,周天爵接任钦差大臣专办广西军务,调集数万兵力会攻桂平金田,太平军主力突围攻陷象州,奕詝下诏斥周天爵无能,免去其总督衔,交出军权暂署巡抚。周天爵被宫中弃用,军旅生涯画上句号,多少与其力倡合力防剿的广西团练始终没能成为战场主力有关。

在广西的帝国雇佣兵

1851 年,两广总督徐广缙奉旨赴广西督战,行前动用库银在广东招募雇佣兵随他出征,这些雇佣兵被称为粤勇或广勇。粤勇依据籍贯还可分为东勇、莞勇、潮勇等,军事素质强过正规军和广西团练。

当时钦差大臣李星沅主持广西军务,1851 年初他在前线奏告宫中称粤勇擅长打仗,东莞士绅、候补知府张敬修统带的莞勇,在武宣打仗屡建战功。中英战争时张敬修在东莞修筑炮台防御英军,1845 年去广西做了几年知县后辞职回乡,1850 年广西会党起事反清,巡抚周天爵委托他招募 300 名莞勇赴战。

粤勇大多出身底层,由乡土士绅出资训练,参与宗族械斗或地域冲突,相当一部分粤勇加入过地方团练,参与三元里之战、锄奸运动、反洋人入城运动。中英战争、反入城运动相继结束,社学团练规模随之收缩,城市团练亦不复存在,大量失业团勇流入社会成为游民。徐广缙招募粤勇赴桂平叛,既可利用他们的军事技能,又可让他们领取薪饷解决生存危机。

1851 年开始赴广西作战的广东雇佣兵数量可观,一些粤籍士绅成为雇佣军指挥官,除了张敬修,还有捐职主簿陈登仕、候补训导张熙云、候补布政使褚汝航、武举韦允升、已革游击王浚、投诚会党首领归善营千总冯子材等。

来自广东的雇佣兵作战勇猛，这支生力军或可翻转桂省战局，这样的消息经各种渠道传到京城，君臣信心大增，以为胜利指日可待。协办大学士、帝师杜受田1851年3月奏称："传闻粤中杀贼，官兵弗如乡团，乡团弗如广勇。果如广勇精加选练，不过一二千人，以此于谋勇之将弁、官绅数人，分一二堆领之，势宜足以办贼……为其人皆籍广东，多为各处富商大贾佣工负贩之徒，向来雇募，按月给工，大概每人每月约银四五两至六七两不等，较于官兵饷银为多，然亦不过二兵为一勇之用。"① 杜受田主张高薪雇勇，认为雇佣兵物有所值。

粤勇并未如清廷所想一举扭转战局，他们的对手太平军实在太强。1851年3月至4月，雇佣兵和军队在武宣、三里圩协同作战，一度对叛军形成包围。5月，被围之敌经小林、大林、大蓑等处分路突围，退守象州中平；9月，象州之敌奔袭永安，驻安樟莞勇不战而溃，以至永安州城失陷。此时，李星沅已病逝军中，首席军机大臣赛尚阿主持广西军事，永安之败令他怒不可遏，下令遣散莞勇，另募东勇、潮勇交张敬修统带。

1852年11月2日，赛尚阿命令军队和雇佣兵反攻永安，北路清军进攻龙眼潭炮台遇阻，南路清军攻击水窦未果。11月21日，新募四千多名东勇、潮勇抵桂。12月10日，清军再攻永安。潮勇由凉州镇总兵长寿指挥，助攻龙眼潭炮台；张敬修率东勇协同广州副都统乌兰泰部进攻水窦。北路清军突破守军防线，遭太平军主力反击，老潮勇尚可一战，二千多名新潮勇溃退四散。乌兰泰部遭守军突袭粮草尽失，东勇随其后撤。永安战役从1851年9月中旬持续到1852年4月初，粤勇协同清军围城二百多天未能攻破城池，钦差李星沅、帝师杜受田认为广东雇佣军能战胜的预言，被军事实践证明过于乐观。

---

① 第一历史档案馆编《清政府镇压太平天国档案史料》第1册，社会科学文献出版社1992年版，第209页。

1852年4月5日，太平军弃守永安奔袭桂林。4月7日，乌兰泰率诸部追至大峒山时中伏，数千潮勇调头退出战场，以至于清军主力五千人被歼，乌兰泰受伤跌落溪涧，天津镇总兵长瑞、凉州镇总兵长寿、河北镇总兵董光甲、郧阳镇总兵邵鹤龄战死。一仗阵亡4名统兵将官，这是清军在广西战场损失最为惨重的一次。

　　潮勇临阵集体弃战，在于"与太平军通"。①雇佣兵发现敌军中多有广东老乡，这些老乡和他们一样曾是宗族团练成员，共同经历过中英战争和反入城运动，没有理由为了官府给的佣金，在陌生土地上与乡亲拼个你死我活。抗英战争已经过去，反洋高潮烟消云散，社学团练仅留近亲门生习武，权作宗族实力宣示。农业和手工业又被战争毁坏，握过刀枪的农人没有心思回到田头作坊，情愿四处漂泊。反洋情绪依然还在，英雄情结不会再有，来自潮州的雇佣兵遇敌散去，除了发现族人听到乡音，地域亲和力瓦解其作战意愿，更重要的是仇满反清意识被触发被唤醒，他们要做清帝国的敌人。

　　太平天国运动的早期追随者中，有为数众多的广东人，在这个充斥天地会、洪门会等秘密组织的通商省份，反洋反满是底层社会边缘群体的共识，就他们而言反满优先于反洋。太平军放弃永安转攻桂林，进入永安城的粤勇看到防御工事坚实牢固，震撼之余留下深刻印象，他们知道这些军事工程的建筑者来自珠江三角洲，是昔日并肩作战过的战友，由此有同是天涯沦落人的感慨。人海茫茫皆为无根飘萍，乱世沙场一不小心就做了刀下之鬼。思索考量后的集体决定是不作无谓牺牲，不再陪督抚缙绅清军官兵玩下去，他们清楚战争一旦结束勇营裁撤，留给自己的还是毫无希望的生活，倘若这样还不如加入叛军。

　　大峒山一役逃离战场的潮勇达两千人之多，钦差大臣塞尚阿对广东雇佣军彻底失望，在军中向皇帝报告，大峒山之战潮勇阳奉阴违，与贼暗通消

---

① 太平天国历史博物馆编《太平天国史料丛编简辑》第1辑，中华书局1961年版，第6页。

息，断送了清军主力乌兰泰部和入桂作战的四镇总兵。鉴于清军兵力不足，赛尚阿对是否完全摒弃粤勇态度犹豫，他告诉奕䜣，潮勇作战凶猛但不守军纪，出战"裸股跣足，踊跃泥田之中，争先恐后，骁勇实异寻常。惟饥则回营觅食，禁之不可，饱则持械出斗，阻之亦不可。幸其性多属狷直，稍假好言，则杀贼罔顾性命，其不受节制在此，其可用亦在此"。① 大峒山战后，新募粤勇继续进入广西，赛尚阿接到宫中密旨，对广东雇佣兵严加甄别，尚未成行的粤勇不得进入广西。赛尚阿急令广、肇、浔、梧等府不许滥收雇佣兵，"遇有投效之勇即行截回"。②

内战中的广东团练是分化的，上层团绅继续站在清廷一边，一部分底层团勇则成为反秩序者，在内战中转换立场站到士绅阶层的对立面。帝国君臣十分了解这样的情况，迫于战局不得不使用雇佣军，但这样的利用是短期的，一俟战争结束即毫不犹豫地予以裁撤，帝国常备军事力量只能是满蒙八旗军和绿营建制军，雇佣军只能在发生危机时临时征用。

在广西的雇佣军中，战力超过粤勇的是楚勇，这支来自湖南新宁的雇佣军秉持地方宗族团练组织原则，以血缘宗亲门生关系维系团队，相对于由各种人等脱离宗亲团练组成的地域性雇佣军，更具明确的政治取向和尚武精神。他们先与进入其宗族传统势力范围的本地天地会作战，继而进入广西同时对天地会武装和太平军作战。湖南新宁团练成建制转为雇佣军，得力于时任礼部右侍郎署兵部左侍郎的曾国藩推荐，1851年4月，赛尚阿奉旨赴广西督军平叛，奕䜣允准调湖南在籍知县江忠源赴营。江忠源将500名新宁团练转为楚勇，湖南雇佣兵出省作战就此开始。

---

① 第一历史档案馆编《清政府镇压太平天国档案史料》第3册，第27页。
② 同上书，第30页。

英雄跌下神龛

战争的激烈程度远超预测,帝国最优秀的职业军人持久地奔逐鏖战在燠热的红土高地,耗尽体力意志消沉甚至命丧战场。广州副都统乌兰泰久经西北战场历练,随火器营征伐回疆战功颇多,率部入桂初战即胜,他的脚步停留在永安城外,继而其部在大峒山遭到毁灭性打击,负伤撤至桂林城下被太平军击杀。广西提督向荣身经百战,随陕甘总督杨遇春平定河南滑县天理教起事、新疆大和卓波罗尼都之孙张格尔叛乱,湖南提督任内歼灭天地会李沅发主力,率部入桂攻占金田。再战象州渐显疲态,官村岭之战遭太平军阻击,没能到达指定区域以至于永安失守,被褫职后闲居广西平南。赛尚阿是赴桂指挥作战的一品高官,他在中英战争中护卫京畿,战后组建火绳枪队,奉旨赴广西前皇帝特赐遏必隆刀,拨给他军费二百万两白银,为提振军心还调派驻京军队随他南下。被寄予厚望的首辅到前线后无法节制督抚将官,指挥能力又弱,以致战局残散难以收拾。奕詝震怒,诏斥赛尚阿调度无方号令不明赏罚失当,以致劳师縻饷日久无功,将他褫职逮京治罪。在广西作战的悍将纷纷折戟,重任落到在中英战争中颇有建树的姚莹和徐广缙身上,他们是公认的抗英英雄,尤其是具有带领地方团练打赢强敌的经验,朝廷期待他们为帝国再建奇功。

赛尚阿在广西主持全局时,台湾兵备道姚莹调任"谋军事"的广西按察使,即赛尚阿的军事顾问。儒将姚莹是桐城古文派大家姚鼐嫡孙,和林则徐政见相同,主张禁烟抵抗英军;主持台湾防务时,从台南到台北勘察各个港口,在沪尾、鸡笼(基隆)添设炮台,配置4门8000斤重大炮、2门6000斤重大炮。他动员各地士绅出资办团,至1842年3月,全岛有团勇47100名。为防备游民疍户被英军收买,姚莹参照林则徐的做法招募他们进入水勇队,战时由水师军官统带。为补充军队缺额,姚莹挑选一千多名精壮团勇加入绿营。1841年9月30日,英舰"纽尔布达"号入侵鸡笼,参军邱镇功命令士兵开炮轰击，炸断英舰桅杆使其触礁沉没，此战击毙"白夷五人、红夷五人、黑夷二十二人"①，俘虏英军士兵133人，缴获敌炮10门。英军否认入侵台湾，称运载几百名印度兵的"纽尔布达"号偏离航道沉没于台湾海域。1842年3月11日，英军远征舰队双桅船驶入淡水、彰化交界处的大安港，姚莹命人把敌船引入土地公港使其触礁搁浅，清军开炮将其击沉。此战"杀毙白夷一人、红黑夷数十人，生擒白夷十八人、红夷一人、黑夷三十人、广东汉奸五名。夺获夷炮十门、又铁炮一门、鸟枪一杆、腰刀十把"。②英军的说法还是英舰正常航行触礁沉没，船员包括18名英国军官同样落到地方政府手中。到1842年6月，台湾战俘营一共关押着"149名印度兵和19名'白人'外国士兵"。③正在为一连串失败悲伤的道光皇帝，受台湾兵备道姚莹、总兵达洪阿的胜利鼓舞，一时间恢复了爱新觉罗氏的尚武热忱，在姚莹呈达的捷报上批示"览奏嘉悦之至"。喜悦溢于言表的旻宁谕令福州府库拨出30万两白银，用于增强台湾的军事防御。

厦门鼓浪屿已被英军攻克，台湾战俘营的英军难以押赴大陆，姚莹决定把他们全部杀掉。旻宁授予姚莹杀俘的权利，闽浙总督怡良打算用俘虏换回鼓浪屿，命令姚莹把战俘送往福州。姚莹不为所动，对达洪阿说以交还英俘换取英军撤出鼓浪屿，这是示弱的行为，不如杀掉这些俘虏，达洪阿表示赞同。1842年8月，完成审讯后的大部分战俘被处以极刑，仅有"9名（除2名广东领航员外，大部分是白人）被赦免"。④决不姑息入侵之敌，指挥台湾防卫战的姚莹成为帝国英雄。

---

① （清）达洪阿：《达洪阿等奏击沉英船擒斩英兵夺获炮位折》，《筹办夷务始末（道光朝）》卷三十八，第1413页。

② （清）达洪阿：《达洪阿等奏英军复犯台港破舟歼敌获胜折》，《筹办夷务始末（道光朝）》卷四十七，第1770—1771页。

③ ［美］詹姆斯·M.波拉切克：《清朝内争与鸦片战争》，李雯译，中国人民大学出版社2020年版，第129页。

④ 同上书，第129页。

姚莹在广西前线并不顺利,他的建议多次被主官赛尚阿否定。前线作战部队指挥官乌兰泰和向荣矛盾很深,姚莹支持乌兰泰,赛尚阿多听向荣,以至于清军多次战败。赛尚阿亲自指挥的永安战役,清军集结四万多人分两路发起总攻,姚莹担任翼长即乌兰泰部副指挥,由南路攻击水窦之敌。他和乌兰泰建议清军向荣部放弃北路进攻,和他们会合集中优势兵力攻取水窦,切断永安城对外通道使其成为孤城。向荣拒绝他们的建议,率部强攻太平军龙寮岭防线,南路清军兵力不足强攻水窦不克,太平军秦日纲部从圈岭迂回突袭其囤粮基地,乌兰泰、姚莹不得不放弃进攻水窦。

广西战局溃乱不见好转,宫中急令两广总督徐广缙率师赴援。徐广缙1851曾赴桂主持军务,奉旨返粤后把所有精力都用于平叛,1852年春天他终于见到曙光。高州会党凌十八踞守罗镜圩、信宜,与太平军相倚而战,徐广缙率部夺回贵县、廉州,攻入罗镜圩擒获凌十八,皇帝赏加其太子太保。总督遇到的最大困难是广东团练旧部的频频反水,当年反英人入城运动的参与者在内战中迅速分化,一部分人成为帝国的敌人,他们进入广西高地投靠会党,或成为政府雇佣军后在广西战场开小差逃往叛军。这是徐广缙最不愿意看到的,又是他不能克服的难题。当洋人龟缩在广州城外商馆区不再躁动喧嚣,反洋人主义者的兴奋点转为反抗满人统治者,民族主义情绪和贫富阶层矛盾凸显出来,地方观念宗亲关系不再成为团练组织的黏合物。

三角洲地区的社学士绅听任团勇离开,他们没有担负起平叛的责任,亦无率团出省作战的想法。1850年夏天,广西高地五万名堂会信徒举旗反满,一路南下攻占了广东清远县城,与其呼应的广东会党在从化起事,暴动发生地距广州城仅一百余里,当地乡绅亦不为所动,除非叛乱者进入他们所在乡域,否则不会鸣锣竖旗动员民兵作战。对广西平叛表现出极大热情者,是张敬修等在籍体制内科甲精英,曾为编内官员的他们视野远及帝国域内,与大部分乡村士绅不同,后者的目光坚执于足下之土。

奕詝和他的父亲旻宁一样,期待广东士绅伸出援手,他特许粤省免征 1

年田赋，以求当地绅民感恩朝廷。广东官员则为应付战争忙得焦头烂额，为填补在内战中耗损的库银，隐瞒上谕依然收税，甚至还向绅民逼捐。南海、番禺士绅在 1851 年 3 月发现地方当局的骗局，召集会议拒绝缴纳田赋。东莞绅民包围县衙，知县逃往广州。新会知县迫于压力，表示加倍退还税款。徐广缙的处境不同，他需要白银用于平叛战争，免征田赋造成的军费亏空他无法弥补。总督的担心并非多余，到 1852 年 9 月仅两广地区就支出军费 400 万两白银，这笔巨款中的一部分出自卖官所得的银票，还有 50 万两截留自应交北京的海关关税，其余部分为透支亏空。为填补这个黑洞，徐广缙不得不与曾出资为其建造英雄碑的广东士绅决裂，奏请皇帝禁止拒缴田赋的东莞举办科考，还以煽动暴动的罪名逮捕煽动乡民拒缴税款的军功秀才。1852 年秋天徐广缙离开广东总督府赴任湖广总督，广东士绅视其形同陌人。而在他之前，抗英名将姚莹在广西战场毫无建树，亦已跌出英雄神龛坠入冰冷现实。

徐广缙 1853 年初抵达岳州，此时太平军已攻克武昌。随后的长沙战役，他又不在长沙城中，与在广州领导反洋人入城运动时不同，总督在内战中总是赶不上节奏。赛尚阿在广西战败被免职，徐广缙继任钦差抵梧州剿敌，洪秀全先他之前率部转攻桂林，以至于徐广缙未在广西境内歼敌。太平军进入湖南境内，徐广缙赶赴湖南指挥战事，才抵长沙叛军已撤围转攻湖北，接连攻陷岳州、汉阳、武昌。奕詝调动 10 万清军欲在长沙城外聚歼叛敌，未达到战役目的以致战火蔓延至湖北，他在宫中昼夜不眠寝食难安，把一切希望寄托在徐广缙身上，望穿双眼也等不来捷报，他寄予厚望的宠臣总在路上。武昌陷落后龙颜震怒，"诏斥广缙迁延不进，调度失机，株守岳州，拥兵自重，褫职逮问，籍其家，论大辟"。徐广缙在狱中度过一年，还好未被斩首弃市，1853 年夏天，戴罪遣往河南巡抚陆应谷府中当差。

姚莹病逝于长沙战役，时任湖南按察使的他此役中依然毫无作为，因辜负圣意忧愤致疾，卒于被叛军重重围困的长沙城中。和徐广缙一样，他对围困这座省城的敌人中有许多共同经历过中英战争的团勇一事感到莫大的悲哀。徐广缙、姚莹们一旦离开团练武装，就失去了所有光环，军事斗争失败后便是政治生命的完结。

间谍坟场

广西巡抚走马灯一般地更换，先是郑祖琛，继而周天爵，再后来邹鸣鹤，他们对团练的态度各不相同。郑祖琛排斥地方团练，认为他们是麻烦制造者；周天爵依靠雇佣军作战，认为地方民兵难以消灭敌人有生力量；对团练武装寄予厚望的是邹鸣鹤，他让桂籍缙绅即在籍前高官帮助他组织全省范围内的团练投入内战。

缙绅是编制内官员，因守制、患病、受纪律处分暂时离职回乡，皇帝需要他们时下诏召回。对于这些回籍贯地的编内官员，按清律是绝不可以让他们组织地方武装的，唯恐他们形成军阀势力对清廷造成威胁。中央政权在特殊时期允许未进入编制内的科举士人组建团练，其活动范围框定于乡域，至多也就县域。邹鸣鹤委托缙绅组建省级团练且给予他们指挥权，是突破红线的危险行为。

满洲人在入关前分为八旗，旗民平时农牧战时当兵。1583年建州左卫指挥使爱新觉罗·努尔哈赤起兵反明，在萨尔浒之战中战胜明军。其子爱新觉罗·皇太极是八旗旗主之一，控制其他7个旗相继征服朝鲜、漠南蒙古，1636年称帝设国号大清。1644年摄政王多尔衮率部进入关内，爱新觉罗·福临成为清朝定都北京后的第一位皇帝。此后清廷逐渐废弃了各旗世袭旗主，十多万八旗兵成为皇家私军。顺治初年，清廷为弥补八旗兵力不足，招募归顺明军、汉人组成建制军，按明军旧制以营为基本单位发放绿色营旗，称其为绿营。绿营以镇为军事单位，每镇兵力约一万人，镇的军事主官为总兵。全国共设50余镇，总兵力约60万人。满洲军阀在明代割据北方，继而入关建立国家政权，依赖于宗族军事力量。强大的地方武装对中央政权构成致命威胁。抑制地方名流豪强，不允许他们在籍任职，是清皇室的政治原则。

1852年，邹鸣鹤未经宫中许可，委托广西籍前高官龙启瑞、朱琦建立通省团练总局，是迫于军事危机作出的决定。广西几无可战之兵，桂林危在旦夕，巡抚认为唯有建立广西团练局才能扭转局势，此项工作只有广西缙绅才能完成。建于桂林的通省团练总局，是晚清首个省级团练组织。

主持团练总局的龙启瑞是桂林人，在籍丁忧守制前任翰林侍讲兼湖北学政。朱琦是他同乡，前福建道监察御史，以直言敢谏与苏廷魁、陈庆镛合称"谏垣三直"，1846年议政未被采纳，愤懑之下回籍做了桂林书院山长。龙启瑞、朱琦与曾国藩有来往，都曾师从桐城派大家梅曾亮。龙启瑞是帝师杜受田门生，就郑祖琛等隐瞒广西实情致函杜受田。桂林举人李宜1850年10月赶赴北京呈递请愿书，指控广西官府罔顾暴乱四起，阻止绅团民兵保乡护土。翰林院编修兼贵州乡试正考官孙鼎臣读到请愿书后写信给龙启瑞，让他赴京推进抗议活动以扭转时局。刑部尚书杜受田在关键时刻发挥影响力，把龙启瑞信函内容转皇帝，促使奕詝颁谕命徐广缙、叶名琛筹银10万两赴桂平叛。圣谕强调地方民兵的重要性："该督抚务即劝导本处绅民，互相团练，藉资捍御。必须剀切详明，鼓其忠义之气，其有固守城乡俾贼匪无从窜越，或能奋勇杀贼斩馘立功者，即著该督抚破格奏请施恩，从优奖叙。庶兵民协力同心，贼匪速就歼灭"。① 奕詝很快就怀疑自己的决定，三天后朝廷重申了不支持无度扩张地方武装，禁止私人制造或拥有火器。

军队在战场上的表现依然不堪，集结桂粤湘滇黔五省绿营仍难打赢叛军，鉴于此种情势皇帝不得不允许广西当地团练参战，对由谁掌握地方民兵指挥权则犹疑不定。国子监祭酒胜保1851年3月4日上疏，称广西团练散而无纪，应由总督和巡抚管理，强调中央政权对地方团练的管辖权。邹鸣鹤接

---

① 《清文宗实录》卷十五。

任广西巡抚时便奏请广西"普行团练",亦赞成团练事务地方主官负责制,实行起来则分包给在籍缙绅,委托龙启瑞、朱琦筹建通省团练总局。"咸丰元年六月,邹鸣鹤饬令两人协助署理藩司吴鼎昌和右江道严正基筹办全省团练,并在省城设立'通省团练总局',对各地办团'未当者立速指拨更正',以使广西团练'有实效而无流弊'。"① 通省团练总局即广西团练总指挥部设在桂林,龙启瑞、朱琦坐镇总局,总局大门前竖立团旗排列兵器,威武气派看上去如同衙门。1851 年底广西全省 63 个厅、州、县中,建立团练的有 40 多处,每州、县民兵数量从数千人到一两万。②

1852 年 4 月 17 日至 5 月 19 日,太平军在三十多天中 24 次强攻省城桂林。强攻难以奏效,太平军工兵部队从城外挖掘地道通往城墙,试图引爆火药炸开缺口,坚硬的喀斯特岩石使满手血泡的士兵失去信心,他们不可能挖通这样的地道。洪秀全改变战术实行间谍战,士兵乔装打扮混入城中里应外合夺取城池。通省团练总局成为反间谍战的主要力量,依靠保甲制度构建网格式排查系统,在战争中发挥无可比拟的强处,粉碎了敌人精心策划的军事行动。太平军以农民、商贩、工匠的身份进入桂林,就像进入一张巨大的蜘蛛网,遇到沿街逐户细加盘查的团练唯有束手被擒。民兵让可疑之人自报何地何牌何甲何保,倘若是杜撰出来的很快就会被识破。为打赢反间谍战,团练总局制定了丰厚的奖励条件,查获 1 名间谍奖励 100 两银子,团勇为此亢奋雀跃,这场渗入与反渗入战使桂林成了间谍坟场。

太平军破城无望,1852 年 5 月 24 日北撤至广西全州境内。全州城仅五百守军,都司武昌显部四百人赴桂林作战途经全州,代理知州曹燮培、前任知州瑞麟劝他们留下守城。6 月 3 日,太平军工兵掘地道至全州城下,炸开缺口攻入城中,曹燮培、瑞麟、武昌显与守军全部战死。清人夏燮在《粤氛记事》

---

① 崔岷:《咸丰初年清廷委任"团练大臣"考》,《历史研究》2014 年第 6 期。
② 王庆成:《太平天国的历史与思想》,中华书局 1985 年版,第 107 页。

中记载太平军屠城，全州城内"积尸千三百余具，另焚毙者未计"。太平军进抵全州途中遭当地团练阻击，卢家桥团绅陆植佩、王耀宗率"六都勇"炮击其先头部队，太平军打退团练进攻，烧毁民居60多间。全州绅民一心守城，史家简又文在所著《太平天国全史》中记述，此地"家出一丁，绅士督之，以助守望"，民兵把烧热的桐油、稀饭浇向攻城者，太平军"至今谈之，尤切齿股栗"，"民团助妖，抗拒天兵，致伤亡兄弟不少"，成为他们屠城的理由。

1852年6月3日太平军攻克全州，次日即弃城北上，离桂入湘拓宽战略空间，广西团练的抵抗活动亦告一段落。两广地区的地方武装作战区域不会溢出省界，珠江三角洲团练的作战对象为驻粤英军，广西高地团练的敌人为境内太平军和会党武装，一旦对方离开桂省，便止步省界不再追击。

三元里社学团练领袖何玉成、王韶山，中英战争后未被清廷重用，参加内战的龙启瑞、朱琦一样被宫中忘记。直到1856年龙启瑞才被任命为江西学政，1857年转任江西布政使，此时江西仅存孤城南昌，战乱不止灾害频发府库空虚，龙启瑞勉力支撑到1858年病逝任上。龙启瑞守桂林有功却被闲置两年有余，在于朝臣认为广西团练办理不善责任在办团缙绅，1853年11月鸿胪寺少卿倪杰疏请谕，如果瞻徇情面有意弥缝，一经控告或由科道指名参劾，将该绅士并督抚及原保之员一并议处。这是帝国权力中枢对战区主官推行地方军事化的警告，要求他们加强对地方团练的控制。

龙启瑞、朱琦遭到严厉追究，新任广西提督惠庆1854年上疏控告他们对局董遴选不当，甚至还予以包庇，以致广西团练毫无忌惮敢于为匪，广西局势日坏一日。惠庆奏称广西设团练总局已四年余，"非特团而不练，竟无所谓团"，提出剥夺在籍缙绅的指挥权，团练"只可官为经理"①，由代表中央政权的地方主官接手地方武装领导权，主持通省团练总局的缙绅龙启瑞、朱琦被视为僭越者。

---

① （清）惠庆：《奏陈粤西团练日坏亟须挽救疏》，《皇朝经世文编续编》卷八十二。

第三章 脱下朝服办团去

自酿的苦酒自己喝

太平军主力由桂入湘,包围湖南省会长沙。帝国军队最高指挥官奕訢彻夜不眠,亲自制定"趁此贼匪屯聚一处,并力围攻,以期一鼓歼除"[①]的军事计划,交由宫中最好的骑手急送前线。

太平军数千精锐于1853年9月突袭长沙,这支由西王萧朝贵指挥的快速部队连克安仁、攸县、醴陵,9月11日歼灭长沙城外石马铺清军,9月12日萧朝贵在攻城战中阵亡。天王洪秀全所率主力10月11日进抵长沙城下,工兵挖掘地道3次引爆南门城基均未得手。东王杨秀清部六千人10月14日迂回到长沙浏阳门外校场,总兵和春率守军击退这次进攻。翼王石达开部与守军向荣部争夺湘江西岸,石达开10月31日在牛头洲设伏,清军伤亡一千余人。1851年的长沙战事呈胶着状态,未如皇帝所愿速战速决一举歼敌。

前线并无统摄全局的指挥官,这对于帝国军队是致命的。在长沙的高官重臣不在少数,前钦差大臣赛尚阿、前湖南巡抚骆秉章、新任湖南巡抚张亮基、新任湖南按察使姚莹等都进入城中,但都没有被授权负责全局。军队系统的提督、都统率的部队互不隶属各自为战,谁都不会去兼顾全局。"城内外

[①] 《清文宗实录》卷七三。

巡抚三，提督二，总兵十，莫相统摄。"① 长沙战役投入兵力近十万，总指挥徐广缙却未到位，太平军围城 81 天，清军战役指挥部自始至终紊乱不堪，未能在会战中聚歼太平军主力。

广东、广西两省的团练被奕䜣视为鸡肋，他现在寄希望于湖南民兵。一支来自湖南安化的团练出现在长沙战役，三千团勇北起白沙街南至大椿桥修筑土城，又在主城墙后面修筑月城开挖内壕，用来阻止敌人的进攻。这支先于敌军到达长沙投入守卫战的地方武装，由在籍前湖北巡抚罗绕典奉旨组建。这是否标志中央政权政策转向？这一时成为朝野关注的焦点。

桂林战役期间，清廷就是否推行地方军事化进行政策论证。1852 年 4 月 5 日太平军自永安突围，5 月 9 日工部侍郎吕贤基上疏请求皇帝允许大臣直言。5 月 17 日，给事中陈坛上《奏陈时事艰难疏》，恳请皇帝引咎责躬剀切宣示，破格奖励组建团练参加保卫战的士绅。奕䜣接到奏折当天下旨引咎自责，动员地方团练奋勇参战。太平军 6 月 7 日进入湖南境内，6 月 25 日前湖北巡抚罗绕典接到上谕命其在籍贯地湖南筹建地方武装，"所有绅民团练防御各事宜，即可商同筹备"。② 与龙启瑞、朱琦由广西巡抚委托组建通省团练总局不同，这回是皇帝亲自命令前省部级高官在籍办团。

1852 年 6 月 27 日，毗邻广西全州的湖南道州失守，宫中再谕湖南绅民办团自卫，断不可为讹言摇惑纷纷迁徙。9 月 21 日，前军机大臣陈孚恩在籍贯地湖北接到组建团练的上谕，令他办理一切团练防堵事宜。在军队战败不支时，皇帝祭出御敌神器团练，同时后者又是被时时警惕着的，唯恐其无序坐大动摇帝国根基。怎样协调两者之间的紧张关系，摆正缙绅及其私属武装的位置，中央政权面对不解难题。

除非万不得已皇帝不会轻易允许办团，保甲制度才是帝国的根本。保甲

---

① 《清史稿·列传一百九十四·江忠源传》。
② （清）奕䜣：《谕内阁著前任湖北巡抚罗绕典驰驿前往湖南邦同赛尚阿等办理军务》，《清政府镇压太平天国档案史料》第 3 册。

制度萌生于先秦，成形于隋唐，完善于北宋，元明清三代更趋精细。保甲制度是王朝最基层的统治单位，由非体制内庶民行使国家政权委托的管理权，监督其管理范围内的庶民。保甲制度的核心是一人有罪全体株连，导致民众害怕共同担责，互相监督并告密揭发。这是一种极为有效的基层自我管理模式，以威吓利诱使基层单位成员相互制约，在敌视的基础上建立邻里安全关系，使对现政权的反叛行为能够掐灭在萌芽期，帝国由此达到维稳之目的。

汉代保甲制度以5户为伍，10户为什，100户为里。唐代4户为邻，5邻为保，100户为里。北宋王安石变法，规定10户1保，5保为大保，10大保为都保。元代出现甲，20户为1甲。清代保甲制度始于1644年即顺治元年，采取10进位制，10户为1牌，10牌为1甲，10甲为1保，又称牌甲制，单位管理者分为牌头、甲头、保长，各家各户把家庭成员数量和姓名写在木牌上挂在门口，外出写明去哪里，回来注明到过哪里，所有人都不许隐瞒行踪去向，以达到"制一人足以制一家，制一家足以制一乡一邑"之目的。保甲制度把城乡社会拆分为最小单元，以5户为基本社会单位组成严密的网络结构，家庭成员数及个人信息详尽地记录在案，透明公开无秘可言，君权和国家意志通过数字化管理渗入民间。地方官方通过最基层的社会组织，监视每个人、每户家庭，从而控制整个所辖区域。

保甲制度是一种网格化管理，以统一尺寸框定不同阶层，以平衡、制约地方名流在基层社会的重要影响。这就使士绅为保持阶层优越感视保甲为畏途，以种种理由拒绝提供本人和家庭成员情况。一些地方官为求顺利推行保甲制度，往往会作出妥协以处理好与士绅的关系。名臣于成龙1661年任广西罗城知县时变通保甲制度，规定乡绅中连续两榜考取贡生、监生者，可以不与庶民编入同一保甲，经地方主官同意后另入保甲名册。

官府依靠保长和甲头统治平民，向他们提供各种权利；士绅阶层则轻视疏远这些出身卑微者，使他们感到自卑和不受欢迎。基层管理者并无实际的官阶品级，并非真正的体制中人，士绅则多是科甲精英，其中一些人会进入帝国文官系统，这也是士绅阶层鄙视基层保甲长的底气。士绅对保甲长权威的挑战由争夺地方民兵领导权开始，在这场不对称的斗争中，后者很快就放弃抵抗。出身底层的保甲长无法与士绅群体争夺地方武装领导权，保甲制度虽规定士绅不能担任保甲长，其目的是抑制绅权，但乡村民兵组织经费开支须依赖富裕士绅，富绅在战时将经费用于建设宗族武装，保甲团练名存实亡。

士绅团练之所以后来居上，还在于地方官员出于文化上和地方名流的认同感，往往睁一只眼闭一只眼，默许当地士绅拥有武装。绅权扩张影响到地方政府施政，两者之间又不断地产生矛盾。同时，士绅团练内部并非铁板一块，关系错综复杂，其存亡很多时候决定于组织者个人能力。中国乡村由宗族关系和小农经济结构维持，不同的人保护乡土的热情有差异，一些民兵没有私人财产需要保卫，与同乡同族有产者存在债务关系，对招徕他们加入团练者会有经济上的要求，一旦难以满足便会产生敌意。反洋和平乱的慷慨话语并不能永远打动他们。在两广地区可以清楚地发现，团练成员在战时与战后的表现迥然不同，当外敌远他们而去，底层民兵的注意力会聚焦于自身生存问题，珠江三角洲的很多团勇离开居住地走向广西高地，成为现政权的反叛者，便是一个有力的例证。

尽管地方武装之事错综复杂，鉴于军队难以围剿叛乱者，团练兴废成为朝官争议热点。翰林侍读孙鼎臣在全州失陷后递呈《请责成本籍人员办理团练疏》，详论团练在战争中的作用、团练和保甲制度的关系、办团经费的筹集，认为推行地方军事化很有必要。孙鼎臣称嘉庆年间白莲教起事，地方团练筑堡固守，坚壁清野，切断白莲教后勤供应链，军队得以剿灭反叛武装。孙鼎臣认为推行地方军事化应该有序进行，把保甲制度和团绅组织分离开来，保甲长维护地方政治秩序，在籍贯地的缙绅即在编不在职高官组建团练负责军事防卫，只有这样才能避免地方武装落到不循法度者手中，而后者已召集乌合之众，插手地方诉讼、税赋、赈灾事务。1852年的局势异乎寻常地严峻，为对付进入湖南的反叛武装，皇帝同意前高官介入籍贯地团练事务，组织地方民兵投入战场；6月上旬接到孙鼎臣《请责成本籍人员办理团练疏》，6月25日即谕令前湖北巡抚罗绕典在籍贯地湖南办团，9月21日又谕令前刑部尚书陈孚恩在湖北办团。奕訢给陆建瀛的圣旨写明由陈孚恩在湖北"办理一切团练防堵事宜，随时商酌，务使官民联为一气"。① 此处的"官"指代表中央政权在地方行使权力的督抚，"民"为地方乡绅，在籍前高官作为官民之间的桥梁，三者共同推行地方军事化。

这是形成于战时的新组织形式，前高官介乎官与民之间，难以说清代表哪方，自身究竟是官是绅定义模糊。缙绅在古代是指有官职或做过官的人，因各种原因离职回到籍贯地官员亦被称为缙绅。官职品秩都已经交回给朝廷，以不官不民的身份介入地方民兵事务，并不是一件讨好的差事。

宫中对于地方团练在战争中到底扮演何种角色，非常慎重，甚至犹豫不定。奕訢给予湖南、湖北缙绅团练指挥权，对其他省份则依照旧例捂住口子。1852年10月，陕西巡抚张祥河奏请筹建团练，奕訢密谕军机处予以拒绝，理由是广西、湖南办团并无成效，乡民良莠不齐易聚难散，即便"无事之时，令其朝夕练习枪械，亦觉骇人耳目，自不如力行保甲，最为缉奸良法"。他这里已经说得很明白，团练对付反叛军作用不大，天天进行军事训练倒是让人觉得害怕，这里的害怕者除了乡民，恐怕还包括朝廷。奕訢要求湖北巡抚"随时教练弁兵勤加操演，俾该处营伍悉成劲旅，保卫民生示以镇静"，总之帝国要依靠军队打赢战争。对于已经组建的团练，奕訢让军机处转告张祥河，"所云现行团练，令民早晚练习，日中仍各安本业，是否无妨百姓生理？其官为合操，经费何出，并将来如何遣散之处，亦应豫为筹及"②，命令他把"简明章程各条一并详细具奏"。张祥河接旨后立即停止办团力行保甲，奕訢赞许之余再次下谕，"兹据奏称，现停团练操演，将旧有卡堡，加以缮葺，修整器

---

① 《清文宗实录》卷六八。
② 《清文宗实录》卷七二。

械，归库收储，壮丁造册存记，并饬训练弁兵，编查保甲等语，俱系地方官应办之事，即著照所议办理"。① 皇帝以这样的态度表明，孙鼎臣的建议并不足以推广至全国，允许湘籍、鄂籍缙绅在籍贯地掌握团练武装指挥权仅是特例。

1852年12月13日，太平军攻占湖南岳州，十万主力军水陆并进，连克湖北汉阳、汉口，兵临武昌城下。12月30日，上谕河南巡抚陆应谷晓谕绅民办团护卫京畿。1853年1月10日，上谕两江总督陆建瀛办理江宁团练防卫江苏。1月12日，太平军攻陷武昌，湖北巡抚常大淳自杀，湖北提督双福和总兵常禄、王锦绣战死，上谕陕西巡抚张祥河办理团练。至此，动员团练参与内战的省份，从广西增加到湖南、湖北、江西、河南、江苏、陕西等省份。这些仓促部署很显然是被动的应急措施，地方民兵武装分布范围局限于战争波及省份。清廷清醒地认识到汉人地方武装是帝国潜在的反叛者，但为了对付现下的反叛者，也只好动用他们，这是不得已而采用的下策。

宫中发出违背祖训的圣谕

自诩为上帝之子、耶稣之弟的洪秀全，在武昌发布进军江宁（即南京）的命令，他要把创建于广西高地的天国和天国子民，迁徙到王气爆棚的六朝古都，在中国最长的河流南岸建立地上天国的都城，进而北伐夺取整个中国。1853年2月9日，数十万头裹红巾的太平军从武昌出发，水陆并进，顺长江东下，大清江山为之震撼晃摇。

在深宫中指挥战事的爱新觉罗·奕詝完全被这些"暴民"吓到了，现在他终于知道被称为教匪、发逆的敌人是何等强大，稍有不慎龙椅就会被掀

---

① 《清文宗实录》卷七三。

翻，入关八旗亦会被逐回关外。帝国处于最危险的时刻，团练制度改革势在必行，即便饮鸩止渴也得张口喝光。1853年2月15日，皇帝作出重大决定，承认帝国已进入大规模内战时期："逆匪滋扰以来，由广西而湖南，由湖南而湖北，所过城池多被蹂躏。现复围陷武昌省城，数万生灵惨遭荼毒。即未被贼地方，亦复闻警远避，备极流离颠沛之苦。"之所以落到这种地步，责任在于地方官吏，他们"平日既不事先豫防，临时又复张皇失措，甚至望风先遁，以致居民失其所恃，不得不转徙他方，以全性命"。奕詝责备自己任用官员不当致使叛乱难以平定，"朕为天下生民主，不能察吏安民，致令盗贼肆行，闾阎惊扰，兴言及此，寝馈难安"。他的克敌之策是仿效嘉庆皇帝团练乡民坚壁清野，反叛军虽肆意蔓延，但野无所略粮草不济，进而城不能破渐次殄灭。这份上谕最重要处在于明确了朝廷允许地方士绅获得团练武装领导权，团练经费自筹而使用权归属"公正绅耆"，地方官吏不得干涉。奕詝承认地方名流是秩序维护者，只要"公正绅耆"约束莠民，地方便不至于出现事端。若据此认为皇帝已对士绅武装完全不再戒备，则是想多了，上谕强调"所有团练壮丁，亦不得远行征调"，这句话十分关键，不能派遣团练去外地作战，表面上是安抚绅民，实则对团练武装活动区域作出严格限定，军队是军队，团练是团练，团练武装只是内战配角，其职责是坚守乡里筑堡清野。对此皇帝谆谆诱导地方绅民："凡土著良民，各有产业，与其仓惶迁徙，抛弃田庐，转不免土匪乘机抢掠，何如坚守乡里，以子弟卫父兄，以家资保族党乎？"① 这是一部纲领性文件，承认保甲制度已不适应战时的帝国，独立于保甲制度的地方武装将出现在广大区域，民兵们是帝国保护神抑或反叛者，只好听天由命了。

战局越来越不济，太平军遮天蔽日地沿长江而下，短短二十多天时间接连攻陷黄石、九江、安庆、芜湖，抵达南京城下。1853年3月9日，皇帝第

---

① 《清文宗实录》卷八一。

二次发出办团动员令，动员对象是官与绅。当天清廷又颁发上谕，给予在籍贯地的前官员组建团练的权利，在这份上谕中，出现了"在籍绅士"字样[1]。在籍绅士这个概念，先由孙鼎臣在1853年1月11日提出，此说明确了其在1852年6月上疏中提到的"贤士大夫"即在籍绅士——因各种原因离开职位回籍贯地的前高官。嗣后，工部侍郎吕贤基也在奏折中使用了"在籍绅士"这个词。1853年3月9日的上谕允许所有前高官在籍贯地组建地方武装，说明皇室在国家危机时对清律作出重大修改。清律有"密其回避"条款，"户部十四司、刑部十七司、御史十五道、督抚以下至佐杂等回避本籍，必须核实无讹，方许补授官缺"，规定大臣不得在籍贯所在地担任地方官。为应付现实危机，以在籍缙绅并非现职官员不受"密其回避"条款约束为由，偷换概念绕过清律，不失为紧急状态下的转圜之策。在籍缙绅，包括丁忧守制、病老休致、过错革职的回乡前任高官，虽不是现职官员却又是体制宿老，在籍贯地更是一方大族广有人脉，让他们担任团练领袖，可取之处在于其特殊身份可以帮助官方控制地方武装，潜在危险在于其一旦拥有武装力量，势必削弱地方政府力量，很容易形成上层政权与基层社会双重统治格局，对皇权构成致命挑战。当推行地方军事化成为挽回败局的不二选择时，清政权已无任何退路，现在一切都寄托于儒学信仰和礼教秩序，宫中期待在职或离职的体制中人，在帝国面临灭顶之灾时顾念皇家恩泽，与朝廷共度时艰走出困境。

　　在如此大规模地推行地方军事化之时，如何让在籍缙绅找到体制内的存在感，使他们觉得自己是上层统治集团成员而非地方基层社会代表，奕訢决定解决这个难题，他的办法是让所用之人于在职官员与在籍缙绅之间频繁转变身份。1852年6月他谕令前湖北巡抚罗绕典以在籍绅士身份在湖南办团，1853年5月又任命他为云贵总督；1853年1月谕令前广西巡抚周天爵在安徽办团，随后让他担任安徽巡抚，继而准许他辞去巡抚职务"专任兵事"，其身

---

[1] 《清文宗实录》卷八三。

份复归绅士。他力图通过这种方法在不断的身份转化中有效地切断在籍绅士与乡土士绅过于密切的关系，防止编制内缙绅与无编制乡绅形成合力，助长地方主义的滋生蔓延。

为使在籍办团者忠诚于中央政权，他们往往被赐予钦差大员名号，作为皇帝的代表区别于地方乡土士绅，然而他们空有钦差名号并无实职，受到地方官员轻视抵制。非但官府排斥在籍办团缙绅，本地士绅也与其格格不入，民间虽称他们"团练大臣"，实际上都知道这些人不再是在职官员，在籍办团大臣列入职官编制内是迟至1860年的事，那时已是团练运动中期，仅有十来个人得到这样的政治待遇，且仅是昙花一现，清廷很快撤回对他们的任命。钦派办团者往往得不到地方政府经费支持，地方宗族武装与他们保持距离，除非他们有实力拉起由族亲门生组成的队伍，以宗族聚居区为根据地形成武装集团，才能得到地方官和乡绅的承认，至于勾连官方与地方关系之类语词，不过是皇帝在宫中的想象。利用族人亲朋、宗族财力打造私属武装，实质是在中央政权和地方绅权之间增加了不确定一极，是在帝国双重政治统治结构即上层中央政权与地方绅权之间添加了私军领袖，使帝国权力分配趋向多元。

今夜吕府哭声一片

长江一线战事激烈，工部左侍郎吕贤基领旨离京赴皖，其身份是在籍绅士。1853年被钦派回籍办团的现职官员，还有内阁学士许乃钊、兵部尚书孙葆元、兵科给事中袁甲三、刑部员外郎孙家泰、刑部郎中李文安、翰林侍读吕锦文、翰林侍读孙锵鸣、翰林院编修李鸿章、高邮州知州魏源、曹州府游击刘玉豹、宿州龙山汛千总李际广等。在籍前官员中也有人接到圣谕，他们是前礼部侍郎曾国藩、前礼部侍郎侯桐、前左都御史沈岐、前宗人府府丞温宝谆、前闽浙总督季芝昌、前闽浙总督刘韵柯、前广西巡抚周天爵、前广西巡抚邹鸣鹤、前广东巡抚黄恩彤、前浙江巡抚梁宝常、前浙江提督李廷钰等。这批人一共58人，分别去往江西、湖南、安徽、江苏、福建、贵州、河南、山东、直隶9省。

皇帝对吕贤基寄托厚望，期待他在安徽前线打开局面。1853年2月2日，吕贤基在工部左侍郎任上递呈《奏陈江防吃紧请饬择要安置折》，抨击两江总督陆建瀛未积极组织防御便退守南京。他还就长江防线提出战略设想，认为南京必须扼守要隘东、西梁山；巢湖是梁山上游，可与梁山互为犄角，应招抚此方土匪武装以防其投敌；巢湖的资源还可利用起来办水师，"向来江北用兵，多于巢湖练习水师"。庐州为江淮门户，江皖水陆皆恃此为屏蔽，可招募游勇散匪为劲旅作为江皖援应，由此"宜令重臣驻扎庐州府"。吕贤基还举荐前广西巡抚周天爵主持安徽军事。奕𬣞接到奏章后，觉得吕贤基的想法与他不谋而合，当天连发两道谕令，一道是《谕内阁著将周天爵赏加兵部侍郎衔会同蒋文庆等办理防剿事宜》，一道是《谕内阁吕贤基著即驰前往安徽会同蒋文庆等办理防剿事宜》，把安徽的战事托付给蒋文庆、吕贤基和周天爵。

吕贤基尚未启程，长江北岸的军事重镇安庆就被太平军攻陷，安徽巡抚蒋文庆兵败自尽。蒋文庆早在1851年就提出安徽应尽早布防，奕𬣞迟至1853年1月太平军攻陷武昌时，才考虑部署安庆、芜湖防线，2月2日下谕令周天爵协同蒋文庆办理安徽防剿，这对蒋文庆而言已为时太晚，他没有足够的兵力守住安庆，城破之后只能选择自杀。

安庆失守与两江总督陆建瀛有关。陆建瀛曾在翰林院供职13年，曾轮值上书房，久在宫中使其待人十分强势。1852年10月太平军入湘攻鄂，安徽驻军接到派遣1000人驰援湖北的命令，陆建瀛判断太平军应进攻吉安，让蒋文庆将这1000人调往江西，蒋文庆考虑到安庆、潜山500名绿营官兵已启程赴鄂，不宜改变行军路线，便让尚未出发的徽、宁营兵500人改赴江西，增援两省的军队，随后募足千人。这样的安排兼顾两省十分周全，陆建瀛却认为蒋文庆有意冒犯他，而他之所以让蒋文庆派兵去江西，是因其老家在吉安。蒋文庆预判太平军势必进攻安徽省城安庆，全省仅有6000兵力且分散在各地，安庆兵力空虚难以防守，上疏奏请尽早举办团练和军队共同守城，必要时调派江苏驻军援皖，这是为长江防线全局着想，陆建瀛却认为巡抚未和他商议，自作主张径自上疏，"以文庆张皇，渐生异议"。① 大敌当前督抚不和，是安庆失陷的重要原因。

吕贤基同情蒋文庆，缺兵少将且受总督掣肘，这个巡抚怎么当？奉旨脱下朝服回籍办差，圣谕中有"会同安徽巡抚办理团练军务事宜"一句，这巡抚就是指苦命的蒋文庆，皇上拟旨之日他还活在安庆军中，侍郎在北京接旨那天，巡抚已不在人间。吕贤基面对孤灯难以入眠，回籍办团岂非步蒋文庆后尘。安徽无兵无团，去了也就是灯蛾扑火，赴死之时方知上折奏言时的轻率孟浪，血腥战场远非文士挥笔献策那么简单。前高官现缙绅吕贤基在榻上辗转反侧，家人自然也是夜不能寐，反正睡不着觉便都坐起来，内宅的哭声随了夜风在花窗屋梁天井照壁打转，不祥之兆弥漫漆黑的吕府。

吕贤基临行奏请翰林编修李鸿章、刑部员外郎孙家泰、候补主事朱麟祺等，随他回籍帮办团练，已在籍的五品衔武生张瑞庆、前东河通判徐启山听他调遣，奕詝都答应了。吕贤基抵安徽时，周天爵继任巡抚主持安徽军务。周天爵、吕贤基要求增加更多办团缙绅，皇帝一概允准，一批又一批皖籍官员接到上谕脱下官服成为在籍士绅：淮北同知李安中、宿迁知县候补同知林德泉赶赴安徽，前江南河道总督潘锡恩回籍办理皖南太平府捐输团练事务，江南道监察御史、兵科给事中袁甲三赴凤阳筹办淮北团练，广东潮州府遗缺知府赵畇赴安庆组建皖中团练……安徽成了推行地方军事化的示范点。

吕贤基选择皖中重镇宿州督办全省团练，和周天爵联名上疏，"练本邑之

---

① 《清史稿·列传一百八十二·蒋文庆传》。

兵，团本乡之勇，因本地之粮，以守本地之土，各固藩篱，永免征调"，①提出团练不跨区域作战，设有团练的地方，永远免除征兵征粮。这是对帝国兵役、税赋制度的挑战，几乎就是地方主义宣言，"上韪之"。但皇帝只能表示同意，长江两岸诸多城市陷落敌手，军队战败节节后退，能顶上去的唯有汉人绅团。此时顺天府府丞张锡庚上疏提出重赏有功团练成员，"有能团练丁壮杀贼立功者，文武举人赏给进士，贡监生员赏给举人，军民人等赏给把总外委"，②吕贤基、周天爵为防止本地军事人才流失，上奏提议团练成员因功升职后留在本籍，不得离开本土去外地任职。

  皇帝给予吕贤基与巡抚"联衔上奏"并"筹备一切"的权力，使他可以节制地方官员和调动军队。问题在于安徽军队数量太少，几无兵力可调，不但没有可战的主力部队，连驻防各地的军队都数量不足，分派到各县的防军平均下来只有二三十人。据《颍上县志》统计，该县守城士兵总共30名，城墙长约13000米，约7714个垛口，1名士兵守约430米城墙257个垛口，就这样兵力还得分出一部分去守河岸汛塘。兵力如此空虚，调动军队的权力只是空话。

  吕贤基无军可调，虽理论上可指挥安徽一省团练，实际情况却非常糟糕，各地团练武装自行其是，根本不听他的命令。各地略有规模的团练都由当地缙绅把控，如前工部都水司员外郎马瑞辰绅团、前直隶布政使光聪谐绅团。马瑞辰设立团练局自任总董，其子马三浮任局董。为筹集经费马瑞辰要求桐城富绅捐资，当地78名士绅以团练局逼捐为由联名具文报官，吕贤基为取得马瑞辰支持，准许团练局处决9名抗捐富绅。见吕贤基支持士绅办团，一些团绅要求吕贤基奏准朝廷赏给他们官品职衔，甚至要求吕贤基给他们钦差令箭，用以节制军官并握有生杀之权。地方绅力迅速膨胀，统治格局发生

---

① （清）李元度：《吕文节公事略》，李元度编《国朝先正事略》卷二十五，岳麓书社2008年版，第822页。
② 《清文宗实录》卷八四。

裂变，是吕贤基不曾料到的。

当地团练桀骜不驯，州县官员也好不到哪里去。吕贤基策论之一是"择精干牧令，稍假威权"，即州官县令与地方士绅同舟共济，支持士绅组建团练。到了地方才知道，昏聩的地方官从来不缺，偏就缺少精干牧令。以兵家必争之地桐城为例，先后三任知县都是庸官贪官。清人方江在《家园记》中述及这些知县："宋某常住离县百里外的枞阳，'事不与闻，资不取给'；宫某因团练经费，险些被悍勇捉而'裂裤'；成某索贿受贿，为'局'勒捐。"地方官府从不向团练提供经费，还以团练名义勒捐，团练武装针锋相对，逮捕地方官百般羞辱。随着地方士绅武装的强大，地方政府趋于弱势以至于整体性坍塌，整合全省团练用于战争只是庙堂朝官一厢情愿的策论。

临危受命匆匆回籍的吕贤基，已经没有时间处理这些棘手之事了，强大的叛军正向桐城迅速靠近。1853年10月16日，太平军胡以晃部自安庆北上进攻桐城。10月28日，总兵恒兴绿营、在籍户部主事朱麟祺绅团在北峡关迎敌，全军覆没。胡以晃部进攻桐城西南重镇练潭，清军参将松安逃遁。守桐城的仅剩下马三俊团练，太平军兵分两路攻城，团练不敌弃械逃散，溃勇"回望桐城城头，已有无数黄旗"。① 挥舞这些黄色军旗的披发提刀者攻入桐城"杀掠数千人"，团练局总董马瑞辰在城郊唐家湾被捕处死。胜利者遍搜桐城团练领袖大宅，在光聪谐宅邸搜出五万两白银，宅主避居杭州躲过一劫。

知道桐城难守终不免失陷，吕贤基冒雨赶到舒城布防。在舒城得知桐城战败，他欲哭无泪痛不欲生。桐城盛产桐油，古称桐国，桐城又是文都，戴名世、方苞、刘大櫆、姚鼐被称为桐城四祖。这样的桐城失于自己手中，还有何颜面回京面圣，吕贤基决定以死谢罪。1853年11月14日，胡以晃部攻打舒城，吕贤基知道城将不保，让随他在籍办团的徐启山出城避难，徐启山说公如死节，我何忍独生？11月29日舒城失陷，徐启山携手吕贤基投水而

---

① （清）奕䜣修、朱学勤纂：《钦定剿平粤匪方略》卷六十六。

亡。徐启山回籍前是东河通判。而随吕贤基回籍办团的前户部主事朱麟祺已在桐城失守前阵亡于北峡关。

吕贤基对军事完全外行，他把外省援皖军队与本地团练绝对分开，要求军队野战，团练全力守城。这是对坚壁清野的片面认识，军队不能歼灭大量敌人有生力量，仅靠团练守城是非常危险的。他和周天爵主持安徽军务，对部队实行非常严厉的惩罚措施，"大帅驻营去贼百余里外，立即逮问"①，试图以此震慑怯战的将官，让他们全力进攻敌人。狼山镇总兵王鹏飞部在安庆战败撤到桐城，周天爵奏准宫中将王鹏飞处死。安徽署按察使张熙宇、清将恒兴部先后战败于集贤关、六安、练潭、北峡关，张熙宇、恒兴均被阵前正法。但清军与太平军力量对比悬殊，即使军法严厉也无法歼敌于安徽。

战时的安徽乡土士绅纷纷自发办团，宿州有牛斐然、牛师韩父子，蒙城有李华南，凤台有苗沛霖，亳州有李承谟，阜阳有吴祺树等；庐州（合肥）有张荫谷及其子张树声、张树珊、张树屏，刘铭传，李鸿章之弟李鹤章，周盛华、周盛波、周盛传弟兄，谢先亮，周沛霖等；庐江有吴廷香、吴长庆父子。吕贤基若能及时将其整合统带，安徽战局或能改变，但他和周天爵制定了团练筑堡为战之策，规定民兵食本地之粮守本地之土，不逾越藩篱跨区作战，如此保守僵化的军事思想，遇到惯于打运动战的太平军自然惨遭失败。

作为钦授筹备一切防堵事宜的回籍办团缙绅，吕贤基缺乏统筹战局的经验和能力。数量不多的军队只能自杀性地近敌搏杀，不能依靠坚固城池、深长战壕与敌作战；地方民兵散沙一般用于守城，局限一地一乡一堡，难以协助军队寻战歼敌。吕贤基规定团练经费由士绅自筹自用，任何人不得向办团之地征用粮饷，清廷又没有调拨库银给他，这样一来他能掌握的军费少到仅有"日钱三百"，能直接指挥的只有"随勇六十人"。②练本乡之勇守本地之土

---

① （清）李元度：《吕文节公事略》，李元度编《国朝先正事略》卷二十五，第822页。
② （清）薛福成：《叙团练大臣》，《皇朝经世文续编》卷八十一。

永免征调论,使吕贤基作茧自缚,一切都是内卷且封闭的,无兵无饷赤手空拳的办团钦差怎么守得住安徽。然而皇帝鼓励在朝大吏脱下官服回籍办团的初衷,不正是基于国家无兵无饷的残酷现实,发动各省绅民自筹资金办团御敌,为他减轻难以承受的重负吗?

"安徽境内无大枝劲旅,团练亦散漫无可恃。"①吕贤基该做的或应是不计较一城一地之得失,拉起一支劲旅结束皖省团练状如散沙的局面,其途径是回老家皖南宁国府旌德县,以其为根据地组建地方大族私属武装,进而以实力统筹指挥全省兵勇寻机打赢一至数个战役,扭转完全被动挨打的态势。但一切都太晚了,这位在籍绅士、前工部左侍郎没有这样的想法,或许,他以为自沉守节才是最好的归宿。

满城

太平军1853年1月攻陷汉口、武昌,1853年2月9日顺流而下,进攻长江沿岸各城。负责长江防线的是两江总督陆建瀛,他在中英战争中任直隶天津道、直隶布政使,曾短暂介入军事,有过这样经历的他以为自己精通军事。太平军1852年6月进入湖南,在黄河丰北决口督工的陆建瀛就华南军事问题上疏宫中,曾受教于他的奕䜣十分欣赏,嘱他制定平叛战略,说如果陆建瀛亲往前线指挥战事,自己在宫中可以不遥制。1853年初,陆建瀛被任命为钦差大臣兼两江总督,指挥苏赣皖三省军队抵御太平军。

太平军从武昌倾巢而出,所经江面为兵船军旗遮蔽,见者无不惊惶失色。在广西作战的向荣已转任钦差大臣兼湖北提督,率两千精兵欲阻截太平军,因没有战船止步于鄱阳湖湖岸。陆建瀛十分轻敌,以为很容易战胜敌军,

---

① 《清史稿·列传一百八十六·吕贤基传》。

不顾下属劝阻命令清军正面迎战，寿春镇总兵恩长为前敌副指挥，率两千水师官兵担任主攻，陆建瀛率一千人助攻，结果全军覆没，总兵恩长阵亡。江西巡抚张芾得知陆建瀛水路进攻失败，不敢再战，率部撤退，九江城落入敌手。

陆建瀛此时才明白过来，叛军远非他所想得那样弱小，从速胜到怯战的转换过程顷刻完成，总督丧魂落魄地逃离江西战场，所乘之船经过安徽小孤山阵地也不稍作停留。驻守小孤山的安徽按察使张熙宇、狼山镇总兵王鹏飞见战役总指挥这般模样，知道大势已去，"皆弃防地走"。陆建瀛经过安庆城外，安徽巡抚蒋文庆请他入城商议守城方略，总督方寸已乱，一口回绝驱船逃往南京。陆建瀛不入安庆，还因为率军赴九江作战前经过城外，看见蒋文庆送病重的老母出城归乡，大发脾气要上疏弹劾，罢免战前眷顾家事的巡抚。当时意气风发逆流出征欲一举歼敌报捷，结果大败而归孤舟遁逃，总督实在不好意思进城与巡抚谈论军事。

陆建瀛从九江一口气逃到南京，关上城门躲在总督府，以这样的行为自毁形象和威信。下属们极度失望，江苏布政使祁宿藻当面斥责他，江宁将军爱新觉罗·祥厚更是看不起他，直言不接受他的指挥；深受皇帝器重的总督羞愧难当，谎称患病不见下属。祥厚、祁宿藻、江南提督福珠洪阿、江宁副都统霍隆武气不过，联名密奏陆建瀛昏聩误事，军事部署全无章法，指挥失误丢弃江防，罪不可赦的是临阵脱逃，丢下整支部队只身回到南京，致使全城官民惊惧慌乱。江苏巡抚杨文定也很不像话，擅自率部离开南京移驻镇江，打乱了整个防御部署，以至于民情加倍惊惶。奕詝看完奏章非常愤怒，他这样地信任陆建瀛，陆建瀛却一战即溃，兵败后不率余部和向荣部再战，不坚守小孤山防线扼住反叛军入皖之路，不亲去金陵屏障东西梁山督战，反而逃到南京不理军事，动摇军心惊扰士民。他下谕免去陆建瀛职务，令祥厚将他解送刑部治罪，杨文定也一并革职问罪。其实奕詝更应该反思，督抚将官固然没办好差事，皇帝用人不当更加致命：先是广西战场的指挥班子没有搭好，三任钦差李星沅、周天爵、赛尚阿都缺乏协调能力，向荣、乌兰泰各自为战，战场指挥系统几近瘫痪；湖南战场依然用人不当，战役总指挥徐广缙整个战役不见人影，能打仗的姚莹未任军职；长江战场更是败于陆建瀛一人之手，让纸上谈兵者去做战区总指挥，怎么可能不打败仗。

1853年2月18日，太平军攻克江西九江。2月24日，攻陷安徽安庆，又一鼓作气再克池州、铜陵、芜湖，进入江苏逼近南京、镇江。南京是两江总督府所在地、清政权在江南的政治中心；镇江为京杭大运河南北漕运连接点，宫廷縻耗、百官俸禄、军饷民粮均经此地北上，叛军若占领南京，截断镇江漕运，几同将帝国一劈为半；倘若选在南京建都，大清疆域将并存两国，这是清皇室绝难接受的。奕詝急颁上谕，让宗亲祥厚兼署两江总督，命在南京的前广西巡抚邹鸣鹤筹办团练协同祥厚守城。祥厚回奏皇帝，南京城周长近五万米，城内旗军、绿营仅五千人，守城外要隘的雇佣兵未足三千，而几十万叛军乘船顺流而下朝发夕至，南京极度危险亟需援军。

所谓求援其实是一厢情愿的事，太平军早已开始攻城，广西紫荆山高地客家人矿工和广州三元里客家人石匠组成的工兵部队，把地道凿到仪凤门下，放置火药炸坍三十多米高的城墙，太平军蜂拥而入攻到城中，接着水西门、旱西门、南门也被攻破。接下来便是浴血拼杀，这一仗打得天昏地暗血漫城垣。副都统钮祜禄氏霍隆武随祥厚登陴守城10多天，策马督战力竭阵亡；参领锡龄额城破后举家自杀殉国；佐领炳元在仪凤门拼到最后被射杀；提督福珠洪阿及所部数百人，在巷战中全部阵亡。

残余旗兵退守驻防城。南京的驻防城是明王朝迁都北京前的老皇城，明亡后八旗军驻屯此城。满洲人打败明军进入关内时，满汉人口为3∶1000，如此悬殊的人口比例使满人觉得自己是无与伦比的天之骄子。他们不与汉人通婚，亦不与汉人杂居，驻屯城市时选择特定区域，修筑围墙作为内城，这样的城中之城又称满城。现在，满城中的人们清楚大祸就要来临，尚武精神和精湛骑射救不了他们，所有旗人都将死于屠城，屠杀者是来自华南荒蛮之地的"发逆"。就在两个月前即1853年1月12日，这群人攻破武昌外城再攻武昌的满城，杀光旗军再杀旗民。2月16日攻陷九江、芜湖，"惟满洲城杀戮再惨，男妇幼孩不留一人"①。

反正都是一死，不如以命相搏，南京满城"老稚登城，妇女饷军，靡不荷戈以待"。②又是一场殊死搏杀，勇敢无畏的进攻者"奉天诛妖"，必欲杀尽行邪事迷坏世人的"清妖胡虏"，在长江边的这座六朝古都建立地上天国；宁死不屈的抵抗者明知末日降临，决不束手就擒、坐以待毙，而是决意血拼到底。他们握着冷兵器搏杀，剑把刀柄震裂虎口，血肉碎骨铺陈箭垛。满蒙旗军的家眷也都爬上城墙们，与踩着战死者尸体攀上城墙的敌人搏杀。祥厚中了数十枪阵亡，旗军残部退入内城巷战，被洪水般涌来的战士淹没。继血屠武昌满城之后，胜利者再次杀光南京满城所有人，"殉难男妇六万余，尽皆杀戮，只留未成年童子四千人，尽行阉割，连肾囊一起剜下，死者十居其九"③。著有《旧中国杂记》的美国人亨特认为，死于南京满城的"老老小小近25000人"。这是很彻底的屠杀，"贼破内城，屠戮尤惨，男妇几无孑遗"。④在江苏屠城曾是清军特权，吴淞总兵李成栋部攻下嘉定后像宰杀牲畜一般地杀人，这样的屠杀一共进行3次，直到杀光嘉定城中所有居民。嘉定三屠发生在1645年，二百多年前的汉人认为李成栋清妖附体，二百年后的汉人依然这样认为，他们的目光坚定地朝着天国领袖斩妖剑指向处，认为自己从南方高地走到这座江边古城是为完成历史的使命。

死于此役的还有尚未来得及被押往京城的陆建瀛，太平军攻破仪凤门后，前总督坐绿呢轿子逃往满城，让祥厚打开城门放他进去，祥厚鄙夷地背过脸去，陆建瀛只好返回仪凤门督战，半路遇到太平军突击队，被拖到总督

---

① （清）佚名：《粤匪大略》，太平天国历史博物馆编《太平天国史料汇编》，凤凰出版社2018年版，第1936页。
② （清）夏燮：《粤氛纪事》卷四，中华书局2008年版，第71页。
③ （清）汪堃：《盾鼻随闻录》卷三《两江纪略》，《太平天国史料汇编》，第12312页。
④ 《清史稿·列传一百八十五·厚祥传》。

府内小校场砍死。江宁布政使祁宿藻、署布政使盐巡道涂文钧、江安粮道陈克让、江宁知府魏亨遫、通判程文荣、上元知县刘同缨、江宁知县张行澍等一群汉臣,至死都不曾撤往旗军驻防城,内城城门是满汉界域,汉臣忠诚于爱新觉罗王朝,至死不会越界,他们心甘情愿地集体战死于满城外。

此前,陆建瀛战败革职后,祥厚接任战役总指挥,邹鸣鹤接到上谕:"以在籍前广西巡抚邹鹤鸣熟悉贼情,命同筹办。"①邹鸣鹤也是被革官员,奕詝认为他没能在广西境内歼灭叛军,免去其广西巡抚职务,命他回江苏镇江老家反省,一晾就是近两年时间。现在南京危在旦夕,皇帝改口说邹鸣鹤熟悉太平军战法,让他和祥厚一起主持南京保卫战。邹鸣鹤做广西巡抚时没有直属部队,战时所做的是推行地方军事化,委托在籍缙绅龙启瑞、朱琦建立通省团练总局,在40多个州县建立团练局,民兵人数一时达到数十万人。奕詝若早些让邹鸣鹤在籍贯地江苏办团练,南京或不会像现在这样兵力空虚无人可战,当年他在宫中指挥广西战事,应该知道桂林终究是守住了的,打赢那场保卫战离不了组建地方团练的邹鸣鹤、龙启瑞、朱琦,桂林战役结束后却把他们全都晾到一边。现在一切都为时已晚,无兵可战的皇族将军祥厚、单枪匹马的在籍缙绅邹鸣鹤,不可能守住南京城。

陆建瀛最赏识邹鸣鹤,将他从江西督粮道任上举荐为顺天府尹,之后又奏准其擢升广西巡抚。陆建瀛主持两江军政后,让邹鸣鹤帮助他筹办防务,却绝口不提让他办团练,以为依靠军队就可轻易打赢战争。太平军把南京围得铁桶一般,陆建瀛知道大势已去,不想连累邹鸣鹤,劝他赶紧离开南京,邹鸣鹤为报知遇之恩,不愿意离开陆建瀛保全性命。太平军攻入城中,邹鹤鸣挥笔写了绝命书:"臣力难图报称,臣心仰答九重。三次守城尽节,庶几全始全终。"②前广西巡抚提刀出屋巷战,参加过桂林之战的太平军老兵认出他

---

① 《清史稿·列传一百八十五·厚祥传》。
② 《清史稿·列传一百八十六·邹鹤鸣传》。

来，新仇加旧恨，一起拥上去将其乱枪戳倒肢解。

天京时代

南京是1853年3月19日失守的，现在这里成了太平天国首都天京。太平军继续扩大战果，3月31日攻破镇江，4月1日占领扬州，统治区域延拓至中国最富庶的南方省份。这是新时代的开始，中国境内并存大清帝国和太平天国。

南京居民并无首都居民的荣耀感，当地市民鄙视信仰古怪、口味异样、穿着俗艳的占领者。新政权的回应是在南京推行政教合一的保甲制度，1个伍长管4个人，1个两司马管5个伍长，建立公共粮仓和公共礼拜堂，两司马住在礼拜堂，礼拜日伍长领人到礼拜堂讲听道理。他们还在文昌阁建立印刷作坊，让数百名工匠抄录或刻版印制《圣经》。讲道理的地方除了礼拜堂还有高坛，天国官员击鼓鸣锣聚集群众，宣传宗教信仰和政治主张。为了庆祝进入南京还举行了盛大的游行活动，市民接到命令聚集到户外听讲道理，场地周围插满彩旗。金陵人的傲气很快就杳无踪迹，他们绵软成秦淮河水舔舐占领军的皮靴，如同先人在1645年屈膝仰望八旗兵的马刺。现在他们承认自己是天京人，习惯用天历计时，在周六安息日休息，在周日礼拜天听讲道理，旧历法是不可以再用的，老皇历简直就是妖历。

广西桂平紫荆山捣毁民间神祇运动照搬到南京，佛寺道观应拆尽拆，神龛圣像应毁尽毁，一些僧侣道士遭到杀害。天国领导层坚执一神论，严禁任何偶像出现在控制区域，对不供奉偶像的清真寺采取容忍态度，在南京的伊斯兰教徒没有受到攻击，清真寺也获准保存。天主教因偶像崇拜被视为异端，南京城中的两百多位天主教徒被新政权视为敌人，太平军攻入城中时至少有30名天主教徒被烧死在家中或陈尸街头，一些教徒的私宅被征用为将军宅邸，财物被没收纳入圣库。对儒教的政策作了微调，目的是争取当地士人的支持，一些人受官方邀请就建都、更换地名、书刊印行发表意见，并被允许阅读部分太平天国版本的儒学经典。最令南京士绅鼓舞的是太平天国官制源自儒学经典《周礼》，按等级分为天官、地官、春官、夏官、秋官、冬官，他们生发归顺现政权的冲动，期待成为体制中人。在洪秀全的神学思想中，基督信仰并非由西方传入，而是中国原本就有的本土信仰，北方蛮族入侵者不断地破坏这样的信仰，满人就是这样的异教徒。南京的汉族知识分子还了解到，太平天国信仰系统含有儒家和道家的学说，所谓太平时代就出自《易经》，汉族沙文主义在一些士人心中苏醒，他们指斥北方政权君臣是清妖汉奸。

并非所有政策法规都为南京市民接受，禁欲主义与军事体制结合的分馆模式就受到强烈抵制。金田起事时洪秀全下达团营令，密令拜上帝会会众集结分作男营女营，以这样的军事化建制提高战力。南京居民分馆制度源自金田分营模式，现政权颁布《天朝田亩制度》予以法律化。民居被政府没收改为馆，以馆为居住、生产基本单位，取代原先的社会基本单位家庭、作坊、商铺。馆照顾到行业特征，如建筑、纺织、烹饪、医药、消防、运输等，依不同行业组建不同的馆。男性工匠编入男馆，女性织工裁缝划归女馆。现政权奉行均贫富政策，取消私有制实行公有制，废除货币分发实物。由于性别隔离制度过于严苛，尤其是摧毁了传统家庭制度，人们从情感到生理都难以接受，夫妻、父母、儿女时常冲破阻扰，在把他们分隔开来的地界悲泣号哭。这种禁欲主义的分馆制度，在1855年后才被取消。

对于底层客家知识分子建立的南京政权，英国人最初的反应是抵触的。1853年2月26日，英国驻上海领事阿礼国密函英国公使文翰，建议武装干涉太平天国运动。文翰没有贸然同意，而是在4月27日乘英舰去南京，与新政权官员接触后再作决定。接见他的是北王韦昌辉，后者向他转交了杨秀清的亲笔信，主管天国事务的东王以居高临下的腔调称：你们英国人不远千里来归顺我朝，不仅天朝将士兵卒踊跃欢迎，天父天兄也会嘉奖你们的忠义，降谕准许英国酋长带着你们的人民自由出入太平天国，无论是协助太平军天兵歼灭清妖，还是与天国通商营业悉听其便。深切地期望你们跟随我为天王做事，建立功业报答上帝的恩情。太平天国把英国定位为番邦属国，把英国人视为信仰相同的洋兄弟，在禁止鸦片进入太平天国辖地的前提下允许与英国通商贸易。英国外交官认为就目前局势而言，南京政权尚且不会干涉中英贸易，这已经是最好的结果了，他们决定对中国内战持中立立场。英国国内也出现倾向南京政权的舆论，认为反对清政权的起义者抱有争取进步和全面改革的激情，他们使用新的历法便是见证，如果基督教国家参与镇压这场运动将是很悲哀的。欧洲人不要卷入中国内战中的任何一方，避免与南北政权在政府层面产生瓜葛。英国对中国内战的立场是不选边站，西方各国仿效这种做法，紧随英国外交官之后，法、美驻华公使也去南京访问，他们都得到太平天国允其国商人正当通商的承诺。西方各国使臣不断地去南京谈判通商，奕䜣在宫中茶饭不思如坐针毡，倘若反叛者和西方列强联手，爱新觉罗氏建立的清帝国也就到头了。内战的源头是中英战争，英国逼使中国开放口岸与其通商，还索取了巨额赔款，以至于华南遍地会党流民溃军残勇，花天量库银难以平叛。将反叛军歼灭在两江区域自然最好，最起码也要将其阻截在安徽境内，不使其继续北进抵近直隶。只是战争早已残酷地证实帝国军队不堪一击，八旗兵在满城也成被宰羔羊，绿营兵疲软到去哪败哪，尚有点精气神的就剩各地绅团民兵；而在满人皇帝眼里这些汉人真的就是乌合之众，指望他们打进南京歼灭敌酋，不是猴年马月的问题，而是缘木求鱼煎水作冰。

一个人的抵抗

在广西当过钦差大臣、封疆大吏，还能再战的就剩下周天爵，现在他人在安徽，荷戈负戟挡在叛军和皇帝之间。

李星沅病亡广西军中，奕䜣谕周天爵接任钦差，周天爵与提督向荣关系紧张，奕䜣换赛尚阿做钦差，调周天爵去安徽当代理巡抚，周天爵到宿州后上疏辞职。奕䜣为安抚周天爵，诏他北上谈论军事。周天爵进京不见朝贵，敝车羸马行于街道，风骨峭厉人谓怪物。奕䜣则对他很是尊敬，接连11次召见他，详细听他讲述前线战事，还时常为之动容。不过广西的差事已经让赛尚阿去办了，周天爵所言听过也就行了。

赛尚阿没有扭转战场局势，太平军风卷残云一口气攻到两湖两江，朝野震惊。安徽籍官员吕贤基首先想到在安徽的周天爵，觉得他适合主持安徽军事，奕䜣对周天爵也颇有好感，下谕让周天爵领兵部侍郎衔协助安徽巡抚蒋文庆布防。省城安庆很快就失陷了，蒋文庆战败自尽，奕䜣让周天爵做安徽巡抚，让吕贤基回籍组建团练，和周天爵一起守住皖省。

周天爵知道军队不中用，奏请江苏、山东、安徽、河南各省办团防堵；还和吕贤基制定军事策略，军队寻战歼敌，民兵专守本土，官府不向团绅团民征收税赋，本地粮食专供团练。这是根据桂林战役的情况制定的对策。但是，集结军队主力和地方团练虽然可以守住城市，但由于无法在野战中歼灭敌军有生力量，致使反叛军从广西转战湘鄂皖苏。周、吕的思路看似合理，实则是军事冒险主义，清军在兵员数量、武器装备和技术战术方面并未优于对手，以疲弱之师寻战强敌，其结果便是自取灭亡。奕䜣相信速胜论，同意清军全线压上与太平军决战，即周、吕所称"剿贼之事，专责之统兵大帅，如大帅驻营去贼百余里外，立即逮问"①。无险可据无城可退的军队在严令中纷纷战败，狼山镇总兵王鹏飞、清将恒兴、代理按察使张熙宇等前线指挥官被执行死刑，没有军队帮助守城，地方民兵哪里能够守住城市，桐城、舒城接连失陷，吕贤基和随他回籍办团的徐启山、朱麟祺等，用自己的生命为军事冒险政策付出了代价。

安徽局势的危急不仅在于太平军攻城略地，本土的捻军也十分强大，

---

① （清）李元度：《吕文节公事略》，李元度编《国朝先正事略》卷二十五，第822页。

为使帝国的反叛者不进入直隶，周天爵率部战于淮北扼守黄河。周天爵部队的骨干是捻军变节者张凤山等千余人，他们在正阳关接受招安，从宿州出发攻击怀远、蒙城、灵璧一带捻军，进而进攻庐州、凤阳、定远，击溃陆遐龄部四千捻军。周天爵熟悉安徽，在这里为官多年，从怀远知县做到安徽按察使，任内以擅长捕盗闻名。他从不跑官要官，为专心作战不使捻军和太平军互为呼应攻击京畿，把巡抚职务都辞掉，率孤军一路拼死血战。

周天爵是山东东阿人，在安徽并无宗亲族群基础，无法利用本地资源组建团练。对于团练在战争中的作用，他实际上持保守的看法，认为低战力的地方民兵仅可用于守护城乡，并不能消灭敌人的有生力量。他对正规军又是极度失望的，从广西到湖广、两江，绿营清军一败再败，满城八旗无一生还。周天爵把希望寄托于雇佣兵，与广西官方招募粤勇参战不同，他不看好具有地域色彩的雇佣军，而是以军事素质为标准募勇，凶悍的捻军变节者、彪壮的团勇流民成为这位兵部侍郎的麾下。

让这些人为自己效力需要理由，必须给予他们现实利益，周天爵的优势在于其身份在安徽巡抚、兵部侍郎、旅皖缙绅之间变动，既是封疆大吏地方主官又是豪强名流，可以利用特权制定规矩。他以能战敢战作为募勇的先决条件，允许身体壮实性情剽悍的不法之徒入伍，杀人犯当了雇佣兵免去前罪授予顶戴职衔，使他们成为体制中人，这样的条件自然十分诱人，使投奔者对招募者产生依赖感，战时绝对服从他的指挥。周天爵动用官银提高雇佣兵薪资酬劳，士兵没有财富刺激即失去战力，这是他带兵作战得出的结论。做广西巡抚时他率部进攻拜上帝会根据地桂平金田，"二月初一日出省，带兵一百名，如驻马嵬坡，皆不愿走也。路上募一百名，又如石壕驿，未走先哭。乃于十二日甫抵武宣，而教匪偷越紫荆山而来，如虎兕出柙，先锋已到三里圩矣"①。士兵如此怯战避战，怎么可能打赢敌人。士兵也有他们的苦

---

① （清）周天爵：《致周二南书》，《太平天国史料汇编》，第 4585 页。

衷，军队一直实行薄俸制，士兵平均每月饷银仅 1.36 两白银，军官总要盘剥扣去一部分，一些武器装备还得自己出钱购置，这样差的待遇怎么让人拼力杀敌。以优渥薪资鼓励战士奋勇作战，是周天爵经过军事实践获得的经验。

与无兵无饷赤手空拳的办团钦差吕贤基相比，周天爵算是很了不起了，他指挥的部队一度达到千余人，但藩库中的白银毕竟有限，难以持久地向雇佣兵发放薪饷。周天爵在安徽作战，往往战前募足兵勇，战后缺饷即行遣散，他甚至连千余人的队伍都难以维持，连皇帝都在宫中为他担忧："惟该侍郎前募义勇，除裁汰外，所存无几。"[1] 如此不敷调遣还有什么战力可言。北京后方的朝官则不顾前方统帅带兵之难，指责周天爵募勇又复遣散，以致皖省战局全无起色。

周天爵赴安徽主持军事之前，多次入宫与皇帝谈论军事，除了涉及广西还会谈及湖广两江，以至于当吕贤基提及让他主持皖省军事时，奕䜣当即任命周天爵为安徽巡抚。两江兵力这么空虚，这是奕䜣和周天爵都清楚的，增派援军几无可能。八旗军主力13万人，现驻扎在京畿地区拱卫皇城，是爱新觉罗皇朝的命根子，让其南下作战想都甭想。拖家带口的绿营建制军，算上吃空饷的号称60多万人，驻防在直省和边疆地区，需要防卫的地域是那样地广袤，奕䜣和周天爵在宫中商谈战局多达11次，这些情况肯定会涉及，对调兵到湖广两江作战却议而未果，无解之余才想到让缙绅士绅乡绅商绅组团以应时局，仗才刚开打就已是一副残棋。

省城安庆是早就失守了的，庐州权作省城后又被攻陷，随即临淮关也失守了。在宿州一带作战的周天爵愤懑悲苦，集结雇佣兵赴庐州殊死一拼，1853年10月病亡于途中，年满八旬。

---

[1] 《清文宗实录》卷九〇。

迷舟

1853年3月11日，翰林编修李鸿章随吕贤基去安徽办团。与情绪低落的吕贤基不同，李鸿章此行踌躇满志。他是1847年考中进士的，主考官潘世恩，副考官杜受田、福济、朱凤标，会试同考官孙锵鸣。翁同龢的父亲、工部侍郎翁心存是孙锵鸣和李鸿章的房师，现在李鸿章又成了孙锵鸣的门生。

李鸿章入职翰林院，与工部侍郎署刑部侍郎吕贤基走得最近，他们都是安徽人，时常在一起谈论那里的战局。安庆失守前，吕贤基递呈《江防吃紧请饬择要安置折》，就安徽的战略意义和军事部署提出自己的设想，奕訢对吕贤基非常欣赏，以为自己发现了一位精通军事的将才，派遣他回安徽组建团练，和周天爵一起守住皖省。奕訢没有想到这份折子是李鸿章替吕贤基写的，后者没有这样的战略眼光和军事才能，李鸿章写了折子由吕贤基署名呈递，是考虑到自己职位太低人微言轻。接到宫中谕旨，清楚自己回安徽会落得什么结果的吕贤基后悔莫及，对李鸿章说，"君祸我，上命我往；我亦祸君，奏调偕行"①，抱怨李鸿章害了他，奏请宫中让李鸿章随他回安徽。

吕贤基没有重用李鸿章，而是让他去周天爵处做事。周天爵不具战略前瞻眼光，与军队将领和地方官员关系紧张，在广西时和向荣闹得不可开交，到安徽又处死王鹏飞、恒兴、张熙宇等统兵大员，军心动摇兵无斗志。周天爵倡导地方军事化，但使用团练武装又僵化保守，地方民兵局限在本地作战，与军队不互动不配合。他自己则动用库银组建雇佣军游击作战，其部军费有限人员不多，对付捻军还可以，遇到太平军很难有所作为。周天爵奏称自己率孤军守黄河，不使入皖之敌攻入直隶，实则不敢直面太平军，株守淮北不敢越雷池一步。吕贤基是典型的科甲精英，对军队和地方都不了解，

---

① （清）黄云、林之望：《续修庐州府志》卷四十八。

更没有组织能力和军事才能，以至于安徽团练一盘散沙，无钱少兵的他不但毫无建树，还把自己的命都丢在了舒城。安徽两位最高军事主官都有致命缺陷，李鸿章哪怕有最好的主张也没人听取。

周天爵刚愎自用，视前翰林如空气，与同在营中的李鸿章无太多交集。周天爵先后接仗数十次，李鸿章仅在颍州之战露过面，"又有巨捻陈学曾纪黑壮等，啸聚颍州之王市集，官军节次被挫，周天爵率编修李鸿章督团堵剿"，①所谓督团也就是鼓励团练守城而已。陆遐龄在定远县聚集两万人，打着天王洪秀全的旗号起事反清，周天爵率勇击溃叛军，向北京告捷时未提李鸿章一字。李鸿章对周天爵也很是不屑，认为在他手下没有前途，打算依附吕贤基帮他打开局面，但吕贤基并不重视他，回信称在籍前官员的职责是，"各就乡邑，激劝乡民，且团且练"②，让在京时热络过一阵子的忘年交不要躁动不宁，安心在籍贯地庐州办团守城。李鸿章出京时信心满满，自以为到了安徽会成为核心幕僚，进入战区指挥中枢把控全省战事，现实很快就击碎了他的期待和梦想。

太平军陆续不断地进入安徽，先是石达开部、胡以晃部，之后又有林凤祥部、李开芳部、吉文元部。都是天生的勇将悍兵，蒋文庆招架不住，周天爵无能为力，宫中调李嘉端做巡抚，刚到安徽就接到凤阳知县的求救信，说城门就要被太平军攻破。李嘉端无兵可用，让在籍前户部主事王正谊"协同翰林院编修李鸿章，招募乡兵星赴凤阳救援"。③藩库空空如洗，哪有招募雇佣兵的银两，李嘉端又让王正谊、李鸿章号召练勇劝借军饷。太平军攻克凤阳，李嘉端命令李鸿章、李登州"募选乡勇，候粤东兵一到，即亲督前往协

---

① （清）吴坤修、沈葆桢修，何绍基、杨沂孙纂：《安徽通志》卷一百二。
② （清）金天翮：《皖志列传稿》卷六，苏州利苏印书社民国二十五年本。
③ （清）李嘉端：《李嘉端奏报凤阳告急亲督兵勇往剿请增兵拔饷折》，《清政府镇压太平天国档案史料》第6册，第440页。

剿"①，这些粤东兵是来自珠江三角洲地区的雇佣兵。太平军战船进攻巢县欲控制皖省内河，李嘉端令李鸿章、李登州各带练勇同往协剿，使北窜之贼不致再添羽翼，可见李鸿章此时已掌握一支可以机动作战的武装。这是一支性质未明的武装，新任巡抚让李鸿章招募"乡兵"，雇佣这些地方民兵的主体当属官府，继而他数度提到"练勇"，让李鸿章带领练勇同往协剿，协剿即配合军队出乡平乱。团练武装按例专事堵截即守卫本地，随同军队作战的应为乡勇、练勇，即雇佣兵，让雇佣兵作战需付高额报酬，所以李嘉端让李鸿章等向地方士绅富户劝借军饷。李鸿章招募的乡勇和周天爵麾下的壮勇一样都是雇佣兵，性质却大相径庭：李鸿章招募当地团练民兵，具有缙绅在籍办团特色，周天爵旅居宿州并非地方大族，所部多系捻军变节者、不法之徒和脱团团勇；李鸿章武装与宗族团练有着千丝万缕的关系，周天爵武装与地方士绅完全切割毫无干系。

在李嘉端主政安徽期间，李鸿章战斗热情高涨。1853 年 6 月 7 日，占领蒙城后太平军转攻巢县，谋取控制长江至庐州河道。李鸿章率部千人防守巢县运漕镇、巢湖入江要隘东关。8 月中上旬，在太平军猛攻之下守军弹尽粮绝，李鸿章弟弟、廪生李鹤章会合巢县知县黄元吉，率团练驰援李鸿章部。打退敌军后李嘉端上折子为李鸿章请功，奕䜣赏给前翰林六品顶戴蓝翎。军队则还是逢战必败，10 月，太平军击败代理臬司张印塘部、总兵玉山部。一些回籍办团的前官员也接连出事，朱麟祺战死北峡关，吕贤基、徐启山死在舒城，最不济的是庐州也失陷了。安徽局势极度危急。宫中把这一切归罪于李嘉端，认为他不会打仗，将他革职，换上陕甘总督舒兴阿主持军事，在广西与太平军厮杀过的江南提督和春也被派到安徽战区。

舒兴阿决定反攻庐州，李鸿章主动到他的大营要求参战。舒兴阿报告宫中："据称闻大兵来援庐郡，该绅士等所有各约先经团练保护乡间之壮丁，今

---

① 《清政府镇压太平天国档案史料》第 6 册，第 610 页。

愿自备口粮各带壮丁，随同官兵击贼自效。"① 从折子中可以看出，李嘉端任内未能解决雇佣兵军饷问题，被免职后军饷更是无从着落，李鸿章部练勇军饷由当地士绅自行解决，那么也就无所谓雇佣军了，在舒兴阿看来，这些自备口粮配合军队打仗的是当地团练，这样的判断和定性是正确的。

在新疆立有战功的满人名将舒兴阿，到了庐州城下却临阵怯战，屯兵岗子集坐看城破兵溃。李鸿章看不下去，写信给在籍办团的前江南道监察御史袁甲三痛责陕甘总督。袁甲三对舒兴阿也十分愤怒，上折子弹劾舒兴阿。奕䜣再次调整安徽高层，舒兴阿被革职，所部归属和春统领，漕运总督福济接任安徽巡抚。

清军反攻，李鸿章率部参战。1854年4月9日，击败进攻柘皋的太平军，击杀总制萧忠喜；1855年2月2日，攻占含山，杀太平军千余人，李鸿章获知府衔；7月6日，毙舒城、巢县太平军五百多人；11月11日，猛攻庐州夺回城池，李鸿章获记名道府；1856年9月，猛攻巢县，李鸿章部主攻北门杀死守军四百多名。李鸿章团练在军事实践中战力大增，在东关之战、巢县之战中，可以一次性歼灭数千名守军。在东关，李鸿章部"生擒伪指挥吴逆阵前枭示，伪旅帅陈大为、伪贼目李帮梁均缚送臣等行营审明正法，夺获五百斤铜铁炮三尊，小炮六尊，火枪旗帜无算，斩首四百余级，焚烧、淹毙及沿途兵勇团练截杀者不下二千人"②；在巢县，李鸿章部与清军合攻破城，"夺获城外及沿途贼营十三座，炮台十座，贼卡二十余处，毙贼七千余名，生擒四百余名，砍获首级三千余颗"③，李鸿章因功获得按察使衔。在团练武装和正规军的拼力搏杀中，太平天国在安徽的版图大为缩小，仅限于安庆一带狭

---

① （清）舒兴阿：《舒兴阿奏报布置会剿庐州之敌及李鸿章带勇投效片》，《清政府镇压太平天国档案史料》第11册，第480页。
② （清）福济：《福济等奏报攻克东关追剿援股直抵运漕折》，《清政府镇压太平天国档案史料》第18册，第647—648页。
③ 《清政府镇压太平天国档案史料》第18册，第666页。

小地区。

　　清军的攻势持续一年后开始衰歇。太平军青年将领陈玉成部1856年底进入安徽，1857年1月，无为州、巢县、东关被其部攻陷，陈玉成部和李秀成部会合后，2月攻占桐城、舒城、正阳关，3月占领霍丘、含山。1858年8月23日，攻陷省城庐州。此时福济已被革职，继任巡抚翁同书移军定远。陈玉成极其憎恨倾宗族之力组团与其作战的合肥李家，进入庐州城做的第一件事就是下令烧毁李鸿章祖宅。

　　李鸿章回籍办团不久，他的父亲、刑部督捕司郎中李文安也被派往皖省办团，组建团练局的还有李鸿章的三弟李鹤章、四弟李蕴章、五弟李凤章，大哥李翰章、六弟李昭庆则效力湖南办团缙绅曾国藩。李氏家族推动了安徽中部地区的军事化，庐州以及各县团练武装发展迅速，庐州的刘铭传、张荫谷和他的儿子张树声、张树珊、张树屏，周盛华、周盛波、周盛传弟兄；庐江的吴廷香、吴长庆父子等，纷纷组建宗族团练，他们为护卫生身之地而战，在残酷战争中获取军事经验，参战规模由一仗数千人发展到三万余人。1853年9月18日，李鸿章和巢县知县邵其元、士绅周德梁率团进攻巢县，参战团勇两千余人；1854年6月1日舒城之战，"团练三万多人分路攻打舒城及周边城镇"①，协调能力、指挥水平大为提高。1853年底到1854年初的桐城、庐州战役，地方武装尚且犹豫不前作壁上观，这样的状况到了1854年下半年已大不相同，在籍办团缙绅李文安、李鸿章父子，既是受中央政权派遣回籍办团，又是地方大族领袖，握有整个家族的人力资源和经济资源，可在短期内组建较高强度的地方武装。李文安组建的团练敢打硬仗，他和合肥知县马新贻、已革知府傅继勋、举人汪人廉等率领团练，配合和春部清军进攻庐州，1854年6月病逝城下。李文安弥留之际提笔写下遗书，称"贼势猖獗，民不

---

① 谢世诚：《李鸿章评传》，南京大学出版社2006年版，第39页。

聊生，吾父子世受国恩，此贼不灭，何以家为，汝辈当努力以成吾志"①，派人送给在巢县作战的李鸿章。

李鸿章在李文安死后打了一次大败仗。1854年8月31日，太平军为解庐州之围，集聚近万兵力进攻柘皋，奉命参战的李鸿章因墨绖从戎心神不定，"闻贼大至，带勇先溃"，以致"官军营垒数十座均被破入，兵勇死者不可胜计"。战后，主持安徽战区军事的江南提督和春当面讥嘲李鸿章："畏葸溃逃，当以阁下为先。"②

安徽战局逆转，除了陈玉成部、李秀成部生力军入皖，还因战乱和自然灾害引发的大饥荒，粮食歉收饥民遍野。饥饿还摧毁了帝国军队和当地团练，巡抚福济急奏宫中哀求发放军饷军粮，他告诉奕䜣被围在桐城的守军已经饿到吃人肉和草根的地步，"兵勇尪瘠益甚，驱鹄面鸠形之众，撄狼吞豕之锋，虽精锐素称，亦渐奄奄不振。该逆旅窥破虚实，因以长围困之。煮人肉为羹，屑草根为饭，桐城劲旅遂至赢弱不堪"。③ 1857年2月，陈玉成、李秀成部发起总攻，桐城失守。奕䜣还是老办法，拿战败的巡抚做替罪羊，撤掉福济换上翁同书。

皖事已不可为，李文安去世后李鸿章居家守制，不再率团随军征战。1858年8月23日，庐州失守，李鸿章在城破前携家眷出逃，离开安徽这块伤心地。他并不想气馁沉沦，他要在乱世中做一番事业。他现在要去江西建昌大营，去找和他同一批奉旨在籍办团的曾国藩，去做这位传奇人物的幕僚。

---

① （清）黄云、林之望：《续修庐州府志》卷三十四。
② （清）萧盛远：《粤匪纪略》，《太平天国史料丛编简辑》第1册，第36—37页。
③ （清）福济：《福济等奏陈庐郡北围饷款久虚请饬山陕等省速解饷银片》，《清政府镇压太平天国档案史料》第19册，第237—238页。

第四章　莫要惹恼守土者

孤军北上

得安徽者得天下，南京政权为此调兵遣将不遗余力。1853年至1858年，太平军主力几度进入安徽作战。1853年2月24日，翼王石达开部自武昌出发攻占安庆；5月19日，春官正丞相胡以晃部自南京出发攻克和州、芜湖，再度占领安庆，10月攻陷集贤关、桐城、舒城；1854年1月，胡以晃部攻取庐州；1857年，石达开部、胡以晃部转战湖北、江西，战线收缩至长江北岸的安庆；1857年1月，青年将领陈玉成、李秀成率部入皖，再夺无为州、巢县、东关、庐江、桐城、舒城、六安，1858年8月占领省城庐州。

太平军攻皖初期，一支精锐部队从南京出发北上，沿途不与清军作战，按天王洪秀全谕令，"师行间道，疾趋燕都，无贪攻城夺地靡时日"①，旋风一般穿过安徽全境。这支由两万精兵组成的军队，由林凤祥、李开芳、吉文元指挥，1853年5月8日离开都城，6月便进入河南，沿途不断有捻军成员、游民散勇加入进来，渡过黄河时已达四万之众。

1853年7月8日，全军抵达河南怀庆，知府余炳焘率当地团练守城。强攻难以奏效，林凤祥命士兵设木栅栏围城，待城中弹尽粮绝再发起总攻。这是一个致命的错误，违背闪电战原则，钦差大臣、直隶总督讷尔经额在河北

---

① 《清史稿·列传二百六十二·洪秀全传》。

临洺关设大营，集结四万官兵进行反包围，将林凤祥部堵在怀庆城下。9月，江北大营帮办军务大臣胜保、绥远城将军托明阿率军发动总攻，打死、俘虏太平军几千人，林凤祥残部退出河南撤往山西。此时乘胜追击或可全歼残敌，但清军拖沓不前，以至于失去绝佳战机。

山西布防不严，城池接连失守，胜保入晋阻截太平军。讷尔经额接到密报，山西潞城、黎城之间有密道通太行山，太平军或会出武安经密道进入河北，向临洺关发动突袭，应立即派兵在隘口设防。讷尔经额认为隘口在山西境内，可由他致函山西巡抚派兵驻防。潞城、黎城很快被攻陷，讷尔经额大意轻敌，还认为敌军不会这么快就抵达临洺关，哪知道太平军已抵关下击败守军，讷尔经额和几十名护兵逃入广平城，"关防、令箭、军书、资械委弃皆尽"。北伐军攻下临洺关后士气大振，急行至沧州发起攻击，1853年10月占领静海、独流，前锋抵达天津近郊杨柳青。杨柳青距天津城约20公里，距北京约150公里，皇城顿时乱作一团，官眷平民纷纷出逃。好在皇帝倒还镇定，"命惠亲王绵愉为大将军，科尔沁郡王僧格林沁副之，胜保督师前敌追剿"，"逮讷尔经额下狱，论斩监候"。① 为护卫京畿，直隶驻军倾巢出动，帝国最精锐的蒙古骑兵也进入战场。冬天来临，气温骤降，来自南方的北伐军缺衣少粮不耐寒冷，退守静海、独流，挖壕竖桩构建木城固守待援。1854年2月，一支7500人的援军从安庆启程北上。援军由夏官又正丞相曾立昌、夏官副丞相陈仕保、冬官副丞相许宗扬统领，进入山东后攻击临清，4月初攻下城池。奕詝震怒，将山东巡抚张亮基褫职遣戍，钦差大臣胜保、绥远城将军善禄革职留用。胜保、善禄率军死战，曾立昌决定撤出临清城，向直隶阜城靠拢，与林凤祥、李开芳部会合，途中归附的捻军旧部和兵痞游勇拒绝北上，此时军中广西老营已不足半数，曾立昌难以控制部队，不得不同意南撤。撤军途中遭清军伏击，太平军战死一千多人，退到清水镇时曾立昌组织夜袭，得手

---

① 《清史稿·列传一百七十九·讷尔经额传》。

后再次动员部属北上，称唯有与已突围至阜城的北伐军会合才能转败为胜，冬官副丞相许宗扬在关键时刻发生动摇，他和部分军官认为现在军心不稳，继续北上会出现大量逃兵，应该继续南撤。撤到聊城冠县境内时，清军包围了这支丧失斗志的部队，夏官副丞相陈仕保战死，余部在黄河漫口支河被胜保、善禄歼灭，曾立昌投河自尽，许宗扬突围。太平军老营精锐组成的援军，从匆匆北上到全军覆没，仅两个多月时间。

北伐军是1854年2月5日突围南走的，3月10日攻陷阜城固守待援。僧格林沁率部三万人昼夜攻城，春官又副丞相吉文元战死。坚持到5月5日还无援军消息，林凤祥率余部撤往连镇，又被清军重兵围住。战至1855年3月7日，连镇失守，林凤祥被俘，押至北京处死。

李开芳部1854年5月28日从连镇突围南下接应援军，半途被胜保部围住，在山东聊城高唐州固守至1855年3月突围，进入茌平冯官屯。僧格林沁、胜保两军猛攻两个月无法攻陷冯官屯，掘开河堤引大运河水淹没此地，北伐军残部全部阵亡，李开芳被俘处死。

1853年5月自南京出发，1855年3月被全歼于冯官屯，太平军北伐之战历时近两年。紫禁城中的奕詝细思极恐，以帝国最精锐的军队对抗孤军北上的反叛军，居然旷日持久赢得如此艰难，倘若他们全线压上进入直隶，京城皇宫岂不危如累卵。皇帝应付时局的办法一成不变，依然是严厉惩处满将汉官，继逮捕钦差大臣讷尔经额"下狱论斩监候"后，这回又连发上谕"迭诏诘责"继任钦差大臣胜保，将他"褫职逮京治罪，遣戍新疆"①。

---

① 《清史稿·列传一百九十·胜保传》。

围猎

使太平军的脚步止于天津城外杨柳青的，除了清军悍将精兵尽出，还因为直隶团练勇猛地鏖战厮杀，使北伐军的勇气和战力在途中消耗殆尽。

河南怀庆守卫战，主力还是当地团练。当时城中仅有三百名绿营兵，怀庆士绅纷纷出资组建团练，知府余炳焘挑选团勇三千人登陴固守，派敢死队出城突袭敌营，在城外投毒污染水源，使城下之敌惊惶不安。太平军三次凿地道埋火雷炸城，都被士兵和团勇击退，迫使其滞留城下五十余日，难以迅速北上突袭京城。

直隶天津保卫战，团练也大显身手，挫敌锋芒。天津知县谢子澄捐出家产倡办团练，他妻子也献出自己的金耳环和银发簪。太平军抵近天津稍直口，城中一些官员打算放弃抵抗，谢子澄不同意，动员团练守城。他联络水上猎人（沿河棹小舟以火器取野鹜者）和民间火会会徒一万多人，挖渠道引运河水淹没低洼地阻止太平军行进。谢子澄组织了一场伏击战，猎人用渔船假冒渡船诱杀太平军指挥官，划小舟载民兵偷袭太平军小股部队，谢子澄因此战获知府衔。

团练是否参战直接影响到战争胜负。山西官员士绅不重视团练，北伐军攻城略地势如破竹，同样一支部队进入河南、直隶，遇上善战的当地武装，耗尽战力，不得不黯然南撤。直隶是护卫京畿的战略要冲，中英战争时就曾办过团练，1840年陕甘总督讷尔经额代理直隶总督，动员各州县士绅组建团练。湖北白莲教教主谢志良、山东黄莲教教主王寿荣1845年潜入直隶即被捕杀，便与讷尔经额推行源于保甲制度的联乡联庄法有关。这年秋天捻军在山东大名府起事，直隶各地团练设卡布哨拒捻军于地界之外。

直隶地区民兵骁勇敢战，李开芳自河北南下山东接应援军，途经高唐州发现城中仅有数十名清军和团练三百多人，立即率部攻破城池。守备纪琳、千总刘万化弃城逃走，团绅杜维屏率领团勇巷战。知州魏文翰战败，退入渔丘驿投井自尽，随行团绅决不投降，"厉声骂贼，被肢解"。①乡土绅民捐资办团是为守住祖居之地，他们逐渐成为内战主体，誓死保卫自己的乡土。

太平军将领曾立昌、陈仕保、许宗扬率部驰援北伐军，进入山东境内即遭到当地团练袭扰。1854年3月，单县团练在刘集、曹马截杀太平军援军后队数百人，金乡团练杀死前来劝降的太平军。代理知县朱运昌、学官辛本炖率团死守巨野，城破不降被杀。太平军行抵阳谷县城下，署知县文颖动员300名团勇登城御敌，太平军潮水一般涌来，文颖和教谕李文绥战死，典史徐凤喈和团练残部在巷战中全部阵亡。冠县知县傅士珍率绅董团勇列阵守御，直至全部战死。太平军4月攻抵临清，知州张积功让士绅姜毓杰担任团总，指挥12000名团勇坚守12天，临清城才被攻陷。乡土守卫者面对强敌决不放下武器，即便战死也躺在生身土地。

援军无法与北伐军会师，曾立昌决定南返。撤抵冠县、莘县、观城、阳谷等地，不断遭受团练袭击。1854年4月27日，冠县乡绅马昌图率团阻击，胜保部骑兵迅速赶到，斩杀曾立昌部两千余人，余部溃散。曾立昌执行战场纪律，部属哗变。援军诸部5月1日在阳谷至张秋镇途中遇伏，伤亡惨重。曾立昌等率残部退往郓城，一路遭练勇团丁追杀被歼两千余人，自靳口南下又被东平团练截杀数百人，其后又在皇甫集、齐家岗遭团练伏击。和两广民兵武装一样，守土者擅长在域内围猎溃逃者。曾立昌最终"跃马入黄河而死"。

---

① （清）周家齐纂：《高唐州志》卷五。

第五章　有灵的岳麓

楚勇出湘

　　湖南新宁人江忠源曾就读于长沙岳麓书院，1837年乡试中举，1844年去北京考取教谕资格，回籍贯地候缺。新宁地处湘桂交界，秘密会党活动频繁，江忠源预判他们即将暴动，和弟弟江忠济、江忠濬、江忠淑，堂弟江忠义、江忠信、江忠珀等，暗中组织乡人在江氏宗祠集训。1847年，新宁天地会会首雷再浩举事，江忠源率宗族武装攻占黄背峒天地会根据地，因功赴浙江嘉兴秀水任知县。

　　1849年冬，新宁人李沅发召集雷再浩余党，攻入新宁县城，杀死代理知县万鼎恩。新宁士绅代表去宝庆府求援不成，江忠源的弟弟江忠济、贡生刘长佑、生员刘坤一、武生邓新科、廪生邓树堃、捐输九品职衔倪长浩等，把各自组织的宗族团练共约两千人集结到一起，进攻会党控制的新宁城。被包围20天后，李沅发部突围撤往广西。新宁团练这时作出了一个大胆的决定，越过湖南省界进攻相距一百三十公里的柳州怀远，彻底消灭会党武装。1850年春天，新宁团练发动长途奔袭，途中遭会党武装伏击，邓树堃、倪长浩等四十余人阵亡。1850年5月，李沅发武装由桂返湘，新宁团练以其人之道还治其人之身，协同湖南提督向荣部在途中将其全歼。

　　曾国藩时任礼部右侍郎署兵部左侍郎，得知新宁团练如此骁勇能战，把同乡江忠源推荐给奕詝。奕詝诏江忠源进宫，江忠源因丁忧守制未能赴京觐见。1851年4月，大学士赛尚阿奉旨赴广西平叛，曾国藩又托内阁中书左宗植举荐江忠源，奕䜣允准"调湖南在籍知县江忠源赴营"①，江忠源回新宁县招募"旧所练乡兵五百人，使弟忠濬率以往，及号'楚勇'"②。《清史稿》述及此事："湖南募勇出境剿贼，自江忠源始。"③

湖南团练以"楚勇"为号出省作战，是晚清团练史的重要转折点。新宁团练1850年跨省追击天地会武装，目的很清楚，即消灭在新宁县域对其构成威胁的本地秘密会社武装，唯恐其撤往广西扩展队伍杀回马枪。同样是江氏新宁团勇，1851年出省作战时的身份改称"楚勇"，即为平定帝国敌人的政府雇佣军，执行的是官方作战计划。前次出境作战由江忠济、刘长佑、刘坤一自筹团费，这回则因皇帝钦点江忠源出征广西，可以使用官银用于军费，地方武装性质已发生根本变化。这也是自内战开始以来，地方宗族民兵成建制地受官方招募，成为以地域冠名的乡勇，即国家雇佣军。新宁团练成员个人身份转变为雇佣兵，但军队内部宗族血亲关系被准许保留下来，高中低各级指挥官均由新宁本土士绅担任，这使得这支部队既符合帝国雇佣兵建制，本质上又是独立的地方士绅私人武装，总指挥江忠源为体制内官员，同时又是地方大族领袖。楚勇跨省作战具有先锋意义，开启了湖湘派儒家精英率私军立足于国家政治舞台的序幕。

江忠源部在广西战场不贸然迎战敌军，他们在接敌之处修筑土垒作为工事，等待敌人发起进攻时冲出土垒将其消灭。奕䜣见楚勇善战很是高兴，赐给江忠源花翎，升任他为直隶州同知。楚勇在广西没待多久便撤出战场，因督抚将官众多，互相争吵抬杠，江忠源夹在他们中间左右为难，失望之余率部回湘。太平军永安突围进攻桂林，都统乌兰泰战死军中，江忠源闻讯再赴广西作战，他和刘长佑招募1000名新宁人，加上从广西撤回的楚勇，整编为

---

① 《清史稿·列传一百九十七·赛尚阿传》。
② 《清史稿·列传一百九十四·江忠源传》。
③ 《清史稿·列传一百九十四·罗泽南传》。

1500人的队伍赶赴桂林城外的鸬鹚洲，和太平军交手3次都取得胜利，桂林解围后奕訢将他擢升为知府。

1852年，江忠源在蓑衣渡给太平军致命一击。6月3日，洪秀全率军攻克全州，6月4日下令弃城拓宽战略空间，顺湘江直下突袭兵力空虚的湖南省城长沙。蓑衣渡位于湘江西岸，是太平军入湘必经之路，江忠源趁春夏交替时水位涨高，命人在水下夯下长排木桩拦腰截断河道，又令1500名楚勇隐蔽在江滩，虎视眈眈等待猎物进入陷阱。6月7日，几百艘满载辎重粮草和太平军官兵的船只沿江而下，浑然不察地撞上水下排桩，江忠源下令炮击搁浅的敌船，楚勇提刀跃起冲向江中，太平军纷纷跳船游向东岸，船上物资都被楚勇缴获。战前江忠源曾向绥靖镇总兵和春提议，楚勇从西岸发起攻击后，敌军必定弃船游往东岸，和春部可在那里设伏围歼他们。和春没有采纳他的意见，以至于太平军在湘江东岸集结，冲出清军包围圈进入湖南。江忠源指挥的蓑衣渡之战，使太平军辎重尽失，洪秀全由湘江突袭长沙的军事计划也因此搁浅，各路清军得以有时间在湖南集结近十万兵力。太平军在蓑衣渡之战中的重大损失，还在于南王冯云山中炮阵亡，冯云山在洪秀全初创拜上帝会时便追随于他，天王为痛失臂膀感到悲伤。

奕訢遥控指挥战事，试图将反叛军剿灭于长沙城下。这是几乎不可能完成的任务，军队和雇佣军面对的，是狂热地寻战求胜的武装力量，其领袖抱有建国理念，战略意图清晰明确，纪律亦是十分严明。太平军虽战败蓑衣渡，指挥系统依然完好，诸部相互配合默契。洪秀全部1852年6月12日攻克道州，8月15日占领桂阳州；杨秀清部8月17日攻取郴州；萧朝贵部长途奔袭长沙，连克安仁、攸县、醴陵，9月11日歼灭城外石马铺清军，12日西王中炮阵亡。10月太平军攻势更猛，洪秀全部11日攻抵长沙南门，掘地道引爆未能得手；杨秀清部6000人14日迂回至长沙浏阳门外校场，发动突袭被清军击溃；石达开部10月31日攻夺湘江西岸，清军战败伤亡千余人。1852年的长沙战事呈胶着状态，未如皇帝所愿"趁此贼匪屯聚一处，并力围攻，以期一鼓歼除"。①

太平军围城期间，清军指挥系统紊乱不堪，湖广总督徐广缙滞留湘潭，诸将率部各自为战，具有战略眼光的唯有楚勇指挥官江忠源。蓑衣渡之战后楚勇顾不得修整便驰援长沙，占领长沙城外制高点天心阁。江忠源判断太平军久攻不克粮草将尽，或照搬桂林经验撤围转攻湖北，而湘江西岸清军兵力空虚，遂提议清军迅速在龙塘设立防线阻击太平军诸部经此地入鄂。湖南巡抚张亮基采纳江忠源的建议，但军队将领拒绝渡江设防，商议很久没有结果。江忠源情急之下赶去湘潭找新任湖广总督徐广缙，徐广缙不接受他的意见，清军失去布防湘江西岸的机会。太平军果然如江忠源所料撤围渡江集结于西岸，昼夜急行攻陷湖南岳州，继而攻抵湖北省城武昌。江忠源对昏聩的总督和不作为的诸将极度失望，命令楚勇不随军队入襄作战，留在湖南本地歼灭巴陵、浏阳多股会党。虽如此，奕訢依然看重江忠源，升任他为道员。

庐州的池塘很冷

奕訢对江忠源很是赏识，任命他为道员后又实授湖北按察使，这已是正三品高官了。这还不够，还要让江忠源担任更高职务，"知忠源忠勇可恃，命率所部赴向荣军，寻命帮办江南军务"。②驻扎在南京城外的江南大营，由帝国最精悍的野战军组成，他们直接听命于奕訢，"帮办江南军务"相当于这支野战军的副总指挥兼参谋长。

江忠源为报答圣恩，递折子直言相告清军屡战屡战败的原因："全州蓑衣渡之战，寇焰已摧，宜速壁河东，断其右臂；道州之役，寇锋已挫，宜分

---

① 《清文宗实录》卷七三。
② 《清史稿·列传一百九十四·江忠源传》。

屯七里桥，扼其东趋；长沙将解围，则宜坚壁回龙潭、土桥头，使贼不得西犯。它若道州莲花池、莲涛湾，死地六十里，而纵之使生；湘阴临资口、岳州城陵矶，皆必争之区，而纵之使遁。祸机在咫尺之间，流毒遂在千里之外。此败辙之不可不深鉴者也。"江忠源罗列战例痛斥军队指挥官，而这些人就是皇帝任命的，很显然一系列失败涉及用人不当。为改变战局颓势，江忠源提出"严军法，撤提镇，汰冗兵，明赏罚，戒浪战，察地势，严约束，宽胁从"八策，奏请奕䜣"破格以揽奇才，便宜以畀贤帅，择良吏以固根本，严综核以裕饷源，如此而盗贼不灭，盛治不兴，原斩臣首以谢天下"。这位长沙岳麓书院精英提醒皇帝，他的主要职责在于选人用人，最后一段话分量很重，几乎等于死谏。"疏入，上嘉纳之"，皇帝表示接受他的主张①。

为拓展太平天国版图，太平军1853年6月开始西征。春官正丞相胡以晃部挺进安徽，连克和州、太平、池州、安庆；夏官副丞相赖汉英部重回江西，攻陷彭泽、湖口、南康、吴城，包围南昌。江忠源接到湖广总督张亮基急函，要求他率楚勇增援南昌，急行军到九江时接到上谕，命令楚勇赴安徽凤阳参战。江忠源奏请先援南昌，率1300人奔走3天抵达南昌，江西巡抚张芾喜出望外，把令牌交给江忠源，让他全权指挥南昌保卫战。太平军猛烈攻城，挖通地道，炸坍数十丈城墙，江忠源握刀上阵在章江门督战，率楚勇守住江西省城。

1853年9月24日，太平军撤围转攻湖北田家镇，石祥祯部、韦俊部扼守长江南岸半壁山，楚勇主力遇敌阻击，江忠源仅带几十名亲兵突围抵田家镇。10月14日，太平军总攻田家镇，击溃守军长驱入鄂。10月20日，西征军占领汉阳、汉口，江忠源集结楚勇赶到武昌歼灭城下之敌，保住湖北省城。

现在江忠源可以腾出手来赴皖作战。安庆失陷后安徽省城改为庐州，楚勇奉旨死守此城。江忠源田家镇战败，疏请受罚，奕䜣将他降四级留任，随即免去安徽巡抚李嘉端职务，让江忠源接替他主持安徽防务。如此迅速地擢

---

① 《清史稿·列传一百九十四·江忠源传》。

升提拔3年前还默默无闻的办团士绅，使其成为二品高官封疆大吏，是因为这位军事奇才在南昌、武昌保卫战中打赢叛军，现在需要他率部守住庐州。

江忠源原计划率一万人北上作战，新任湖广总督吴文镕认为太平军必欲再图武昌，恳请楚勇分兵留驻鄂省，江忠源仅率两千兵力在瓢泼大雨中启程。身披蓑衣跋涉于泥泞土路，远赴局势险恶的安徽作战，送行人禁不住生有壮士一去兮不复还的悲壮之感。

江忠源部1853年初冬抵达庐州，城中缺枪少炮粮食不足，官员大多在职不在岗。时人对能否守住庐州多持悲观态度。前户部主事王正谊在籍办团，撰《合肥不可守论》称："今之合肥亦古之合肥也。张文远抗吴太帝，屡战屡捷。今日不可守，何也？合肥城周三十里，堞四千九百有奇，居民仅四千五百户，户或一二人，其妇女辎重皆徙于野，招之不集，令之不从，兵仅二百七十名，勇仅千一百余名。欲与数万亡命相持，吾不知死所矣。调兵，则金陵、镇、扬攻剿尚不敷用，筹饷，则捐输借贷，殷富俱已流亡"，"聚而死于贼，民必不从。民散而官不去，徒死无益。盖官兵不能御贼，安庆、江宁已然之效。民无所恃久矣。非大破贼，民不信，则守不成"。① 王正谊认为合肥兵寡民少，更不堪的是民心已死。

守庐州远比守长沙、武昌困难，江忠源把有限的兵力部署到各个城门。他现在不仅是私军楚勇指挥官，还担任江南大营帮办军务、安徽巡抚，由其奏准调往安徽的有来自四川、广东的绿营兵，广东雇佣军七百余人，寿春镇总兵玉山部，署按察使张印塘所带雇佣兵两千多人。为增加守城兵力，江忠源在合肥团练中招募雇佣兵，他们中有"六安新募之勇二千名与李鸿章勇六百名、刘裕珍所募之勇数千名"。② 现在最困难的是军费不足，江忠源带来

---

① （清）王正谊：《合肥不可守论》，《捻军》（《中国近代史资料丛刊》）第6册，上海人民出版社1957年版，第861页。

② （清）江忠源：《奏报十一月初八日在六安州接受巡抚关防初十日驰抵庐州布置防务并陈明兵饷单绌及员弁不敷调遣疏》，《江忠源集》，岳麓书社2013年版，第78页。

六万两白银，仅够购买官兵和雇佣兵不足 1 个月的口粮。

1853 年 12 月 12 日，太平军胡以晃部猛攻庐州。陕甘总督舒兴阿率精兵万余奉旨驰援，进抵城外按兵不动。李鸿章率团勇部主动求战，舒兴阿不为所动。江忠濬、刘长佑率楚勇增援，胡以晃分兵将其阻于城外。庐州知府胡元炜暗通胡以晃，密告守军弹尽粮绝。胡元炜是湖南新宁人，多次致函江忠源救援庐州，现在却无情地出卖同乡。庐州 1854 年 1 月 14 日被攻陷，江忠源投水自尽，胡元炜献印投降。

清人薛福成在《庸庵笔记》中记述江忠源之死："天且明，雾薪薪如雨，江公左右拥公行，公手剑自刎，不殊，都司马良勋负公疾驰，公啮其耳，良勋负痛，因堕地。至水关桥，自投古塘死之。"江忠源以如此决绝的方式赴死，除了不想落入敌手受辱，还因庐州绅民待他之薄，令其内心透凉了无生趣。合肥四郊团练都由当地缙绅、乡绅所办，他们视江忠源为专责剿贼之事的统兵大帅，与"练本邑之兵，团本乡之勇，因本地之粮，守本地之土，各固藩篱"①的本地团练并无多大关系。吕贤基虽已死去，他和周天爵所拟军队与团练各司其职的规定，在安徽依然发挥作用，江忠源匆促来守庐州，来不及纠正。城池将破之际，江忠源亲笔手书求援信函，派人冒死送出城去，晓以城郊团练唇亡齿寒之理，告诉他们庐州城陷乡村亦不保。合肥四郊绅团不为所动，"卒无应者"。一位叫朱景昭的庐州人哭求团练救援，团绅大多无动于衷。乡绅蒋礼卿四处呼吁救城，居然被仇家打成重伤，主张救援者处境孤立噤若寒蝉。一位富绅冷嘲热讽说，不如用 200 石米雇男丁 200 名，让他们到城下露个脸就回来，也算是尽到责任了。

楚勇脱胎于新宁县宗族团练，与太平军胡以晃部相比人员数量、武器装备均不占优势。江忠源困守庐州，江忠濬部、刘长佑部无法突破敌军正面阵地，只能在城外眼巴巴地看着城池被攻破。江忠源虽败，楚勇主力还在，这

---

① （清）李元度：《吕文节公事略》，李元度编《国朝先正事略》卷二十五，第 822 页。

支生成于湘地由儒生领导的地方武装勇迈绝伦,成为日后湘军的前身。

江忠源之败,在他过于听从皇帝和督抚调派,缺乏战略家的韬略定力。反观其对手杨秀清,军事能力和政治谋略都比他高出许多。后者为自己确立了南方政权核心成员地位,掌控军队最高指挥权,制定西征战略并任用得力将领胡以晃、赖汉英、石祥祯、韦俊等予以实施。江忠源被动地接受宫中命令转战桂湘鄂赣皖五省,在战损严重的情况下仍分兵留守各省,未集结有限兵力用于运动中,持续歼灭敌军有生力量,从根本上扭转战局态势。反观他的对手杨秀清,则制定了战区首长负责制,命野战诸部轮战楚军使其战力耗尽军备耗光,将战场主动性始终掌握在自己一方。

斯人从戎

湖南巡抚张亮基 1853 年 2 月向湘乡缙绅曾国藩转达上谕:"前任丁忧侍郎曾国藩,籍隶湘乡,闻其在籍,其于湖南地方人情自必熟悉,着该抚传旨,令其帮同办理本省团练乡民搜查土匪诸事务。伊必尽力,不负委任。"[①]奕𧰼让这位前礼部右侍郎在籍贯地训练民兵,率领他们搜查土匪,给工部左侍郎吕贤基的谕令则是:"命工部左侍郎吕贤基驰赴安徽,会同巡抚蒋文庆办理军务。"[②]两者同为副部级前高官,享有的权力却完全不同,吕贤基会同巡抚办理军务,有权节制军官指挥军队,地位与封疆大吏平起平坐;曾国藩只负责组织训练民兵,权力和待遇与吕贤基不在一个档次。

曾国藩不满意这样的安排,以清律规定职官在长辈亡故后须回籍守孝 27 个月,而自己守制不过 4 个月为由,请求皇帝收回谕令。长沙岳麓书院校友

---

① (清)曾国藩:《敬陈团练查匪大概规模折》,《曾国藩全集·奏稿一》卷一,中华书局 2018 年版,第 79 页。

② 《清文宗实录》卷八三。

郭嵩焘听闻此事，赶到湘乡力劝曾国藩不要拘守古理，应抓住现下难得的机会成就大事。郭嵩焘对曾国藩说："公素具澄清之抱，今不乘时自效，如君父何？且墨绖从戎，古制也。"①这番话打动了前礼部侍郎，天降大任于斯人，若要扭转颓势必须出山。

曾国藩对帝国军队了解至深，供职中枢时即是意见领袖，认为绿营建制军病入膏肓，满蒙八旗军更是无可救药。他在兵部任职时实在看不下去，1851年上疏直陈军队种种弊端，提出若要强军必须裁汰冗员。侍郎在这份措辞尖锐的奏章中说："国用不足，兵伍不精，二者为天下大患。于岁入常额外，诚不可别求搜刮之术，增一分则民受一分之害。至岁出之数，兵饷为钜，绿营兵额六十四万，常虚六七万以资给军用。自乾隆中增兵议起，岁縻帑二百余万。其时大学士阿桂即忧其难继，嘉、道间两次议裁，不及十之四，仍宜汰五万，复旧额。自古开国之初，兵少而国强，其后兵愈多则力愈弱，饷愈多则国愈贫。应请皇上注意将才，但使七十一镇中有十余镇足为心腹，则缓急可恃矣。"②都是刀刀见血的实话，直指陈朽兵制贪腐将领，可真要淘汰那么多部队，帝国恐怕也要随着坍塌散架了去。书生偏激之见，宫中不予理睬。

在皇帝眼中，曾国藩不堪大用，只能勉强让其集训民兵，可曾国藩从一开始就看不起团练，认为这类零星武装如同散沙，顶多维持社会治安而已，一旦泛滥还会造成负面影响。他写信给门生李瀚章："团之一字，利病各居其半，且恐利少而病多，起团则必设局，立局则必敛费，或择户劝捐，或按亩摊派，年年索钱，夜夜巡警，贫家既不胜其扰，而坐局收费之人又未必果纯乎公廉。"③帮助巡抚组建团练缉捕土匪，这样的安排被曾国藩视为贬低他的智商，直言"团练之事不可为"。在他看来既然要乘时自效实现抱负，就要趁这乱世突破上谕限定，组建属于他的私人武装，让这支私军经受高强度

---

① 《清史稿·列传一百九十二·曾国藩传》。
② 同上书。
③ （清）曾国藩：《与李筱泉制军书》，《皇朝经世文续编》卷八十一。

战争磨炼，成为与八旗、绿营旗鼓相当的军事力量，唯有这样才能剿灭叛军拯救帝国。

曾国藩是拿来主义者，新宁江忠源楚勇模式、湘乡王鑫练勇模式，都被他直接拿来套用。江忠源以宗族团练为基础，建立私属于自己的政府雇佣军楚勇；王鑫把团练拆分为"团"和"练"两个部分，每家出丁，平日守卡打仗助阵者称为团勇，招募四方精锐每日训练打仗助阵者名为练勇。前侍郎借鉴他们的经验，奏告皇帝"自咸丰二年奉旨办团，初次折内，即奏明自行练勇一千，是臣所办者乃官勇，非团丁也"，^①这显然违抗了让其训练民兵组建团练的上谕。曾国藩擅自训练官勇，即雇佣军，仿照楚勇模式将其称为湘勇。

清时政府官勇统称乡勇，这些雇佣军以籍贯地命名，如粤勇由粤籍雇佣兵组成，若细分则有来自东莞的东勇、来自潮州的潮勇。以此类推，川勇来自四川、皖勇来自安徽。这些雇佣兵由官府在战时临时招募，相互间不由宗亲血缘关系联结，由军队指挥官统带参战。湘勇虽自称官勇，性质与后者完全不同，这支私军以地缘、血缘、姻亲、师友关系作为纽带，以"一族之父兄治一族之子弟"，^②主要将领曾国荃、曾国华、曾国葆都是曾国藩的弟弟。曾国藩与湘乡团绅、幕僚多系亲戚关系，他的三女儿嫁给罗泽南的二儿子；与郭嵩焘、李续宾也是姻亲；罗泽南与胡林翼也是儿女亲家。师生关系也很重要，彭玉麟是曾国藩门生，胡林翼、李续宾、李续宜是罗泽南门生。非湘籍人士因师生关系亦会受到重用，曾国藩皖籍门生李瀚章、李鸿章相继为其所用。一族人口毕竟不足，湘勇营官可扩大募勇范围，由里到乡直至县域。湘勇初始招兵方式十分保守，"湘营均系曾国藩同里之人"，^③曾国荃"不独尽

---

① （清）曾国藩：《派宋梦兰办皖南团练所》，《曾国藩全集·奏稿一》卷十二，第586页。

② （清）曾国藩：《批零陵县禀奉发团练告示及致绅士信函分别发贴送交该县地方现无匪徒拜盟结会仍当随时访查认真拿办由》，《曾国藩全集·批牍》卷一，第4890页。

③ （清）胡林翼：《分兵应援疏》，《胡林翼集》，岳麓书社1999年版，第112页。

用湘乡人，且尽用屋门口周围十余里内之人"。① 湘勇水师"水手须招至四千人，皆须湘乡人，不参用外县的。盖同县之人，易于合心故也"。② 曾国藩把这样做的理由，归结为"同县之人，易于合心"。以宗族乡里关系相互联结成为湖南办团的风气，王鑫在县域范围招募练勇，李元度募勇但取平江之人，刘长佑招的也都是亲党邻里，他们以办团的名义组建私属武装，是为生死与共战胜强敌。湘勇入伍必须取具保结、存档备查，写下家庭成员姓名并按指纹，由族中长者为其具结担保。营勇违反军纪或临阵脱逃，家人和具保者都会受到牵连，按具结文书共同担责。

湘勇薪饷待遇十分优厚，步兵每月薪饷四两多银子，几近绿营士兵的三倍，这对于贫穷朴实的山民是极具诱惑力的。战功赏金更为优厚，杀1名土匪奖10两银子，俘虏1名15两；杀1名太平军20两银子，俘获马匹可以自己使用，上交则赏10两银子；缴获铁炮、滑膛枪、火药、铅弹和冷兵器，都可得到奖赏。这样的高报酬是田地劳作不可能获得的，足可使加入湘勇者改变人生，家庭也会短时间内脱贫。维系这条凭借军事技能致富脱贫途径的前提是整支部队必须在战争中存活下来，勇营是否存活与长官的存亡密切相关，一旦营官战死，他所在的勇营随即解散，士兵退伍返乡永远失去高额薪饷和战功赏金，此生难以改变贫苦命运。同样的道理，倘若创建者曾国藩阵亡，整支湘军将会解散。"事上如子之事父"，营官与营勇的关系是父父子子的关系，士兵以长官为父，长官视士兵为子。曾国藩治军遵从儒教礼法，"将领之管兵勇如父兄之管子弟。父兄严者，其子弟整肃，其家必兴；溺爱者其子弟骄纵，其家必败"。③ "多赦不可以治民，溺爱不可以治家，宽纵不可以

---

① （清）赵烈文：《赵烈文日记》，第1477页。
② （清）曾国藩：《复朱尧阶》，《曾国藩全集·书札一》卷四，第5372页。
③ （清）曾国藩：《批湘后营营务处何令应祺、副后营刘丞连捷、左营李参将宝贤禀覆查明勇丁有无滋事由》，《曾国藩全集·批牍》卷二，第4936页。

治军。"① 湘勇领袖明确地告诉属下，这是一支宗法制武装，从各级长官到士兵都是他的子弟兵。这也是湘勇与其他官勇全然不同之处，湘勇是建立在儒家家庭伦理基础上的、体现士大夫理想的武装集团，其营制严格规定：各营由营官募勇，营勇依附营官，各营营官不得调任；非湘籍者不得担任营官，除非经过曾国藩特许，如擅长陆战的镶黄旗人塔齐布、水师骁将江苏吴县人褚汝航、河南光州固始人李孟群。湘勇自创建初始就特立独行，不为上谕左右，不归督抚指挥，任何人调用湘勇都须征得曾国藩同意。

与曾国藩争锋者多会被弃用。王鑫早在1852年就着手办团，对战术和营制探究颇深，撰有《练勇刍议》《阵法新编》，将团与练分离就是他的想法。曾国藩计划首招湘勇陆师兵员12营6000人，王鑫未经他同意径自募勇6营3000人，曾国藩难以容忍。王鑫恩师罗泽南决定投效曾国藩，王鑫不肯随其以曾国藩为师，这样的结果便是被彻底边缘化。曾国藩经略湘勇主干旁支分得很清，忠诚于他的营官大多做了封疆大吏，王鑫苦战湘粤赣数省，最终也就加按察使衔以湖北道员记名简放。1857年6月王鑫率老湘营转战吉安，10月病逝乐安营中。

曾国藩遵奉戚继光选兵制度，只招乡野老实之人，不收城市游滑之人，不让奸巧之人进入军队。他认为："山僻之民多犷悍，水乡之民多浮滑，城市多游惰之习，乡村多朴拙之夫。故善用兵者，常好用山乡之卒，而不好用城市近水之人。"② 任用营官则与戚继光不同，多用正统儒生科举精英，"取明戚继光遗法，募农民朴实壮健者朝夕训练之，将领率用诸生"。③

湖南书院精英介入地方武装自江忠源始，这位曾就读长沙岳麓书院的军事家以战争实践证明，书院儒生对战争的理解以及军事谋略的运用丝毫不逊于职业军官。曾国藩借鉴楚勇成功经验，由书院精英与朴实营勇搭配组军，

---

① （清）曾国藩：《笔记二十七则》，《曾国藩全集·杂著》卷二，第6684页。
② （清）曾国藩：《湖北兵勇不可复用折》，《曾国藩全集·奏稿一》卷五，第256页。
③ 《清史稿·列传一百九十二·曾国藩传》。

这支由谋略与体力组合成的队伍在残酷战争中迅速成为帝国最强大的武装力量。湘勇核心领导层成员都出身于儒学书院，曾国藩、郭嵩焘学成于长沙岳麓书院，左宗棠、胡林翼、罗泽南、曾国荃出道于长沙城南书院，彭玉麟求学于衡山石鼓书院，从中可以看出儒学信念在湖南知识分子领导的武装集团中起着多么重要的作用。

幕府

曾国藩招募专业精英开设幕府。封疆大臣有开军府邀幕僚的特权，前侍郎全盘照用，明明让他训练民兵，他却从团练中择选出私人武装，自说自话称他们官勇，作为湖南官方雇佣军最高指挥官，当然可以如督抚那样设立拥有军事参谋、后勤保障、司法审案等职能的庞大幕府。

幕府制度的特征是私属性，幕主与幕僚基于私谊形成主从关系。湘勇"事上如子之事父"，这样的原则同样适用于曾幕，在职官员、候补官员一旦进入幕府，即由公门进入私室，遵从幕主谕令先于执行官方命令。幕主则通过上报军功、保奏职位等方式，为幕僚打开上升通道，拓宽权力空间。曾国藩在湖南巡抚衙门之外组建了另一套办事机构，职能事权比政府系统还齐全。像曾国藩这样办差的在当时闻所未闻。

湘勇出省作战前，曾国藩利用幕府控制地方刑事审判权，目的是确立他在湖南的政治地位。曾国藩1853年初到长沙，即在巡抚衙门射击场设公馆，并着手建立长沙审案局，由幕僚刘建德、厉云官等人主持。幕府完成组建进入正常运转后，长沙审案局改称发审局。各地发审局未列入国家正式编制，不是一个独立的司法机构，没有明确的受案范围，亦无专业审判人员，各省在实际操作中则予以常设审判机构的待遇，负责本应由督抚臬司主审案件的预审工作。发审局设于地方主官衙署内，发审委员的任命、薪资给付等由官方负责。

发审局具有实际审判职能，属于地方实际司法机构，在籍办团缙绅设置发审局，被视为争夺地方司法权，进而挑战上层统治结构。曾国藩的回应是发审局既为体制外临时机构，地方官可以办，钦派在籍办团前缙绅自然也可以办，何况他接到的上谕就是团练乡民搜查土匪诸事务，这自然包括审判权。曾国藩颁发加盖"钦命帮办团防查匪事务前任礼部右侍郎之关防"印章的文书，通知湖南各地团练局不必一一报官捕人，也无须将嫌疑人押往长沙发审局或地方官衙，地方官应赴团练局审判犯人，凡会匪、教匪、盗匪、痞匪、游匪等立行正法。

曾国藩反客为主独揽地方司法审判权，将绅权凌驾于官权之上，连他自己都清楚"谤讟四起，自巡抚司道下皆心诽之"①，几乎所有地方官员都站在他的对立面。他把湖南的情况奏告皇帝："臣设局以来，控告纷纷，或签派兵役缉拿，或札饬绅士踩捕，或着落户族勒令跟交，或即令事主自行擒缚。一经到案讯明，立予正法。计斩决之犯壹百肆名，立毙杖下者贰名，监毙狱中者叁拾壹名。此外，札饬各州县擒拿匪党，赍呈供折，批令无庸解省，就地正法者，不在此数。"②对于湖南地方官对他极尽诽谤一事，他表明自己所做的一切都出于对皇帝的忠诚，"即臣身得残忍严酷之名，亦不敢辞"。奕䜣在奏折中读出曾国藩杀伐果断，帝国需要以血屠立威，以恐怖抑制恐怖，他给前侍郎的谕令是："务期根株净尽！"③

除了掌控司法权，曾幕还要去争财政权。自称官勇的湘勇是私人武装，军队系统不会与之发生关系，地方官员更不会向其提供经费。曾国藩接到的命令是帮办团练，根本没有正式职务，他只好自费雕刻"钦命帮办团防查匪事务前任礼部右侍郎之关防"印章用来发布命令，只是这样的关防哪里镇得住地方官，体制内的人对现任官员与前官员分得清清楚楚，对这位在籍绅士

---

① 《清史稿·列传一百九十二·曾国藩传》。
② （清）曾国藩：《拿匪正法并现在帮办防堵折》，《曾国藩全集·奏稿一》卷二，第87页。
③ （清）曾国藩：《严办土匪以靖地方折》，《曾国藩全集·奏稿一》卷二，第86页。

私刻的关防不屑一顾，视他的"私军官勇论"为笑谈。前侍郎无权从藩库调拨白银，只好自行解决军费问题，为此需要让幕僚调整观念。他说宋代永嘉学派名儒叶适讲过，"仁人君子不应置理财于不讲，良为通论"，说的是为补救时艰无须避谈经济理财。他又举例王安石变法之所以失败，在于那些自诩为仁人君子者成为变革阻力，为王安石抱不平："大抵军政吏治，非财用充足，竟无从下手处。自王介甫以言利为正人所诟病，后之君子例避理财之名，以不言有无，不言多寡为高。实则补救时艰，断非贫穷坐困所能为力。"①

1852年，曾国藩在湖南设立捐输总局，由捐输、漕粮、厘金入手，保障湘勇军需粮饷。捐输局制定摊派政策，普查湘人家庭经济状况，贫者少捐或以劳役替代捐款，富人须拿出真金白银。曾国藩要求道光朝重臣、已故两江总督陶澍家人"倡输万金"，带动湖南籍缙绅富商捐输白银。丁忧在籍的湖北荆宜施道蒋征蒲是湖南首富，一次性捐资白银十多万两，铜钱四十万串；前湖北巡抚杨健的儿子捐出数万两白银；长沙富商朱昌琳也捐出重金。曾国藩提出重奖捐输者，"自六品至九品，按赀填给"，巡抚和布政使须在捐输总局自制军功执照上盖印，由他颁发吏部授衔部照。随着湘勇成军出省作战，前侍郎的口气越来越硬，在写给皇帝的《请捐输归入筹饷新例片》中要求，对于捐输经费者，"由臣开单咨部，随时发给部照。嗣后臣行营所至，如湖北、安徽等省，准令臣随处劝捐，一例咨部，仍随时发给部照"。②

湖南大宗贸易的货物是茶和盐，向外输出红茶对内运入食盐。曾幕设盐茶总局，在陆路水道设厘卡，征收盐茶税以充军饷。曾幕把征收来的茶盐税用作资本投入军工产业，矿业开采、冶金铸造、棉布雨具、军用药材、船舶制造诸业快速发展，出现许多工商集镇。湘军和湘商的良性互动关系对双方都是有利的，长沙商人朱昌琳、衡阳商人魏鹤林等向湘军捐输白银和军需

---

① （清）曾国藩：《挺经》卷十二，中华书局2018年版，第8329页。
② （清）曾国藩：《请捐输归入筹饷新例片》，《曾国藩全集·奏稿一》卷二，第96页。

品，湘军亦给予他们经营茶叶、食盐的特权，使他们富甲一方，在全国产生了较大影响①。左宗棠主政西北军政时期，湖南商人活动范畴扩展到俄罗斯边境，晋商对俄茶叶贸易业务被湘商取代。

曾氏幕府的规模因战争迅速扩大，兼具司令部、参谋部、政治部、后勤部等职能。幕府部门齐全，营务处负责制定作战计划和下达作战命令，编书局刊印儒学书籍用于宣传，审案局负责司法审判，忠义局为阵亡者奏请设专祠专坊，此外还有报销局、劝捐局、茶盐局、厘金局、粮台等。曾国藩1854年2月29日率勇出征，行前在衡州告诉皇帝他的幕府分工精细，仅粮台就设立八所，"曰文案所、曰内银钱所、曰外银钱所、曰军械所、曰火器所、曰侦探所、曰发审所、曰采编所，皆委员司之"②。

幕府为缔造湘勇水师发挥了关键作用。曾国藩急于筹建水营，苦于缺乏人才，邀岳州营守备成名标、候补同知褚汝航、知县夏銮入幕，建造拖罟、长龙、快蟹、舢舨等各式战船。彭玉麟、杨岳斌由曾国葆推荐，加入幕府成为水营营官，彭玉麟在曾幕拟定水营营规、作战计划，在内战中成为水师指挥官。

前礼部侍郎一系列操作下来，湖南半壁江山为他控制，其幕府理财有方使得私军经费宽裕。湘乡罗泽南、王鑫师生办团练勇最早，罗泽南甘愿受曾国藩节制，王鑫为独立成军投靠巡抚骆秉章门下。曾国藩劝王鑫不要做官勇而要做义师，把先前说湘勇是官勇而非团丁的话忘得一干二净，他质问王鑫："吾辈私兴之义举"，"非省垣应办之官事也"，你怎么可以去做政府雇佣军呢？湖南巡抚骆秉章为拉拢王鑫，拨调给他一万两白银用作军饷，曾国藩讽刺王鑫："走省请饷一万，仆已讶其与初议相刺谬矣"，"止可谓之官勇，不得复谓之义师也"。曾国藩还是想留住王鑫，让他在其军中做个营官即中级指挥官，让他统带两个营1000名营勇。王鑫哪里肯答应他，他要招募上万名雇

---

① 陈曦：《论近代前期的湖南商业》，《湖南农业大学学报（社会科学版）》2005年第1期。
② （清）李滨：《中兴别记》卷十一，《太平天国史料汇编》，第389页。

佣兵做出一番大事,曾国藩让他头脑不要发热,"值此官项支绌之秋",骆秉章"倾库中所藏",至多也就"仅敷两月之需",①之后你又怎么办呢?把话说到这个份上,潜台词是还是跟着我干吧,你带的兵虽然少些起码饿不着,若跟骆秉章混,地盘局限湖南先不说,还缺饷少粮。

歌着的战士以及湘勇领袖的政治宣言

曾国藩在兵部左侍郎任上就看不起建制军,在奕詝登基之年递折子说各省绿营不整顿不行了,许多官兵不习武艺,开小差吸鸦片设赌馆,与秘密社会成员勾结,打仗时"见贼则望风奔溃,贼去则杀民以邀功"。②他忠告皇帝,"自古开国之初,兵少而国强,其后兵愈多则力愈弱,饷愈多则国愈贫"③,无用之人还是尽快裁撤了的好。1852年曾国藩丁忧回籍,成了无所事事的缙绅,对军队仍持批评态度,指责绿营军在平叛战争中胆怯畏战。

曾国藩鄙视职业军人,绿营官兵对他也不抱好感,不让湘勇进入他们军队的地盘。进入长沙的湘乡营勇多次遭到官军毒打,愤懑难抑的湘勇领袖在家信中写道:"今年二月在省城河下,凡我所带之兵勇仆从人等,每次上城,必遭毒骂痛打","谤怨沸腾、万口嘲讥","吾惟忍辱包羞,屈心抑志,以求军事之万一有济"。④前礼部侍郎遭到莫大羞辱却隐忍不发,他知道突破权力结构边界很难,湘勇崛起在于军事上的不断胜利,为此需要掌握战术技能,必须任用职业军人充当教官。

满洲镶黄旗人塔齐布同意湘勇和绿营兵一起训练,1851年他从火器营调

---

① (清)曾国藩:《与王璞山》,《曾国藩全集·书札一》卷三,第5323页。
② (清)曾国藩:《议汰兵疏》,《曾国藩全集·奏稿一》卷一,第62页。
③ 《清史稿·列传一百九十二·曾国藩传》。
④ (清)曾国藩:《致诸弟书》,《曾国藩全集·家书》卷四,第7517页。

到湖南任绿营都司，1852年长沙保卫战有功升任游击。塔齐布是少数佩服曾国藩的军官之一，后者每旬逢三逢八亲去校场对官军训话，要求他们秋毫无犯爱护百姓，以挽民心而塞民口。塔齐布认为他说得对，每次前侍郎来军营训话时，都恭敬地站在他身后。塔齐布还接受曾国藩命令，率部抓捕多名巨盗。曾国藩十分赏识这位满人军官，破格让其担任湘勇营官，统带由怀化练勇组建的辰勇。

在籍缙绅在巡抚鼻子底下建立幕府，凭空让湖南多了一个新衙门，省道府县各级主官忍无可忍，怨恨如荒草一般滋生蔓延。在地方折腾也就算了，居然还把手伸向军队，"令塔将传唤营兵，一同操练"，长沙协副将清德忍无可忍，向湖南提督鲍起豹控告曾国藩僭越忤逆篡夺军权。清德说按清制文官不能指挥军官，即便巡抚"例不问营操"，"塔齐布诋曾国藩，坏营制"。① 鲍起豹向来瞧不起文官，在长沙保卫战中为防备太平军挖掘地道炸毁城墙，命令士兵放火焚烧城外所有民房，奉旨来长沙协理军务的前湖北巡抚罗绕典不同意，鲍起豹把他的话当耳边风，坚持下令烧光城外数千间民居。鲍起豹发布命令不许军官听从曾国藩指挥，触犯军令者军法从事。

曾国藩决定把清德逐出军队，三次写密折上呈皇帝。第一折参清德游手好闲，营务武备茫然不知形同木偶，为小妾过生日居然调动50多名士兵办酒服侍，"请旨将长沙协副将清德革职，以励将士而振军威"；第二折举荐塔齐布、诸殿元，称他们忠勇奋发习劳耐苦深得兵心，他向皇帝保证，"如该二人日后有临阵退缩之事，即将微臣一并治罪"；第三折奏请下旨将清德交刑部治罪，案由为清德在长沙防卫战中摘去顶戴躲进民房，所带兵丁脱去军装溃散逃窜。② 奕詝最恨奴才平日骄横战时怯战，下谕旨将清德革职治罪，塔齐布"加副将衔，兼领练军"。曾国藩见奕詝站在他一边，欣喜之态跃然纸上："然

---

① （清）王闿运：《湘军志》，朝华出版社2018年版，第64—66页。
② （清）曾国藩：《特参副将清德折》《保参将塔齐布千总诸殿元折》《请将副将清德交刑部治罪片》，《曾国藩全集·奏稿一》卷二，第86—88页。

见所奏辄得褒答受主知,未有以难也。"①

军队与湘勇的矛盾并未因此平息,反而事端频发愈演愈烈。距绿营副将清德被革职仅月余,湘勇试枪误伤一名官兵,绿营持械出发要为他报仇,曾国藩将走火练勇施以鞭刑。事件刚平息下来,又有湘勇辰营与绿营永顺兵因事争执,官兵迁怒辰营营官塔齐布,吹号列队骂他叛将。曾国藩要求鲍起豹处罚肇事官兵,提督大怒说那就绑了送到湘勇营中让你处理,让士兵故意缚了战友走出军营去找曾国藩。很显然这是武装示威,绿营兵在长沙街头游荡挑事,城中文武官员闭门不管,士兵们开始包围曾国藩公馆。曾公馆暂设在巡抚衙门内,"公馆者,巡抚射圃也,巡抚以为不与己公事"。骆秉章对曾国藩行事很有看法,不出门制止士兵施暴。绿营兵越发猖狂,"刀矛竟入,刺钦差随丁",②曾国藩跑到骆秉章住处叩门求救,巡抚故作惊讶,感谢士兵绑缚肇事者,又为被缚者松绑,请肇事士兵回营,声称不会追究他们的责任。

长沙战役中鲍起豹部8000绿营兵坚守80天,直到向荣、和春、江忠源诸部赶来解围。现在太平军再度逼近长沙,以骆秉章为首的湖南官员更为看重军队,对曾国藩私军不抱希望,这也是他们把这次兵变归咎于曾国藩处事过激,偏袒鲍起豹和肇事者的原因。曾国藩对湖南督抚的行状失望到极点,说即使孔子复生都难以改变其恶习,"国藩客皆愤怒,以为当上闻",幕僚们纷纷建议幕主上疏控告湖南当局。曾国藩下达的命令,则是让湘勇各营"即日移屯衡州"③,在内讧或将再次发生时他决定妥协退让,避开杀气毕露的军队,离开长沙移师衡州专心练兵。

在衡州的日子里,私军领袖每旬逢三逢八依然到校场训话。营兵多为山民,曾国藩照顾多不识字的他们,撰写的《晓谕新募乡勇》通俗易懂,通篇都是直白浅近的白话:"本部堂招你们来充当乡勇,替国家出力。每日给你们

---

① 《清史稿·列传一百九十二·曾国藩传》。
② (清)王闿运:《湘军志》,第64—66页。
③ 同上书,第64—66页。

口粮，养活你们，均是皇上的国帑。原是要你们学些武艺，好与贼人打仗拼命。你们平日如不早将武艺学得精熟，将来遇贼打仗，你不能杀他，他便杀你；你若退缩，又难逃国法。可见学的武艺，原是保护你们自己性命的。"①

曾国藩撰写的《操武艺》既像民谣又像军歌，让营勇通过朗朗上口的传唱学习掌握军事技术：

> 石头要打二十丈，石灰罐子也一样。木板要有五寸宽，箭箭要中靶子上。
>
> 石头灰罐破得阵，叉钯锚子一齐进。靶子也立一块板，板上先凿四个眼。
>
> 眼内安个小木球，戳在锚子尖上留。只要枝枝戳得准，保守地方总安稳。
>
> 火器虽然是个宝，鸟铳却要铸得好。火药也要办得真，不然炸裂反伤人。
>
> 铳手若是不到家，不如操练不用他。惟有一种竹将军，装得火药大半斤。
>
> 三股麻绳紧紧缠，一炮响动半边天。件件武器皆无损，石头锚子更要紧。
>
> 石头不花一分钱，锚子耍出一道圈。若是两个习得久，打尽天下无敌手。

曾国藩还创作了《莫逃走》《要齐心》，和《操武艺》合称《保守平安歌》。《莫逃走》强调乡土观念和抱团取暖："众人谣言虽满口，我境切莫乱逃走。""一人仓忙四山逃，一家大小泣嗷嗷。男子纵然逃得脱，妇女难免受

---

① （清）曾国藩：《晓谕新募乡勇》，《曾国藩全集·杂著》卷一，第6667页。

煎熬。壮丁纵然逃得脱，老幼难免哭号咷。文契纵然带着走，钱财不能带分毫。衣服纵然带着走，猪牛难带一根毛。""我境大家要保全，切记不可听谣言。""本乡本土总不离，立定主意不改移。地方公事齐心办，大家吃碗安乐饭。"《要齐心》直面族内贫富冲突，提出阶级调和同舟共济："富者但愿自己好，贫者却愿大家穷。""万一邻境土匪来，不分好歹一笔扫。富者钱米被人抢，贫者饭碗也难保。""大家吃杯团圆酒，都是亲戚与朋友。百家合成一条心，千人合作一双手。贫家饥寒实可怜，富家量力略周旋。邻境土匪不怕他，恶龙难斗地头蛇。个个齐心约伙伴，关公庙前立誓愿。若有一人心不纯，举头三尺有神明。"①

战士们唱着《保守平安歌》，从湘乡到长沙再到衡州，在此起彼伏激昂高亢的歌声中，领会自己因何而战为何而战。而此时战争的车轮裹挟着腥风血雨向三湘大地碾压过来，离前侍郎和他的军队越来越近。

1854年1月14日，楚军领袖、安徽巡抚江忠源兵败自尽庐州。2月2日，曾国藩座师、湖广总督吴文镕战死黄州城外。2月25日，曾国藩发布《讨粤匪檄文》，率湘勇正式参战。

《讨粤匪檄文》与太平天国政治宣言《奉天讨胡檄布四方谕》针锋相对。后者开篇称："天下者，上帝之天下，非胡虏之天下也；衣食者，上帝之衣食，非胡虏之衣食也；子女民人者，上帝之子女民人，非胡虏之子女民人也"，打的是驱逐鞑虏的民族牌。前者开篇道："逆贼洪秀全、杨秀清称乱以来，于今五年矣。荼毒生灵数百余万，蹂躏州县五千余里，所过之境，船只无论大小，人民无论贫富，一概抢掠罄尽，寸草不留。"地方牌也用上了："粤匪自处于安富尊荣，而视我两湖三江被胁之人曾犬豕牛马之不若。此其残忍残酷，凡有血气者未有闻之而不痛憾者也。"总之，《讨粤匪檄文》是要把洪杨起事定性为匪患。

---

① （清）曾国藩：《保守平安歌三首》，《曾国藩全集·杂著》，第6662页。

《奉天讨胡檄布四方谕》自始至终强调驱除鞑虏:"慨自满洲肆毒,混乱中国,而中国以六合之大,九州之众,一任其胡行,而恬不为怪,中国尚得为有人乎?妖胡虐焰燔苍穹,淫毒秽宸极,腥风播于四海,妖气惨于五胡,而中国之人,反低首下心,甘为臣仆,甚矣哉!中国之无人也。"《讨粤匪檄文》维护名教道统儒教体制:"举中国数千年礼义人伦、诗书典则,一旦扫地荡尽。"郴州捣毁孔庙的事成为南京政权摧残中华传统文化的证据,"粤匪焚郴州之学官,毁宣圣之木主,十哲两庑,狼藉满地。嗣是所过郡县,先毁庙宇。即忠臣义士,如关帝、岳王之凛凛,亦皆污其宫室,残其身首。以至佛寺、道院、城隍、社坛,无庙不焚,无像不灭。斯又鬼神所共愤怒,欲一雪此憾于冥冥之中者也"。《讨粤匪檄文》誓言为保国保教而战,"自唐虞三代以来,历世圣人扶持名教,敦叙人伦,君臣、父子、上下、尊卑,秩然如冠履之不可倒置。粤匪此岂独我大清之变,乃开辟以来名教之奇变,我孔子孟子之所痛哭于九原,凡读书识字者又乌可袖手安坐,不思一为之所也"。

《讨粤匪檄文》发布者称:"倘有血性男子,号召义旅,助我征剿者,本部堂引为心腹,酌给口粮。倘有抱道君子,痛天主教之横行中原,赫然奋怒以卫吾道者,本部堂礼之幕府,待以宾师","倘有久陷贼中,自拔来归,杀其头目,以城来降者,本部堂收之帐下,奏受官爵。倘有被胁经年,发长数寸,临阵弃械,徒手归诚者,一概免死,资遣回籍。"檄文发布者并非在职官员,现下仅是地方绅士身份,却以本部堂自称,未经皇帝允许将体制中人与私军领袖身份集于一身。

发布于湘勇主力出发征战当天的《讨粤匪檄文》,是湖南儒学精英的集体站队,他们选择站在清帝国一边,对政教合一的太平天国政权说不,与"窃外夷之绪,崇天主之教。自其伪君伪相,下逮兵卒贱役,皆以兄弟称之,谓惟天可称父,此外凡民之父皆兄弟也,凡民之母皆姊妹也。农不能自耕以纳赋,而谓田皆天王之田;商不能自贾以取息,而谓货皆天王之货;士不能诵孔子之经,而别有所谓耶稣之说、《新约》之书,举中国数千年礼义人伦、诗书典则,一旦扫地荡尽"的南京政权决一死战。

圣谕日日抵衡阳

在衡阳练兵的日子里,奕䜣曾接连下谕催促曾国藩率湘勇赴湖北作战:"长江上游,武昌最为扼要,若稍有疏虞,则全楚震动。著骆秉章、曾国藩选派兵勇,并酌拨炮船,派委得力镇将,驰赴下游,与吴文镕等会合剿办,力遏贼冲,毋稍延误。"①"曾国藩团练乡勇,甚为得力,剿平土匪,业经著有成效。著酌带练勇,驰赴湖北。合力围攻,以助兵力之不足。所需军饷等项,著骆秉章筹拨供支。两湖唇齿相依,汉、黄一带尤为豫省门户,该抚等自应不分畛域,一体统筹也。""武昌省垣情形万分危急……著曾国藩遵照前旨,赶紧督带兵勇船炮,驶赴下游会剿,以为武昌策应,所需军饷等项,著骆秉章即设法供支,以资接济,毋稍延误。将此由六百里加紧谕令知之。"②在这些圣谕中,皇帝反复强调湖南地方政府必须给予湘勇经济支持,他现在把曾国藩的私军视为国家雇佣军,待遇等同于江忠源的楚军,最关键处则守住底线,即知县出身的楚军领袖位至江南大营帮办军务兼安徽巡抚,而曾官至兵部侍郎的湘军领袖依然只是在籍绅士。

曾国藩接谕后未率部增援武昌。奕䜣反复提到让他督带兵勇炮船出省作战,可湘勇现在连一艘战船都没有,怎么突破长江防线进入湖北?1853年10月15日,太平军石祥祯、韦俊部在湖北广济全歼清军一万多人,牢牢控制长江要隘田家镇,湘勇援鄂必然与叛军争锋水上,但对曾国藩而言水师至今还只是一个概念,无战船无重炮只是画饼充饥。湘勇不会像楚勇那样一味

---

① 《曾国藩全集·年谱》卷二,第 8062 页。
② (清)曾国藩:《暂缓赴鄂并请筹备战船折》,《曾国藩全集·奏稿一》卷二,第 9 页。

遵从圣谕，皇帝可以在宫中调兵遣将体现主子的存在感，搭上的可都是三湘子弟的性命。没有水师的湘勇不会出省作战，这是曾国藩的想法，他在《暂缓赴鄂并请筹备战船折》中提出，务必建立湘勇水师与敌争夺长江制水权："该匪以舟楫为巢穴，以掳掠为生涯，千舸百艘，游弈往来，长江千里，任其横行，我兵无敢过而问者。前在江西，近在湖北，凡傍水之区，城池莫不残毁，口岸莫不蹂躏，大小船只莫不掳掠，皆由舟师未备"，"现在两湖地方，无一舟可为战舰，无一卒习于水师。今若带勇但赴鄂省，则鄂省已无贼矣；若驰赴下游，则贼以水去，我以陆追，曾不能与之相遇，又何能痛加攻剿哉？再四思维，总以办船为第一先务"。① 这是极其重要的战略思想，指出打赢内战必须先行建设水上军事力量，否定了专守一城一地的僵化思维。

写成《暂缓赴鄂并请筹备战船折》当天，曾国藩命令湘勇截留从广东藩库解往江南大营的四万两白银。此事非同小可，进抵伪都南京城下的江南大营，集结着南方清军几乎所有精锐，截留其军饷的严重后果谁都清楚，湘军领袖却不管不顾地全数截留白银。曾国藩向皇帝诉苦，"筹备炮船，招募水勇，约需银十余万两。湖南藩库仅存银三万余两，实属不敷供支。查有广东解往江南大营饷银十余万两，现留长沙，因鄂省梗阻，未敢前进。臣咨商抚臣，即将此项截留四万余两，作为筹备炮船之费，其有不敷，由臣设法劝捐添凑"，这样做"实于公事有裨"。截留军队饷银在先，上折子在后，非但如此，手还伸得很长，提出解往湖北造船的二十万两广东库银，应划出四万两抵扣他这次截留的江南大营军饷，理由是圣谕中有"两湖办船，本属一气"，"两湖唇齿相依，自应不分畛域，一体统筹也"之言。这回奕訢难得地冷静，谕令"户部查照办理"②。

四万两白银都给湘勇了，奕訢让军机处传谕湘勇速赴安徽协同楚勇作

---

① （清）曾国藩：《暂缓赴鄂并请筹备战船折》，《曾国藩全集·奏稿一》卷二，第9页。
② （清）曾国藩：《请截留粤饷筹备炮船片》，《曾国藩全集·奏稿一》卷二，第92页。

战。"本日据宋晋奏,曾国藩乡望素孚,人皆乐为效用。请饬挑选练勇,雇觅船只,顺流东下,与江忠源水陆夹击,速殄贼氛等语。""现在安徽逆匪势甚披猖,连陷桐城、舒城,逼近庐郡。吕贤基已经殉难,江忠源又复患病,暂住六安,不能前进,皖省情形甚属危急。总由江面无水师战船拦截追剿,任令贼踪往来自如,以致逆匪日肆鸱张。该侍郎前奏亦曾筹虑及此。著即赶办船只炮位,并将前募楚勇六千,由该侍郎统带,自洞庭湖驶入大江,顺流东下,直赴安徽江面,与江忠源会合,水陆夹击,以期收复安庆及桐、舒等城"。"该侍郎忠诚素著,兼有胆识,朕所素知。谅必能统筹全局,不负委任也。"① 皇帝好言说尽,勉励前侍郎赶紧建造兵船,率六千雇佣兵从洞庭湖进入长江与江忠源部会合,水陆夹攻歼灭叛军收复失地。

曾国藩是在接谕后 14 天上《筹备水陆各勇赴皖会剿俟粤省解炮到楚乃可成行折》的,他告诉皇帝造船的过程并不顺利,工匠技术生疏,船只吨位太轻,"不足以压长江之浪,不足以胜巨炮之震",认为水师成军尚待时日。他说的都是真话,没有合格的战船火炮击溃叛军战船,与江忠源部会师水陆夹击敌军全是无用空话。话虽如此他还是安慰奕詝,说湖南督抚对他造船比较支持,骆秉章派来一位叫成名标的水师守备,又送来从广东取来的拖罟、快蟹船设计图,目前已经竣工 10 艘,计划再造 20—30 艘,如果舱面安放千斤大炮,加上置于船侧的舷炮,"乃足以壮军威而摧逆焰"。前侍郎还告诉皇帝,新船"上油未干,入水既虞其重涩,捻灰未固,放炮又患其酥松,必须一月以外,乃可下河。至价买旧船,修改舱面,其用力稍省,其为日自少,然至二三百号之多,亦须一月余之久"。至于为什么需要几百艘战船才能出征,前侍郎的理由是:"盖为数过少,则声势太孤,贼众之船未遇,我军之心先怯。"前侍郎说战船需用的火炮还在途中,待这些火炮从广州运到衡州,那时战船

---

① (清)曾国藩:《筹备水陆各勇赴皖会剿俟粤省解炮到楚乃可成行折》,《曾国藩全集·奏稿一》卷二,第 93—95 页。

也造得差不多了，水师有望成军。他在折子中把自己的决定告诉皇帝："事势所在，关系甚重，有不能草草一出者，必须明春乃可成行。"①

奕䜣对曾国藩很不满意，下谕责问他："现在安省待援甚急，若必偏执己见，则太觉迟缓。朕知汝尚能激发天良，故特命汝赴援，以济燃眉。今观汝奏，直以数省军务，一身克当，试问：汝之才力能乎，否乎？平时漫自矜诩，以为无出己之右者，及至临事，果能尽符其言甚好，若稍涉张皇，岂不贻笑于天下。著设法赶紧赴援，能早一步，即得一步之益。汝能自担重任，迥非畏葸者比。言既出诸汝口，必须尽如所言办与朕看。"②年轻的皇帝总是急于求成，总想轻易地击败强大的叛军，不过，发往衡阳的圣旨表面上言辞尖锐，对接谕者极尽讥嘲，实际上他已高度依赖这位握有重兵自作主张的湖南缙绅。

更多折子从衡阳发来宫中，曾国藩提出更多请求，这些请求无休无止看不到尽头。《请提用湖南漕米片》要求赴鄂作战前，"准臣提用漕米二三万石"，奕䜣御批，"户部知道。用之于军需，固不为浪费"。③《请捐输归入筹饷新例片》提出给予授给捐输钱物者官衔之权，"由臣开单咨部，随时发给部照。嗣后臣行营所至，如湖北、安徽等省，准令臣随处劝捐，一例咨部，仍随时发给部照"，奕䜣批复"该部知道钦此"④。总之能答应的全都答应，能办到的都给办到，但这位绅士还在推诿，一会说"臣所练之勇，现在郴、桂剿办土匪，不能遽行撤回"，一会儿称"饷乏兵单，微臣竭力效命，至于成效，则不敢必。臣以丁忧人员，去年奏明不愿出省办事，仰蒙圣鉴在案。此次奉旨出省，徒以大局糜烂，不敢避谢。然攻剿之事，实无胜算。臣系帮办团练之人，各处之兵勇既不能受调遣，外省之饷项亦恐不愿供应。虽谕旨令

---

① （清）曾国藩：《筹备水陆各勇赴皖会剿俟粤省解炮到楚乃可成行折》，《曾国藩全集·奏稿一》卷二，第93—95页。
② 同上。
③ （清）曾国藩：《请提用湖南漕米片》，《曾国藩全集·奏稿一》卷二，第96页。
④ （清）曾国藩：《请捐输归入筹饷新例片》，同上书，第96页。

抚臣供支，而本省藩库现仅存银五千两，即起程一月之粮，尚恐难备。且贼势猖獗如此，岂臣区区所能奏效"。①

整个湘勇部队都还在衡阳寸步未移，谕令和折子已来来回回一大堆，弄得奕䜣脸色很难看，焦躁地下谕指责前侍郎，生完气又觉得不得不用这个人，违心地说："知道了。成败利钝固不可逆睹，然汝之心可质天日，非独朕知。若甘受畏葸之罪，殊属非是。"②与同为湖南人的江忠源相比，奕䜣对曾国藩戒备极深，他屡屡催促湘勇赴鄂作战，后者则以各种理由抗旨不遵。骆秉章拨藩银令王鑫募勇奋战，曾国藩居然致函干预："兵贵精不贵多，新集之勇未经训练，见贼易溃，且饷糈难继，宜加裁汰"，逼迫其裁撤王鑫部练勇。

1854年2月，曾国藩终于率湘勇自衡州出征，29日接到上谕催促其赴湖北作战，"此时惟曾国藩统带炮船兵勇，迅速顺流而下，直抵武汉，可以扼贼之吭。此举关系南北大局，甚为紧要。此时水路进剿，专恃此军"。③最后一句了不得，皇帝把湘勇称为"军"，还声称"专恃此军"，现在曾国藩创建的地方武装可以称为湘军了，名正言顺地进入帝国军事力量序列。一切都在这位战略家的谋划中，自然而然水到渠成。

前侍郎清楚清军水师在长江流域连遭败绩无船可战，奉调北上的广东水师远在海上缓慢漂移，这是他拥有湘军水师的绝佳时机，即便水师初成青葱稚嫩。奕䜣亦是聪明之人，终于看出水师重要，却已经为时过晚，只能让曾国藩湘军水师坐大，以拯救帝国江山社稷。年轻的皇帝时时觉得委屈愤怒难抑，湘勇行动迟缓致使江忠源命丧庐州，吴文镕战死黄州，一切都由曾国藩造成，所有谕令都被他当作耳边风。曾国藩的想法正好相反，他把门生江忠源之死归因于奕䜣频繁征调过度使用，使其才干体力在被动受命中消耗殆尽；把座师吴文镕阵亡之因归咎于奕䜣不顾实际地催战，以及

---

① （清）曾国藩：《沥陈现办情形折》，《曾国藩奏稿》，第99页。
② 同上。
③ 《曾国藩全集·年谱》卷三，第8071页。

湖北巡抚崇纶的恶意构陷。曾国藩在衡州致函吴文镕嘱其坚守武昌，告诉他"今日南北两省，且以坚守省会为主，必俟水师办成，乃可以言剿。"巡抚崇纶与吴文镕不和，参奏湖广总督闭城株守，奕詝居然"切责"吴文镕。吴文镕等不到曾国藩打造好水师，离开武昌督师于黄州，随即战死。赴死前他写遗书给曾国藩："吾意坚守，待君东下，自是正办。今为人所逼，以一死报国，无复他望。君所练水、陆各军，必俟稍有把握，而后可以出而应敌。不可以无故率尔东下。东南大局，恃君一人，务以持重为意，恐此后无有继者。吾与君所处，固不同也。"① 吴文镕预测主持东南大局者必定是曾国藩，可谓有先见之明。

湘人从水

一切都准备停当了，湘军接下来要真刀真枪地打仗，他们的对手是1852年进入湘鄂区域的太平军。

太平军1852年进入两湖地区时兵力不足两万，当地四十多万反满民众加入进来，兵员猛增到近五十万。新加入者中除了底层士人，还有矿工、炭户、挑夫、渔民、船户和秘密组织成员，后者以行业、帮会的方式群体性加入太平军。太平军攻占道州的最大收获，是招募了掘煤夫即煤矿工人一千多人，付给他们每人每月10两白银，"到处俱用湖南煤夫挖掘地道，恃为长技，无坚不摧"。② 两湖地区的天地会秘密组织也集体性加入反叛军，清人汪士铎在日记中记述："癸卯、甲寅间，贼目曾天养至武昌，通城、蒲圻、大冶、兴国、嘉鱼、咸宁，旧钟人杰之余党十万余人来投降。"③ 这些新加入者被来自

---

① 《曾国藩全集·年谱》卷二，第8065—8066页。
② （清）汪堃：《盾鼻随闻录》卷四《豫寇纪略》，《太平天国史料汇编》，第12319页。
③ （清）汪士铎：《汪梅翁乙丙日记》卷三，《太平天国史料汇编》，第377页。

广西高地的太平军老兵称为新兄弟，其人数是后者的数十倍。

太平军庞大的水营也几乎全由新兄弟组成，他们利用两湖地区众多江河湖泊，正面强攻沿江城市或机动作战消灭清军水师，给帝国军队以毁灭性打击。太平军水营组建于1852年年底，这年12月12日，湖北提督博勒恭武、岳州知府廉昌战败弃城，此时成千上万条粮船停泊在岳州，几万失业盐船水手聚集在武昌，湖南道州商人唐正才振臂一呼，船户、水手纷纷加入太平军，东王杨秀清任命唐正才为典水匠，即水营最高指挥官。水营以船户水手为水兵，分为前后左中右五军。水营船只征用大量民船，用来运送军队和物资，采用群狼战术歼灭清军水师，长江千里尽为太平军所控制，"贼船之多亦不下万余艘，行则帆如叠雪，住则樯若丛芦，炮声遥震，沿江州邑无兵无船，莫不望风披靡"①。

水营组建不久就参加了武昌战役。西征军1852年12月22日攻克汉阳、汉口后，水营用船只和木板在江面搭起通往武昌城的浮桥，几十万太平军渡过长江合围武昌。1853年2月9日，太平军沿长江东下进攻南京，水营2月15日突破清军长江老鼠峡防线立下首功，此后又协助地面部队攻陷九江、安庆，在四合山江面全歼副将陈胜元所率清军水师，攻取金陵城。从武昌出征到夺占南京，太平军仅用了不到40天。水营指挥官唐正才战功卓著受封"恩赏"丞相，升任殿左五指挥，提督水营事务。攻占南京后水营扩充为9个军，每军约13000人，9军共计约120000人。

太平军水营遇上湘军水师后才算是棋逢对手，这是两个敌对政权水上军事力量的较量，也是湘人与湘人之战。在太平军担任军事教官的英国人呤唎亲历这场战争并目睹了双方军队中的湘籍士兵情状，他在《太平天国革命亲历记》中这样评价他们："太平军来自湖南的很多，中国人说湖南人是中国最好看的。我完全相信这话，因为我曾打听我所碰到的超出一般相貌的太平军

---

① （清）张德坚：《贼情汇纂》卷五《伪军制下》，《太平天国史料汇编》，第2116页。

是哪里的人，每次我都发现相貌最好的全是湖南人或者是江西山地来的人。湖南位居中国中心，向来以产生最好的士兵驰名，尤其是湘勇，久已为人所称赞。"现在这些相貌好看的湘人将为丰沛的河流湖泊鏖战，为丰茂的土地丘陵厮杀，为各自的信念把热血洒向湘水。

1854年2月25日，曾国藩令罗泽南、李续宾二营留守衡州，其余湘军全部集结湘潭待命，曾国藩大营即总指挥部设于水师，褚汝航、塔齐布分任水师总统与陆师先锋。湘军水师分10营，共5000人，湘潭水师4营以褚汝航、夏銮、胡嘉垣、胡作霖为营官，衡州水师6营以成名标、诸殿元、杨载福（杨岳斌）、彭玉麟、邹汉章、龙献琛为营官。水师共有241艘战船和200艘辅助船，战船仿照广东战船式样建造，计有40艘快蟹、50艘长龙、150条舢板，1艘相当于水师旗舰的拖罟船供曾国藩乘坐，自身没有动力由其他船拖带。水师战船一共配置570门火炮，其中大部分是进口洋炮，水勇战前由来自广西的炮手培训过。地面部队由10营陆师组成，一共5000人。随军出征的还有粮台即后勤补给机构，粮台备有大米12000石、煤炭18000石、食盐40000斤、食油30000斤；征用大批民船运送这些军用物资，为壮军威发放给这些辎重民船旗帜和枪炮。这是湘军的首战，参战官兵、后勤人员加上民夫，总共17000余人。

1854年2月29日，曾国藩接上谕，"水路进剿，专恃此军"。3月31日，曾国藩又接谕旨，"此时得力舟师，专恃曾国藩水上一军。倘涉迟滞，致令汉阳大股窜踞武昌，则江路更形阻隔。朕既以剿贼重任付之曾国藩，一切军情，不为遥制"。[①] 4月4日，水师在洞庭湖遇大风，装载辎重的战船沉没24艘，相撞伤几十艘，尚未开战即遭惨重损失，曾国藩懊恼不已。发生在4月4日的还有陆师的战败，太平军林绍璋部在湘鄂边界设伏，击溃王鑫部于羊楼司，曾国葆、邹寿璋、杨名声3营战败撤往岳州。林绍璋率部猛攻岳州，战

---

① 《曾国藩全集·年谱》卷三，第8073页。

至 4 月 7 日，曾国藩率水师驰援，炮击围城敌军，接应湘勇残部弃城撤往长沙。林绍璋部咬住湘军不放，4 月 24 日攻陷湘潭，夺占造船厂，缴获湘军战船。湘潭激战时，太平军石祥祯部突击靖港，与林绍璋部形成夹攻之势，长沙危在旦夕。4 月 28 日，曾国藩率水师 5 个营和陆师 800 人反攻靖港，狂风使战船不受控制地漂入太平军岸炮射程，遭到轰击损失惨重。石祥祯派出 200 多艘小船，围住 40 艘湘军大船展开火攻，湘军水勇纷纷弃船逃生。陆师在曾国藩督战下进攻靖港，见水师战败，不听指挥哄散溃逃，亲兵护住曾国藩急退。目睹湘军如此败象，前侍郎羞愤难当，纵身一跳欲投水自尽，幕僚章寿麟赶紧将他拉上船来，送往长沙高峰寺调养身体。

长沙官员认为这是报复的绝佳时机，他们幸灾乐祸地写了折子，参奏这位自杀未遂的在籍办团缙绅，要求皇帝严惩他并将湘军解散，但湘军在其他战场的胜利，使长沙官员不得不打消了这种念头。4 月 25 日，陆师塔齐布部反攻湘潭，湘军的炮火摧毁了守军部分工事；水师彭玉麟、杨岳斌部火攻湘潭太平军水营，"贼舟连樯十里，分三队合击，同时纵火焚其辎重皆尽"，① 林绍璋部损失战船约 2000 艘。战至 5 月 1 日，湘军攻克湘潭，全歼林绍璋部将士近万名。这是湘军首次大量歼灭敌军有生力量，也是太平军西征军首次成建制溃败，湖南战局随之发生逆转。

军事斗争暂赢一局，政治斗争还在继续。为争夺湖南领导权，曾国藩以退为攻，"陆师既克湘潭，巡抚、提督上功，而国藩请罪"。② 前侍郎奏称，"靖港战败，水师半溃，实由臣调度乖方，请交部从重治罪，并请特派大臣总统此军"。他表面上让皇帝派其他大臣指挥湘军，实际上是料定除了自己，任何人都难以摆平这支属于他的军队，由此果断地反将一军。对于湖南官员和缙绅的再次角力，奕䜣让军机处转谕长沙，"逆船经曾国藩亲督舟师进剿，虽

---

① 《清史稿·列传一百九十二·彭玉麟传》。
② 《清史稿·列传一百九十七·曾国藩传》。

小有斩获，旋以风利水急，战船被焚，以致兵勇多有溃败。据曾国藩自请从重治罪，实属咎有应得。姑念湘潭全胜，水勇甚为出力，著加恩免其治罪，即行革职，仍赶紧督勇剿贼，带罪自效"。他将曾国藩革职，又让其继续掌控湘军，革去的是虚衔，不动的是其军事指挥权。奕詝何尝不清楚湘军领袖明里谦恭内底桀骜，"请特派大臣总统此军"一句，简直就是对他的要挟。可此人一旦离场，哪里还有现在这支能够打赢叛军的部队。帝国已经到了现在这种地步，任性只能加快其倾斜沉没，奕詝决定留住前侍郎，他的方式是将湖南提督鲍起豹革职，把他的职位交给湘军营官塔齐布。圣谕从宫中六百里加急送往长沙，"湖南提督鲍起豹自贼窜湖南以来，并未带兵出省，迭次奏报军务，仅止列衔会奏。提督有统辖全省官兵之责，似此株守无能，实属大负委任。鲍起豹著即革职，所有湖南提督印务，即著塔齐布暂行署理"。① 这是对所有湖南官员的警告，在平叛战争中冒领军功或抱团组圈是不可容忍的行为。

　　奕詝在战争中学习驭臣之术，对于湖南的人事安排有独到之处，"曾塔配"这样的惊幻组合都能设想出来。塔齐布不过是湘军营官，一举擢升为一省最高军事长官提督，湘军领袖曾国藩仅是在籍办团缙绅，这样的安排实在太富想象力。曾国藩深解其意却不揭破，毕竟麾下营官擢升为从一品提督，自己脸上也算有光。塔齐布"受印日，士民聚观，叹诧国藩为知人，而天子能明见万里也"。② 紧接着又有上谕，无非又是催促其乘胜赴鄂作战。只是靖港、湘潭战后湘军人数锐减，一万营勇仅剩四千，皇帝对其称呼亦低调许多，上谕中用词不再是军而是勇，"曾国藩统领舟师，屡有挫失，此摺所陈纰缪各情，朕亦不复过加谴责。现在所存水陆各勇，仅集有四千余人。若率以东下，诚恐兵力太单。该革员现复添修战船，换募水勇，据称一两月间当有起色。果能确有把握，亦尚不难转败为功"。③

---

① 《曾国藩全集·年谱》卷三，第 8076 页。
② 《清史稿·列传一百九十二·曾国藩传》。
③ （清）曾国藩：《恭谢天恩折》，《曾国藩全集·奏稿一》卷二，第 123 页。

战还须从水师入手，经岳州、靖港两仗湘军师船战损过半，曾国藩命衡州、湘潭再造新船60艘，又由长沙船厂修复100多艘伤船。初战中一些营勇表现欠佳，缺乏向死而生的战斗意志，曾国藩反思："吾水陆万人非不多，而遇贼即溃，岳州之败，水师拒贼者杨载福一营。湘潭之战，陆师塔齐布两营，水师杨载福两营。以此益知兵贵精不贵多。"① 他对水师作大幅调整，裁汰心理素质差的营勇，新募数千兵员补充进湘军。在实战中他还了解到，营官的命令难以传达到各艘战船，指挥意图难以贯彻造成混乱以致溃败，为此每船增设1名哨官。

湘军重整后再次东征，首战攻击目标为岳州。湘军水师分三批拔锚出发，全速驶向岳州；陆师分三路进发，中路塔齐布部，西路胡林翼部，东路江忠淑、林源恩部。留守衡阳的罗泽南部也奉调会攻岳州。太平军守将曾天养收缩防区，命其部撤出常德、澧州，将所掠民船尽集岳州踞守。1854年7月24日，湘军攻陷岳州，曾天养率部退至距岳州15公里的城陵矶，伺机在长江与洞庭湖交汇处与湘军水师决战。

1854年7月27日，城陵矶战役拉开序幕。此时广东水师已由海路进入长江，驶抵城陵矶与湘军水师会合，至此可谓帝国已出尽水上精锐。太平军亦调集精锐部队参战，韦俊部赶赴城陵矶与曾天养部会合，西征军实力大为增强。8月9日，广东水师统兵官陈辉龙、广东游击沙镇邦率广东师船强攻城陵矶，太平军水营在象骨港设伏，诱使广东水师大型战船搁浅，随即出动所有舟船火攻师船，以群狼战术全歼广东水师，陈辉龙、沙镇邦战死。彭玉麟、褚汝航、夏銮率部赶来增援，也被敌船团团围住，贴身近战距离过近，湘军水师的重炮火器失去效用，不是被击沉就是被俘获，几乎和广东水师一样地全军覆没，营官褚汝航、夏銮阵亡，突围生还的唯有彭玉麟。

危急时刻又是塔齐布部力挽狂澜，使濒临死亡的湘军满血复活。1854年

---

① （清）朱孔彰：《中兴将帅别传》，向新阳点校，岳麓书社2008年版，第7页。

8月11日，塔齐布部由陆路攻击城陵矶，曾天养领兵三千舍舟登岸交战，塔齐布带伤冲入阵中击杀曾天养。曾天养是太平军悍将，1853年随胡以晃征战安徽，攻陷桐城、舒城、庐州，致使江忠源兵败自尽，之后又与石祥祯、韦俊部会战湖北，全歼湖广总督吴文镕所率黄州清军，湘军在城陵矶击杀曾天养，算是为曾国藩座师吴文镕、门生江忠源报了仇。8月14日，韦俊收拢曾天养残部再战湘军，湘军陆营营官褚殿元、刘士宜战死，罗泽南、李续宾率部死战才稳住阵脚。曾国藩命彭玉麟、杨岳斌率水师从侧背猛袭擂鼓台守军，由广西来湖南的李孟群自募水勇2营1000人参战，曾国藩命他随杨岳斌、彭玉麟东下进攻拔城陵矶。湘军猛烈反击攻陷太平军13座营垒，韦俊引军退往湖北，湘军追击二百里收复湖南全境。

城陵矶战役后，太平军水营已难以组织有效抵抗，战场形势开始一边倒。湘军进入长江直驱武汉，《清史稿》记述水师战况："孟群偕载福、玉麟中流直下。舰分二队，前队冲盐关出贼背，后队自上击下，毁贼船二百余艘。会诸军铲沿江木栅，破汉关及金沙洲、白沙洲，抵鲇鱼套，西渡攻汉阳朝宗门。贼扬帆下窜，尸蔽江。毁晴川阁下木栅、大别山下木垒，武昌、汉阳同时收复"①，太平军水营已无像样的抵抗。杨载福率部进攻武汉，水师将士傲立船头，不顾炮火连天弹丸纷飞徐徐进抵城池，以无惧生死的气势碾压太平军士气。"三版人皆露立，棹船徐进，有俯首避铅丸者，众目笑之，以为大耻。"这样的军心士气是太平军前所未见的，"寇从城上望见，相顾失色，缒而逃者日杀百数不能止。明日，武昌寇弃城走，汉口、汉阳寇皆乘夜具舟遁。武昌之复不劳力，由创水军，使寇震怖无策，故千里无留行焉"。②

在夺取制水权的一系列战役中，湘军水师经受住太平军水营群狼战术打击，大吨位、重火炮、机动性强等技术优势逐渐显现。太平军水营在两湖

---

① 《清史稿·列传一百八十七·李孟群传》。
② （清）王闿运：《湘军志》，第212页。

地区的战争中，即便打赢湘军水师损失也十分惨重，学者罗尔纲根据史料统计，湖南境内太平军战船"初被焚于湘潭约二千艘，接着被焚于岳州约数百艘，被焚于城陵矶约数百艘"；湖北区域水营战船"被毁于汉阳小河约四千艘"。① 1854 年 8 月 14 日，太平军石凤魁部撤出武汉三镇，水营残部被湘军水师围歼于汉口，"杨载福等以水师舢板数十号溯流驶入汉口，纵火焚贼船千余号，几尽"。② 自此，太平军不再有水上优势。

奕䜣接到战报欣喜若狂，下谕封赏曾国藩，"此次克复两城，三日之内，焚舟千余，踏平贼垒净尽。运筹决策，甚合机宜。允宜立沛殊恩，以酬劳勋：曾国藩著赏给二品顶戴，署理湖北巡抚，并加恩赏戴花翎；塔齐布著赏穿黄马褂，并赏给骑都尉世职"。年轻的皇帝一时间又是满脑子速胜论，急切地期待湘军顺流而下夺回江西、安徽、江苏诸省失地，许诺奖赏有功湘军，"楚省大局已定，亟应分路进剿，由九江、安庆直抵金陵，扫清江面"，"曾国藩等以剿贼自任，虽当乘此机会，急思顺流而下，以次攻复沿江诸城，然须计出万全，谋定后战，方无挫衄之虞。若能由九江、安庆直抵金陵，使长江数千里尽荡妖氛，则从征将弁，朕必破格施恩，以酬懋绩"。代理湖北巡抚曾国藩亦在武昌全力备战，写折子向宫中要求拨划军饷，"附片奏请旨饬江西抚臣筹银八万两，广东、四川二省各筹银数万两，迅解行营"，"附片奏请饬谕陕西抚臣筹银二十四万两，解赴行营"。奕䜣一概应允，贴心地告诉湘军领袖，"此次东下之师，关系大局转机，务期成算在胸，相机筹办，能制贼而不为贼制，庶可次第廓清也！所请饬拨陕西饷银，已谕知王庆云照数筹拨，源源接济矣"。一切都变得和谐起来，君臣之间不再猜忌，朝廷开始向湘军输送库银，攻克南京指日可待，谁都不曾想到一道新谕送抵湘军大营："曾国藩著赏给兵部侍郎衔，办理军务，毋庸署理湖北巡抚。陶恩培著补授湖北巡抚。

---

① 罗尔纲：《太平天国史》第 3 册，中华书局 1991 年版，第 1084 页。
② 《曾国藩全集·年谱》卷三，第 8082—8084 页。

未到任以前,著杨霈兼署。"① 很显然,皇帝反悔了。

先是任命曾国藩署理湖北巡抚,到收回圣谕只赏虚衔,其间不过7天。曾国藩是何等地心思缜密,接到任职谕令后就预设退路,以专事军务与礼教规矩作推辞状:"奉命署理湖北巡抚,于公事毫无所益,于臣心万难自安。臣统率水师,即日启行,于鄂垣善后事宜不能兼顾。且母丧未除,遽就官职,得罪名教,何以自立?是以不敢接受关防,仍由督臣收存。"② 令他懊恼的是此折尚未呈抵宫内,免职谕旨已到湖北大营,可见奕䜣对他防范之深。任命私军领袖为封疆大吏并非没有先例,拥有楚勇的江忠源即任职安徽巡抚,湘军营官塔齐布亦为湖南提督,唯独对他这个1849年就实授礼部右侍郎署兵部左侍郎、署工部左侍郎的前朝官员始终保持戒备。没有任何一个皇帝喜欢过于聪明且锋芒毕露的人,更不愿意他成为厥功至伟的帝国救星。打破官员籍贯地回避制的朝廷,为拯救帝国冒了很大风险,缙绅利用宗亲血缘关系网络组建私属地方武装,打赢叛军以后会自愿地交还权力吗?会不会成为地方军阀架空中央政权?一国之主为此昼夜思索寝食不安。

速胜论的终结

湘军由长江东下,与向荣的江南大营、琦善的江北大营会攻南京,是奕䜣和曾国藩的战略共识。太平军则在湖北田家镇部署五万主力阻截湘军。

江北田家镇有楚江锁钥之称,与南岸半壁山共扼航道。石祥祯、韦俊部1853年10月围歼田家镇清军水师,防卫战总指挥江忠源仅以身免,太平军长驱入鄂。1年后田家镇攻守互换,攻方换作湘军,太平军成为守方,楚军领袖

---

① 《曾国藩全集·年谱》卷三,第8082—8084页。
② 《曾国藩年谱》卷三,第8084页。

江忠源失守之地，湘军领袖曾国藩发誓将其夺回。

田家镇现在集结了太平军西征军所有精锐。战役总指挥燕王秦日纲设大营于田家镇，沿长江北岸修筑绵延数十里的土垒，炮眼密布，射程覆盖江面。胡以晃部驻守南岸半壁山要塞，阵地前挖掘深壕，编插竹签布满铁篱。为保持战役纵深，韦俊部进入南岸下游富池口，陈玉成部驻守蕲州。在田家镇与半壁山之间的江面上，守军布下4道铁索7道篾缆，用来拦截湘军水师。汉末东吴欲阻魏军东下，在长江两岸凿石系链横悬江面，软肋在于攻方用火熔断一节铁链，千寻铁索即沉入江底。太平军以史为鉴，改用众多小船托住铁索，索船之间以铁码钤之，砍断一节其余索链牢系如故。为防止小船漂移将其用锚固定。预判湘军定会火烧铁索，守军用竹筏木料搭簰为垒，簰中安放火炮，舟船护卫周边，为阻截湘军水师，太平军造了一座水上之城。

1854年11月20日，田家镇战役爆发。湘军水陆主力19000人、湖北绿营9300人协同作战，塔齐布部攻击富池口，罗泽南部进抵半壁山。战至11月24日，富池口、半壁山等南岸要塞尽入湘军陆师之手。湘军水师由彭玉麟、杨岳斌指挥，突破蕲州防线攻至田家镇，师船重炮远距离压制沿岸守军，水勇分4队猛攻守军水营。第1队是装了炭炉的小船，靠上铁索烧红后用斧头砍断；彭玉麟率第2队、杨岳斌率第3队挤过断索空隙，乘风势火攻敌簰，烧毁护簰木船4500多艘，歼灭太平军水营数万人。秦日纲率余部撤出田家镇退守安徽黄梅县城，塔齐布部紧追不舍攻陷此城。陆师罗泽南部夺取孔垅，水师进至新港水营基地，水陆会合后直驱九江剑指南昌。

湖南、湖北尽失，南京政权大为震惊。东王杨秀清命林启荣部死守九江城，与梅家洲罗大纲部互为犄角拱卫湖口。湖口是鄱阳湖与长江连接处，湘军水师一旦进入鄱阳湖，即可经赣江进攻南昌，为守湖口翼王石达开亲赴前线主持军事。

1855年1月15日，湘军水陆攻击梅家洲，被罗大纲部击退。1月23日，湘军再攻梅家州，烧毁守军建在湖口的木簰望楼，石达开急令水营把几艘装满沙石的大船凿沉堵塞航道。1月29日，湘军三攻梅家洲，营官萧捷三率120艘舢板奋力突入鄱阳湖，守军冒着炮火抛石堵死水道，湘军大船被迫留在外江。自此，湘军水师被肢解为外江水师与内湖水师。石达开见外江大吨位师船失去舢板护卫，命令水营趁势反击，烧毁敌船39艘之多。2月11日，太平军夜袭九江城西官牌夹水师大营，烧毁大型战船十余艘，攻上曾国藩座船。曾国藩跳入小船逃往陆师罗泽南、刘蓉部营中。湖口大败使曾国藩几近绝望，牵马握刀冲向敌阵欲求一死，将领幕僚拉住战马劝他回首。

石达开部死死守住湖口，湘军水师已被打残，终结了奕䜣和曾国藩的速胜论。他们原先设想的湘军攻占华中地区后，迅速进入华东区域，会合江南、江北两大清军主力一举攻克南京的战略目标，被无情的现实击得粉碎。

接下来的战局像一团乱麻。1855年4月3日，湖广总督杨霈部战败，太平军韦俊部收复武汉，湖北巡抚陶恩培自尽。曾国藩命胡林翼部回援湖北，塔齐布部分兵随胡林翼赴鄂，其部主力继续进攻九江。1855年8月，悍将塔齐布久战无果病死军中。亡于军中的还有罗泽南，罗泽南率部克复弋阳、广信、义宁后，11月入鄂与胡林翼部会合，1856年4月战死在武昌城下。塔齐布、罗泽南都是湘军创始人，曾国藩为之痛惜不已。

1856年12月，太平军守将韦俊因天京事变弃守武汉。天京事变缘起于南京政权核心圈内争，东王杨秀清总揽军政大权，天王洪秀全不甘心仅为宗教偶像，密令北王韦昌辉、燕王秦日纲入城，诛杀东王及家眷、部属两万余人。政变发生后，翼王石达开逃往安庆大营，召集部属起兵讨伐。洪秀全把一切责任推给韦、秦二人，下诏为东王杨秀清平反，处死北王、燕王，传令石达开主持军政，加封其兄洪仁发、洪仁达为信王、勇王，用来节制翼王。天京暗流涌动，1857年5月，石达开为避祸率部再回安庆。西征军勇将韦俊是韦昌辉之弟，闻知兄长被杀，身心俱疲无力再战。

胡林翼部克复武汉三镇，朝野上下为之一振。在江西遥望已任命湖北巡抚的胡林翼，曾国藩心里别有一番滋味。江西战局毫无起色，他将一切归罪于江西巡抚陈启迈蓄意掣肘,决意将其扳倒。奕䜣接到前侍郎送来的折子,一如既往地奉行现实主义,在握有强大武装者与并无战绩的地方主官发生冲突时,坚定地站在前者一边。谕令很快送抵江西,"陈启迈著即革职,按察使恽光宸先行撤任,听候新任巡抚文俊查办。该抚到任后,著即将曾国藩所参各情节逐款严查,据实具奏,不得稍有徇隐"。① 10月再谕:"兵部右侍郎著曾国藩补授。曾国藩现在督办军务,兵部右侍郎著沈兆霖兼署"。② 奕䜣之前擢升湘军指挥官胡林翼为湖北巡抚,对曾国藩却始终悭吝,不考虑任命他为战区所在地巡抚,仅在原先的职位上来回挪动,将其悬空于实授与虚衔之间。

石达开是曾国藩的噩梦,前侍郎对这个难缠的对手束手无策。1855年1月,石达开下令堵塞湖口迫使湘军水师一分为二,指挥所部连克江西7府74县。1856年1月大败周凤山部,樟树一役斩杀湘军千余人,周凤山遁入南昌。石达开部合围南昌,曾国藩坐守孤城,所想所思还是如何重振湘军水师。1857年1月,杨岳斌病愈归队,统带湘军外江水师,湘军陆师与李续宾部会攻九江。九江战役打响时,湘军水师已恢复到湖口战役时的规模,外江水师增至15营7500人,内湖水师8营4000人,共有500多艘大小战船,2000多门火炮。湘军领袖愤懑的是客居江西作战,处境未因参倒陈启迈得以好转,新任巡抚文俊与他处处作对,两江总督何桂清更是处心积虑排挤湘军,把藩库白银尽数调拨给江南大营,对湘军将士不管不顾;非但如此还多次密奏宫中称曾国藩指挥不力谎报战功。因父亲1857年2月20日去世,湘军领袖未经奏准便离开江西返回湖南。

奕䜣并未责怪曾国藩,大度地赏假三个月,赐400两白银让其治丧。三个月后前侍郎假满奏请继续守制,奕䜣下谕命他返回军营:"惟现在江西军务未竣,该侍郎所带楚军素听指挥,当兹剿贼吃紧,亟应假满回营,力图报效。"③

---

① 《曾国藩年谱》卷四,第8088页。
② 同上书,第8102页。
③ (清)曾国藩:《恭谢天恩并吁请开缺折》,《曾国藩全集·奏稿一》卷九,第467页。

曾国藩坚持在家终制，奏请辞去兵部右侍郎衔。他告诉奕訢以非实授兵部侍郎"虚悬"身份，拿着木刻印章率部征战是何等的卑微渺小，于他个人而言屡遭地方官吏欺凌事小，影响湘军士气贻误战局就是大事了。他向皇帝摊牌，诉说苦衷，话里话外全是酸楚委屈："臣居兵部堂官之位，而事权反不如提镇"，"臣办团之始，仿照通例刻木质关防，文曰'钦命帮办团防查匪事务前任礼部右侍郎之关防'；四年八月，剿贼出境，湖南巡抚咨送木印一颗，文曰'钦命办理军务前任礼部侍郎关防'；五年正月换刻，文曰'钦差兵部侍郎衔前礼部侍郎关防'，秋间又换刻，文曰'钦差兵部右侍郎之关防'。臣前后所奉寄谕，援鄂援皖，筹备船炮，肃清江面，外间皆未明奉谕旨，时有讥议。关防更换既多，往往疑为伪造。如李成谋已保至参将，周凤山已保至副将，出臣印札，以示地方官而不见信，反被诘责。甚至捐生领臣处实收，每为州县猜疑。号令所出，难以取信。"曾国藩举出空头职衔种种弊端后直接撂挑子不干，"恭谢天恩，请开兵部侍郎署缺"。①

战局胶着正当用人之际，奕訢还是催促曾国藩回到前线，湘军领袖则把话挑明："臣细察今日局势，非位任巡抚，有察吏之权者，决不能以治军；纵能治军，决不能兼及筹饷。臣处客寄虚悬之位，又无圆通济变之才，恐终不免于贻误大局"，"国家定制，各省文武黜陟之权责成督抚，相沿日久，积威有渐，督抚之喜怒，州县之荣辱，进退系焉。州县之敬畏督抚，盖出于势之不得已，其奉承意旨，常探乎心之所未言。臣办理军务，处处与地方官相交涉，文武僚属大率视臣为客，视本管上司为主，宾主既已歧视，呼应断难灵通。防剿之事，不必尽谋之地方官矣。至于筹饷之事，如地丁、漕折、劝捐、抽厘，何一不经由州县之手。或臣营抽厘之处，而州县故为阻挠；或臣营已捐之户，而州县另行逼勒。欲听之，则深虑事势之窒碍；欲惩之，则恐

---

① 《曾国藩全集·年谱》卷五，第 8126 页。

与大吏相龃龉。"① 话说到这个份上，明明白白是要奕䜣让他做地方主官。

奕䜣就是不愿让曾国藩在湘军所在地当巡抚，将其兵部侍郎开缺，同意他继续在籍守制。圣谕："曾国藩以督兵大员，正当江西吃紧之际，原不应遽请息肩。惟据一再陈请，情词恳切。朕素知该侍郎并非畏难苟安之人，著照所请，准其先开兵部侍郎之缺，暂行在籍守制。"② 谕令充满矛盾，既称曾国藩为督兵大员，又偏不给他实际职务，症结还是前侍郎制定军规，让湘军官兵首先忠诚于他。皇帝并非完全视湘军为异己，湘军营官不断地被他颁旨擢升为编制内高级将领或一省主官，如实授塔齐布湖南提督、杨岳斌福建陆路提督、胡林翼湖北巡抚、李续宾浙江布政使，这样做为的是让湘军中人明白，他们既是曾氏私军更是帝国雇佣军。坚持不授湘军创建者曾国藩任何实职，奕䜣以这样的方式暗示湘军领袖，湖南的这支地方武装兼具私军和国家雇佣军双重性质，曾氏家族不得独自掌控。

曾国藩在籍守制之时，石达开为经营江西放弃安庆，集全部主力于赣省。湘军陆师李续宾部面对强敌奋起作战，1857年10月25日突袭石钟山、梅家州，10月26日攻陷湖口，切断九江城防后路。湖口一役，使得内湖水师与长江水师分隔3年后得以会合，湘军自此掌控长江千里航道。在家守制的曾国藩获悉后喜极而泣，致函在军中的弟弟曾国荃："三年积愤，一朝雪耻。"③ 陈玉成部由安徽经湖北驰援江西，被李续宾分兵击败。奕䜣下谕赏李续宾巡抚衔，可专折奏事。

李续宾部会合水师杨岳斌、彭玉麟部围攻九江城。太平军九江守军是内战中最顽强的城市保卫者，击败湘军发动的近百次水陆攻击，战至1858年5月19日才被攻陷，城破时守将林启荣、李兴隆及部属全部战死。自塔齐布部强攻九江，到李续宾部会同水师攻克此城，湘军费时长达数年。

---

① （清）曾国藩：《沥陈办事艰难恳终制折》，《曾国藩全集·奏稿二》卷九，第470—471页。
② 同上文，第472页。
③ （清）曾国藩：《致沅浦弟书》，《曾国藩全集·家书》卷五，第7562页。

帝国正规军依然萎靡不振，石达开部撤离安庆回守江西本是安徽战局翻盘绝佳时机，结果却是帝国军队全面溃败。1858年8月23日，太平军青年将领陈玉成、李秀成率部入皖，打败巡抚福济所部清军夺回安庆。8月26日，陈玉成部、李秀成部合攻江北大营，聚歼钦差大臣德兴阿部一万余人，冯子材率江南大营援军五千人抵江北大营时，所有屯营已焚烧殆尽。围堵南京的清军，此时仅剩钦差大臣和春、提督张国梁指挥的江南大营，他们能做的不过就是在紫金山南麓挖掘百余里长壕，围堵南京断绝其交通，对何时夺取城池则毫无头绪。

湘军攻下九江城，曾国藩接旨同意赴浙江作战，对手还是石达开。后者热衷于运动战，1857年10月战败湖口，1858年2月集结驻皖赣二十余万主力转战浙江，击败清军漳州镇总兵周天受部，攻陷处州、永康、武义。奕䜣谕令江南大营和春率军援浙，和春称病不愿入浙，情急之下奕䜣命"曾国藩驰驿前往浙江办理军务"，谕新任江西巡抚耆龄将在江西的湘军萧启江、张运兰、王开化等部交给曾国藩驰援浙江。圣谕称这些营官"系曾国藩旧部，所带勇丁得曾国藩调遣，可期得力"①，把湘军士兵称为勇丁，再次强调前侍郎私军被清廷征用为雇佣军的事实，雇佣军总指挥曾国藩仍无编制内实际职务。

石达开强攻衢州91天未能破城，1858年7月14日撤围入闽，8月与石震吉、杨辅清等部会师浦城，9月和杨辅清部杀回江西，攻占景德镇，威逼湖口、九江。曾国藩急令陆师张运兰部、水师刘于浔部在1859年1月发起景德镇战役，牵制逼近湖口、九江之敌。石达开为策应杨辅清部，率部出福建铁牛关，经江西瑞金、南安、崇义进入湖南，攻陷郴州、永州，赣湘腹地的矿工、游民、天地会成员加入其部，队伍发展到三十多万人。

1859年5月，石达开发动宝庆战役。楚勇诞生地新宁县就在宝庆府，宝庆城距湘军创始地湘乡150公里，石达开深入湖南腹地，征战省外的湘军大

---

① （清）曾国藩：《恭报起程日期折》，《曾国藩全集·奏稿一》卷十，第479页。

为震撼，将士们情绪波动，要求回乡作战。曾国藩6月命刘岳韶、刘长佑部回援宝庆，7月令张运兰部回援湖南。李续宜、刘长佑、刘坤一、胡林翼、江忠义、江忠朝诸部亦从各省赶赴湖南参加宝庆会战。数百艘水师战船也从湖北、安徽赶来参战。为保护家乡父老，数万湘军仓促集结于曾国藩麾下，与数十万之众的太平军作战，直到打赢宝庆战役。8月14日，石达开余部撤出宝庆，经永州、东安南走广西。宝庆战役后，湖南、江西、湖北尽入湘军囊中。

曾国藩复出取得宝庆大捷，南京城外的清军则面临灭顶之灾。1860年5月2日，李秀成、陈玉成、李侍贤、杨辅清诸部合兵十万，分5路进攻江南大营。清军溃败，总兵黄靖、马登富、吴天爵阵亡，提督张国梁退守镇江，不敌太平军又撤至丹阳，死于乱军。已革钦差大臣和春率残部突围至常州，再遭重创退至无锡，阵亡沙场。两江总督何桂清设衙门于常州，常州绅民要求他率军守城，何桂清命令士兵开枪清道逃至苏州，江苏巡抚徐有壬不放他入城，何桂清逃往上海，徐有壬战死。自此，帝国最精锐的主力部队江南大营、江北大营不复存在。深宫中的奕詝黯然神伤。

无将可调无兵可用之君，还有什么可以任性傲骄的资本，为使帝国版图完整不至割裂，唯有重用汉人曾国藩。1860年6月，奕詝擢升湖南绅士曾国藩领兵部尚书衔署理两江总督，湘军进入鼎盛期。这是属于湖南知识人的时代，由曾国藩和儒生们创造，以三湘子弟鲜血和生命换来。这是皇权和地方主义妥协的结果，帝国权力结构将发生重大变化，湘军为帝国版图完整而战，其领袖是最终建立新政权还是仍做旧朝臣，要看他个人意愿了。

第六章　洋人又来了

枪炮与贸易

奕訢从1856年开始就难以专注于内战，广东的局势分散了他的精力。曾国藩之所以在1860年6月接谕署理两江总督，除了江南大营清军主力被太平军全歼，中央政权不得不依赖湘军围堵南京，另一个原因在于英法两国发动第二次鸦片战争，帝国军队得腾出手来应付外国入侵军，国内战争唯有让湘军去应付。

洋人总是在广州制造事端，在他们认为合适的时间点燃导火索，把战火从南方燃烧至北部直隶地区，逼迫中国政府满足其各种要求。1856年10月8日，广东水师登上英国商船"亚罗"号，逮捕贩卖鸦片的中国船员。英国驻广州领事巴夏礼要求中方道歉，声称中国士兵登船时扯下英国国旗，这是对英国女王的侮辱。两广总督叶名琛拒绝他的要求，认为"亚罗"号为一位香港的中国商人所有，不具有受英国保护的资格。在"亚罗"号事件发生的3个月前，叶名琛拒绝了英国要求鸦片贸易合法化的提议，巴夏礼认为中国已经调整了贸易政策，战争成为唯一的选项。10月23日，英法军队炮击珠江沿岸炮台；10月28日，清军都统来存、千总邓安邦等战死；29日，广州失守。

这场战争可以追溯到签订于1844年的中英《南京条约》。英国人1856年提出修改条约，英国获得贸易最惠国待遇，英国公使常驻北京，清廷拒绝这些要求。自1844年以来广州当局就允许当地团练把守城门，不让外国驻华使节和商人居住在城里。英国因对华输入鸦片成为贸易顺差国,故对反入城运动长期隐忍不发。对华强硬的外交大臣巴麦尊1856年成为内阁首相,在华外交官巴夏礼清楚他的立场,以"亚罗"号事件作为战争由头符合唐宁街的想法。

法国加入对华战争是因为马神甫事件。1856年2月29日,法国传教士马赖在广西西林县传教被捕,同时被捕的还有25名当地教徒,知县张鸣凤处死马赖等3人。中法两国1844年在广州签订《中法五口贸易章程:海关税则》,即《黄埔条约》,规定"法国人可以在五口建造教堂、坟地,清政府有保护教堂的义务",张鸣凤据此认定法国人仅可在通商口岸传教,不得进入内地。巴黎抗议中国处死传教士和基督教徒,根据《黄埔条约》第二十三款规定:"佛兰西无论何人,如有犯此例禁,或越界,或远入内地,听凭中国官查拿,但应解送近口佛兰西领事官收管;中国官民均不得殴打、伤害、虐待所获佛兰西人,以伤两国和好。"拿破仑三世决定与英国组成军事联盟,1857年3月派遣远征舰队赴中国作战。

两广总督们都是对英强硬派,从林则徐、徐广缙到叶名琛,即便《南京条约》签订者耆英,到广州任总督后也以团练难以驾驭为由拒绝英国人入城。这些总督中皇帝最为看重徐广缙和叶名琛,1848年他们组织10万团练守城,迫使英国人止步广州城下,道光皇帝旻宁喜极而谕:"入城之议已寝,该夷照旧通商。中外绥靖,不折一兵,不发一矢。该督、抚安民抚夷,处处皆抉根源,令该夷驯服,无丝毫勉强,可以历久相安。"① 一时高兴之下旻宁颁发谕令,将上海、天津、南京外事处理权交给广督广抚。

广东的局势是1850年开始失控的,发生在广西的叛乱向东扩散,内战消耗掉太多白银,抗税事件不断发生,富庶的珠江三角洲地区趋于贫困。战乱使行商富绅离粤北上,底层团勇则去做雇佣兵或加入秘密社会,社会秩序每

---

① 《清宣宗实录》卷四六六。

况愈下。叶名琛时任两广总督，他在1853年重提洋人又要入城，试图利用仇洋情绪促使当地人团结对外。这次他的策略没有奏效，各地抗捐运动愈演愈烈。此时广东三合会发动叛乱，逼近三角洲地区各个城市，1854年7月，叛乱者攻占佛山、花县、南海，捣毁了这些地方的县衙。远在梧州的叛匪走出山林向省城进发，聚集在广州城外的三合会武装越来越多，他们头裹红巾开始攻城。

住在广州城外商馆区的英国人，忐忑不安地注视事态发展，对中国南方叛乱的态度摇摆不定。英国公使包令同情反叛者，把红巾军视为争取自由的正义力量，应邀访问了他们的黄埔营地。驻广州领事罗伯逊持中立态度，建议包令不与任何一方接触。英国商人向政府军出售武器的谣言开始流传，叛军失去耐性，登上各国商船搜查武器抢掠货物。1854年12月，驻扎在黄埔的红巾军驱赶英国船队，占领炮台向广州城开炮。叶名琛以为机会来了，打算抛弃前嫌与洋人共同对抗叛军，调拨25000两库银让美国人屈林克招募雇佣军，帮助政府军夺回叛军营地，罗伯逊阻止屈林克介入内战。叶名琛又试图说服包令派遣英国军舰炮击叛军，公使答复英国不介入另一主权国家内部事务。总督从此不再相信英国人，他以傲慢之态度对待傲慢的英国人，"遇中外交涉事，略书数字答之，或竟不答"。

珠江三角洲团练1855年1月决定参战，与官府结盟平定秘密会社暴动。叶名琛对英国人的立场复归强硬，主张广州对英商永久性地关上城门。广东水师1856年10月以搜查走私鸦片的名义登上"亚罗"号商船，是两广总督兼五口通商大臣对英国人要求鸦片合法化一事的表态，他绝不同意鸦片交易合法化，在任何压力下都不会妥协。

英国在1854年试图修改《南京条约》，英国公使包令、美国公使麦莲、法国公使布尔布隆约见负责中国外交事务的叶名琛提出修约要求，其依据是1844年中法签订的《黄埔条约》中有这样的条款："日后大法兰西皇上若有应行更易之处，当就互换章程，年用核计满十二年之数，方可与中国再行筹议";同年签订的中美《望厦条约》也有类似条款。英方则引用中英《虎门条约》规定,清朝将来"设有新恩施及各国,应准英人一体均沾",中英《南京条约》签订于1842年,在12年之后的1854年理应修约。

英国之所以热衷修约,是认为《南京条约》虽签订,对华贸易并未取得预期效果,英方虽已获得进入中国通商口岸的特权,对华输出工业制成品依然乏力。马克思在《对华贸易》中提供的统计数字表明,条约签订后英国输华商品价值由1842年的96.9581万英镑增加到1845年的239.4827万英镑,但1846年起英国对华商品输出量逐年下降,到1854年只有1843年的十七分之十,① 而英国输往印度的工业制成品价值每年约为900万英镑,远远超过中国。英国认为中国的贸易保护主义违背自由贸易原则,自给自足的自然经济对英国商品具有强大的抵抗力,只有通过修约迫使中国进一步开放市场,使英国工业制成品与中国手工业品自由竞争。英国以鸦片交易获得对华贸易顺差,应继续对华输出鸦片并使其合法化,为此不惜再次发动对华作战。英国把第二次鸦片战争称为"'亚罗'号战争",名义上是为捍卫英国女王尊严而战,实则是为强行进行鸦片贸易。

在晚清所有两广总督中,叶名琛是最强硬的一位,为达到目的不惜采用任何手段。1842年中英战争结束后,珠江三角洲的103个乡掀起锄奸运动,仅三元里地区就屠杀了1200名"汉奸",叶名琛是锄奸运动领导者之一。1855年平定三合会叛乱后,叶名琛下达杀俘令,仅广州城就斩杀了七万多名红巾军战俘,广东全省被杀者近百万人。自美国耶鲁大学学成回国的容闳回忆他在广州路过杀俘现场,"但见(刑)场中流血成渠,道旁无首之尸纵横遍地","时方盛夏,寒暑表在九十度或九十度以上,致刑场四围二十码以内,空气恶劣如毒雾。此累累之陈尸,最新者暴露亦已二三日"。② 目睹如此大规模无节制

---

① [德]马克思:《对华贸易》,《马克思恩格斯选集》第2卷,人民出版社1972年版,第59页。
② (清)容闳:《西学东渐记》,丘麓书社2015年版,第30页。

杀戮的容闳，觉得自己不该容忍如此野蛮血腥的政府，而对于叶名琛而言，这样做是为了摧毁反叛者的精神意志，他庆幸广州绅民再次站在帝国政权一边。

前英属加拿大总督额尔金勋爵被任命为对华全权专使，1857年3月率远征舰队驶往中国，他的任务是打破贸易壁垒。加入联军的法军由前法国驻英大使葛罗全权指挥，驶往香港与英军会合。英国远征军途经印度时恰逢加尔各答发生兵变，额尔金把他们留在印度平叛，自己乘商船先赴香港。数月后远征军抵达香港。冬季的天津白河已经封冻，英国舰船不可能经过这条河流进攻皇城。额尔金决定留在南方作战。联军很快攻陷东莞，总兵董开庆部战败。

奕詝在宫中惴惴不安，叶名琛安慰他说粤事不足为虑："英国主厌兵，粤事皆额罗金等所为。臣始终坚持，彼穷当自伏。"① 皇帝信任叶名琛，相信总督能一如既往应付危机。叶名琛也相信自己能够制服英军，他收买了华人随军翻译张云同，让其作为内应提供情报，以便制定计谋歼灭英军。1852年平定凌十八叛乱时，叶名琛就以重金和官职为条件，策反拜上帝会会徒歼灭叛军主力，他认为这种计策同样可以对付英法联军。

1857年12月29日，英法舰队炮击广州城内的总督衙门。联军并未进城，他们等待总督投降。叶名琛不投降也不和谈。巡抚柏贵不顾总督反对，让绅士伍崇曜等出面与联军议和，叶名琛坚持己见不许伍崇曜出城，反洋人入城成了叶名琛的底线，包括不让别国外交官走进广州。那就抵抗入侵军吧，可叶名琛态度并不积极，"将军巡抚司道进见，商战守策，而叶相澹若无事然"，"僚属见寇势日迫，请调兵设防，不许；请召集团练，又不许"。总督非但不让军队作战，连屡用不爽的团练都弃之不用。英国专使额尔金递交照会，发出最后通牒，要求总督让英国商人进城贸易，否则立即攻城，见叶名琛没有回复，命令战舰轰击内江炮台。总督让军队不要回击，说"彼当自走"，"水

---

① 《清史稿·列传一百八十一·叶名琛传》。

师勿与战",于是凤皇山、海珠等炮台都被联军占领了。联军再次炮击广州,士兵们冲进城市又撤回来,战况还真如叶名琛预判,"彼当自走"。额尔金要求谈判,前提是"请入城面议","名琛勿许",额尔金"请于城外会议,亦不许",①总之叶名琛就是不见他。

奉旨援粤的各省绿营兵和政府雇佣兵源源不断,人数达到好几万人,但他们害怕敌人的大炮,不能力战。叶名琛对他们也抱无所谓的态度,不去组织他们作战,连督战的责任也放弃了。他大概把宝全压在英军华人翻译张云同身上,让这位策反者一招制敌死命。至于这位身负重任者有无发挥作用,那就谁也不知道了,反正整个战役张云同都没露面,更别提有什么出彩的表现。

广州绅民对叶名琛很不满意,不清楚他到底在做什么,不去指挥军队和雇佣兵抗战则是明摆着的,于是都认为他暗中与洋人讲和。这是秉承反洋传统的广州人难以接受的,他们用自己的方式对付洋人,举着火把走出城门,去到珠江边的商馆区烧毁领事馆和洋行,仓库货栈也一并烧掉。《清史稿》记载:"民愤甚,焚英、法、美三国居室,凡昔十三行皆烬",入侵军进城报复,"焚民居数千家",然后撤出广州。这样的结局已成为规律,三元里之战是这样,广州之战还是如此,洋人头疼难缠的南方民兵,最终总是避开他们垂头丧气地回到战舰。

皇帝接到捷报自然又是高兴一番,颁谕盛赞广州绅民:"粤省绅团同深义愤,夷胆已寒。"② 1858 年 1 月 17 日谕告广东当局,"叶名琛既窥破底蕴,该夷伎俩已穷","务将进城、赔货及更换条约各节,斩断葛藤,以为一劳永逸之举",③ 让他们不必理会西洋诸国所提修约及赔偿等要求。

---

① 《清史稿·列传一百八十一·叶名琛传》。
② (清)奕䜣:《据叶名琛折著怡良等密防》,《筹办夷务始末(咸丰朝)》卷十四,中华书局1979年版,第500页。
③ (清)奕䜣:《答上折》,《筹办夷务始末(咸丰朝)》卷十七,第620页。

君臣正在欢喜，联军突袭广州，士兵荷枪实弹进入城中搜捕总督。叶名琛终于清楚死神正向他走来，不再装作澹若无事状，赶紧逃往军队指挥部。洋人这回是决不放过总督了，他们"索叶相甚急"，最终将其"大索得之，舁登舟"，关在英国军舰的囚室。叶名琛"既被虏，英人挟至印度孟加拉"，① 也就是说把中国负责外事的最高长官押送到印度去了。总督最终抵达西孟加拉邦首府加尔各答，此地距东印度公司鸦片生产中心所在地巴特那小镇600公里。

又是三元里

1858年春节刚过，皇帝就愤怒地下诏谴责叶名琛辱国殃民，令他倍感焦虑的是屡战屡胜的广东团练为什么表现反常，与先前全然不同。他在谕旨中自问自答："此次该夷背约占踞省城，并将叶名琛劫去，未闻该省士民敌忾同仇。谅因叶名琛办理乖方，以致人心解体。"奕訢认为叶名琛办差不力，未能和广东士绅建立融洽关系，以至于广东绅团未与朝廷同仇敌忾，由此愤恨不已，痛责叶名琛："该督已辱国殃民，生不如死，无足顾惜。"②

依靠团练武装赢得反入城运动胜利的叶名琛，没能像1848年那样继续与当地武装结盟，把外国人抵挡在广州城外。就在英法联军进攻广州前，地方团练还站在官府这边参与平定三合会叛乱，但叶名琛和当地团绅已产生很深的裂痕，他们之间已不再像先前那样相互信任。三角洲地区民众抵抗洋人是自发的，他们冲到广州城外的商馆区烧毁洋人住房和十三行，也不像是真正意义上的军事斗争，更多的是发泄对入侵军的愤怒，其结果是遭到英法联军的疯狂报复，焚民居数千家。要么守住城池，要么歼灭敌人有生力量，三角

---

① 《清史稿·列传一百八十一·叶名琛传》。
② 《清文宗实录》卷二四三。

洲地区团练没有在军事斗争中做到这些。叶名琛对团练武装态度冷淡，广东按察使沈棣辉为参战团绅请功，总督"格不奏，兵练皆解体"，① 于是团练躺倒不战，任凭城破总督被抓，坚持10年之久的反洋人入城运动悄然落幕。

　　叶名琛和团练领袖都是反洋者，他们之间关系发生变化乃至对立，缘于官方为应付内战所需军费对于民间的过度索取。正规军的弱点在战争中暴露无遗，在夷兵或叛军面前他们不堪一击。1854年4月到8月，三合会红巾军攻占佛山、顺德、清远、肇庆、增城，势如破竹进抵广州城外，清军除了一路狂奔逃入省城，就没有进行过像样的抵抗。鉴于广州城中兵力空虚，仅有五千旗兵四千绿营，1848年反入城运动出力甚多的行商伍崇曜出面成立护城委员会，募集50万两白银办团自卫。自卫团战力不强，仅能负责城内社会治安，城市防御战只有依靠粤勇即雇佣兵，四千名莞勇由武举人朱国雄统带进驻广州北门。城市保卫者面对北门、东门外的五万名红巾军，南门外珠江上的几百艘叛军战船，这些船上除了三合会会徒，还有"美国和荷兰的水手，他们受雇于红巾军，帮他们制造火器、子弹"。②

　　战斗总是在三元里地区打响。1854年8月11日，三元里团练攻占牛栏山旧升平公所的红巾军司令部，宣示乡土社学武装介入平叛战争，更大范围的乡土团练将结束犹豫状态，结成联盟将外来者驱赶出他们的领地，无论是谁都必须聆听他们呼喊："这是我们的广州！"8月19日至24日，佛山大沥团练击退进攻他们的红巾军；10月，香山、新会团练收复县城；11月至12月，社学团练攻占龙门、花县、新会。1855年1月，三元里地区的红巾军被全部消灭，团练武装夺回佛山；3月，黄埔团练攻陷设在新造的红巾军指挥部，自此三合会武装溃散瓦解。

　　平叛战争的真正主角是珠江三角洲地区的乡土团练，官府仅是配角。地

---

① 《清史稿·列传一百八十一·叶名琛传》。
② [美]魏斐德：《大门口的陌生人》，第149页。

方武装的强大使绅权快速扩张，叶名琛成为风光不再的过气英雄。财源枯竭的地方政府无法获取输往户部的库银用于两广战场的军费，必须依靠当地团绅筹措，地方名流们由此获得税务经办权和司法审判权。1842年中英战争结束后的锄奸运动被各地团绅复制到1855年，成为大规模杀俘的历史模板。杀俘令由叶名琛签署颁发，搭建浸透反叛者鲜血之祭台者，则是漫天漫地的团绅团勇，他们不分昼夜用力砍下反叛者的头颅。

内战使整个三角洲地区都置于士绅领导之下，1854年的平叛战争远比1842年抗英事件激烈，乡村防卫方式更为成熟，宗法武装势力更为庞大，以"围"和"约"为单位联合作战，由团练局指挥。围由20个或更多村子组成，围和围联合为约，这样一来团练武装便可以组织较大规模的战事。红巾军船队1854年驶入珠江发炮轰击广州南门时，新造团练局通过围和约组织35000名民兵抵抗叛军。清廷在内战中推行的地方军事化，实际上被士绅阶层所控制，团绅通过约这个军事组织控制物价、组织赈灾、维持治安，形成地方主义势力，团练局职能扩大化，官府陷入边缘化处境。团练局设置公局作为辅助办事机构，一些地方直接把团练局称为公局，如顺德团练总局就被当地人称为大良公局。顺德团练总局的领袖是在籍缙绅、前太常寺卿龙元僖。1855年5月7日，顺德团练总局在县城云麓公祠设局办事，搜捕顺德境内的残余叛乱者，其最终目的是控制包括地方财权在内的行政权。

顺德团练总局设置沙局，控制了大良东南部三角洲大量沙田，这些沙田是海水长期冲积形成的新地。17世纪以来沙田由地方官府设沙所进行管理，由沙所收缴出租沙田的租金，管理租用沙田者雇佣的武装人员即沙夫。顺德团练总局在1855年从官府那里接管了沙所，将本由官府收缴的地租用于团费。主持团练总局的大族缙绅龙元僖很快就控制了沙田财源。地方官依赖士绅团练平叛，不敢约束其侵吞沙田税赋的贪腐行为，即使督抚也避免介入事端，不敢提出异议，反而听之任之让地方武装获取充足经费，认为只有让他们获取利益，才能站在官府一边参与平叛。返利于绅的政策发挥了作用，广州地方团练此时已经可以集结数万人与叛军作战。在龙元僖1855年指挥的一次战役中，与红巾军作战的顺德团练"杀戮数万人"。①

皇帝把1857年12月英法联军攻破广州城时，未闻该省士民敌忾同仇，"以致人心解体"，归咎于总督叶名琛办差不力挫伤团绅积极性。为在第二次鸦片战争中开辟第二战场，牵制集结于广州的英法联军不使其北上，1858年2月8日他密谕在籍缙绅前刑部侍郎罗惇衍、前太常寺卿龙元僖、前给事中苏廷魁统筹广东团练武装抗敌事务。广东巡抚柏贵也接到圣谕："士绅罗惇衍等，秘传各乡团练，宣示朕意"，"调集各城兵勇，联为一气，将该夷驱逐出城，使不敢轻视中国"。②2月15日，又有密旨由湖南巡抚骆秉章专递给罗惇衍："传谕各绅民，纠集团练数万人，讨其背约攻城之罪，将该夷逐出省城。倘该夷敢于抗拒，我兵勇即可痛加剿洗"，"该绅民等如能众志成城，使受惩创，正所以尊国体而顺民情，朕断不责其擅开边衅，慎勿畏葸不前。"③不同于第一次鸦片战争时广东三元里抗英由3位乡土士绅组织发动，第二次鸦片战争中广东团练由钦派的3位在籍缙绅负责指挥，皇帝给予他们总揽广东团练事务的权力。1858年3月，罗惇衍等3位在籍办团缙绅在顺德大良建立了广东团练总局，4月奏准将广东团练总局迁至花县。

叶名琛被俘后，柏贵署理两广总督，额尔金允许他行使权力，前提是由三人委员会监管他的衙门，他们是巴夏礼领事、贺罗威上尉和舍内上尉，总督发出的任何命令都须经过巴夏礼批准，巡抚成为傀儡。柏贵唯恐联军不信任他，自动解散卫队交出所有武器。额尔金见广州秩序已趋稳定，命令远征军队驶往天津大沽口，这是1842年英军的进攻路径。1858年4月15日，舰队抵达天津海口，美国和俄国放弃中立派遣战舰加入联军。

在广东的罗惇衍、龙元僖、苏廷魁准备先发制人，皇帝接到折子后阻止

---

① 顺德县志办公室编《顺德大事记·1450—1985》。
② 《清文宗实录》卷二四二。
③ 《清文宗实录》卷二四三。

他们过急地采取军事行动，下谕军机处称："逆夷占踞广东省城，负嵎据险，巢穴已坚。该侍郎等招募东莞、香山、新安三县壮勇，及附近城北之三元里、石井、大郎等乡，佛山之九十六乡练勇拟密用间谍，声言直捣香港，设伏诱使出城。惟仓卒举兵，军火炮械无款可筹，自应向绅商先行借贷，一时未能集事。而黄宗汉末到，该绅等声势尚孤，只可从容密为防备，无须急切举动。"①

罗惇衍等人对广州傀儡政府愤愤不平，1858年5月4日密奏宫中，称"地方官自夷人入城以来每讳言夷务，甚至文移公牍称夷务为洋务，又称为外国事件，不敢斥言夷字。臣等再四商酌，应于关防内明刊办理夷务字样，方足鼓舞人心"②，公然要求皇帝给予他们外交事务处置权。奕訢为依靠广东团练总局打赢联军，根据他们反映的"地方官讳言夷务"，将署理巡抚江国霖、粤海关监督恒祺、按察使蔡振武等免职，柏贵则继续署理两广总督，继续拥有外交事务处置权。在奕訢的布局中广东是枚重要棋子，官府和军队不便直怼夷军，屡试不爽的以民制夷才是上策，他需要柏贵与英法两国谈判，"令其于四月内退出广东省城。如逾限不肯缴还，即调兵攻剿，绝其贸易。"他也知道，柏贵为联军挟持，"奏报及寄信谕旨大约皆须该夷过目"，哪里有与英法占领军平等对话的权利，于是又有"倘该夷遵谕回帆，缴城候议，自可息兵，如因不遂其求，遽启戎心，不得不与用武候旨遵办可也"③的谕令，到时让地方团练自发对英作战，以人海战术攻击敌军后方，使北上联军首尾难顾不得不返回南方。

广东团练瞄准英人集聚地香港，派人上岛四处张贴团练总局告示，严令汉奸迅速离开香港，"为洋人服役所谓沙门者，及代为驾火轮船、华艇者，限

---

① （清）《清文宗实录》卷二四八。
② （清）罗惇衍：《罗淳衍等奏移扎花县激励绅团密筹布置折》，《筹办夷务始末（咸丰朝）》卷二十二，第813页。
③ 《清文宗实录》卷二五〇。

十日回家，不许逗留，违者缉获自治罪，并罪及本家亲戚亲属，三代不准应试"。[①] 在香港服役的香山、新安、番禺、东莞等地仆役和水手等，看到告示后惊恐不安，纷纷离港。清人夏燮在《中西纪事》中称："一月之内告归者两万余人。"英法联军不为所动，1858年5月23日攻占大沽炮台。惊恐万分的奕䜣命令东阁大学士桂良、尚书花沙纳急赴天津议和。英国代表额尔金要求中国改约，允许各国公使驻京、增开通商口岸、鸦片交易合法、支付战争赔偿等，满足这些条件后交还广州。洋人漫天要价，廷臣朝议激愤，奕䜣敷衍英使不言签约，等待广东局势发生变化。

1858年6月1日，罗惇衍命令一千名新安团勇在白云山集结，准备进攻广州。联军派出八百名士兵攻击他们的营地，香山团练驰援新安团练，交战中双方互有伤亡。留在广东的联军数量不多，很难对付遍布城乡的当地民兵，不得不收缩防区将兵力集中在广州城里。北上的联军加快进攻速度，英、法战舰在大沽口和俄、美舰队会合，轻型蒸汽动力舰艇驶入白河，打算攻入北京直捣龙庭。和第一次鸦片战争中英军远征军的策略一样，把少量士兵留在广州，主力部队驶抵天津白河口，他们不与中国南方的民兵缠战，全力寻战守护京都的旗军绿营，他们知道解决问题的钥匙捏在深宫中的皇帝手里。

既没有等到广东团练攻入广州的消息，联军舰队也丝毫没有驶离天津的迹象，奕䜣的意志崩溃了，他是要打退堂鼓了。和父亲旻宁一样，奕䜣无时无刻不想打赢夷人，可这些野蛮人实在是很难对付，使他不得不以退为攻采用抚夷之策，这些策略包括签订不利于帝国的条约。冲突最初往往发生在南方，因距离北京千里迢迢，宫中的帝王嫔妃颇有安全感，这时的爱新觉罗后裔战斗意志异常旺盛。当夷舰夷炮北上天津海口扼住帝国咽喉时，宫中的决策者便十分地现实起来，暂且求和以便日后雪耻。东阁大学士桂良接旨"偕

---

① 中国史学会主编《第二次鸦片战争》第1册，上海人民出版社1979年版，第194页。

尚书花沙纳往议",赶赴天津与各国使臣谈判停战。抚夷派的声音在朝议中逐渐成为主旋律,在天津的谈判变得现实起来,帝国为结束战争不与夷人一般见识。1858年6月13日至27日,桂良、花沙纳先后与俄、美、英、法4国代表签订《天津条约》,英法联军离开天津返回南方。

《天津条约》规定各国驻华公使居住北京;增加通商口岸,在通商各口设领事馆,领事拥有裁判权;各国享受最惠国待遇;传教士自由传教,可在通商口岸设教堂、医院、学校;外国人可以进入内地游历、贸易;中英在上海继续谈判税则。此外条约还规定:英国商船可在长江各口岸往来,中国向英国赔偿军费400万两白银;法国兵船可在各通商口岸停泊,中国向法国赔偿军费200万两白银。俄国是这场战争的最大受惠国,1858年6月13日,俄国公使在侵华4国中最早签署《天津条约》,在这之前的5月28日已有东西伯利亚总督尼古拉·尼古拉耶维奇·穆拉维约夫与黑龙江将军奕山签订《瑷珲条约》,割走黑龙江以北、外兴安岭以南约六十万平方公里的中国领土,规定乌苏里江以东中国领土由中俄共管。

南方归于沉寂

黄宗汉是1858年6月11日到达广州接替柏贵担任两广总督兼通商大臣的。抵粤后第3天,钦差大臣桂良、花沙纳签署天津新约。是扮演广东傀儡政府领导人的角色,还是持强硬立场在《天津条约》签订后再次发动反洋人入城运动,新总督必须作出自己的决断。

新总督决定不向洋人妥协,在赴任途中他就有与联军作战的想法,试图调集浙江、福建的军队随他到南方参战,但没有获得宫中批准。黄宗汉手中的砝码不多,叶名琛被掳至异国、柏贵当了傀儡,封疆大吏威望一跌到底,广东的军事、财税、审判权悉数被在籍办团前官员控制。处境尴尬的黄宗汉在远离广州的惠州设总督衙门，约见罗惇衍等缙绅，声称："惟恃联络民团，出示空言激励。"① 英国人很快得知总督的不友好行为，警告他不要鼓动团练对抗联军，黄宗汉没有理会他们，命令下属张贴加盖总督衙门官印的布告，要求联军撤出广州城。为鼓励当地人抵抗入侵军，他在布告中引用皇上激励绅民反洋的圣谕，一些抵抗组织受到精神鼓励，化装成平民混进城纵火抢劫，洋人和他们的属员焦虑不安。

罗惇衍等人也受到总督言行鼓舞，上折子奏请进攻广州。缙绅们自信满满，认定当地民兵能够战胜联军，白云山之战便是证明。主战派官员户部尚书朱凤标、吏部左侍郎匡源、户部左侍郎沈兆霖等，也主张在广东打一仗，他们认为《天津条约》令帝国蒙羞，夺回广州可以安抚民心。朱凤标等强调广州尚处于战争状态，贸然停战将失去民心，"且粤民业经开战，仇隙已成，势不两立，则朝廷即不听攻，百姓岂能歇手？如谓恐挠抚局，阻止进兵，则民与官仇，深防激变。国家根本，全在民心，英夷所畏，亦即于此"。② 主战派认为国家政权失去民众支持即失去存在的正当性，如此直接地表达这样的观点，皇帝肯定大有触动。

在惠州的两广总督黄宗汉也极力主张进攻广州，他告诉皇帝英国人正在修建兵营，额尔金伯爵撤销三人委员会代之以军政府，巴夏礼计划招募一百多个本地人作为他的幕僚管理这座城市。一切都表明天津改约后联军不会轻易放弃广州。

联军舰队返回南方，京畿压力得以舒缓，广东局势则更趋紧张。皇帝对是否让团练武装收复广州犹豫不决，他现在已经清楚英法舰队十分强大，可以随时拔锚生火北上直捣龙庭。但不打痛夷军后患无穷，这些不讲道理的野蛮人还会以种种借口跑到北方，不断地制造麻烦甚至打入宫中。最可怕的是

---

① 《清史稿·列传一百八十一·黄宗汉传》。
② （清）朱凤标：《朱凤标等奏广东团勇获胜请加鼓励折》，《筹办夷务始末（咸丰朝）》卷二十七，第1006页。

天津改约后，夷使还要进宫觐见互换条约，甚至按约建馆长居北京，想到要与这些恐怖的洋人共同生活在一个地方，奕䜣真是连死的心都有。

现在只有广东绅民能拖住准备进京换约的外国公使了，皇帝密谕黄宗汉和在上海与英人谈判的两江总督何桂清："以粤东为盘马弯弓之势，一天以粤事藉口，一天不得进京，迟之又久，把前约化了。"①也就是说一旦南方有事，夷使就没心思北上，久而久之成为既定事实，在天津签的条约也就废了。奕䜣又密谕两广总督："不可阻遏民团，但将攻击夷人之事，令罗惇衍等专办，而该督作为局外调停，庶可使夷人穷而就抚，知畏益以知感也。"②这是让黄宗汉去做耆英、徐广缙和叶名琛，让他在南方办差多动脑子，避免动用军队对敌作战，鼓动当地民兵攻击洋人。一旦引成夷民冲突交战的局面，总督便可作为裁判者主持公道，让夷人在谈判桌上让步。

奕䜣给罗惇衍的密谕则是大胆出战实力攻剿，不必存投鼠忌器之心。这份密谕同时发给黄宗汉，让办团缙绅和总督各扮红白脸。这份密谕是在6月14日发出的，时值中俄签署《天津条约》第二天，可见皇帝对天津改约是如何地不甘心。对于何时夺回广州奕䜣极为谨慎，认为未有十成把握不可贸然出手，他嘱咐罗惇衍："团练力可制胜，万全无失，则听其进攻，不必阻遏。"③把万无一失作为攻城的前设条件，条件不具备宁可不战，皇帝深知帝国真的是再也输不起了。

与奕䜣的谨慎全然不同，罗惇衍们按捺不住战斗激情，认为晚打不如早打，一战解决问题。天津谈判期间的1858年6月1日，新安、香山民兵在白云山与留守广州的联军打了一仗；6月3日，联军出城进攻城外榕树头村团练被击退；6月6日，巴夏礼率军再战遭到伏击，这位好战的领事掉落战马几乎被俘。消息传到各省，国人为之鼓舞欢呼。正在江西与石达开部作战的曾国

---

① （清）黄宗汉：《致自娱主人函》，《何桂清等书札》，江苏人民出版社1981年版。
② （清）奕䜣：《据罗惇衍等折著黄宗汉办理》，《筹办夷务始末（咸丰朝）》卷二十六，第975页。
③ 同上书，第1044页。

藩听到广东绅团打赢英军的消息也很兴奋，写信给在浙江作战的湘军将领左宗棠："粤中团勇报捷，盖意中事。逆夷所长者，船也，炮也；所短者，路远也，人少也。自古称国富者以地大为富，兵强者以人众为强耳。英夷土固不广，其来中国者人数无几，欲恃虚声以慑我上国。粤民习知其人不寡，技之浅，故官畏鬼，而民不甚畏鬼，与之狎也。"① 湘军领袖是这年7月10日在信中写了这番话的，在这之前桂良、花沙纳已于6月13日至27日间与俄美英法4国代表签订新约，在籍办团备受冷落的前侍郎有感而发。1858年7月21日，广东团练总局集结7000名团勇对广州发起总攻，此役持续4个小时。罗惇衍战后密报皇帝："齐施枪炮火具，伤毙夷兵多名，乘胜登陴，直上城垣西北角及通心楼两处，又北路各团，分队冲进西门。"② 实际战况并非如此，攻占这座南方最大的城池，绝对不可能在4个小时内完成。遭到攻击的英国人用架在观音山的大炮轰击进攻者，团勇们在四处飞溅的弹片中惊惶后撤。

这次失败使战役指挥者感到气馁，他们奏请不再办理夷务，专事镇压会党。在联军重炮的轰击下，团练总局的缙绅们终于明白，双方战力对比实在过于悬殊，他们难以完成皇帝交托的重任。这样的态度无疑是彻底地后退，就在1858年5月4日他们还密奏宫中总督柏贵等地方主官"讳言夷务"，因为这次失败他们自己也"讳言夷务"了。倒是奕訢体恤罗惇衍等，知道夺回广州实在不易，维持现状亦属无奈。罗惇衍接到密谕："现在夷人仍踞省城，既不与官绅为难，亦只可暂与相安。其民夷仇杀之案，无关大局者，仍当无庸与闻。"③ 圣谕意味深长，在军事力量不均衡时放弃大规模对决，暗杀、仇杀乃至游击战都是可以的。缙绅们领会圣意，新安团练8月8日袭击张贴告示的小队英军，8月11日联军出兵报复，乘坐火轮船攻入新安县城，当地团勇与

---

① （清）曾国藩：《致左季高》，《曾国藩全集·书札》卷六，第5444页。
② （清）罗惇衍等：《奏激励团勇攻剿情形折》，中国第一历史档案馆编《第二次鸦片战争档案史料》，第3册，第450页。
③ （清）奕訢：《答上折片》，《筹办夷务始末（咸丰朝）》卷三十，第1125页。

其巷战,"伤毙英军官兵近百名"。

团练武装虽然打不了城市攻坚战,却可以一再打赢出城英军,奕䜣接到战报倍感欣慰。联军舰队已经南返,京畿已无军事压力,又到了悔约的最佳时机,在沪与英使谈判税则的桂良、何桂清等接到上谕,"许全免入口税以市惠,冀改易驻京诸条",即免除进出口货物关税以换取各国不在北京设公使馆。桂良和何桂清认为这样做代价太大,"力言免税之不可,改约之难成","上甚怒,必责其补救一二端",① 要求他们不惜代价阻止夷使设馆驻京。1858年11月8日,桂良与额尔金签订《天津条约》补充条约《中英通商章程善后条约》,通商章程附有《海关税则》,规定中国海关聘用英人;海关对进出口货物一律按时价5%征税,洋货运销内地缴纳子口税2.5%,免除厘金税;允许鸦片进口,每百斤缴纳进口税30两白银。明里是税则,实则为输华鸦片合法化,英国通过发动战争达到了最主要的目的。

签署《中英通商章程善后条约》后,谈判内容集中在各国公使驻京、使臣进京换约之事。谈判期间英国代表额尔金指出,联军在广东不断地遭到袭击,主使者系"两广总督黄及罗、龙、苏三大员会同钦差大臣",在广东的钦派团练领袖,"特奉招勇帮办夷务,仍示百姓必捐银饷招勇,皆为黄总督所相帮"。总督黄宗汉甚至张贴悬赏斩杀巴夏礼的官方布告,"有送巴领事首级,赏银三万两"。非但如此,总督在天津修约后依然与联军为敌,"迨八月十五日,尚有黄总督张示,内指天津虽定条约,本大臣未知内载何事,夷兵土匪均合照旧设防"。额尔金抗议中方这样的行为,认为违反天津议定合约的责任"在贵国皇上及各大臣"。②

为证明这些都是事实,额尔金向中国代表出示了1份皇帝密谕,密谕由英军于1859年1月的一次军事行动中缴获,当时,由巴夏礼指挥1300名英军

---

① 《清史稿・列传一百七十五・桂良传》。
② 中国史学会主编《第二次鸦片战争》第3册,第529页。

士兵在6艘炮艇支援下,攻入设在石井的南海团练总部,搜缴到这道发给罗惇衍的密谕,内容为:"该大臣罗惇衍等,务宜仰体朕心,密为筹画,暗中统率各乡,广为团练,联络激励,声气相通,以挫外夷之势,而振中国之威。不必官与为仇,止令民与为敌,即本省督抚及该地方官员,亦一概不必关会,以其机密,而免泄露。如此,则胜固可以彰天讨,而败亦不致启兵端,庶几数年来之敌国外患,暂就乂安,攘夷敌而尊华夏,在此一举。"① 这显然是道伪旨,皇帝的密旨向来称罗惇衍为"侍郎"或"士绅",从来没有称他为"大臣"。

外交老手额尔金在上海出示密谕,告诉桂良他认为这是道伪旨,中国皇帝不会参与到此事中来,可以肯定伪造者是总督和办团缙绅。桂良将此事奏告宫中,称英国人出示伪旨,坚持要求罢两广总督黄宗汉,停撤民团。皇帝回复桂良,照顾到夷人情绪,决定免去黄宗汉通商大臣兼职,总督照旧当,由他彻查伪造圣旨案。裁撤广东团练是不可能的,"该夷既有畏忌广东绅民之意,正可从此措辞,使其幡然悔悟"。② 广东民间抵抗组织继续活动,对在广东的英国人造成生命财产威胁,让各国公使放弃驻京及进宫换约的妄想,依然是奕䜣的对策。

只要存在南方抵抗力量,中国皇帝是不会让公使们居住在北京的,在上海的谈判除了耗费时间毫无意义。额尔金有事返回英国,他的弟弟卜鲁斯被内阁任命为驻华公使。巴夏礼致电卜鲁斯称留在广州的军队士气不振,英军士兵时常被当地民兵凌辱欺侮,公使决定结束谈判回到南方,率联军先行消灭广东团练武装,巩固后方再图北上。

1859年2月8日,英法军队进攻广东团练总局,占领了罗惇衍所在的总指挥部,罗率残部从花县逃往顺德。2月19日,联军溯江而上进攻在肇庆的

---

① 中国史学会主编《第二次鸦片战争》第3册,第587页。
② 《清史稿·列传一百七十五·桂良传》。

苏廷魁团练，将其打败。在卜鲁斯的指挥下联军发动一波又一波攻击，不断获得的胜利使士兵们不再害怕"难缠的中国男性农民"，乡村英雄漫山遍野摇旗呐喊，追逐涉洋而来打着绑腿形似犬羊的夷兵，这样的图景从此不复再有，长久以来流传于珠江三角洲地区的神话成为凝固的历史。

似乎一切都发生改变，自石井团练总部被攻毁起，当地反洋人主义开始销声匿迹。美国学者魏斐德在《大门口的陌生人》中写到这样的场景："英国巡逻兵一出现，乡中长者就在村边排列成行，极为有礼地欢迎他们。士绅现在把联军视为政治上的和社会上的真正对手，而三角洲地区的农民却接受了外国人作为广东的实际统治者。"很显然，在反对洋人与现实利益之间，当地士绅和民众这次选择后者，他们觉察到抵抗运动已是尾声，办团前高官自顾不暇正在逃亡，他们留下的权力真空将由洋人填补。抵抗组织的经费枯竭，甚至早在1858年7月，"仍在抗英的三元里总局，也短给一月口粮。没有粮食和薪饷，雇来的乡勇就变成了土匪"。① 进攻广州失败是分水岭，从那时开始人们就不再相信在籍办团缙绅，不相信广东团练总局能打赢联军。当1859年红巾军卷土重来，在肇庆、嘉应、梅岭等地区再次发动叛乱时，当地人相信只有联军能够守住广州。广州人开始把夷人看作是一种稳定的政治力量。

同样都是三角洲地区，1855年的团练与1841年的性质完全不同，1841年的三元里地区团练组织者是乡村社学士绅，1855年团练领袖则是钦派编内高官和在籍缙绅，前者在突发事件中自发地指挥社学民兵进行低强度军事斗争，后者在皇帝的授意下建立了省级武装集团，成为广州战区的实际领导人。团练大臣龙元僖借开设顺德团练总局争得沙局管理权，把广袤沙田纳入本族族产，每年收入土地租金两万两白银，这些钱表面上用于公共事业，实则被掌管总局的士绅占有。团练大臣苏廷魁和户部前官员陈桂籍组建新安团练，每年获得广州团练总局资助2.4万两白银，却成为宗族的工具，大族族长

---

① ［美］魏斐德：《大门口的陌生人》，第178页。

陈桂籍利用其解决与其他宗族的矛盾纠纷。顺德、新安如此，东莞也这样，士绅公局暗中侵吞属于孔庙的土地和财产。大族团练领袖以承包人的身份控制公田，将其转租给地位低些的承包商，然后再层层承包层层盘剥，到佃农租到土地时已是天价租金，战争催生了无数食利者。据魏斐德统计，在广东毁灭性的地租体制中，"地租高达收获量的71%"。土地所有权高度集中，自耕农快速消失，官绅大族地方名流主导的反洋人运动之于边缘处境的乡土儒生、缺失田地的底层农民而言，已然没有可兑换的现实利益。

与高官大族相反，在广东的英国人废除了"猪仔贸易"即苦力买卖，针对商铺的3%厘税也被免除，这样的举动在当地人中是得分的，试图了解英国并学习英语的人开始增多。人们拉远与大族团练总局的距离，不让总局收税员进入他们的村庄。各宗族之间不再结盟，"围"和"约"开始瓦解，重新回到零散的自然村宗族团练，团练总局名存实亡，珠江三角洲不再有统一集中的地方军事集团。当三合会红巾军再次逼近广州，南海、番禺的乡土士绅试图与联军结盟，请求昔日的敌人允许他们在石井建立团练以防盗匪。而这时的英军士兵荷枪实弹走出广州，为守护团勇们的村庄警惕地巡逻，"阻止在此活动的叛匪，使他们不得逼近三角洲地区"[①]。

皇帝想出上上策

额尔金1859年6月重任英国对华全权专使，派遣卜鲁斯率联军舰队北上再战，欲迫使中国皇帝在北京接受国书，同意各国公使留驻京城。1858年联军在大沽口轻易获胜，此次联军仅1300名官兵参战。

每当外国舰队逼近大沽口，满汉大臣们都会为主战或主和各抒己见，最

---

① [美]魏斐德：《大门口的陌生人》，第183页。

终由皇帝作出决定。这回情况与先前不同，奕䜣的情绪一落千丈，未经廷议直接躺平，同意各国公使及随从不带武器由北塘登陆去天津谈判。卜鲁斯拒绝他的安排，要求由白河直抵北京换约。到了这个份上奕䜣只能打出最后一张王牌，命令僧格林沁率部与联军决战。

科尔沁亲王僧格林沁是主战派领袖，廷议天津改约，朝廷九卿以下皆画押，唯有他不同意。《天津条约》签订后英法军队南返，僧格林沁料到联军势必再来，未雨绸缪积极备战，将大沽要塞守军增加到4000人，炮台从原来的4座增加到6座，设火炮60门，其中12000斤铜炮2门、10000斤铜炮9门、5000斤铜炮2门，还有23门西洋铁炮。又在海口横贯3道铁链，配置铁戗安设木栅栏阻敌舰。白河防线设兵营9座，驻兵6000，修建炮台13座，配置大小火炮81门。大沽口至山海关亦择要部署兵力，其中北塘1600人，山海关3000人。

1859年6月25日，联军进攻大沽口炮台。英军炮舰"负鼠"号撞断海口铁戗木栅，舰队抵近炮台时被铁链拦阻，英兵驾小艇炸断铁链清除障碍物。大沽口两岸炮台同时开炮轰击联军，英军旗舰"鸻鸟"号舰长拉桑中炮阵亡，舰上40名官兵仅1人跳水逃脱，在鸻鸟舰上的海军少将贺布受重伤，转移到"鸬鹚"号指挥作战。战至下午4时，旗舰"鸻鸟"号、炮艇"茶隼"号及"庇护"号沉没，其余炮艇搁浅。美舰"托依旺"号将搁浅的英军炮艇拖出淤沙，美国士兵登上英舰发炮轰击炮台。战至下午5时，英军勒蒙上校率陆战队1000余人，分乘20多只帆船、舢板，由"托依旺"号等舰船拖到滩涂，强行登陆攻击大沽口南岸炮台。通往炮台须经过大片滩涂，联军士兵陷进淤泥难以前行，直隶总督伊勒忒·乐善命令火器营开枪射击匍匐前进的敌军，僧格林沁下令北岸炮台轰炸南岸滩涂。战至傍晚，登陆士兵向海口溃退，登上战舰撤向远海。此战清军击毁敌船13艘，直隶提督史荣椿、大沽协副将龙汝元等中炮阵亡。英国舰队司令何伯向海军大臣报告，此役海军阵亡25名，受伤93名；登陆官兵阵亡64人，受伤253人。大沽口之战，僧格林沁指挥清军击沉击伤敌舰多艘，打死打伤敌军400多人，这在晚清战史上实属难得。

联军战败天津，英法朝野震动。英国专使额尔金、法国专使葛罗率英法联军北上再战。鉴于前次兵力不足舰船过少，这次联军集结了41艘战舰，由143艘运输舰运送24000名英法陆军和殖民地部队、数千名后勤人员，殖民地部队中印度士兵超过4000人，包括两支锡克骑兵队。随军北征的还有约3000名来自广州的中国人，美国学者裴士锋描述这些受雇运送军需品的客家人："他们都戴尖竹帽，帽前饰有CCC三个字，意为Canton Coolie Corps（广州苦力团）"，这些中国人"勤奋、脾气好，似乎对北方中国人没同情心"。①

1860年7月9日，额尔金率英国舰队抵达大连湾，葛罗11日率法国战舰到达烟台，对天津海口形成夹攻之势。大沽守军这边，僧格林沁部守南岸炮台，直隶总督伊勒忒·乐善部守北岸炮台。联军把攻击方向定为北岸，计划从北塘登陆从后路进攻北岸。登陆北塘用了整整10天，上岸的英军方面有军官419人，英国、印度士兵10491人，马匹1731匹；法军方面官兵7367人。950名来自广东的华工苦力团驾驭着1200匹骡马，运送火炮弹药粮草辎重。守军指挥官伊勒忒·乐善未趁联军登陆之际实施打击，失去难得的战机。

霍普·格兰特率领的3个英军炮兵中队、两个女王龙骑兵卫队、两个印度锡克骑兵团、驻印度第1师和驻埃及第2师，会合蒙托邦指挥的法军，1860年8月12日凌晨4点朝大沽北炮台进发，总兵力约两万人。联军出发不久就遭到阻击，守军骑兵用火枪射击靠近的联军。英军用阿姆斯特朗野战炮还击这些骑兵，步兵则用来复枪向他们射击，守军骑兵伤亡惨重逃离战场。8月14日，联军进攻塘沽防线，几十门大炮同时开炮炸毁工事和炮阵地，守军大部阵亡。8月21日凌晨，联军舰队从正面炮击北岸炮台，登陆的联军从炮台背后发射炮弹，守军腹背受敌，弹药库被击中爆炸。上午8点炮台失守，直隶总督乐善和1000多名守军全部阵亡。僧格林沁赶去通州部署防线，将南岸炮

---

① ［美］裴士锋：《天国之秋》，黄中宪译、潭伯牛校，社会科学文献出版社2014年版，第105—106页。

台交给新任直隶总督恒福指挥,恒福畏惧联军,丢下所有火炮弹药,率部回撤天津。

大沽要塞尚未失守,奕訢即谕令僧格林沁回守天津:"天下根本在京师,当迅守津郡,万不可寄身命于炮台。若不念大局,只了一身之计,有负朕心。"① 僧格林沁没有遵旨固守天津,而是设大营于通州,欲以蒙古骑兵在开阔地歼灭联军。天津城是1860年8月24日被联军占领的,离8月21日大沽口要塞失守才3天。这是一支异常强大的军队,僧格林沁认为难有胜算,作战意志发生动摇,上折子称:"惟有仰恳天恩,迅即简派一品大员,假以权势与该夷议和,或可转圜,不致决裂。"② 皇帝准奏,钦差大臣桂良、直隶总督恒福8月31日赴天津议和,9月7日谈判破裂。9月9日,钦差大臣换为载垣、穆荫,谈判地点由天津改为通州。

载垣、穆荫在通州谈判中十分爽快,同意向交战国增加赔款、诸国公使进京换约,甚至答应使团进京可带1000人的军队。争论的焦点是英国专使觐见中国皇帝时是否叩头,巴夏礼不同意额尔金向奕訢叩头,理由是英国女王与中国皇帝地位相等,女王专使叩头等于女王叩头。他这样的固执以至于谈判进行不下去了,帝国秩序由严格礼仪维持,废弃这些传承了几千年的礼仪是难以容忍的。9月17日,通州谈判破裂。

大战已经不可避免,很快有圣谕下来:"爰命怡亲王载垣、兵部尚书穆荫,前往再三开导,并命将所请各条妥为商办。逆夷犹敢逞凶,带领夷兵逼近通州,称欲带兵入见。朕若再事含容,其何以对天下。现已严饬统兵大臣,带领各路马步诸军与之决战。"③ 僧格林沁见谕后立即集结三万名清军在张家湾建立防线。巴夏礼结束谈判后,从通州回天津途中发现张家湾一带出现大量中国军人,率使团返回通州向载垣提出抗议,要求清军从张家湾撤

---

① 《清史稿·列传一百九十一·僧格林沁传》。
② (清)僧格林沁:《奏遵旨札兵通州先派员来京折》,《筹办夷务始末(咸丰朝)》卷五十七,第2153页。
③ 《清文宗实录》卷三二七。

防,"情词尤为桀骜"。① 载垣将巴夏礼情状通知僧格林沁,僧格林沁为防止军情泄露扣留了巴夏礼和他的随员。美国学者裴士锋描述当时情状:"这些人被押上木造马车,运到北京。巴夏礼和罗亨利上脚镣手铐,关进刑部大牢等候处决。其他人被押到圆明园讯问。"

通州谈判破裂后的次日,联军进攻通州前沿张家湾。副都统格绷额部三千蒙古骑兵最先接敌,他们面对的是米切尔将军指挥的国王龙骑兵卫队、第2女王卫队、海军陆战队、步兵第99团、两个炮兵团、锡克骑兵团、第15旁遮普团和4000名法军。蒙古骑兵挥刀冲向行进中的联军,联军炮兵朝他们发射曳光弹,战马受惊回头狂奔,龙骑兵和锡克骑兵发起反冲锋,蒙古马队四散溃逃。联军突破张家湾防线后,一鼓作气攻占通州。占领者原本以为会遇到凶悍的蒙古铁骑,结果对方战术和骑术都显得很弱,与经历过拿破仑战争、非洲战争、印度战争的他们不在一个档次。只有清军统帅僧格林沁知道麾下骑兵的底细,是些从哲里木、卓索图、昭乌达、察哈尔、锡林郭勒、乌兰察布、伊克昭紧急征召来的旗民,他们过着半军事化的放牧生活,没有受过严格的军事训练,战马也未曾经历过枪林弹雨,骑兵们之所以勇敢地冲向联军,是因其身上流着蒙古人桀骜不屈的血液。

清军最后的防线是通州八里桥,科尔沁亲王在这里集结了三万人组成的帝国最精锐的军队,这支军队中有蒙古骑兵、绿营建制军、雇佣军、驻京旗营,数百名皇家禁卫军也参加进来,他们身穿黑边黄马褂,英气逼人。帝国勇士们组成弧形战阵站在华北平原上,面对汉白玉筑成的通州八里桥,在他们背后十公里的地方是神圣的北京皇城。1860年9月21日打响的八里桥战役,是西方工业化近代军队与东方古国最强军队的搏杀,是阿姆斯特朗野战炮、锡克长矛、左轮手枪与蒙古马刀、柳条盾牌、短火绳枪的比拼,是强行

---

① (清)载垣等:《载垣等又奏巴夏礼复欲令僧格林沁退兵已知照大营将其擒获折》,《筹办夷务始末(咸丰朝)》卷六十二,第2319页。

制定贸易规则者与东方传统社会形态守成者的决斗。

联军分成 3 路进攻，东路是雅曼指挥的法军第 1 旅，西路为格兰特指挥的英军，南路是科林诺指挥的法军第 2 旅。此次作战以法军为主，孟托班担任总指挥。清军的部署是瑞麟部迎击法军第 1 旅，僧格林沁部迎战英军，胜保部应战法军第 2 旅。僧格林沁部马队排成密集队形冲向法军，试图在法军左翼到右翼之间撕开口子，割裂敌人的战斗队形，他们用弓箭和短火绳枪射杀敌人，步兵则隐蔽在灌木林和战壕中待机围歼敌人。法军在蒙古骑兵队距离 50 米时依然保持整齐的队形，炮兵开始发射霰弹。法国人惊奇地发现这些蒙古人使用的是短火枪、马刀和柳条盾牌，这样的装备并无太强冲击力，他们可以在近距离用滑膛枪把这些骑兵射落马下。清军骑兵以 200 骑至 500 骑为攻击单位，源源不断地冲过八里桥扑向法军步兵方阵，英军增援部队向法军阵地靠近，蒙古骑兵向英法军队结合部疾驰而来，他们舞动着马刀俯身策马砍杀联军，联军炮兵则在两翼对其进行大广角炮击，蒙古骑兵伤亡惨重。英军骑兵旅此时现身战场，冲在前头的锡克枪骑兵平持欧式长矛刺向被炮火炸晕的蒙古骑兵，英国胸甲骑兵用左轮手枪、马枪和马刀发起冲锋，来自蒙古草原的铁骑倒在八里桥前，人血马血冒着热气化开华北平原的冰雪。

最后的攻击由法军完成，士兵们上好刺刀排成队列走向皇家禁卫军，在八里桥的白刃战中刺死身穿黑边黄马褂者，夺取排在桥头的清军大炮。现在胜负已定，再没有翻盘的可能，与法军第 2 旅作战时中弹受伤的胜保率残部逃往北京，僧格林沁部也无力再战，瑞麟部战前即弃守防线，以至于法军第 1 旅轻易突破八里桥以东防线，协同第 2 旅攻占八里桥。

八里桥防线被联军攻陷后的第二天，奕訢带领嫔妃们离开京城去热河行宫狩猎。皇帝认为巴夏礼这个可恶的敌酋已被僧格林沁拘捕，只要敌酋关在帝国监狱成为囚徒，失去指挥官的夷军肯定军心不稳失去战力，如此一来局势便可从容把控。奕訢和他的父皇旻宁一样，特别相信擒贼擒王之策，认为只要擒获敌酋就能打赢战争。旻宁 1841 年 1 月下诏对英宣战，命令御前大臣奕山为钦差大臣，赴广州智擒英国全权代表义律，奕山办差不力未擒获敌酋，致使夷军北上战火弥漫至直隶京畿。将近20年后的奕䜣也是要智擒敌酋的，一方面派遣载垣、穆荫与英国特使巴夏礼谈判，表面上作出许多让步，背地里则密谕载垣、穆荫拘禁敌酋："巴夏礼、威妥玛等系谋主，闻明常亦暗随在内，即著将各该夷及随从人等，羁留在通，勿令折回，以杜奸计，他日战后议抚，再行放还。若不能羁禁巴夏礼等，令其全数回河西务，亦无不可，断不准去留任意，有碍战局。"①僧格林沁擒获巴夏礼便是执行圣谕。

皇帝的想法很简单，擒贼先擒王，抓获策动战争的谋主，敌军群龙无首，武器最好也失去作用，由此战争也就结束了。载垣也以为拘捕巴夏礼可行："该夷巴夏礼善能用兵，各夷均听其指使，现已就擒，该夷兵心必乱，乘此剿办，谅可必操胜算。"②战役总指挥僧格林沁亦以巴夏礼为人质，逼迫他命令联军停战。巴夏礼试图向这位蒙古亲王解释他的职务权限，告诉他自己现在是负责谈判的外交官而没有军事指挥权，僧格林沁认为他信口雌黄满嘴谎言，以为只要巴夏礼愿意完全可以命令联军停止进攻，使这场战争很快结束。科尔沁亲王对特使发出死亡威胁，命令敌酋停战并写信回国议和。

皇帝和他的大臣们从未出过国门，不了解交战国政体国情，从巴夏礼、额尔金、巴麦尊到女王维多利亚一世，谁都无权以个人意愿结束对华战争，开动战争机器的是内阁、国会和白金汉宫，是这个国家的政客和皇室的共同决定。就个人来说额尔金勋爵并不热衷这场战争，他认为以"亚罗"号事件开启战端会令英国蒙羞，但他清楚绝大部分英国人支持战争，用以蒸汽机驱动的军舰教训拒绝通商的中国。英国从来不缺不同政见者，年轻的自由党人格莱斯顿为阻止首相巴麦尊发动对华战争，1857年在国会进行了整整两个小时的演说，谴责英国倾全国之力对付毫无防御之力的中国人民，被称为"国

---

① （清）奕䜣：《答折片》，《筹办夷务始末（咸丰朝）》卷六十一，第2290页。
② （清）载垣：《载垣等又奏巴夏礼复欲令僧格林沁退兵已知照大营将其擒获折》，《筹办夷务始末（咸丰朝）》卷六十二，第2319页。

人记忆中在平民院所发表的最精彩的演说"。① 自由党是国会多数党，投票结果对首相巴麦尊不利，巴麦尊索性解散政府，在接下来的投票中主战派获得压倒性的支持。1857年对于英国非常重要，在第一次中英战争15年后，再度派遣远征舰队赴华作战，而英军就在这一年战胜印度莫卧儿帝国，放逐莫卧儿帝国末代皇帝巴哈杜尔，维多利亚女王次年成为印度皇帝。东方帝国对日不落帝国懵懂无知，不知道这个蕞尔小国控制着这个星球四分之一的陆地和海洋；对这个国家的体制内政更不了解，不清楚对华战争是内阁和国会多数票通过的决议，不为某一个人左右。中国皇帝和大臣以为拘捕巴夏礼就能够改变战争走向，只是不切实际的想法，联军没有因为巴夏礼成为战俘停止进攻帝都的步伐。

北京是一座巍峨的坚城，守军数量颇为可观，军事装备亦属上乘。中国军事科学院编写的《中国近代战争史》这样介绍咸丰年间的皇城："当时城上安设大小火炮数千门，外城、内城均挖有较为宽深的护城河。城内尚有八旗骁骑营、护军营、左右两翼前锋营、步军营、内火器营等满汉军十三万三千余人，仓谷钱粮均有储积。城外又有由胜保统率的各省已经赶来的勤王之师六千五百余人及都统绵勋、伊勒东阿统带的马步万余人。"② 也就是说北京城里城外集结了十五万清军主力，倘若依托中国最高大最坚固的城墙，对付远离舰炮射程的约两万名入侵军，后者最多只能在严寒的冬季坚持数月，待到弹药消耗殆尽，各地勤王清军陆续赶到，他们的死期也就到了。然而皇帝没有亲率军队守城，擒贼擒王之计失效使他意志消沉，决定还是与皇后和嫔妃们待在承德静观局势比较稳妥。

恭亲王奕訢奉谕以钦差便宜行事大臣身份留在京城，从这个头衔可以看出奕訢让他促进和局。京城的大臣们大多主张处死巴夏礼，署刑部右侍郎袁

---

① [美]裴士锋：《天国之秋》，第39—40页。
② 《中国近代战争史》，军事科学出版社1984年版。

希祖上疏，要求将策动"亚罗"号事件的巴夏礼明正典刑，以伸国法而快人心，皇帝批谕"是极，惟尚可稍缓数日耳"。① 奕訢知道奕訢之所以缓杀巴夏礼，是在联军兵临城下之际选择抚夷，把敌酋留给他作为谈判筹码。

1860年9月22日皇帝赴热河狩猎，9月25日英法发出联合通牒，限中方3天内释放被扣外交官和随行人员，否则攻破京师而占据之。10月2日，奕訢接到热河发来的谕旨："总期抚局早成，朕即可及早回銮，镇定人心"，夷军"如肯遵照恭亲王等所给照会，退至张家湾一带，酌定适中之地，定期各派委员，将在津续定条约盖因画押，将巴夏礼等送回，固属甚善。如必不肯遵行，或并无照覆前来，不必待其进攻城池，莫若即将所获巴酋等全行送还，以示大方，尚可冀其从此罢兵换约，不值得为此数十夷丑，致令亿万生灵俱遭涂炭"②。皇帝的态度很明确，即便和议也把宝压在巴夏礼身上，释放敌酋是为让联军停止攻城，至于外国使臣是否进宫面呈国书，那就看办差的他如何便宜行事了。恭亲王建议巴夏礼变通递交国书形式，"俟贵大臣到京日，选择严肃处所，设立香案，由本爵代接贵国国书，置之案上，以昭礼敬"。巴夏礼断然拒绝，称"此凡在礼义之邦，无有不知，无不奉行。遇有自谓礼义之国，不用此礼相待，斯虽言称和好，而实滋他国之疑异"。③ 他这样地顽冥不化，奕訢不敢放人。

1860年10月5日联军抵近北京德胜门和安定门，6日进攻海淀圆明园，守园旗军四散溃逃。奕訢丢下百官仓皇出城去往长辛店。僧格林沁、胜保、瑞麟都是被打怕了的，惊魂未定难以再战。有消息传来说皇帝激愤之下要处死巴夏礼，朝臣惧怕联军借此屠城，10月8日商定释放巴夏礼等8人，由直隶总督恒福护送至联军。奕訢反对释放巴夏礼，认为其"虽非蘖魁，罪同首

---

① （清）焦祐瀛：《焦祐瀛等又奏请将巴夏礼处死以绝后患片》，《筹办夷务始末（咸丰朝）》卷六十二，第2342—2343页。

② （清）奕訢：《答折片》，《筹办夷务始末（咸丰朝）》卷六十三，第2383页。

③ 中国史学会主编《第二次鸦片战争》第5册，上海人民出版社1979年版，第135页。

逆，又系该逆画策之人，幸就获，岂可遽令生还"，①但他身在长辛店也就人微言轻了。到了10月13日，北京城里大臣们居然不管不顾，打开安定门放洋人入城。

被拘押的使团随员是10月12日至16日分批放回的，美国人马士在史著《中华帝国对外关系史》中称，获释者总共39人，其中26名英国人、13名法国人。被捕的英方人士中，巴夏礼、洛奇、1名英国龙骑兵、10名印度的塞克骑兵得以生还，另外一些人在拘禁中被杀害了，他们是诺尔曼、包尔卑、安德逊中校、龙骑兵费浦斯和8名印度的锡克骑兵，中国人归还了这些人的尸体，布拉巴宗海军大佐则生死不明。在被捕的13名法国人中，戴斯克雷斯和4名士兵活着，格兰德香浦上校、艾德尔、杜必特和4名士兵则已死去，被杀害的还有戴陆克神父。使英国人难以容忍的是在死去的英国人中，《泰晤士报》记者包尔贝居然遭到分尸。局面变得不可收拾，英国全权代表额尔金决定摧毁关押使团成员的圆明园，要求中国向英国赔偿30万两白银、向法国赔偿20万两白银。10月18日，占领北京的联军把精美得无与伦比的圆明园夷为平地。指挥毁园者英国专使额尔金称："若对于中国政府所为不顾国际公法之残酷行为，不予以久远之印象，英国国民必为之不满"，"毁坏圆明园，似乎是唯一的方法，而且这种责罚，仅降在清文宗本身，与人民无关"。他说的清文宗，是圆明园的主人咸丰皇帝爱新觉罗·奕詝。

恭亲王已回到北京便宜行事，1860年10月24日至25日在礼部衙门大堂分别与额尔金、葛罗签订《北京条约》，承认《天津条约》有效，增开天津、大连为商埠，割让九龙司地方一区给英国，准许英、法招募中国人出洋充当劳工，允许欧洲传教士在租买的土地上建筑教堂。11月14日，中俄签订《北京条约》，中国承认《瑷珲条约》中划归俄国的60万平方公里领土有效，中俄共管的乌苏里江以东40万平方公里土地割让给俄国。嗣后中俄还订立了

---

① 中国史学会主编《第二次鸦片战争》第2册，第217页。

《勘分西北界约记》，俄国割走巴尔喀什湖东南、斋桑淖尔南北44万平方公里中国领土。

北方的民间抵抗

每当委任钦差大臣与洋人议和、签约、赔款和开放新的口岸，奕䜣都像被重拳击中而休克，既羞耻又无力回天。还有谁比他更看重爱新觉罗氏建立的帝国呢？还有谁比他更怀有战斗激情呢？打赢夷军找回属于天子的体面，是他即便面临绝境也始终不放弃的理想。这样的体面，他的军队是不可能替他夺回来了，只能寄希望于尚能给洋人制造麻烦的民间抵抗组织。

珠江三角洲地区士绅武装推动的反洋人运动，除了给皇帝留下深刻印象，满汉大臣也十分欣赏，认为唯有团练可与夷军一搏。英法联军攻击天津大沽口要塞前，先行占领烟台和大连，山东巡抚文煜上疏提出办团练，称英法士兵不怕称为乡勇的雇佣兵，也不怕旗军绿营军，他们怕的是地方团练武装。宫中同意他的看法，谕称"夷氛如此猖獗"，"亟须严饬各属，实力举行团练"，"以资堵御"。① 大连被占后盛京将军也想到组建团练，奏称"势不能不藉资民团，以济兵力"，皇帝赞同他的主张，谕称"关外旗堡甚多，亦当一体团练"，务须旗民联为一气，方为妥善"②。强敌压境，满蒙旗民亦可团练守土，宫中开的口子越来越大。

在北京的廷臣朝官也纷纷写折子献计献策，均为组建团练反洋人入城，这回要护卫的是帝都皇城，其意义远比广州的反洋人入城运动重大。既然皇室成员满汉大臣达成共识，重奖办团士绅的政策也就随之出笼，从奖励制度

---

① 《清文宗实录》卷三二二。
② （清）奕䜣：《答折片并著景霖劝办团练》，《筹办夷务始末（咸丰朝）》卷五十四，第2034—2036页。

到战役设计应有尽有。恭亲王奕䜣主张动员"素孚物望之官绅实力训练,晓以大义,啖以重赏,必可得力"。① 兵部左侍郎王茂荫奏称:"加温谕以拊循之,加恩赏以鼓舞之,自然民争效命,该夷兵极多不过数万,安能攻我百万众之城?"② 工部尚书许乃普献策,"密谕绅富设团募勇,或劫夷船于水中,或击夷人于岸上。每获夷首报验后即仿粤东之例赏银百两,该夷不过二三千人,即尽予骈诛所费亦不甚巨","海运沙船进口者不下三百余只,约计水手几万人",招募这些人"用以团练","顷刻而得万人之用也"③。翰林侍讲潘祖荫上疏,要求"重赏募勇使之进剿,小民重利轻生,兼之自卫身家,岂有不争先用命之理?""夷船不过百艘,每艘不过百余人,合天津一郡之民,不啻百倍于该夷之兵数","何患国威之不扬,何虑凶锋之不挫?"④ 奕䜣认为他们的意见和自己的主张不谋而合,在发给僧格林沁的密谕中要求他"勿专以大沽为重,置京师于不顾"⑤,其主力应部署在天津,和地方团练守住津城力阻敌军北上。

大沽口北岸炮台是1860年8月21日被联军攻陷的,8月20日奕䜣还谕令光禄寺少卿焦祐瀛、翰林院侍讲学士张之万回籍办团,协同僧格林沁部坚守天津。在颁给焦祐瀛的谕旨中,皇帝要求他速赴天津,"激励民团招集义勇,会同堵剿。天津百姓,素称好义,谅必同心协力,踊跃争先。所需募勇口粮,必须豫筹接济","该少卿等未到之先,即著宽惠、崇厚,督同天津府

---

① (清)奕䜣:《奕䜣奏江岸通商贻患甚巨宜早筹战备折》,《筹办夷务始末(咸丰朝)》卷二十六,第951页。
② (清)王茂荫:《王茂荫奏请还宫严守备广保举激人心折》,《筹办夷务始末(咸丰朝)》卷二十三,第842页。
③ (清)许乃普:《许乃普又奏团练全仗绅董并可安插水手使不生事片》,《筹办夷务始末(咸丰朝)》卷二十三,第823—824页。
④ (清)潘祖荫:《潘祖荫奏议抚不如议战用兵不如民折》,《筹办夷务始末(咸丰朝)》卷二十三,第828页。
⑤ (清)奕䜣:《答上折给僧格林沁》,《筹办夷务始末(咸丰朝)》卷五十六,第2094页。

知府石赞清及本地绅士，先行筹办"。①

大沽南岸炮台弃守当天，奕訢尚未接到战报，下谕部署以团练为主力的天津保卫战："昨已命焦祐瀛等赴津办团，并谕宽惠等先行雇募勇丁，著即招集素有身家义勇顺海河陆续前进，以为前勇后路声援，一面固守濠墙以保津郡。并照焦祐瀛等函内所称，先行出示晓谕各勇丁，申明大义，令其同心杀戮。有能歼擒夷匪及攻夺被踞村庄者，除贼之辎重即行赏给外，并予重赏，以期踊跃从事。"同日还急谕御史陈鸿翊回籍办团，防止天津海口乡民为敌所用。为守住帝国首都，皇帝甚至谕令在北京组建团练："命协办大学士户部尚书周祖培、兵部尚书陈孚恩、工部左侍郎潘曾莹、右侍郎宋晋，会同五城御史，办理团防。"②京都危急之际，团练被宫中视为帝国中流砥柱，中枢官员被指定指挥团练武装。

获知大沽北岸炮台失守，皇帝依然期冀地方武装剿灭联军，"据僧格林沁等奏，初五日卯刻，北岸石缝炮台被夷攻陷，情形危急，拟遵旨退守以保京畿。焦祐瀛等于今日启程，所有危急情形，谅已在途探悉。此时虽有文俊等议抚，亦不过暂时羁縻，恐将来终须剿办。著即飞速前进驰抵天津，赶即出示，晓谕四乡居民，激以大义并悬赏格，令其同心杀贼。该夷如不受抚，竟来扑犯，即纠集团勇，痛加剿洗，使该夷知所畏惧。焦祐瀛等自能斟酌缓急，相机筹办也"。③奕訢不知道僧格林沁没有执行他的命令，其部绕过天津回撤至通州，试图在运动战中歼灭敌人。焦祐瀛、张之万接谕驰抵天津，看到的几乎是一座不设防的空城，在短期内组建团练并形成战力，是绝不可能做到的事。1860年8月24日，英法联军进入天津城。

组建团练阻止洋人入城已经太晚，焦、张两人密奏："该夷盘踞天津郡城，若遽然出示，晓谕四乡居民同心杀贼，必至立起衅端，尤恐有误大局。"

---

① 《清文宗实录》卷三二四。
② 同上。
③ 同上。

这里所指的大局是停战议和。奕䜣知道联军占领天津已成事实，为防止其进攻北京，派桂良、恒福赴津议和停战，但谈判桌随时会被夷人掀翻，"诚恐抚局不成，该夷分兵北犯"的奕䜣，又谕令恒福与焦祐瀛悉心会商，"在津城附近一带地方择要驻扎，激励士民，务使人心固结。并于由津至京一带要隘处所，妥为劝谕实心筹办"。谕旨详细到对办团大臣的驻地和任务都一一标明："即著该少卿等驻扎两处，以便分办。焦祐瀛仍择地居住，毋庸逼近津城，张之万于附近州县招募壮勇联络声势，俾该夷知所儆惧。不敢图谋内犯。勿得以恐误抚局为词，致人心因之生懈也。如该夷有北犯情形，虽迎击不能得力，尚可跟踪追剿。不得以雇勇为名，临事无济徒费帑项"。①皇帝知道仓促办团十分不易，命直隶布政使文谦拨银三万两解交焦祐瀛等用于办理团练。

与英法使臣在通州的谈判很快就破裂了，宫中下达决战谕令，亟需天津地方团练协同作战。奕䜣命令焦祐瀛奏告详情，告诉他不要视正在进行的外交谈判为障碍，在籍办团者和天津地方武装的任务是积极备战，一旦和谈失败就要走上战场。"惟该少卿等，并未将天津民情是否忿恨该夷，抑或外强中干，及附近各处民团，除武清、静海外其余能否兴办，详细具奏。现在该夷肆行狂悖，所求各款断难允准，刻下惟有与之决战后再抚，舍此别无办法。所有攻剿事机，必须迅速办理，通州一带已有大兵迎剿，若再能使该夷有后顾之忧，则剿办愈可得手。"奕䜣让焦祐瀛赶紧派员去直隶大臣恒福处提走三万库银，告诉他"有此款项，即可招集民团，立悬重赏许以破格优奖，或俟该夷北犯时跟踪追剿，或于夜间轮流暗击，使其刻无休息以疲其力，总使步步牵制，使该夷跋前疐后，攻剿方有把握。该少卿等务当不避艰难，迅速举办，以助兵力，切勿以有碍抚局为虑"。决战在即，奕䜣又发谕旨："著焦祐瀛等，速即招集津郡一带民团，悬赏杀贼，许以破格优奖。一闻马头开仗，即行进击。果能斩馘兵头，夺其辎重，格外许以重赏，决不吝惜。况该

---

① （清）奕䜣：《答上折》，《筹办夷务始末（咸丰朝）》卷五十七，第2158页。

夷队半已北犯，后路空虚，津勇正可乘机焚其船只，诛其丑类。其武清、静海民团，即可跟踪追剿，时时牵制以疲其力，使该夷跋前疐后，大兵更易得手。傥该夷败挫，亦须防其回踞津城。先发制人，实为要著。该少卿等，毋得意存顾忌，赶紧将拨银三万提取，以备赏需。"①

奕䜣一边密谕拘捕英国谈判代表巴夏礼，逼使联军停战，放弃护送诸国公使进京换约，一边命令在天津办团的焦祐瀛等，倘若谈判不成便与联军开战。焦祐瀛、张之万接到圣谕："巴酋系该夷谋主，善于用兵，现在就获，夷心必乱，若更以民团截其后路，可望一鼓歼除。"②焦、张二人倒是真想率民兵抄联军后路将其歼灭，问题是他们始终没有领到皇帝答应给的三万两白银，因缺乏粮饷号衣武器装备，费尽周折只招募了五百人，这些人未经军事训练，仅会使用冷兵器，有什么能力截断后路歼除强敌。

直隶民众对眼前的这场战争不知不觉。1858 年 5 月英法联军舰队进入白河向天津进发，当地农民站在岸边跟着舰船走，战船搁浅时水手把绳子抛到岸上，"岸上的人会帮忙把船拉离泥地，这样的事一再发生"。联军士兵则向那些帮忙的民众分发"硬饼干作为酬谢"，把从大沽要塞缴获的铜钱"朝岸上的民众丢，看他们争抢"，"在他们身上，船上的人看不到一丝在意皇帝死活的迹象"。③ 1860 年联军进攻大沽炮台，当地人的表现愈发匪夷所思，他们居然泄露守军兵力配置和暗藏的引爆装置。

天津的团练也就这样了，北京的团练又有怎样的表现呢？当僧格林沁兵败八里桥，皇帝率嫔妃游猎热河之时，体仁阁大学士周祖培率众臣留守北京。1859 年联军北犯京师戒严时，周祖培曾奉旨会办五城团防，制定《团防章程》呈递宫中。团防章程一共 6 条：查户口以别良莠；劝保卫以联众志；任官绅以专责成；协营汛以联臂指；设水会以备不虞；增帮办以资助理。奕䜣阅后

---

① 《清文宗实录》卷三二六。
② 同上。
③ [美]裴士锋：《天国之秋》，第 109 页。

十分欣慰,谕内阁称:"京师为首善之区,周祖培等办理团防,自应实力奉行,务使宵小潜踪,善良安堵,以期人心静谧。所拟章程各条,均尚妥协,著即照所议,会同五城御史悉心妥筹办理,不可有名无实。"[①] 结果还真是有名无实,帝都团练始终在大学士所拟的几纸《团防章程》中。

---

① 《清文宗实录》卷三二五。

第七章　逐鹿安徽

得安庆者得金陵

曾国藩1860年6月奉旨署理两江总督，当月即令曾国荃率一万将士入皖作战。湘军已攻占湖南、湖北、江西全境，再夺安徽对南京形成合围之势，待其弹尽粮绝发起总攻，攻陷伪都结束内战，是湘军领袖的战略方针。

安徽是三湘子弟的伤心地。1853年江忠源率楚军由赣入皖，1854年1月庐州一仗，所部二千人被太平军胡以晃部围歼，时任安徽巡抚的江忠源战死。1857年，太平军进攻庐州。率湘军水师立下赫赫战功的名将李孟群，率陆师2500人驰抵安徽，被授为安徽布政使。1858年8月安徽巡抚福济病亡军中，李孟群署理其职主持皖省，庐州失守。9月，湘军名将、浙江布政使李续宾率部增援，攻占太湖、潜山、舒城、桐城，与太平军陈玉成、李秀成部及捻军张乐行部五万人，战于庐州咽喉三河镇；11月15日，李续宾部孤军深入，全数被歼，李续宾阵亡，曾国藩胞弟、帮办军务曾国华，曾府幕僚何忠骏等死于此役。丁忧在籍的胡林翼闻此噩耗急得呕血晕厥，说："三河败溃之后，元气尽伤，四年纠合之精锐，覆于一旦，而且敢战之才，明达足智之士，亦凋丧殆尽。"[①] 曾国藩更是哀恸难抑几近绝望，"三河之败，歼我湘人殆近六千，

---

① （清）胡林翼：《复胜保》，《胡林翼集·书牍》，岳麓书社2008年版，第233页。

不特大局顿坏，而吾邑士气亦为不扬，未知此后尚能少振否"。① 1859 年入皖湘军再败，陈玉成集结七万太平军全歼湘军名将李孟群部，李孟群受伤被俘拒降被杀。这是湘军的至暗时刻，名将夭折精锐失尽，安徽成了湘人坟场。湘江楚地哭声不绝，家家垂幡向北招魂。

视皖省为畏途，还是砥砺前行决一死战，曾国藩毅然选择后者。他坚毅的目光锁定安庆，取安庆才能夺金陵，得金陵者平天下。安庆火炮射程覆盖长江，东扼江北西锁上游，是两军必争的战略要地。安庆城建在江北高地，城墙之下多为斜坡，强行攻坚代价巨大，再则湘军兼顾湘鄂赣皖江浙闽贵诸省，全军也就六万人，难以全部入皖作战。强攻并非良计，野战亦无胜算，太平军兵力雄厚战法成熟，清军主力南北大营先后被歼，楚勇几番惨败，湘军屡遭碾压。两江总督很清醒，他的军队面对的绝非乌合之众，而是训练有素历经战火的强军，但凡长途跋涉孤军深入贸然与其一战，名帅名将也好，精兵悍勇也罢，结局定是惨死孤城殒命旷野。

曾国藩的底气是一路走来的战绩，无论多么艰难，多次陷入绝境，湘军还是屡次打赢叛军扩大地盘，在战火中熬成帝国最猛陆营最强水师。湘军领袖不打无准备之仗，知己知彼才有胜算。叛军指挥官创造了令人眼花缭乱的战术，这些战术可以轻易地置人于死地：卧虎阵适用于丘陵山谷，万名将士贴地鸦雀无声，敌军进入伏击圈时全部跃起，宛如虎群撕咬猎物；螃蟹阵以 2 名士兵居中为蟹身，10 名士兵分置两侧状如蟹脚，遇敌敏捷变阵而战；百鸟阵将大队化为小队，每队 25 人，如成群飞翔的鸟，迅速移动令敌人失去判断力和攻击方向。② 曾国藩为此制定"结硬寨打呆仗"六字方针，以不变应万变，与敌拼耐性比定力。1866 年曾国藩剿捻不力，上折子重提结硬寨打呆仗的重要性，告诉急性子的皇帝不要指望他有什么速战速决的锦囊妙计："臣不

---

① （清）曾国藩：《复刘霞仙》，《曾国藩全集·书札一》卷七，第 5489 页。
② [美] 裴士锋：《天国之秋》，第 149 页。

善骑马,未能身临前敌,亲自督阵。又行军过于迟钝,十余年来,但知结硬寨、打呆仗,从未用一奇谋、施一方略制敌于意计之外。"他明里自嘲实则固执:"此臣之所短也。"①

曾国藩总共集结了四万湘军用于安庆战役,自率六营三千亲兵设大营于皖南祁门,此地距安庆一百公里。他以大营为中枢呈放射状部署兵力,各部相机支持一线作战部队,确保江西后勤补给线不为敌切断。等这些都部署停当了,曾国荃部渡过长江直插安庆城下,精锐中的精锐用于一剑封喉。

曾国荃忠实执行来自祁门的命令,他和兄长曾国藩都是明代名将戚继光的崇拜者。学者黄仁宇指出戚继光调任蓟州总兵时仅率三千人,之后扩充为两万人,蒙古军队则"一次可以动员10万名骑兵",为增强防御能力,戚继光奏请在蓟州全境筑造三千座堡垒,"后来批准施工的为1200座"。戚继光在蓟州的战法,曾氏兄弟应该了然于心。

结硬寨打呆仗是保守的战法,在敌强我弱的当口固守堡垒,在对峙中迫使敌人失去耐性出城强攻,守方于掩体中歼敌有生力量,在攻击波衰减后反守为攻,积小胜为大胜,最终夺取城池。曾国荃亲督营勇工匠在安庆城下筑垒,面城方向为内垒,背后系外垒,敌军出城攻垒时可在内垒狙杀进攻者,敌方援军逼近后路时可于外垒阻其前行。

湘军水师奉命加入安庆战役,师船游弋于城池火炮射程之外,切断通往安庆的航线。达斡尔人多隆阿率领帝国最强悍的两万骑兵赶赴战场,阻止太平军从桐城增援安庆。英王陈玉成的指挥部设在安庆,其部主力为保南京渡江作战,留下家眷和未经战事的两万名湘鄂籍新兵守城,困顿于城内的人们站在城墙上,望着横贯城下的连绵长垒、闪烁寒光的无数把骑兵刀,不安地感到死神正在向他们招手。

1860年几乎所有人都很难,科尔沁亲王的蒙古骑兵在通州八里桥被英法

---

① (清)曾国藩:《病难速痊请开各缺仍留军中效力折》,《曾国藩全集·奏稿二》卷二十五,第1236页。

联军全歼,精锐之师江南大营被太平军所灭,外战内战全都不堪,爱新觉罗氏建立的政权能存在于世,现在全凭握有私军的两江总督说了算。安庆战役始于 1860 年,这是关乎帝国存亡的决战。

窗口期转瞬即逝

1858 年基督徒洪仁玕在香港心急如焚地说:"须尽快劝说南京方面与洋人合作,否则迟矣。"① 洪秀全的这位族弟是拜上帝会最早的成员,1852 年为逃避官方追捕逃亡香港,由瑞典巴色会传教士韩山文主持受洗成为基督徒。

路德宗信徒韩山文是最先听懂客家话的西方传教士,洪仁玕讲述的中国拜上帝会使他入迷,他把洪仁玕的口述记录下来译成英文,冠上《洪秀全的异梦》《中国叛军首领》的书名,在香港、上海和伦敦出版。充满理想主义激情的韩山文认定,从中国内陆起事欲推翻满人的叛军有基督教信仰,他为自己的发现亢奋难抑,1854 年 5 月资助洪仁玕赴南京,期待他为欧洲教会和太平天国搭上桥梁。洪仁玕此行并不顺利,在上海的欧洲传教士、秘密组织小刀会都怀疑其身份,没有帮他前往南京,洪仁玕不得不在 1855 年返回香港,此时韩山文已经病故。伦敦传道会苏格兰籍传教士理雅各是韩山文的挚友,邀请洪仁玕担任助手,理雅各先用刚学会的粤语讲道,洪仁玕翻译成客家话再讲一遍,使语言不同的教徒都能听懂。这样的合作使双方都感到愉快,与以往不同的是洪仁玕转达的是理雅各表达的神学理念,不再是洪秀全创造的本土宗教。

洪秀全族弟与传教士交往密切,对改善太平天国的政治形象颇为有利。美国驻华公使、传教士伯驾 1856 年向华盛顿报告,说清帝国的民心已转向

---

① [日]菊池秀明:《末代王朝与近代中国》,马晓军译,广西师范大学出版社 2014 年第 2 版,第 44 页。

反叛者。美国传教士丁韪良供职英国征华舰队，担任额尔金勋爵的秘书兼翻译，他在 1857 年给美国政府写公开信，认为南京政权已取得独立地位，中国现在实际上有两个政府。丁韪良预测以南京为首都的基督教政府将赢得内战，统治盛产茶叶与丝绸的长江以南地区，建议西方从利害角度出发考虑承认南京政权，这个政权因为年轻具有时代精神，"或许可被说动而打开内陆的宝库，开放门户让外人与之来往而不受到限制"①。与各国传教士一边倒的立场不同，英国政府对中国内战双方持中立态度，耐心等待双方较量的结果再做决定。他们与帝国政府签署了开放通商口岸、贸易最惠国待遇、鸦片交易合法化、外交豁免权、宗教准入等条约，否定北京政权会使签订条约的努力付诸东流。英国政府的中立立场是严肃的，在华英人必须在内战双方间严守中立，在华外国人接受高薪参与战争，将处以高额罚金甚至判刑。

洪仁玕清楚中国与西方国家的力量对比，两者军事力量差距巨大，未建立近代工业体系的中国势必战败。英法俄美等国通过与清政府签约获得巨大利益，其结果是西方诸国为这些实际利益承认北京政权，南京政权因边缘化在国际社会陷入孤立状态。这是非常可怕的前景，但至少在 1858 年局势还没有糟糕到这种程度，满人皇帝拒绝各国公使进入北京换约，鼓动广东士绅团练袭击联军士兵，这对于太平天国是极其难得的窗口期，在这个重要时刻与西方诸国联盟，或可借助外部力量推翻清政权。洪仁玕迫不及待地要把他的想法告诉族兄，1858 年 5 月再次离港赶赴南京。

额尔金勋爵率领的英法舰队是在这年 5 月攻陷天津大沽炮台的，之后英法美俄 4 国相继与清政府派出的代表签订天津新约。此时中国内战亦呈白热化，太平军连续取得重大胜利，陈玉成部 7 月攻破清军主力江北大营，11 月会合李秀成部全歼湘军主力李续宾部。在额尔金看来这是危险的信号，倘若南京政权战胜北京政权，那么已签订的条约或将成为废纸。

---

① ［美］裴士锋：《天国之秋》，第 20 页。

额尔金写信给外交部长罗素，提到由南方政权替代北方政权的可能性，"如果我们知道哪里可以找到更好的人选，我们可以帮他们改朝换代"。据一位俄国外交官透露，额尔金私下谈到如果洪秀全同意《天津条约》各款内容，英国是否可以承认其为中国皇帝，他甚至认为要满足英国的欲求，"较省事的路线是经由太平天国，而非经由满清"。①

1858年11月8日，额尔金率5艘战舰组成的分舰队进入长江，按条约外国船只可以自由航行。11月20日英舰经过南京城外江面，额尔金让小炮艇驶近守军示意不会冒犯他们，但还是遭到炮击，3名英国水兵伤亡。额尔金命令舰长巴克适度还击，摧毁守军岸炮阵地后驶向安庆，途中又遭到炮击。勋爵命翻译官威妥玛中尉上岸交涉，安庆守将熊光明表示歉意，说他现在已经认识英国国旗，今后不会再发生此类事件。如他所言，此后英舰经过太平军防区时不再被炮击。

1858年12月29日，英国分舰队从清军防区武昌返回，停泊在南京江面。额尔金随员威妥玛、李泰国、俄理范、韦烈亚力登岸，拜会太平天国顺王李春发。顺王在会谈中再次承诺，不会干涉在长江航行的英国船只，英国人询问南京政权是否承认《天津条约》，李春发未作任何承诺。他转达天王希望英国提供先进武器的意愿，希望英国帮助太平军推翻满人政权，威妥玛等人表示爱莫能助，声称改变对中国内战的中立立场须由伦敦决定。

额尔金待在旗舰"复仇"号上，未能和洪秀全见上一面。在这之前勋爵曾看重在这座历史久远的城市建都的帝国反叛者，认为这些人可能成为很好的盟友，英国人甚至可以帮他们改朝换代，现在发现天王与清帝一样的矜持，藏身在宫殿里决不露面。奕訢相信自己是天的儿子，洪秀全认为自己是上帝的儿子，实际上他们更相信自己是巨无霸的化身，神奇威严的巨无霸在古老的东方被人们称作龙。

---

① ［日］菊池秀明：《末代王朝与近代中国》，第95页。

洪秀全显然清楚这件事的整个经过，表示他的国家欢迎洋兄弟来访，天王在精美的黄绸上写了诏书，强调南京政权与基督教的密切关系，他和英国人都事奉上帝，他视英国人为西洋番弟，期待英军与太平军一起作战打赢清妖："朕据众臣本章奏，方知弟等到天都，朕召众臣礼相待，兄弟团圆莫疑狐"，"天父上帝真上帝，天兄耶稣真天兄，爷哥带朕坐天国，扫灭邪神赐光荣，西洋番弟听朕诏，同顶爷哥灭臭虫"①。从太平天国最高领袖这道热情洋溢的诏书中，可以了解到他对西方持开放态度。为表示诚心，南京政权没有抗议英军开炮炸死太平军"三名军官和大约二十名士兵"，"向英军开火的太平军炮手则被处决"。②

勋爵读到这道诏书时已离开南京城外的江面，天王的诏书没有及时送达英国专使，分舰队已驶出太平军防区，南京政权代表、晋天燕兼工部又正冬官朱雄邦追上英国军舰送上诏书。额尔金认真读完这道诏书，认为"这是一种押韵的宗教叙事诗，是一部非常奇怪的作品"。③宗教叙事诗一般的诏书用带着独特韵律的词句恳切地释放出来的善意，期待得到军事人员和武器装备的渴求，以及与新教教义大相径庭的神学观点，在勋爵看来都来自一个他完全陌生的世界，于他而言没有任何共鸣之处。

1858年存在改变历史的机会，这一年发生太多事情，于是也就存在太多机遇，这样的机遇属于自以为了解中国政治的额尔金，亦属于自认为理解西方文化的洪仁玕。洪仁玕认为英国是世界上最强大的国家，新教、科技和法治是源源不断的动力，信仰天主教的法国、信奉东正教的俄罗斯国力稍弱，把犹太教、伊斯兰教、佛教、印度教、儒教作为信仰的国家，国力都十分衰弱，逐渐沦为西方强国的殖民地。在洪仁玕的计划中，到南京后先要宣讲基

---

① 太平天国历史博物馆编《太平天国文书汇编》，中华书局1984年版，第44页。
② [美]史景迁：《太平天国》，朱庆葆、计秋枫、郑忠、蒋婕虹、李永刚译，广西师范大学出版社2011年版，第339页。
③ 毛家琦：《太平天国对外关系史》，人民出版社1984年版，第191页。

督教文明观，在遵循福音真道的基础上改革弊政废除陋习，治国必先立政实行公议，革除女子缠脚等腐朽习俗，允许新闻独立监督政府，兴建铁路建造轮船，开通电报发展邮政，鼓励矿业兴修水利，开办银行保护私产，开放口岸自由贸易，只有这样才能使"太平江山一统万万年"。

洪仁玕的思想观念是这样的前卫，如果他早些抵达南京和具有相同价值观的额尔金见面，与后者建立良好的私人关系，或有可能促使伦敦改变外交政策，历史抑或会掀开新页出现奇迹，但这一切并未发生，洪仁玕迟至1859年4月才到达南京。战争中的帝国被外国入侵军、政府军、雇佣兵、民兵切割成碎块，行者稍有不慎就会被劫掠被捕杀，洪仁玕历尽艰辛总算走到长江边的一座码头，试图找到在香港认识的威妥玛中尉，搭乘威妥玛所在战舰赶赴南京。他没有等到威妥玛，但即便他在码头遇到这位后来成为剑桥大学首位汉学教授的英军中尉，事情也不会如他想象的那样顺利。会说一口流利中国话的威妥玛，工作中多与清政府官员交往，对南京政权抱有很深成见，正在为在长江遭太平军炮击愤愤不平。

天国的青年们

1859年4月洪仁玕终于来到南京，洪秀全欢迎族弟的到来，两人交谈后发现许多思路具有共同点。洪仁玕认为务必把长江以南区域纳入太平天国版图，天京政权与清政权划江而治，必须建拥有至少20艘蒸汽动力舰船的舰队，歼灭湘军水师控制长江航道，截断漕运使长江以北区域断粮，最终不得不归顺太平天国。他向族兄表示自己可与洋人交涉，购买或租借组建舰队必须有的先进战舰。来自香港的洪仁玕热情地介绍西方宗教、政治体制、科技发展，使族兄产生一些新的思路。天王决定重用他的族弟，洪仁玕抵达南京未满一个月，洪秀全就颁旨任命他为九门御林开朝精忠军师顶天扶朝纲干王，总管太平军兵符并总理朝政，洪仁玕成为南京政权第二把手。

握有军队指挥权的陈玉成、李秀成，怀疑洪仁玕前来南京动机不良，难以接受洪氏集团家族性权力结构。为平息他们的不满，洪秀全任命陈玉成为英王、李秀成为忠王，平息权力分配不均导致的内部矛盾。太平天国核心领导层经过这次重组实现了年轻化，同时埋下军阀与洪氏家族对立的隐患。

干王洪仁玕现在需要直面将领们的质疑，他为自己辩护，说来南京并非为了攫取权力。1864 年 10 月他在江西广昌石城战败被俘，在湘军席宝田部军营写下供词，其中提及 5 年前在南京对李秀成、陈玉成等表明心迹的一番话："本军师前在粤东时，知天京四面被围，乃不避艰险生死，直造天京，欲有以救之耳，岂止贪禄位而来乎？"言辞之中都是委屈心酸。

老一辈将领早已战死或老去，青年将领们恃功傲骄，洪仁玕质问后者："今天京被围，只有江北一线之路运粮回京，何能与敌争短长？"[①]这个问题很尖锐，江南大营、江北大营包围金陵已 6 年之久，清军在城外挖了七万多米长的壕堑，天京成了与世隔绝的孤城，陈玉成和李秀成的军队至今也就控制江西一部，始终没有消灭南北大营清军有生力量。干王洪仁玕挑明如此严峻的现实，表明作为军师即全军最高指挥官对军事斗争已成竹在胸，1860 年太平军的军事实践证明他的确具有战略眼光。

军师洪仁玕决心打破清军对南京的封锁，他的计划是李秀成率小股精锐部队奔袭杭州，造成太平军主力进攻浙省的假象，诱使江南大营清军主力援浙，赴浙部队则迅速回撤南京，会同南京部队和援军摧毁兵力空虚的江南大营。这个计划非常成功，1860 年 3 月 11 日李秀成率精锐经武康、德清驰抵杭州武林门，19 日攻克杭州，浙江巡抚罗遵殿阵亡。李世贤部亦进入浙江，佯攻湖州。浙省是江南大营后勤补给地，奕訢急令和春兼办浙江军务，从江

---

① （清）洪仁玕：《在席宝田军营之二——亲笔供词》，罗尔纲、王庆成主编《太平天国》第 2 册，广西师范大学出版社 2004 年版，第 403 页。

南大营分兵一万由提督张玉良率领驰援浙江，和春得知中计后命张玉良部回援常州，虚晃一枪的李秀成部已于3月24日撤出杭州驰回南京。这是一次大规模会战，太平军集结了十万兵力，四面八方攻打江南大营。李秀成的骑兵从清军背后突袭，将官兵逼进他们自己挖掘的壕沟里，然后用炸药滑膛枪弓箭将其歼灭。此役清军遭到毁灭性打击，总兵黄靖、马登富、吴天爵阵亡，江南大营副总指挥张国梁退到丹阳后死于乱军，总指挥和春夺围常州退走无锡阵亡军中，常州、苏州随即陷落。"江南军自向荣始任，凡历七年，至是燓焉。"① 总之江南大营已被彻底地从地球抹去，洪仁玕到南京才1年时间，被围7年的南京政权首都就活转过来。

洪仁玕决定东征，通过军事斗争把长江流域以南的各个省份划入天国版图，与清政权划江而治。陈玉成、李秀成赞成这个计划，他们厉兵秣马准备开赴前线，太平天国最高领导层因纳入新鲜血液充满活力，青年领袖们热力澎湃激情难抑。能否取得上海治权是整个军事计划的难点，1860年的现实错综复杂，上海已崛起为中国最大通商口岸，通商各国在这个新兴都市有着割舍不去的商业利益，太平军东征之举稍有不慎即会触发难以预料的后果。洪仁玕认为太平军唯有抵近上海才能宣示南京政权的存在，使西方诸国走近和接受这个承认耶和华的政教合一政权，作为回报，总理太平天国朝政的他将全力以赴在区域实现新政。

1860年5月15日，陈玉成、李秀成率军东进，19日攻克丹阳，26日占领常州，29日夺得无锡，披散长发身穿各色袍子的太平军，浪潮似的漫过一座座脆弱的城池。苏州是6月2日弃守的，苏州人不想步杭州后尘，他们得到的消息是数月前李秀成部突袭杭州，城内绅民惊恐万状数万女子自杀，几天前常州绅民登城自守，城破后惨遭屠杀。苏州不想步杭州、常州后尘，士绅议决打开城门归顺新主。胜利者一鼓作气东进再战，攻陷昆山、太仓、嘉

---

① 《清史稿·列传一百八十八·和春传》。

定,也就四十多天时间苏南大部归入天国版图,天京诏令设苏福省。

太平军从苏州出发向上海进发,城里和租界恐慌情绪迅速蔓延。英国商人要求驻华公使保护他们,卜鲁斯的答复是让他们严守中立,不与叛军进行任何贸易活动。在上海的苏南地区最高官员盐运使署江南苏松太道兼理江海关吴煦拜访英国驻华公使卜鲁斯,恳请英军协助中国军队守城,卜鲁斯告诉道台伦敦不会选边站。一年前卜鲁斯率舰队北上换约,惨败大沽口,奇耻大辱至今填塞于中尚未化解,先别说唐宁街不许在华英人选边站,即便就个人荣誉而言他也不会为清政权而战。他的态度影响到法国人,因为太平军杀害了1名法籍传教士,三千法军正从上海开往苏州,得知英国公使拒绝帮助上海官府,法国人取消了这次行动。

卜鲁斯的谨慎是有道理的,额尔金率领的英法联军主力正在天津与僧格林沁部清军作战,作为交战国上海官府也是联军的敌人,问题是他要保护在上海的英国商人,谁知道叛军进入租界会做出什么事来。额尔金留给弟弟卜鲁斯的兵力很有限,仅有两艘炮艇和少量锡克兵,他们对叛军的恐惧甚于清军,至少在阻止反叛军进入上海这件事上,英国人和上海官府的想法是一样的。卜鲁斯准备再等等看,他现在难以判断李秀成的部队是否打算攻入上海,或许这支军队会停止脚步,毕竟额尔金去年率小型舰队从长江经过南京时,洪秀全用诗性的诏书释放过善意。

道台吴煦待在无兵可守的上海,心急如焚,绿营不堪一击指望不上,能指望的也只剩在籍缙绅庞锺璐的本地团练了。前内阁学士、署工部侍郎庞锺璐办的江南团练战力羸弱,至多杀些劫匪毛贼,怎么可能抵御战力强悍一路杀来的太平军呢?钦派前高官觉得事态严重,奏请宫中派遣湘军驰援上海。庞锺璐在折子中说:"三面皆贼,惟恃民团抵御。器械不精,纪律不明,若大兵不速至,恐裹胁愈多,愈难措手。请饬督臣曾国藩迅由祁门统师南下。"①

---

① 《清史稿·列传二百八·庞锺璐传》。

这显然是昏聩之言，曾国藩离开祁门总指挥部率湘军主力增援上海，安庆战役还怎么打？

军队和团练都不能指望，吴煦只能另想办法。盐运使衔银行家、宁波四明公所董事杨坊，受浙籍同乡道台吴煦所托联络上海商界，捐出银票招募洋人组建私军用于抵抗反叛军。上海游荡着好多无业洋人，他们随商船登陆混迹租界，其中有白人枪手、黑人歌手、赛马骑师、赌徒，这些家伙随着叛军逼近有了出头之日，他们受雇于中国买办富商，握着柯尔特手枪、端着夏普斯卡宾枪，去做远东通商都市的保护者。雇佣兵们获得的报酬非常可观，月薪可达一百银圆。肄业于佛蒙特州私立军事学院的马萨诸塞州人华尔，是杨坊任命的雇佣兵指挥官，华尔把这支私军取名为洋枪队。英国政府严禁外国人参与中国内战，唯恐惹恼南京政权成为其攻击上海的理由，华尔只能秘密地训练他的队员，即使作战中队员受伤也不能公开去医院治疗，以免被英军发现逮捕判刑。

1860年7月1日，太平军陆顺德部攻占松江府城。杨坊向华尔许诺如果雇佣兵将叛军逐出松江城，上海商界将给予10万银圆奖金，战利品也归他们所有。华尔认为这是一笔值得做的生意，招徕菲律宾人充实洋枪队，使其增加到五百人。洋枪队用刚购到的1门拿破仑滑膛炮轰坍城墙，雇佣兵们端着步枪发起冲锋，太平军退守内城，用硫黄瓦罐炸死挤在一起的雇佣兵，幸存的身上全都受伤，华尔带领他们血战到天亮，才攻破内城击溃守军。洋枪队乘胜进攻青浦县城，没料到太平军也有洋枪队，他们的队长英格兰人萨维用步枪击中华尔，子弹穿过后者双颊。华尔撤回松江训练营，急招在沪希腊人、意大利人加入洋枪队，8月12日再攻青浦。华尔不知道李秀成的临时指挥部就驻扎在城中，忠王英勇的卫队战士击溃洋枪队，大部队反攻夺回松江城，8月17日攻抵上海西门和南门。

卜鲁斯现在有了结论，英法联军在京津与清军鏖战时，太平军在背后捅刀子，这些自称上帝信徒者是西方国家的敌人。这位英国外交官没有反思，正是他自己的疏忽（实质上是固执），推开了南京政权伸来的橄榄枝。早在1860年6月李秀成就在苏州写信给英法美驻沪领事馆，希望就缔结友好关系进行协商。8月李秀成又通知诸国领事，他的军队或会进入上海，但不会影响居住在租界的外国人。忠王在写给英国领事密迪乐的信中说，太平军作战范围限定在华人居住区，凡伤害洋兄弟者一律处死。为保护洋人生命财产安全，李秀成请密迪乐转告各国领事，战争期间洋兄弟留在家中不要外出，门上悬挂黄色旗帜表示业主是外国人，教堂也必须挂上黄旗避免误击。密迪乐把李秀成的信交给卜鲁斯，公使不拆封口，他不想与反叛者有任何瓜葛。几天后，密迪乐又接到干王洪仁玕从南京寄来的信，领事把信件呈送给卜鲁斯时特地作了说明，告诉公使洪仁玕与西方传教士的良好关系，以及他在南京政权的政治地位和影响，卜鲁斯不为所动，要求领事严守中立。

1860年8月17日，太平军开始进攻上海县城。驻沪英法联军随即进入华界，英军在城墙发射山地榴弹炮，锡克士兵用布朗贝斯滑膛枪射击，他们发现城下顶多只有几千人，他们的武器装备显得单薄，似乎没有作好强攻的准备。洋兄弟站在清妖一边，令李秀成感到困惑，他的部下也毫无准备，当炮弹倾泻到人群中时，他们像石头一样一动不动不回一枪。这些人原本打仗十分凶猛，不止一次地打赢过绿营和洋人雇佣兵，以为攻下上海县城并非难事，不用火炮不用挖地道埋火药炸城墙，只需几千兵力就够了，进入城池后这次东征便可以圆满地画上句号，但英法士兵站在城墙上，挡住了进攻者前进的步伐，使他们功亏一篑铩羽而归。

他们看不懂这些洋兄弟了，这些洋兄弟和清妖站在一起射杀他们，洋兄弟最大的仁慈是看在上帝的分上，不把被俘的太平军交给清军，以免他们被残杀肢解。

就洋兄弟而言英国人与法国人有差别，英军洋兄弟鄙视中国军人，法军洋兄弟对所有中国人都充满恨意，他们为战胜城下的太平军，纵火烧毁城厢大片民宅，数万上海居民无家可归，"不分青红皂白杀掉男女小孩"，"肆无忌惮地强奸女人，洗劫房舍","有个男子正吸着鸦片烟管时挨了一刀，刀子穿出身体。有个刚生产不久的女人，毫无挑衅举动也挨了刺刀"。①法军在烧毁房屋开辟出的开阔地上，异常凶猛地屠杀太平军，用子弹射伤总指挥官李秀成，把他那支被打得晕头转向的军队赶出上海。

忠王回到苏州大营依然一头雾水，他愤怒地致函英美领事，"本藩前来上海，只为订立条约，欲借通商贸易结成一致之关系，原非与尔等交战"。他表示可以原谅信奉新教的英国人和美国人，"尔我共同崇奉耶稣，尔我关系之间，拥有共同之基础，信仰同一之教义"，②对于信奉天主教的法国人，他警告说太平天国夺得天下后定会找他们算账。南京政权对于法国人从不抱好感，1853年3月7日太平军攻入南京，混乱中"至少有三十名天主教徒被烧死在家中或陈尸街头"；3月25日耶稣受难日，南京"天主教徒对着十字架开始礼拜，太平军闯入教堂，捣毁十字架，推翻圣坛，将教堂中七八十名天主教徒的双手绑到背后，推到太平军临时设的法庭进行审判，若不遵从拜上帝教的祈祷仪式，就判处死刑"。③

发生在上海的一切似乎本可避免，前提是南京方面尽可能地与英法外交官沟通。太平军1860年6月备战，7月1日攻占松江、青浦，8月17日进攻上海县城，其间两个多月时间可用于外交斡旋，却仅由李秀成、洪仁玕分别寄两封信函给英国公使和领事，双方未能建立应急联系管道。李秀成7月上旬曾在苏州接见来访的6位英美传教士，他们中有伦敦传道会的艾约瑟、杨格非。艾约瑟告诉忠王，香港的理雅各教士委托他打听洪仁玕的情况，李秀成告诉他洪仁玕现在是太平天国的干王兼军师。传教士们清楚伦敦的政客们对在华贸易比传教更感兴趣，询问忠王若战胜帝国军队，在其辖区丝织品贸易是否可以照旧进行，李秀成答复说这类贸易正是这个政权想要的。这是忠

---

① ［美］裴士锋：《天国之秋》，第102页。
② ［英］哈唎：《太平天国亲历记》，王维舟译，中华书局1961年版，第221页。
③ ［美］史景迁：《太平天国》，第229—230页。

王真实的想法，南京政权赞成与西方诸国达成贸易协定，正如他在上海战败后写信给英美领事，声称他这次率军来上海没有任何驱逐洋人停止贸易的意图，南京政权可以和西方国家订立通商条约，前提是拥有上海这座通商口岸城市。

艾约瑟认为他前往苏州的使命完成了，回上海后盛赞他见到了"不折不扣的革命分子"，关于传教士在苏州活动的要闻刊登在上海英文报纸《北华捷报》上。洪仁玕迟至7月底才从天京行抵苏州，邀请艾约瑟、杨格非再访苏州，他对他们说"不管满清王朝是存是亡，中国都必须基督教化"，希望"所有偶像消失，寺观转为礼拜堂，正统基督教不久就成为中国的宗教"。艾约瑟、杨格非为此欣喜万分，说这是"永远不会忘记的情景"，"认定太平天国统治中国是西方新教国家的福音"。南京政权显然把外交工作的侧重点放在宗教圈，他们不了解英国并非政教合一国家，决定外交政策的是世俗政府和议会，传教士对太平天国的好感难以影响内阁。唐宁街并不满足于对华输出工业制成品，他们的目的是鸦片交易合法化，英国公使驻留中国首都，这是基于政治和经济利益作出决策，南京政权仅作出允许进口棉纺织品的承诺是远远不够的，况且至少到现在还没有看到他们有希望把统治区扩展到整个中国。尽管如此，传教士们总归是努力着的，还有那位被称为"中国通"的密迪乐，认为"叛乱是中国政治力自然循环的一环"，"时而发生的王朝叛乱，乃是确保该国人民福祉于不坠所不可或缺"①，这位英国外交官高度肯定南京政权的正当性。

李秀成发动进攻的时机过于仓促，他向密迪乐送去两封外交信件未获回复，即下达攻击上海的命令。实际上英国人并非完全回避与南京政权接触，卜鲁斯基于军事考量，认为联军不可能部署有效的防线，把底线设为不使上海县城和租界落入太平军之手，他把意图写入信中却难以联系上南京方面要

---

① ［美］裴士锋：《天国之秋》，第98—99页。

人。公使的行为十分诡异，他为何绕过与洪仁玕、李秀成有通信关系的密迪乐自行其是，个中缘由唯有他自己清楚。李秀成的仓促还在于身为东征部队最高统帅，居然亲抵上海城下指挥部队攻城，完全不预留外交周旋空间。他之所以贸然发起进攻的理由，或是判断英法舰队主力北征上海兵力不足，清军更是不足为患，抓住这个转瞬即逝的战机占领上海，他将以胜利者的姿态站在政治对手洪仁玕之上，让他明白军事将领远比文人谋臣重要。忠王不知道，他在上海的失败已把洪仁玕的东征战略和新政纲领撕得粉碎。

洪仁玕把东征战略失败之责归咎于李秀成，他告诉天王，自己"曾安排他去苏州与洋人交涉签订通商和好章程，但李秀成不依所议"。洪仁玕其实回避了他早已明白的现实，太平军将领们一直以来都有着军阀倾向，李秀成即便奉行军事冒险主义，他和他的族兄又有什么办法，一旦与军阀势力发生激烈冲突，势单力薄的族兄几乎没有任何可能待在嫔妃云集的巍峨宫殿。李秀成在上海的失败，同时也是洪仁玕新政理想的破灭，他不可能改变既得利益者的思维方式和行为模式，他所在的政权领导层以权力均衡维系一切，不可能通过新政改革进入近代国家序列。他现在也已清楚，西方国家领导层亦是现实主义者，宗教意识须让位于国家利益。帝国反叛者和他们的洋兄弟虽然都信奉耶和华和主耶稣，但从出生起就带有家人和族群的独特文化印记，不同文明的交汇融合可能原本就是伪命题，各种文明都有着不可改变的宿命。

使洪仁玕感到欣慰的是几乎一边倒的西方舆论，新闻报刊大多质疑联军在上海的胜利，英法舰队北上与清军作战时，驻沪联军却和敌人的敌人开仗，实在匪夷所思。《纽约时报》刊发社论，称"若在太平天国战争的助力下，欧洲的大行动（额尔金的进攻）获得成功，鞑靼政权必将遭推翻，另一个种族将崛起支配帝国"，社论认为，"对这股日益壮大之势力，任何不友好的举动，都是大不幸之事"。《纽约时报》的另一篇社论对南京政权抱有更多期待："对自由贸易、宗教与文明的看重，使人更加盼望这个叛乱群体取代行将覆灭的王朝入主中国。"《伦敦季评》在同情太平军的文章中谴责联军在上海的行为："那些人用言语和行动表明与我们友好，而我们完全未告知自己把他们当敌人，就把他们杀了。"香港英文报纸《陆路记录报》抨击联军，说他们"在上海犯了一个严重至极的大错"，"叛军领袖的政治信条，从头至尾都显露要在每个重要方面彻底改变中国人的观念，而且其中无一项不该得到关心他国福祉的每个人热切的支持"。①

这些舆论影响到额尔金，勋爵在班师途中停留上海，试图再次评估英国与南京政权建立关系的可能性。勋爵看到太平军控制部分长江水道的现实，要求卜鲁斯不要答应北京英国不与叛军接触的要求，与南京政权结怨或会招致严厉报复，使他与中国代表签订的有利于英国的协定在长江流域受到干扰而难以实行。卜鲁斯知道哥哥在婉转地批评他，认为他在太平军进抵上海之前拒拆李秀成和洪仁玕信函的举动不妥，否则有可能通过外交途径解决问题，阻止太平军进攻上海。卜鲁斯不这样认为，当联军威逼北京政权签订《天津条约》后，绝不可能再与南京政权签订《天京条约》，这样的情况不可能发生，现实永远都是冷峻无情的。他明白李秀成清楚这样的冷峻现实，这位叛军首领能做的就是行动，而不是痴迷于虚幻华丽的愿景，因此他命令联军守卫上海，避免叛军进入华界屠杀平民，进而威胁租界侨民。额尔金是1860年底离开中国的，他带走了大部分军队，只剩1200名官兵驻扎上海，留下来的还有英国驻华海军司令何伯。勋爵让何伯"弄清楚英国与叛军是否可能缔结友好关系"，他在留给海军司令的信函中写道："自来到这里之后，我比较看好叛军，无论如何，很明显，我们绝不可以在这场内战中选边战。"②这封关于外交事务的信不写给他的弟弟、职业外交官卜鲁斯，而是写给驻沪海军指挥官，可谓意味深长，亦可谓颇具幽默感。

---

① ［美］裴士锋：《天国之秋》，第103—165页。
② 同上书，第165—166页。

夺安庆

上海的失败使洪仁玕产生急迫感，为实行既定战略太平军必须攻占长江流域各省，形成隔江分治的客观事实。在这个庞大的军事计划中，第一阶段是李秀成部东征江浙控制长江下游，第二阶段为陈玉成部会合李秀成部西征武汉控制长江上游。第一阶段作战计划已初步完成，必须执行第二阶段作战计划，为此必须歼灭入皖湘军以免除后顾之忧。洪仁玕命令陈玉成部在1860年年内解安庆之围，由长江北线西进，又命李秀成部摧毁曾国藩祁山大营，经长江南线西征，两大主力在湖北境内伺机会师，1861年4月合攻武汉。

陈玉成是天京事变后迅速崛起的青年将领，以安庆为大营攻取庐州、摧毁清军江北大营，全歼湘军李续宾部、李孟群部。进攻江南大营一役他率部突破清军西南长壕，攻夺烧毁清军五十余座营垒。曾国藩的聪明之处在于抓住陈部主力渡江作战安庆兵力空虚之机，命曾国荃部急行军至城下，挖壕筑垒围住城池。

陈玉成执行洪仁玕解围安庆迅速西征战略，1860年11月率部返皖进攻曾国荃部。安庆城下湘军坚守长垒，多隆阿部马队攻击陈部后背，太平军两面受敌撤回桐城。1861年1月，陈玉成部出桐城再战又败。安庆战役形成会战之势，洪秀全谕令洪仁玕组军增援陈玉成部。天王长久以来没有直接指挥军队，忽然在安庆一役介入军事，除了安庆战役事关重大，还试图让族弟建立起嫡系部队。洪秀全之所以这样做是发现李秀成越来越独立行事，上海战败后他谕令忠王率部北伐，进攻被英法联军攻破后元气大伤的清妖都城，认为这是神赐良机，洋兄弟已经帮助他消灭了北方清军主力。李秀成拒绝接受命令，坚持洪仁玕、陈玉成和他议定的西征计划，在这个军事计划中他的部队必须迅速拔除曾国藩祁山大营，以利陈玉成部解决安庆城下之地，为此断然拒绝天王旨意。

忠王命令侍王李世贤、右军主将刘官芳、右军正总提赖文鸿、检点古隆贤诸部进入祁山战区，由他指挥发动总攻。1860年12月30日太平军抵近祁门，大营中的曾国藩感到自己将死于此战，匆匆留书给曾国荃、曾国葆："余于十一日亲登羊栈岭，为大雾所迷，目无所睹。十二日登桐林岭，为大雪所阻。今失事恰在此二岭，岂果有天意哉？"① 在大营将破之时，他曾经登上羊栈岭、桐林岭观察敌情，大雾遮蔽了他的视线，使叛军在他的眼皮子底下快速潜行，数十万人马鸦雀无声抵近大营，这或许就是天意吧，老天让他死在祁山！

即便死期将至，湘军统帅依然临阵不乱，率亲兵坚守营垒以待援军。神奇的援军果真来了，还是湘军中战力最强的霆军。霆军的统兵官是悍将鲍超，他不服多隆阿节制赌气回乡，曾国藩命他在湖南招募一万湘勇以备急用。得知祁山大营危急，鲍超率新兵与旧部会合，"日驰百余里，连战皆捷，驱贼出岭"，② 击溃在桐林岭、羊栈岭一带犹豫不前的太平军。李秀成原本可率优势兵力一举摧毁祁山大营，大雾如同瞒骗曾国藩一样也戏弄了他，使他以为雾幔中藏着敌人的千军万马。

曾国藩以祁山总指挥部为中枢，呈放射状部署机动兵力以战时相机支持，这样的部署无疑是正确的，现在各路湘军都在为保护祁山大营与太平军激战，围攻祁门的敌人逐渐被调开，战线延伸至江西，这样的势态使得敌军兵力分散开来，在祁山的湘军总指挥部得以保全。李秀成试图切断入皖湘军补给线，景德镇成为主战场，太平军黄文金部由皖南进入江西，1861年1月5日攻击景德镇，湘军左宗棠部与之激战，鲍超部自祁门驰援江西。太平军刘官芳部趁机抵近祁门，在距大营近10公里处遭伏击后撤。4月2日，刘官芳部再次进攻祁门，连攻数日不克撤兵。李世贤部亦进入江西攻克婺源，4月9日击败湘军夺占景德镇，左宗棠部败走乐平。李世贤杀回马枪再攻祁门，4月

---

① （清）曾国藩：《致沅浦、季洪弟书》，《曾国藩全集·家书》卷七，第7661页。
② 《清史稿·列传一百九十六·鲍超传》。

23 日遭左宗棠部阻击，李世贤受挫退入浙江。李秀成未能完成在西征前拔除湘军祁山大营的预定军事计划。

陈玉成忠实执行在湖北会合李秀成部于 1861 年 4 月合攻武汉的西征计划，未待安庆解围即于 3 月转战湖北，连克黄州、黄安、黄陂、德安、孝感诸城，4 月攻陷随州、云梦、应城，逼近武昌。李秀成未能如期出现在武昌城下，他太希望接收江西、湖北的几十万新兵了，为此绕道江西，5 月上旬他的部队还在距武昌二百多公里的瑞州。忠王失约使英王陷入被动，因湘军反攻，已占领的城池陆续丢失。滞留江西的忠王则如愿以偿，在瑞州招收了近三十万新兵，浩浩荡荡进发到武昌城下。此时已是 1861 年 6 月，陈玉成部兵力不够没能攻进此城，后方安庆又陷入重围，不得不率军返回安徽。见英王已撤兵，握有几十万大军的李秀成也调头东方，回到他经营的富庶领地苏福省去做江南王。

英王现在只能孤军作战，夺回安庆，解救部属的眷属。1861 年 4 月 27 日，陈玉成部进入安庆城北集贤关，在菱湖北岸筑垒 18 座驻军 8000 人，吴定彩部 5000 名援军进入安庆城。攻打城下壕垒中的湘军则毫无进展，英王和他英勇善战的将士总是陷在曾国荃部土垒与机动作战的多隆阿骑兵之间，腹背受敌难以动弹。5 月 2 日，招足新兵的干王洪仁玕率部与章王林绍璋部会合，进入战区对多隆阿部形成反包围。多隆阿命步兵阻击洪仁玕、林绍璋援军，马队绕至援军背后夹击，太平军败走马踏石河。多隆阿已在河边埋伏士兵，他们开炮轰击渡河北撤的败军，又在上游启闸放水淹没敌人，洪仁玕、林绍璋率余部突围。5 月 6 日，多隆阿在新安渡北岸再设口袋阵，痛击所剩不多的洪、林残部。5 月 24 日，陈玉成部与洪仁玕部、林绍璋部会合，全数出动进攻多隆阿部，多隆阿将所部分为 5 队反攻，太平军再次大败逃入桐城。自此，留在安庆城内的太平军眷属、菱湖北岸的部队与主力部队分隔两地，再无突围生还的可能。

湘军转入反攻阶段，与多隆阿部同为虎狼之师的鲍超部奉曾国藩之令，于1861年6月7日杀至集贤关,当日攻陷3座太平军营垒,将三千降军全部杀光。鲍超部猛攻集贤关时,安庆城下的曾国荃部亦全数冲出土垒,进攻菱湖太平军营垒,八千菱湖守军见再无援军,7月7日弃守营垒缴械投降,此仗湘军缴获6000支西式步枪、1000支抬枪、8000支火绳枪、8000支长矛和2000匹马。如何处置这些战俘成了难题,菱湖守军是陈玉成的精锐部队,弹尽粮绝不能再战才投降,曾国荃虽一度犹豫,最终还是下令将八千俘虏全部斩首。他为杀俘太多感到恐惧不安,曾国藩7月12日写信劝慰弟弟,说若孔夫子在世也会赞同杀光悍贼。曾国荃未解开心结,7月19日曾国藩再次写信说:"既已带兵,自以杀贼为志,何必以多杀人为悔?"①

菱湖援军已被歼灭,守将张朝爵、叶芸来、吴定彩仍坚守安庆。曾国藩将大营从祁门移到水师,在安庆城外江面上指挥战事。水师一直未能截断守军粮食补给线,他现在急于解决这个问题。外国商船受条约保护自由航行于长江,每天至多有8艘外轮停泊安庆码头,每艘货轮可卸下将近两百吨大米。湘军领袖在一封家书中写道:"如洋船之接济可断,安庆终有克复之日,倘洋船不能禁止接济,则非吾辈所能为力。"②他以两江总督的身份命令水师战船为外轮护航,这当然带有监管的意味,但外轮船长对此不屑一顾,他们鸣响汽笛在长江照走不误,安庆码头挤满挑夫堆满货物。

英国人对中国内战不选边站,与交战双方保持互动。1860年额尔金回国前交代驻华海军司令何伯,让他择机访问南京,探讨叛军攻击上海后英国与南京政权之间关系的各种可能性。1861年2月,何伯登上情报船"科罗曼德尔"号,随行的外交官、传教士和商人乘坐"浮动旅馆"号蒸汽船,由炮舰编队护卫驶往太平天国首都。在南京的谈判是1861年3月1日开始的,英方代表巴夏礼称,不管内战双方谁控制安庆至武汉的长江航道,英国船只都可

---

① (清)曾国藩:《致沅浦、季洪弟书》,《曾国藩全集·家书》卷七,第7689页。
② (清)曾国藩:《致沅浦、季洪弟书》,同上书,第7684页。

依据条约航行，他告诉南京政权代表，为保护侨民，英国皇家海军"人马兽"号战舰将停泊在南京江面。

天王洪秀全态度强硬，告诉自己派出的谈判代表，自己得一异梦，异梦警告他勿让洋人走下炮艇。巴夏礼了解到他的想法后提出折中的办法，若南京政权遵守英国与清廷签订的长江通航条约，不伤害英国侨民和他们的财产，那么太平军进攻清军控制区域时英军不会加以阻止，但不得进入距离上海两天步程之范围。以1天约步行50公里计算，这样的距离差不多达到100公里，巴夏礼的这个要求被断然否决。巴夏礼要求去皇宫面晤天王，洪秀全答应见他，考虑到烦琐的礼节，决定与他隔空笔谈。巴夏礼的意见写在纸上，洪秀全的意见写在黄帛上，由宫女在天王和英使之间来回传送，使他们了解到对方的想法。达成的协议是到1861年底，太平天国最高领袖同意他的军队不进入上海周边50公里。这表明南京政权并非某些英国人想象的那样不通事理，他们其实懂得妥协。

巴夏礼此行还到达湖北黄州，在与英王的谈判中要求太平军放弃进攻武汉的计划。陈玉成清楚李秀成在上海战败，不想步其后尘与联军作战，答复巴夏礼请示天京再作决定。之后陈玉成离开湖北返回安徽，英国人宣称是巴夏礼保护了武汉三镇。何伯、巴夏礼此行最大的收获是为上海周边50公里区域解除了危机，作为回报，何伯禁止在华外国人加入上海商人组织的雇佣军，1861年5月19日下令逮捕洋枪队队长华尔。

湘军久攻安庆不克，曾国藩抱怨帝国外交不力。他的抱怨传到总理各国衙门大臣奕訢耳中，主管外交的王爷坐不住了，致函英国驻华全权特使卜鲁斯，称清军有权登上任何向叛军输送物资的外国船只，这符合英国政府的中立立场，他要求英方授予中国水师搜查外国商船的中英文执照。卜鲁斯唯恐湘军水师封锁长江影响英国对华贸易，1861年7月23日宣称，英国海军不会保护违反中立立场的各国商船。恭亲王的交涉对安庆战役起了重要作用，不再有外国商船靠拢安庆，被围一年多的安庆弹尽粮绝，城内所有野菜和动物都被饥饿的军民吃光,"人肉价格最后涨到每斤半两钱"。①

家小都在城中的英王和他的部属心急如焚,他们集结所有部队作最后的努力,拼死也要解安庆之围。1861年8月上旬,杨辅清部从皖南出发渡江进抵挂车河南岸,与桐城林绍璋部、吴如孝部、黄文金部会合进攻多隆阿部,被击退。陈玉成率余部四万人迂回三百多公里,绕过多隆阿部防线,8月24日猛攻曾国荃部土垒,安庆两万守军亦倾巢而出,打开城门冲向城外土垒,遭到前后夹攻的湘军不停歇地发射火炮枪弹,抵御一波又一波的自杀式进攻,土垒外沟壕内堆满敌军尸首。坚守土垒12天后,太平军人海战术被瓦解,曾国荃部发起反攻,将地雷运到北门城墙引爆,1861年9月5日,安庆终被攻陷,守将叶芸来、吴定彩战死,张朝爵划小船逃亡。

---

① [美] 裴士锋:《天国之秋》,第231页。

第八章　瓯地诗与火

皇家园林诗人

翰林侍讲孙衣言1858年7月外放安庆知府，原因是他曾与一些廷臣激烈反对签订《天津条约》。孙衣言是浙江瑞安人，1841年被国子监聘为琉球教习，1850年会试入闱，从翰林院编修做起，1858年入值上书房教授惠亲王诸子弟，成为皇室近臣。

孙衣言任教国子监时，师从他的琉球国官派生有阮宣诏、郑学楷、向克秀、东国兴等。琉球学子酷爱汉诗，孙衣言授其汉魏唐宋诸家，鼓励他们写作汉诗，由他逐字逐句批改。东国兴呈习作《夜雨》，其中有"鸡鸣不已纱窗晓"句，孙衣言批注"'不已'二字太老实，为其改为'忽报'"；《舟泊钱塘江》写杭州，孙衣言批注"武林楼阁接潮水，葛岭云霞迎客船"句，既然船停在钱塘江，那么显然"舟中不能望见西湖"；《大竿岭逢雨》写雨，孙衣言令其修改"却恐天昏行不得"句，"'天昏'二字，更觉骇人。纵使大雨，也断无天昏之理，日暮向晦，则当用'黄昏'二字，乃为平稳"。[①]诗人与琉球官派生相处融洽，还品尝了他们为他做的琉球菜肴，以《学生做琉球食戏述》为题赞道："鲸鱼羊豕腴，肉剁琼玉肤。此物穴溟渤，雄与蛟鳄徒。"[②]

[①] 胡小远、陈小萍：《蝉蜕——晚清大变局中的经学家》，北京大学出版社2018年版，第233页；东琉球大学图书馆藏：《东兴国诗集》。

[②] （清）孙衣言：《学生作琉球食戏述》，《孙衣言集·诗钞》卷二，浙江古籍出版社2017年版，第35页。

1844年春，诸弟子学成归国。孙衣言见他们所作诗篇可观，选其中佳作刻印成集，题为《琉球诗录》，为之写序。东国兴回到琉球国后任琉球国学文章师，向克秀行途得病卒于福建，阮宣诏写信告诉孙衣言这些事，诗人写诗寄给阮宣诏和东国兴，回忆在国子监的日子，"来鸿归燕喜联翩，春信梅花动海天。江馆风光宜此日，槐厅灯火忆当年"；哀悼年轻的向克秀去世，"独伤向秀成黄土，谁为山阳问旧居"。[①]

奕詝1858年起长居圆明园，孙衣言随侍皇帝居住在直庐澄怀园。澄怀园紧傍圆明园正大光明殿，原先是康熙朝大学士索额图的居所，索额图获罪后归内务府。雍正继位后将康熙所赐"镂月开云"别墅扩建，命名"圆明园"，尚未竣工之前设上书房于澄怀园，1725年，大学士张廷玉、朱轼，尚书蔡廷，翰林吴士玉、蔡世远、励宗万、于振、戴瀚、杨炳等侍居澄怀园，这里便有了翰林花园之称。

寒门出身的士子经科甲之途进入社会顶层，居住在皇家花园食笋斋，自豪感满满也属自然，孙衣言于上书房授课之余时有诗作，"自愧文章阿世好，误蒙君相采虚名。天开晓色瞻仙仗，日静遥阶夏佩声"。[②]食笋斋被翠竹水轩环抱，有屋南北向各三楹。孙衣言想到此处"嘉庆时黄勤敏公尝居之，庭前种竹数千杆，名其室曰食笋斋，其后程侍郎、祁相国相继居"，尤其是想到宋诗运动倡导者程恩泽也曾居住此斋，诗人自然又研墨挥毫："未央宫中万年树，住往蓬蒿相尔汝。程公儒林古丈人，一篇为汝生青春"，"食笋轩窗程公室，细竹门前共秋碧。"[③]

现在的学生已经不是琉球留学生，换成宫中的皇家子弟，诗人的身份

---

① （清）孙衣言：《琉球门人阮宣诏书来知其以存留官代郑生学楷留闽并闻东生国兴消息喜简二诗》，《孙衣言集·诗钞》卷八，第157页。
② （清）孙衣言：《五月二十四日蒙恩召入上书房授惠亲王诸子恭纪二章》，同上书，卷九，第170页。
③ （清）孙衣言：《予园中直庐程春海先生尝居之屋后小阜有柤二先生所为赋者》，同上书，卷五，第85页。

随之高了许多，来往的都是达官贵人，结交的友朋甚为广泛。在烽火连天的战时，他甚至可以吃到廷尉送来的西域哈密瓜，诗人为此写了一首古体五言诗，由品瓜回溯至汉时西域边关，壮阔豪迈可谓自古以来描述哈密瓜最长最生动的汉诗：

　　日至初阳芽，客来不速会。芳厨出南烹，盛馔罗朔脍。中筵甘瓜陈，异味嘉果最。

　　黄中色符坤，附决说占兑。未嚼齿先冰，细擘爪留馤。臭敌腥膻降，疾愈内热瘵。

　　群嗟方传观，一饱或尽嘬。忆随宛马来，远自金城外。中苞土膏腴，外御雪霜败。

　　鸟卵黄轮囷，蟆脊绿癞疥。伏碪张苍肥，断头月氏大。玉食坐生光，皇棱识远迈。

　　时从荐寝余，下逮承筐拜。主人廷尉平，尚书晨夜励。昨分御厨珍，归逐轻鞍带。

　　恭惟宠贶新，每觉家果杀。良谳方新欢，醉怀俄古喟。在昔我武扬，勿远天威届。

　　设障通玉门，屯田尽奄祭。入城新献图，万里竞登玠。远随胡桃羞，来佐周庙酹。

　　是岂张骞夸，要补立本画。妖狼偶失弧，并蜂遂聚虿。蛇蟠穴三吴，蛟起毒九派。

　　厥包阻湘林，纳锡阙江蔡。敦苦归无时，师期代屡谇。至尊叹临馐，诸将饿充粺。

　　缪同禁门趁，各望属车盖。儒书迂无谋，军储浩难会。当时犁穴庭，猛士鞯汤介。

　　贡珍远犹来，漕辊今无奈。大官甘屡分，圣恩受亦太。肉遗东方妻，豚切壮士哙。

既饱恃浆寒,余芳助茗话。酒多渐恶醒,诗险聊鼓懈。高谈尽今欢,嘉谶须后戒。①

战时水果是稀缺物品,西北尚有贡品送呈宫中,长江以南就是难事了。温州盛产瓯柑,在北京的瓯人孙衣言已两年未尝其味,1856年春节浙江贡品中有柑橘等,皇帝念及诗人命宫人赶紧送去。诗人在他的日记中写下此事感激圣恩:"元旦,蒙上赐柑橘、香橼、石榴数枚。时吾乡卖柑橘者,以江介阻兵,两年不至京师矣。"②

孙衣言若照顾到皇帝难处,不为国事与他抬杠,或可如前食笋斋斋主程恩泽那样,从翰林院侍读学士一路做到侍郎、学士,但孙衣言坚信帝国军队可以打赢英法联军,能够打赢却弃战议和,让人既煎熬又痛苦。早在16年前中英战争时,孙衣言就写了《哀虎门》《哀厦门》《哀舟山》《哀明州》等诗,他在诗中颂扬殉国将领:"虎门沙角长城坚,元帅气骄自云贤。""苦战身死关将军,坐视不救谁能怜。""可惜忠勇三总兵,苦战六日同日死。"控诉英兵暴行:"黑夷卷席入平地,炮火夜落城楼前。""红毛昨日屠厦门,传闻杀戮搜鸡豚。""恶风十日火不灭,黑夷歌舞街市喧。"哀悼罹难百姓:"广州妇女哭向天,白骨满地群羊眠。""明州万家吹笙竽,近乃膏血污泥涂。"谴责临阵脱逃的军队:"蛟门官军不敢渡,花裙夷人满城市。""招宝山前万貔虎,见贼即走何其愚。"③现在诗人伏案主编《夷务书》,依然念念不忘当年中英之战:"编及辛丑、壬寅间海上抚夷事,每太息痛恨,见诸诗歌,而于中亮如林文忠公

---

① (清)孙衣言:《钱萍矼少廷尉斋中消寒第二集赋得哈蜜瓜是日廷尉得赐瓜出以燕客》,《孙衣言集·诗钞》卷五,第87—88页。
② 孙延钊:《孙衣言孙诒让父子年谱》,上海社会科学院出版社2003年版,第26页。
③ (清)孙衣言:《哀舟山》,《孙衣言集·诗钞》卷二,第31—32页。

不克竟其用，尤感慨焉。"① 他始终认为林则徐和广东军民是可以战胜西方军队的，道光皇帝用人不当，"以琦善易文忠公，而事不可为"。

林则徐在孙衣言心中如神一般存在。主战派同僚描述林则徐神力："奉诏赴浙也，省中文武谓海口夷船环列，宜从陆道行。文忠曰：'我遗海路来，今宜从海路去。'卒不听。行之日，文忠露坐舟面，帆惊夷船而过，夷船在前者，群出立船头站队，放炮鸣锣以送之。"这是主观想象与民间加工合成的坊间传说，诗人也信以为真。他想广东水师原本是可以消灭夷人舰队的，但后者军法严明，前者军纪败坏败类麋集，结果中国战败。"夷不足畏，其军法过中国处但在一严，而中国人苦于贪利，近年海上失利，皆由弁兵私与之通也"，②他这样说也有道理，但毕竟片面了。

诗人不知近代军事知识为何物，偏又热衷讨论军事，以为只要像江南大营的吉尔杭阿将军那样指挥作战，就可以御夷于海上。他告诉主战派同僚："夷人运大炮十位上岸，以拒中丞，官军令抬枪二十名，分五排以当前，每闻夷炮声，枪手即伏地，炮声甫过，即起放抬枪一排，如是再起再伏，毙夷人二十余名，而中丞军中已鸣金收队，故所杀止此，否则可尽殄。盖夷人畏抬枪，又不能起伏，此其所以为我制也。"诗人也不仔细想想，似这样简单至极的战法就能轻易战胜洋人，智商和勇气不在吉尔杭阿将军之下的关天培将军为何战死虎门炮台？诗人是反洋者，军事也好宗教也罢，凡是西方舶来品都是有害的，他说："法兰西天主教堂之害，其术皆以利诱我愚民，一入其教，则淫其妇女，死而剜其心目。本年江西省城之民不胜其愤，遂相约毁其所谓同治堂"③，对于民间仇外传言一字不落照单全收。

诗人从没有像现在这样懊丧，居然失去君王信任被外放到安庆，他不知道皇帝被埋怨他求和的人围着，终日领受他们轻视的目光，心中是多么的狂

---

① 孙延钊：《孙衣言孙诒让父子年谱》，第 29 页。
② 孙延钊：《孙衣言孙诒让父子年谱》，第 374—375 页。
③ 同上书，第 374—375 页。

躁不安。而孙衣言必须得离开岁月静好的皇家园林了，启程去战乱中的安庆做地方官。这座长江边的城池在叛军手中已达5年，曾国藩的湘军迟至1860年6月才入皖作战，战至1861年9月方攻克安庆，那么1858年去安庆做空头知府是何种滋味可想而知。

战时行旅艰辛，孙衣言1858年7月奉谕启程，抵达定远军中接过关防已是1859年1月。经由滚滚淮水入皖投笔从戎，军队将官高扬虎旗引航，新任知府心情大好，意气风发的诗句脱口而出：

> 我昨停舟在夏次，冬深水涸船底高。舟人束手坐无策，乃有二士李与陶。
>
> 大帅虎旗来导我，船头拂拂开双旄。十年儒官笑寒乞，一朝俗吏偏雄豪。
>
> 二士前行手指挥，渔翁估客皆藏逃。此意洵美我所愧，恨无大肉浇醇醪。
>
> 乃云民等居州部，来迎太守匪为劳。我闻二士新自拔，爱礼识义如吾曹。
>
> 固知无人甘作贼，常时逼迫由官饕。壮夫报国贵有志，将相无种惟所遭。
>
> 自来太守称郡将，况我投笔从刀弓。二士见爱更从我，为国灭贼清江涛。①

赴任途中的豪迈，很快就被残酷现实击碎。在定远军中做安庆知府度日如年，所有学识都是儒学教义，对军事极其外行，更没有军队归他指挥，当

---

① （清）孙衣言：《舟沮夏次时安徽军士李某陶某以大帅旗来导行遂乘夜抵江口陶李皆滁州新归正人嘉其意作此赠之》，《孙衣言集·诗钞》卷六，第120页。

地虽有零星团练，与他又有什么相干。安徽巡抚翁同书见孙衣言无事可做，奏准宫中让其兼署按察使，战时无案可办所以也是闲差。既然无所事事，就在军中校读《五代史》来打发日子。日记自然还是要写的："定远百里外皆贼，而兵事败坏，无可复为，终日愁坐，而《五代史》皆记乱世之事，读之往往令人废书而叹也。"

从皇家园林到烽火沙场，时空转换如此之快，是孙衣言在京城时未曾料想到的。居住条件更是恶劣到难以忍受的程度，尤其是时刻都有生命危险，"居守乡村，以茅蓬为衙署，四面皆贼，日夜巡守，苦不可言"。① 长久的焦灼恐惧使诗人低烧不退，不得不奏请皇帝开恩准其休假，几个月后，时常激愤动辄言战的诗人，接到上谕获准引疾归休。

从吹哨人到樵夫

孙衣言1859年夏天回到故里，与接谕在籍办团的弟弟孙锵鸣相逢，战乱中的团聚令人欣慰。

孙锵鸣十年前在翰林编修任上赴广西做学政，到任时广西官员设宴接风，按例赠他"千余金"，孙锵鸣坚辞不纳，在席上痛责广西巡抚郑祖琛粉饰太平，广西提督闵正凤渎职无为，道府县浑噩度日。他这样说是因为初到桂省就发觉会党猖獗民间异动，各级地方主官多不作为。

学政去各地考察，了解到生员学子纷纷加入团练保卫乡梓，势必影响到科举考试。主持一省科考的他心急如焚。"巡抚始以小寇闻"，② 郑祖琛认为广西境内都是小股匪盗，掀不起大浪。事态似乎是按照郑祖琛的预判发展，广

---

① 孙延钊：《孙衣言孙诒让父子年谱》，第40页。
② 谢光尧：《太平天国前后广西的反清运动》，生活·读书·新知三联书店1950年版，第95页。

西和湖南的军队围剿叛乱者，1850 年 6 月湖南提督向荣部在金峰岭设伏，歼灭从湖南新宁潜至广西的会党武装五千余人，会首李沅发被俘，押往北京处斩，郑祖琛督军有功获赏太子太傅衔。

会党既然已被剿平，学政赶去各府县视学并筹备乡试，哪料到局势与巡抚所称全然不同，到处都是秘密组织武装。惊诧之余他致函巡抚："惟自过浔州，崔符之聚愈积愈多，私立旗帜，悖逆已极，奸淫焚杀，惨不可言，有谓后五日情形便不似前五日情形者。似此日复一日，何所底止。侄因公出门及舟船停泊之所，乡民纷纷环跪请命，其所诉蹂躏之状与镇将、府县官坐视不救之故，言之痛心。且有团练首事获贼解官而转行释放，反羁押团长致毙，遂群焉解体者。"① 学政在信中提到团练处境艰难，团绅抓获会党押往衙门，反而被官员羁押死于狱中，团练武装因此解散，这样的做法令他不安。学政还告诉巡抚："昨抵南宁，诉者情词益切，若所称'乡无安堵，户尽凋残，老弱避害入城，填街塞巷，妇女系累从贼，忍辱则生，抗拒则死，胁取金钱谓之开角，逼入伙党谓之拜掂，民心苍黄，朝不保夕'"，"兹之扶负呼号、乞救于官者，皆其善良有知识者也。而官复不以为意，民将何所赖载"，"若夫粤西之团练，以侄所闻，勇直好义，其天性然，以恩结之，皆可用也，不观之博白乎。而团练之出力者往往为贼党挟嫌报复，则所以保护维持之者尤不可以不至"②。这是对基层情状、社会生态、民兵武装等颇具深度的调查，郑祖琛阅后不置一词。

孙镠鸣最先发觉拜上帝会动向，要求郑祖琛警惕假名号杀将弁遍地皆是的宗教组织，建议巡抚趁其初萌状态即行剿灭。他写道："初发而制之，与其久而治之，其患之浅深，为费之多寡，必有辨也。况今之党辈数千，道路不通，已非初发者比"，"非合两省之兵力不足以清其源"③。这是很有先见之明

---

① （清）孙镠鸣：《与郑梦白中丞书》，《孙镠鸣集》，上海社会科学院出版社 2003 年版，第 60—61 页。
② 同上文，第 61 页。
③ 同上文，第 61—62 页。

的建议，预判拜上帝会会成为帝国大患。郑祖琛的注意力在天地会，认为拜上帝会不会对时局构成危险。洪秀全、冯云山以抵御天地会为由成立保良攻匪会，桂平知县发现保良会成员全是拜上帝会信众，派兵抓捕洪、冯二人，搜出入教者名册17本送呈巡抚衙门，郑祖琛因此案涉及洋教，命令知县将其释放，这样的后果便是拜上帝会日趋坐大。"巡抚郑祖琛不能决，遂释之。秀全既出狱，秀清率众迎归，招集亡命，贵县秦日纲、林凤祥，揭阳海盗罗大纲，衡山洪大全皆来附，有众万人。"①这已经是很大规模的会党组织了，孙锵鸣情急之下撰《广西会匪猖獗请饬严办疏》要送呈宫中："是时粤匪已萌芽，伏戎四布，焚掠遍各郡。巡抚乌程郑中丞祖琛，素仁厚，不忍治。守令承望风旨，凡悍匪悉置不问"，"公察其必为变，录牍移巡抚，复不省。公不得已，遂具疏上闻"。郑祖琛在卧榻上得到下属密报，惊慌之下来不及穿鞋子，赤足跑到孙锵鸣居室抢走奏稿，对他说"尔先以各案皆已办结奏闻"。②广西政情军情造假，已到了肆无忌惮的地步。

孙锵鸣不顾郑祖琛阻挠，1850年7月又呈《两广匪徒充斥疏》。就在他上疏之月洪秀全发出团营令，密令会众在桂平县金田村集结。广西巡抚郑祖琛在孙锵鸣上疏之后5个月才奏告宫中金田村"匪徒纠聚，人数众多"。主持广西军务的钦差大臣李星沅的折子更迟，1851年1月才报告皇帝："广西贼势披猖，各自为党。如浔州府桂平县之金田村贼首韦正、洪秀全等私结尚弟会，擅帖伪号、伪示，招集游匪万余，肆行不法"，"近日恃众抗拒，水陆鸱张，实为群盗之尤，必先厚集兵力，乃克一鼓作气，聚而歼之"。③李星沅在折子中把北王韦昌辉列在天王洪秀全之前，拜上帝会误作尚弟会，

---

① 《清史稿·列传二百六十二·洪秀全传》。
② （清）孙诒让：《先仲父侍郎公行述》，张宪文辑《孙诒让遗文辑存》，浙江人民出版社1990年版，第269页。
③ （清）李星沅：《会奏筹剿金田逆匪恳调提镇大员协剿折子》，《李星沅集·奏议》卷二十一，岳麓书社2013年版，第673页。

可见昏聩无能到何种程度。战略误判对于帝国政权的后果是致命的，在爆发旷日持久的大规模内战前，孙锵鸣在偏远边陲吹响的哨音被钦差督抚当作空气。

1852年农历正月孙锵鸣围绕广西乱象再呈《详陈广勇潮男滋事疏》，抨击办团缙绅朱琦所建议采取的招安政策："广西难平之患尚不在永安一处，其招募之广勇及各处壮勇均不受节制，战不向前，处不安静。并有暗中通贼者间与裁汰，遂肆劫掠。新到潮勇尤节节滋事，经过梧州地方闭城数日。其招安之巨匪如大头羊、大鲤鱼等仍在浔梧一带江面包货抽税，剽劫如常。""新帝奕詝部分认可他的判断："向来招募乡勇最难遣散，见因兵力不敷，不能不兼资练勇。将来事平之后，或抽择精壮充伍，其出力得功者留营拔用，其余遣归复业，或酌留若干人，派员管带，搜捕土匪，防守地方，一二年再行全撤。必应先事妥为筹计，务期万全无弊，不致贻患将来。既现在各路募勇，亦应严饬管带之员坚明约束。若如所奏，战不向前，处不安静，甚至阳奉阴违，与贼暗通消息，万一轻信误用，贻害无穷。至大头羊即张钊、大鲤鱼即田芳等，投诚以来是否真能效力，见在如何驱使，若仍在沿江劫掠抽税，地方官隐忍姑容，必致又酿巨患。以上情节，均著赛尚阿严密查访，据实惩办，切勿受人蒙混。"①

1852年4月17日，自永安突围的太平军包围桂林，学政孙锵鸣也在城中。孙锵鸣撰有《孙氏世系表》，称自己是兵家孙武后人，字里行间以此为荣，当他终于面对近在咫尺的城下之敌时，能做的和他兄长孙衣言一样，完全是文学性的观察。太平军用仿制的明代大型木制战车吕公车作战，这种古老战车据说是周代姜子牙发明，其祖先受封吕地故又名吕尚，所以此车称作吕公车。吕公车有数层楼高，蒙上多层皮革阻挡刀箭，用牛马拉到城下，藏于车中的兵士可由木梯爬到车顶跃上城墙。桂林之战攻守激烈，孙武后裔孙

---

① （清）孙锵鸣：《详陈广勇潮勇滋事疏》，《孙锵鸣集》，第7页。

锵鸣藏在城垛后，很认真地观察兵家鼻祖姜子牙所创战车，思绪在当下战场与古战场之间来回穿插。学政对敌人的战车观察很细："吕公车，明湖广监造，高逾于墙，故所攻多克。粤西反贼习用其法，当桂林省城被围时，贼用此昼夜急攻，赖巡抚誓死固守，城得不陷。"这时的巡抚已换作邹鸣鹤，孙锵鸣觉得他比郑祖琛做得要好许多。太平军泊于漓江的舟船，也给学政留下深刻印象："贼造舟三百号，名红粉船，聚所掠妇女其中，凡攻城邑得胜仗，查出力之兵分数等别择赏配，故人多效力。"① 学政在城墙上俯视停泊于漓江的 300 艘敌船，观察到反叛军用劫掠来的妇女犒劳得胜者。红粉船并非脂粉之意，亦非卖身之处，红粉是军用火药的代称，红粉船指装载武器弹药的运输船。

桂林保卫战历时 33 天，给孙锵鸣留下深刻印象的还有林鹗，他描述这位挚友："时粤中贼起而用兵，太冲每为余观画贼情，常十中八九。未几桂林被围，事方急，太冲短衣跃马，精悍之色过于少年。"② 林鹗是桂林书院主讲，围城时年届六旬，尚能分析军情且短衣跃马，反观正值壮年的孙锵鸣，战时除了写少量折子，在军事上乏善可陈。80 岁那年他在诗中写道："三十杖节走边州，忽惊戎马去郊遂。匝月重围心胆摧，连年瘴疟容颜悴"③，道出他在战时极其恐惧还得了疟疾。清末考据大家孙诒让日后提及孙锵鸣："公在围城中三月（应为 33 天），襄办守御，心力劳悴"④，认为他的这位叔叔在军事上有实际的表现，显然是溢美之词。广西巡抚邹鸣鹤上疏为参战官员请功，计有"向荣、王锦绣、李孟群、乌兰泰、余万清、徐祥光、朱启仁、劳崇光、江忠源、秦定三、常禄、马龙、张敬修、宁璟"⑤ 等，奏折中未见孙锵鸣。至于那

---

① （清）赵钧：《赵钧日记》，中华书局 2018 年版，第 501 页。
② （清）孙锵鸣：《望山草堂诗钞序》，《孙锵鸣集》，第 728 页。
③ （清）孙锵鸣：《余年八十生辰伊迩戚友谋为称觞者诗以谢之》，同上书，第 197 页。
④ （清）孙诒让：《先仲父侍郎公行述》，张宪文辑《孙诒让遗文辑存》，第 269 页。
⑤ （清）邹鹤鸣：《邹鹤鸣奏报桂林尚未解围连日固守进击获胜情形折》，《清政府镇压太平天国档案史料》。

位短衣跃马的书院主讲林鹗，战后亦因功升职为兰溪训导。

1852年年底办完广西科考事，学政奏请宫中恩准其回乡省亲，获准后次年3月省亲到邑。衣锦还乡光耀门楣，族亲乡人奔走相告，当地塾师赵钧在日记中记载："一人荣遇，远近喧传，莫不歆羡"①。孙衣言也在京城写诗寄给弟弟："念汝还乡国，音书久未真。昨来千里信，知近故园春。戎马愁征路，平安慰老亲。独惭离别意，坐使岁时新。"②

孙锵鸣过完假期离乡返京，途中接到上谕："著其在本境团练乡勇为防堵地。"③他遵旨赶回瑞安办差，刚到家中又接到孙衣言诗信："我弟宁亲归，帝命行连乡。两载从王事，乃在父母旁。诗人叹启处，误恩非所望。颇闻牟蠹去，民气苏以扬。此事足报国，匪独完善良。尺书屡催促，军兴急输将。但恨水潦后，亦未苏疲伤。民力不可尽，为国思久长。"④孙锵鸣读罢禁不住热泪满眶，想到国难当头社稷维艰，圣上信任他，交托他组建团练，自己作为兵家孙武后代必须有所作为。

孙锵鸣在其宗族聚居地瑞安二十五都集善乡演下村着手组建团练，只是孙家虽有他和兄长孙衣言在朝为官，俸禄却也有限，祖父孙祖铎挣下的几十亩薄田不敷家中支出，去世时欠债累逾千金。父亲孙希曾为还债早起晚归忙于田间，母亲省吃俭用织布缝衣鸡鸣始寝。孙锵鸣要办的是大族武装，经济条件不足以撑起这样的场面，能做的就是设立劝捐局让瑞安富户认捐。三都沙渎村陈姓富户愿意四兄弟合捐，其中的陈希曾认捐后迟交少交，孙锵鸣便让瑞安知县催其交款。当地士绅认为孙锵鸣勒捐，称"大吏札属劝捐军需一事，初意在劝，而其势渐至于勒。一至于勒，弊外生弊，弊中又各有弊，害难言尽。何以言之？瑞邑主其事者为孙编修锵鸣。"又指责孙锵鸣包庇捐输局

---

① （清）赵钧：《赵钧日记》，第453页。
② （清）孙衣言：《逊学斋诗钞》卷九，《孙衣言集》，第161页。
③ （清）孙锵鸣：《望山草堂诗钞序》，《孙锵鸣集》，第729页。
④ （清）孙衣言：《逊学斋诗钞》，第77页。

局董，凡亲朋好友都少交捐款，称"局中人从中规利，各立门户，互相倾轧，而软弱富户，隐受其笼络而不自知者矣"。于是当地士绅群情激奋，认定这个捐输局办得不像样子："捐局中诸人同是办公，而各怀私利，互相倾轧，不顾捐户利害，致使道路传闻，人心瓦解。"①

此时恰逢强台风袭击温州，大雨滂沱洪潮汹涌，稻田农舍牲畜惨遭淹没，"浮尸及屋舍顺流入海者，不知凡几"。②温处道台志勋决定减免税赋，没过几天又收回指令。战时的浙江是清军江南大营粮饷来源地，浙江巡抚黄宗汉严札州县不得以任何理由减免税赋，而令各殷实大户赶紧捐纳，否则动用大签拘提如重犯。志勋不敢违抗，令知县照旧完纳，不从者枭首示众。孙锵鸣认为地方官不可以朝令夕改，"事前已有是减价，今忽反汗，某为桑梓计，不得不奏"。③孙虽是在籍办团缙绅，先前却在京城做过翰林，志勋怕他朝中有人，派衙役星夜追回催收税粮的告示。

有捐输局募集经费，演下团练这支队伍是拉起来了，拉起来了就要实战，作战地点在温州府城与瑞安交界的大罗山。"近年因粤匪作乱，奸徒乘变生心"，他们在大罗山山顶立寨，"派党巡视，夜则鸣炮支更，击柝防御"。1853年3月，孙锵鸣命令团勇进攻山寨，此仗为孙氏大族团练首战，"此次捕贼之兵皆孙藁田（孙锵鸣）村中乡勇，共二百名，盖助官除乱者"。④

温州位于浙闽交界偏僻处，交通不便，并非战略要地，太平军兵锋未曾抵达，当地人对筹资办团大多抵触，认为没有必要劳民伤财推行地方军事化。唯有孙锵鸣踌躇满志，设捐输局募集经费组建缙绅大族团练。他还在演下村堆石垒墙筑造安义堡，推广到瑞安丽岙、平阳江南等地，被当地乡土士绅青睐，视为标杆，仿造了忠义堡、张家堡等。地方官警惕缙绅团练势力扩

---

① （清）赵钧：《赵钧日记》，第499—501页。
② 同上书，第465页。
③ 《孙锵鸣集》，前言，第3—4页。
④ （清）赵钧：《赵钧日记》，第481页。

张，努力拉拢本地乡土士绅，孙锵鸣性情孤傲不与他们来往。本地团绅吴一勤撰《书逊学斋〈会匪纪略〉后》，称孙翰林"惟以出入衙署之城绅抑而不用，惟恐其如虎添翼，鱼肉乡里"，遭其冷落者聚集在县衙，"极诋毁之，令官亦偏信其言，转咎其办事之不善，每遇团事即与之为难，于是事益不可为矣"。①地方官和乡土士绅组成对抗办团缙绅的联盟，前广西学政失去籍贯地团练武装领导权。

1854 年是温州的大灾年，赵钧在《过来语》中记载："现在疫氛到处传染，大荒之岁，加以疾病死丧，闻之凄戚"，"上半年瘟疫之行，近海村落为甚。长桥、梅头二村各失丁二千。上戴一村百七十丁失去一百。鲍田、海安，失皆不少。"②水灾不断瘟疫流行，各种税赋又是免不掉的，官员士绅平民百姓哪里还有心思办团，去捐输局认捐纳钱？孙锵鸣被视为麻烦制造者，他自己对在籍办团也渐生倦意。

事已至此，不如归隐乡里砍柴著书。1855 年秋天，前学政撰《吹台生圹图序》，自称"盘古樵者"。他在演下安义堡研究归有光的《叶贞妇传》，研究成果是贞女论值得怀疑，"守贞非古礼所许"。孙锵鸣怠于团事，皇帝却没有忘记他，1856 年将他晋升为侍读学士，孙锵鸣谢恩后依旧以樵者自居。原配夫人叶氏病亡于桂林围城，孙锵鸣回籍办团后即娶林氏续弦。1856 年长子病亡，四十多岁无子嗣的孙侍读连置侧室。金石书画名家赵之谦此时供职瑞安县衙，他在《章安杂说》中写道："瑞邑孙渠（蕖）田侍讲锵鸣，前广西提学"，"闻其无子，有四妾，终日调停不能安"。③

---

① （清）吴一勤：《书逊学斋〈会匪纪略〉后》，马允伦编《太平天国时期温州史料汇编》，上海社会科学院出版社 2002 年版，第 200 页。

② （清）赵钧：《赵钧日记》，第 488—493 页。

③ （清）赵之谦：《章安杂说》，《赵之谦集》第 4 册，浙江古籍出版社 2015 年版，第 1171 页。

你方唱罢我登场

内战在1858年蔓延到浙江南部。太平军石镇吉部攻陷处州，福建浦城也出现太平军，温州绅民开始惊惶不安。孙锵鸣也做不成"盘古樵者"了，危机即将来临，他总要遵照旨意，"在本境团练乡勇为防堵地"。

外敌还没到来，御敌者内部已吵作一团。守城民兵指控知县傅斯怿，说他"私将辎重欲潜由水门出城远迁"，知县反控团绅蔡小琴从中索贿，"差县役多人，将小琴到案，掌嘴四百，极其受辱"。蔡小琴是举人，士绅们感到这是对他们的侮辱，聚集起来去县衙闹堂。"阖城绅士闻之，齐集堂下如堵墙"，知县也不是好惹的，从牢狱中放出囚徒镇压士绅。"令先以军犯廿四名自卫，纵使持刀抵御"，"众愈不服，拥进，被刀伤者数人"，教谕沈宝珊被囚徒砍伤，"创最重，血流渍衣"。[1] 士绅们愤怒地去孔庙哭庙，诉说儒者这样的斯文扫地还有什么颜面苟活于世。

沈宝珊是捐输局局董，是孙锵鸣阵营的人，当地士绅哭庙就是他带的头。孙锵鸣站在团绅一边，对温州知府黄惟诰施加压力，要求他公正地处理这次事件。黄惟诰两边都不得罪，让傅斯怿、沈宝珊停职，应允赏给蔡小琴六品顶戴以释其恨。"正判断间，忽报傅令自尽"[2]，这自然是官方为平息事态有意放风，傅斯怿早已离开瑞安赴嘉善任知县。

知县是帝国最基层一级主官，代表中央政权在县域内施政，与地方士绅发生冲突后被调离供职之地，可见推行地方军事化削弱了上层政权对地方的控制。现在在籍缙绅与地方士绅站在一起，对温州官府构成危险，地方官决定予以反制，未征求孙锵鸣意见即将金钱会注册为震忠团练，以站在他们一边的地方武装对抗缙绅大族、乡土士绅组建的团练。

---

[1] （清）赵钧：《赵钧日记》，第573页。
[2] 同上书，第573页。

金钱会建立于1858年，成员为秘密组织成员、城镇工商业者、底层士绅兵弁等，私铸"义记金钱"①铜钱为凭，"初立会时，托捍卫长毛为名，私刻'精忠报国'印"②。金钱会在分发给会徒的红帖上写明："自立会之后，愿众兄弟上则尽心卫国，下则守法保身。倘群贼来临，备用则依然乡勇；如吾长毛猝至，整威则无异虎臣。各宜遵盟毋违。"③平阳知县翟惟本十分认可这点，认为在金钱会的基础上组建团练抵抗叛军，正是推进地方军事化所需要的。温处道台、温州知府和翟惟本持相同看法，决定"给牒为团练"，注册名称为震忠团练。震忠团练1861年成立之日竖团旗于平阳城南，知县翟惟本、副将王显龙为其祭旗。地方官府参与办团练祭团旗，居然不告诉钦派在籍办团前大吏孙锵鸣，这样的行为侮辱性很强。

震忠团练取得合法地位后积极筹集经费，许诺凡入会者"先诣赵起饭铺"缴纳"制钱五百文，归诸会首"④，即可换回1枚金钱会发放的正面铸有"震忠团练"、背面铸有"义记金钱"的铜钱，成为会徒，获得生命财产可得保护的承诺。一时间"武则官弁兵丁，文则胥吏差役，僧尼亦多附之"⑤，势力范围很快从平阳扩展到瑞安周边区域。孙锵鸣认为震忠团练是伪团练，这样的情势与他任职广西时一模一样。他预判很快会发生会党叛乱，"言之署巡道志勋、署知府黄惟诰，谓粤贼在括，而奸民啸聚启寇心，且内乱起，益无以扞贼，宜及初起痛惩之，可无烦兵力"，要求温州地方官将金钱会掐灭于萌芽期。孙衣言指控震忠团练团首赵启、周荣等身份可疑，"赵起者，钱仓埠役，设店以寓客，尝以结盟拜会聚诸恶少年"，"卖笔者金华周兆荣留寓青田，粗识字，能卜卦，娶妻于青田小溪。以妖术教人吃菜，入其教者出钱

---

① （清）赵之谦：《章安杂说》，《赵之谦集》第4册，第1178页。
② （清）赵起等：《金钱会义帖》，《太平天国时期温州史料汇编》，第257页。
③ （清）黄体芳：《钱房爰书》，同上书，第91页。
④ 同上。
⑤ （清）刘祝封：《钱匪纪略》，同上书，第157页。

二百五十，投沸汤中煮焚，以符咒取汤饮之，刀棒不能伤，谓之'铜钱壮'"，"青田令亦名捕兆荣甚急，兆荣遂走温州，流转至平阳钱仓镇，易名曰周荣"。他指称其余几个团首也都是奸民，他们办团是为聚众敛钱，诓骗"平阳商贾富民，至以贿购伪钱"。①孙锵鸣抓住金钱会"以妖术教人吃菜"的把柄，将其与康熙年间流传于温州的斋教联系到一起，嘉庆、道光两朝均视斋教为邪教并予以镇压。"依官方定义，'邪教'成立的条件有二：分别是'散布邪说'与'诓骗钱财'"②。孙锵鸣把震忠团练定性邪教组织，而温州当局却把邪教组织发展为团练，性质极其严重；孙氏兄弟以此力证缙绅大族团练的正当性，以及钦派在籍办团缙绅之于地方事务的主导性。

孙锵鸣斥责地方官泯灭良知以敌为友，损害了团练武装的纯洁性："赵起、周荣等人，人知其为贼，正其为贼乃可办。今妄谓之团练，使贼有所藉以胁民，而民反而无辞以抗贼，是官驱民从贼也，祸且不救。"他还指责地方官在震忠团练问题上违反保甲制度，突破以宗族乡亲结团的边界，邪教成员绿营兵弁官府皂隶都成为团练，完全背离了朝廷推行地方军事化的初衷，"此淮南北覆辙也，不可不深思"。③

温州地方官认为在籍办团大吏强词夺理，震忠团练领导层不乏科举精英，团绅蔡华、蔡岑兄弟分别为拔贡、廪生，蔡家家境殷实，"有田七八顷，衣食颇饶"。震忠团练团绅还有生员潘英、林景澜、郑日芳，以及捐纳候补知县沈涣澜。赵起也并非如孙锵鸣所言，只是平阳钱仓码头仆役、小客栈老板，而是和蔡华经营木材生意的富商。他和贡生蔡华合股在瑞安屿头做木材贸易，从飞云江上游收购木材转卖到下游沿江城镇村落，在平阳县拥有"很大的府邸"。

---

① （清）孙衣言：《会匪纪略》，《孙衣言集·文钞》卷二，第318—319页。
② 罗士杰：《地方宗教传统与"去中心化"的地方政治：重探温州金钱会事件（1850—1862）》，《"中央研究院"近代史研究集刊》，第75期。
③ （清）孙衣言：《会匪纪略》，《孙衣言集·文钞》卷二，第320页。

江苏布政使王有龄1860年调任浙江巡抚,刚到杭州就收到孙锵鸣来函。浙抚认为温州官员对金钱会一事处置不当。孙衣言记述:"王公知其伪,责悉献伪钱乃听为练。"① 只是当时李秀成命李世贤部进入浙省,衢州、金华、处州告急,王有龄无力介入温州地方主官与办团缙绅内部争议。

为与地方官府争夺团练武装主导权,孙锵鸣决定设立团练总局,领导当地团练运动。首先是整合分散在各地的乡村宗族团练,"由局议定《团练条约》,将欲合一县为一大团"②,这个大团取名"安胜义团",以此抗衡地方官府扶植的震忠团练。大团团勇使用同一样式的号衣,号衣前襟和后背缝有"安胜义团"字样的白布,时人称安胜义团为"白布会"。

一些乡土团绅既不想得罪地方官又不想站在孙锵鸣一边,他们选择不站队,把宗族团练改名为铜牌会、连环会等,孙锵鸣扬言对其严加处罚。请假在籍的前安庆知府孙衣言介入此事,和其弟孙锵鸣联名致函各乡团总,劝他们以乡为单位组建安胜义团分团,"凡入团者无入会",即在正统团练和伪团练两者之间只能二选一,不允许民间宗族武装独立组会。丽岙忠义堡团绅吴一勤记述孙氏兄弟对于团改会非常愤怒,"学士昆仲愤极,即飞函示予,有'此事众小败之愈力,弟与兄当持之愈坚'云云",劝他和他们站在一起。团绅张庆奎坚持将河乡团练改为连环会,孙氏兄弟"亲自主稿,缮就告示十道,同县会衔出示,立拿连环会首某某到案,按律从重详办",高压之下连环会会首只好妥协,"张某亦悔,愿归团练一列办理"。③ 孙氏兄弟控制乡团后,将其统一编为安胜义团即白布会,各分团团勇任驻原地,民间称为"港乡白布""河乡白布""江南白布"等。

安胜义团号称十万团勇,实则是个虚数,但分散在各村各堡的民兵武装组成大团,可以集结作战的人数可达数万人。孙氏兄弟原本应该及时跟进,

---

① (清)孙衣言:《会匪纪略》,《孙衣言集·文钞》卷二,第320页。
② (清)吴一勤:《书逊学斋〈会匪纪略〉后》,《太平天国时期温州史料汇编》,第200页。
③ 同上文,第200—201页。

将他们集中起来进行战前军事训练，却苦于经费不足难以实行，团练总局甚至无钱发放统一制式的号衣。孙锵鸣要求温州官府拨出库银制作团勇号衣以显示安胜义团的正当性，理由是"此物官样与彼私铸者不同"，道台志勋以官府并无经费断然拒绝，称"其言固是，但费无所出"。既然从地方官员那里要不到钱，团练总局只好放弃使用统一号衣的打算，吴一勤看出大团致命弱点在于经费问题，发牢骚说："倒不如（金钱会）入会者以有伪钱与执据，固俨然自谓会中人也。究竟团不如团，会反是会，将若之何？"①

办团经费是这样的重要，甚至可以决定团练组织的存亡与否。浙南缙绅团练初始筹资遭到乡土士绅反对，整编为大团后人数增多团费缺口更大，缺乏必要的军事训练，武器装备升级更是无从入手，难以形成战斗力。反观其对手震忠团练，经费要比安胜义团宽裕太多。震忠团练是工商市民团练，组织者将宗教手段与传销方法结合起来众筹经费，先是"以妖术教人吃菜，入其教者出钱二百五十，投沸汤中煮焚，以符咒取汤饮之，刀棒不能伤，谓之'铜钱壮'"②，继而"私铸金钱，招村人入会"，"祀五显神"，入会者以"制钱五百文，归诸会首"，换回一枚私铸"金钱义记"铜币，成为会徒③，于是经费与日俱增，团勇亦越聚越多。金钱会走工商市民路线众筹团费，白布会单一地依靠以土地所有者为主体的乡土团绅捐钱，后者不甘心既出钱又出人成为缙绅大团附庸，这成为日后与办团大吏分道扬镳的缘由。

无论如何缙绅团练是成立起来了，与工商市民团练终须一战。林垟团总陈安澜指控震忠团练拔掉安胜义团团旗竖起金钱会团旗，金钱会则称白布会挑衅在先。1861年8月2日，赵起在平阳钱仓集结两千团勇进入林垟焚陈氏宅屋。总兵叶炳忠应孙锵鸣要求调派绿营兵五百人攻打金钱会，副将赵振昌反对他的决定，说"赵起众甚盛，且已为团练矣。胡用兵？"道台志勋、知

---

① （清）吴一勤：《书逊学斋〈会匪纪略〉后》，《太平天国时期温州史料汇编》，第200页。
② （清）孙衣言：《会匪纪略》，《孙衣言集·文钞》卷二，第319页。
③ （清）黄体芳：《钱房爰书》，《太平天国时期温州史料汇编》，第91页。

府黄惟诰站在震忠团练一边，认为制造事端的是安胜团练。孙衣言愤懑地写道："巡道志勋与惟诰、炳忠本畏贼，得此书益谓赵起真不反，反以咎团练，遂不复言拨兵。"平阳知县翟惟本偏袒金钱会，在接待温州道府派出的调停人永嘉知县高梁材时"招赵起等来置酒，惟本与贼饮甚欢"。①

1861年9月6日冲突又起，震忠团练突袭平阳雷渎乡安胜义团团练。孙锵鸣为表克制忍耐，携雷渎团总温和钧、温和锵去道台府衙，要求志勋派兵镇压，温处道台"以兵力不及辞"。孙锵鸣又请在籍缙绅、前刑部主事黄体立出面，找知府黄惟诰派兵，黄惟诰说："杀人放火报复之常，祸皆由团练，无与郡县事。"孙锵鸣彻底绝望，"乃谋自以团练击贼"。

号称十万之众的安胜义团分团团练，不服从大团孙锵鸣指挥，各守自己的村堡，哪里有人去管林垟、雷渎白布会被金钱会打败的事。孙锵鸣无计可施，决定招募台州雇佣兵，与愿意出兵的安胜义团团绅温和钧部协同作战。他"倾赀募台州船三十艘，令武举游飞鹏督以行，而与温氏团约水陆夹攻贼"②。1861年9月21日，台勇由水路攻陷钱仓，"焚赵启（起）屋及钱仓城内外数十家"，赵起逃往北山，"凶惧，祷于神，将自尽，其党止之"。此战孙锵鸣未到前线指挥作战，温和钧所率雷渎安胜义团练亦未参战，"台勇因援军爽期，不敢直入"③，而按照预定计划台州雇佣兵、雷渎安胜义团练本应从水陆同时发起进攻围歼震忠团练。

林垟分团团总陈安澜提议雇佣闽勇作战，温州道府不许福建雇佣兵入境。1861年9月23日，赵起率震忠团练攻入雷渎，团总温和钧合家老少溺于江。攻陷雷渎后的第三天，震忠团练蔡华部渡过飞云江，进攻孙锵鸣苦心经营的演下安义堡。孙锵鸣不在堡中，孙衣言抵挡不住，携家小弃堡逃往几十里外的永嘉山中，孙家祖宅被震忠团练烧得精光，家财及御赐物品也被抢劫一

---

① （清）孙衣言：《会匪纪略》，《孙衣言集·文钞》卷二，第320—321页。
② 同上书，第321页。
③ （清）黄体芳：《钱房爱书》，《太平天国时期温州史料汇编》，第96页。

空。合伙经营木材生意的赵起和蔡华率部众在瑞安城下会师，准备一举攻入城中活捉孙锵鸣。

不在安义堡的孙锵鸣，这时又不在瑞安城，以孙武后裔自居的他本应率团守城，或是到温州府城求援。即便缺乏军事指挥才能，擅长求援也是好的，问题是他丢下安义堡和瑞安城池，躲往远离战场的永嘉山中。按孙衣言在《亡儿诒谷殡志》中所称"予兄弟奉父母避永嘉山中"，① 如此说来岂不是连钦派"在本境团练乡勇为防堵地"的大吏缙绅也是临阵遁走了的。

震忠团练未能攻下瑞安擒获孙锵鸣，1861年10月2日转攻温州，道台志勋缒城出走，知府黄惟诰嫡叔和永嘉知县陈宝善胞叔被杀。为搜捕孙锵鸣，震忠团练还攻入福建省福鼎县，"劫军局，取库银，开禁门，出死囚，以死囚为先锋。福鼎县主逃至省城"。② 他们不顾一切地追捕钦派在籍办团缙绅，被闽浙总督庆端视为叛乱。战区最高长官的定性成为最终判决，震忠团练现在是帝国的敌人，不再是合法团练而是反叛组织。

总督在1861年10月19日奏告宫中，为平定浙省平阳等县匪徒聚众滋事须调派兵勇驰往剿办。皇帝准奏，由此浙南团练内讧的性质发生根本变化，庆端"檄福建记名道张启煊自金华北救永嘉，前陕安镇总兵秦如虎出福鼎，闽安协副将吴洪源以水师航海援瑞安"。12月7日，进入温州作战的清军和瑞安地方武装击败震忠团练主力，反叛武装"溺水死者约五千人，而其死党所谓'兑'字号者，皆平阳江西悍贼，被杀尤众"。③

---

① （清）孙衣言：《亡儿诒谷殡志》，《孙衣言集·文钞》卷五，第414页。
② （清）刘祝封：《金钱会纪略》，《太平天国史料汇编》，第10401页。
③ （清）孙衣言：《会匪纪略》，《孙衣言集·文钞》卷二，第327页。

龙蛇瓯中斗

清廷推行地方军事化过程中，各种政治力量崛起形成多重统治结构，温州尤为典型，大吏缙绅团练、乡土士绅团练、工商市民团练等，在普行团练时期应声而起，架空道府县各级官府，瓜分地方治权。

缙绅大族团练与乡土士绅团练相互怀有戒心，因工商市民团练兴起，他们不得不走到一起，对抗扶植工商市民团练的地方官府。震忠团练与安胜义团发生武装冲突，瑞安百名士绅围攻前来调停的永嘉知县，致使其惊恐万状，"匿署中不敢出"。震忠团练为追捕孙锵鸣包围瑞安城，前来劝和的温州知府黄惟诰被绅民"交詈骂之"，将其软禁在明伦堂。工商市民团练攻入温州府城，黄惟诰得知叔叔死于战乱，"自拊其膺而哭"，瑞安团绅依旧将他"姑羁之城中，不复与计议"。团绅们尽情地嘲笑知府无能，使他窘迫到极点，"时讽以署中被贼事，惟诰窘甚，思脱去而无计"，被释放时已羁禁"在瑞安二十余日矣"。① 绅权因清廷动员地方普行团练迅速扩张，楔入地方政事军事，道府县三级政权被边缘化。

办团缙绅与地方官府分庭抗礼，其自身处境亦未见得比后者好多少。地方官员为抵抗绅权扩展，竭力孤立上层缙绅，争取工商市民团练为其同盟，默许其以宗教手段和传销方式募集经费，使其人数和战力远超缙绅团练。闽浙总督庆端奏准宫中平定震忠义团（金钱会），对安胜义团（白布会）却依然视为敌对武装。他递呈折子称："逆匪（太平军）窜陷处州郡县，警报频仍，温州防务吃紧，该匪等（金钱会）乘机纠党诈抢。瑞安县属亦有匪徒啸聚，另立白布会等名目，经署温州知府黄惟诰出示解散，胁从各匪即有悔悟，缴销钱贴等项。"② 在总督眼里，工商市民团练与缙绅大族团练都是帝国的敌人。

---

① （清）孙衣言：《会匪纪略》，《孙衣言集·文钞》卷二，第324—325页。
② （清）庆端：《闽浙总督庆端为平阳等县金钱会众攻占温州等处并将疏防官员革职事奏折》，《太平天国时期温州史料汇编》，第233页。

新任温处道台周开锡对孙锵鸣也深怀敌意，说金钱会"及形迹渐著，孙侍读不能循理守分以正其罪，试问金钱之名固非，白布之名独是乎？"①

乡土士绅是另一股政治军事力量，在与官府、缙绅、工商市民领袖的角力中，形成不容小觑的地方势力。孙锵鸣在籍办团受到地方官排斥，逐渐失去话语权和实际权力，乡土团绅视其为鸡肋。清人赵之谦称孙锵鸣"喜为地方干预公事"，"先是奉旨派办团练，近处州又警，遂群奉以为主"，"侍讲有兄琴西（孙衣言），以翰林官安庆太守"，"其关防凡刻大小数十颗，处处皆有。其办事多可笑。又尝出示称本院。包揽讼事，瑞邑绅士皆能之，而侍讲昆季官较大，势较神，故群恨如此"。②这些乡村领导者极端地功利务实，钦派在籍办团的翰林侍讲、前广西学政孙锵鸣也好，前安庆知府署安徽按察使孙衣言也罢，虽是高官大吏，可一旦无权无兵无银，便被乡绅毫无情面地拉下神坛。他们对科甲缙绅的态度反复无常，从"群奉以为主"到"群恨如此"，全由自身利益决定。太平军攻陷处州逼近温州，惊恐之下他们推举在籍缙绅主事，见其组织才能平常、军事经验全无、无权动员库银，甩给孙氏兄弟的便多是白眼，即使孙衣言抖搂出十多颗关防印章，乡土士绅亦不屑一顾。回籍办团缙绅官位品秩与实际权力脱节成为其脆弱命门，若无曾国藩那样的魄力，以强力毫不犹豫地取得地方武装审批、诉讼审决、厘金收取、捐纳官职申报发放等权力，势必很难打开局面。在全民皆兵的团练运动中，在籍办团缙绅要么走向权力高峰，要么沉渣一般沉入谷底。

孙锵鸣擅长口舌之功，军事上毫无建树。他在瑞安演下组建的嫡系缙绅团练，缺乏经费疏于训练，在安义堡守卫战中居然不见踪影。黄体芳在《钱虏爱书》中写震忠团练蔡华、潘英部进攻安义堡，攻方数千人之众，守方仅有前安庆知府孙衣言的儿子孙诒谷及几名随从，这样的兵力部署令人匪夷所

---

① （清）程荣春：《福宁纪事》，《太平天国时期温州史料汇编》，第430页。
② （清）赵之谦：《赵之谦集》第4册，第1171—1172页。

思，军事情报收集、准确判断敌情等该做之事，孙氏兄弟居然全都不曾预先想到。安义堡配置多门火炮，守堡者技术生疏难以开炮击中来敌，浙南最强乡村堡垒如同摆设，所有问题真到战时暴露无遗。安胜义团湖石团总张家珍直言不讳地批评孙氏兄弟："孙氏族团亦无可靠，不过一纸船耳！火焚雨打，其骨立见。"①

本族团练战力羸弱，乡土武装难以依靠，孙氏兄弟只得筹款招募雇佣兵作战。清人刘祝封详述此事："孙侍读兄弟往（温州）东门外东和栈中，栈主与广艇郑碧山相善。郑曰：'与我七千元，当代解围城。'孙于亲戚处借来光洋三千元，郑即解缆起碇，驶至瑞港。""已有人在外传言，谓孙太仆曾作琉球教习，此时借兵琉球矣。"②把雇用广东民间海上武装船只说成向琉球借兵，无非是嘲讽孙衣言退敌无方只得去做出格的事。1861年12月29日，"瑞人所雇广艇至瑞安江"，温处道志勋随船前来督战，道台"悾怯畏贼，广勇亦素轻志勋无斗志，日索饷"。粤勇与台勇又发生冲突，台州雇佣兵擅自离城，"广勇以索饷屡哗，而台勇又以广勇屡误，怒，于是勇目陶保登等相率去……瑞安城中守益单"。"志勋以屡战不利，谓广勇需重犒，令知县孙杰索城中富民财。（孙）杰以怒团长曾鸿昌，责鸿昌资数倍。"③曾鸿昌即孙氏亲戚曾燕卿，捐资帮助孙锵鸣建立瑞安团练总局，温处道台志勋、瑞安知县孙杰借雇佣兵缺饷向他索财，显然是要报复引狼入室的孙氏昆仲。

极具讽刺意味的是，孙锵鸣任广西学政时曾上《详陈广勇潮男滋事疏》，极力反对招募雇佣兵参与平叛，称"以近日情形，臣所访闻者言之，各处募勇皆不受节制指挥，借贼自固，战不向前，处不安靖，并闻有暗中同贼，阳与阴违者"④。雇佣兵制度的反对者，到了温州主持军事后则一反初衷，不但

---

① （清）刘祝封：《钱匪纪略》，《太平天国时期温州史料汇编》，第161页。
② 同上文。
③ （清）孙衣言：《会匪纪略》，《孙衣言集·文钞》卷二，第324—325页。
④ （清）孙锵鸣：《孙锵鸣集》，第7页。

鼓动富绅出资雇佣台州船勇参战，甚至连长期袭扰温州沿海地区的广艇即海盗船也奉为上宾，安胜义团河乡团总张庆葵认为这一切都是缙绅大族之过，孙氏"兄弟居家奉旨团练，几八九年，无成绩"。① 招募雇佣兵、海匪与金钱会徒作战，劳民伤财也就算了，最不济的是连地方主官的命都丢了，道台志勋战后就被海匪掳走死于海上。孙衣言在《会匪纪略》中透露："志勋（战后）既褫职，寄居城外民家，郡人颇诮让之，不自安，乃谋航海去；而海盗知其橐中装，故及于难。"②

孙衣言坚持地方军事化运动须由大族缙绅领导，他在应曾国藩所召回皖任职的途中搭乘海坛填总兵吴春波所率师船，吴春波说起福建漳州、泉州一带募勇"必以大姓为主，而后可以驾驭之，若小族之人统大族之人，则往往滋事"③，孙衣言颇为赞同。在籍办团的经历，使他极为警惕地方武装力量为秘密会党、工商阶层、乡土团绅把持，动摇帝国社稷根基。孙氏兄弟都以体制高官的姿态藐视乡土士绅，孙衣言认为浙南团练内讧由工商团绅和乡土团绅引发："闾巷鄙夫挟其桀骜恣睢之气，争为长雄，胶庠之士亦折而从之，此大乱所由作也。"④ 孙氏兄弟意欲取得地方武装总指挥权，客观条件不允许，实际能力达不到，把一切责任推给当地团练，不过是逞口舌之快而于事无补。

乡土士绅、望族绅士为地方势力主导权博弈不止，大族缙绅"去中心化"的对象为地方政权，乡土士绅"去中心化"对象除了官府还连带望族缙绅。乡土士绅认为地方官和缙绅代表国家权力，他们与后者是被索取者与索取者的关系。对于帝国的忠诚度和依附度，乡土士绅与大族缙绅迥异，乡土团绅因功获得品衔几乎不可能实授，进入编制内的概率微乎其微。河乡团练协同清军痛击震忠团练，"各村绅民因此役得武功爵者，亦不下数百十人"，团总

---

① 《太平天国时期温州史料汇编》，第177页。
② （清）孙衣言：《会匪纪略》，《孙衣言集·文钞》卷二，第328页。
③ 孙延钊：《孙衣言孙诒让父子年谱》，第371页。
④ 同上书，第49页。

张庆葵"奉旨赏戴蓝翎，以知县选用"①，但谁都知道候选知县不过空中画饼。丽岙团练团总吴一勤因战功"得蓝翎五品衔，候选知县，不获试用，转而宦四方"。②内战中清廷推进地方军事化，发放功牌之多可谓泛滥，1861年10月蔡华率震忠团练进攻瑞安，"是日，温州守黄惟诰至瑞"，"意在议抚，发功牌五百张，欲以唉贼"③，区区一仗就发放功牌500张，其含金量可见一斑。乡土士绅对于虚衔功牌的期望值不高，河乡团总张庆葵1868年至清军粮台随营帮办文案，浙江巡抚晏端书为其奏准五品功牌，他至多也就宴请或撰文时拿官颁品级用来助兴。乡土士绅被动地参与内战，投入财力人力筑堡募勇，更多的只是保家守土，其视域始终大多止于本土。他们是地方主义者，并无忠君报国的冲动，其注意力聚焦于维护乡土秩序。

乡土士绅始终与望族大吏格格不入，孙锵鸣1853年回籍办团，部分乡绅即指责其逼捐；孙锵鸣1861年联络乡绅与震忠团练抗衡，鲜有呼应者，他"向县令及城乡绅士筹划方法"，"至半月，竟无一人当意者"。④奉谕办差的翰林侍讲、前广西学政孙锵鸣，困窘到连开办团练局的经费都无法落实，最终靠亲戚帮助才举旗开局。乡绅刘祝封述及此事："孙氏亲戚有曾燕卿者，为人慷慨有智略，且家饶资财，有友十余人，皆能办事，即以治团为己任。十日之后，眉目了然，各处应之者以数十计，择日在隆山寺杀羊设酒，共议开局。"⑤

当工商市民团练势力扩展到传统领地时，乡土士绅才会产生与望族缙绅结盟的意愿。1961年加入安胜义团的有陈安澜、谢锦爵、曾鸿昌、温儒业、温和钧、温和锵、林若衣、杨配钱、吴一勤、张庆葵等地方大族领袖，其宗

---

① （清）张庆葵：《瑞安东区乡团剿匪记》，《太平天国时期温州史料汇编》，第158页。
② 《瑞安县志稿》卷二十，民国二十七年铅印本。
③ （清）黄体芳：《钱房爱书》，《太平天国时期温州史料汇编》，第98页。
④ 同上文。
⑤ （清）刘祝封：《钱匪纪略》，《太平天国时期温州史料汇编》，第157—158页。

族世居平阳、瑞安两县,土地宅院处在敌对团练威胁下。地理位置距震忠团练稍远些的永嘉、乐清诸县,乡土士绅便无动于衷,对发生于瓯江以南的战事视若无睹。

钦派办团的科甲缙绅,在浙南团练内讧后期领导权旁落,安胜义团形同虚设,乡村团练成为战场主力。闽浙总督庆端派遣清军进入温州平乱,乡土士绅武装由守转攻,瑞安丽岙团总吴一勤集团练近万人,攻击震忠团练据守的祇陀寺,取胜后统计各乡参战团练人数,发现"各团从我者仅四五百人,余八千人不知何往"。吴一勤事后反思,"以是知民团之无纪律,幸而获胜,竟不可以为训"。乡土团绅把发生这种情状的原因归咎于办团缙绅不作为,吴一勤抱怨大族团练形同虚设,其派至前线作战的指挥官孙诒谷不但麾下无兵勇,还违反军令犯下大错造成丽岙团练阵亡 64 人,"使诒谷不擅自先行,待统帅以会剿也,则六十四人亦可以不死"。① 尽管看到乡村团练组织松散毫无纪律,但乡团团绅还是把怒气发泄到孙氏大族团总身上,认为在籍办团缙绅子弟浮夸孟浪,致使乡村团练的勇士们命丧战场。

对于被孙氏兄弟当作座上宾的清军统领张启煊,吴一勤亦多有抵牾,认为这位记名道畏死避战,对丽岙团练阵亡数十人负有责任,"使启煊不巧避,早整师以援剿也,则六十四人亦可以不死。呜呼,今竟死矣"。张启煊部接庆端令由金华赴温,途经东阳遭太平军李世贤部痛歼,"军械遗弃,只余数十闽兵","孙学士锵鸣捐钱四千缗,始招集流亡,置械造船,于解围后由温而瑞,驻隆山匝月,犹观望不敢言剿"。② 一千文铜钱为一缗,四千缗铜钱大致相当于四千两白银,孙锵鸣将富绅捐银用于帮助张启煊整军再战,清军则怯战避战。在乡土士绅看来,帝国军队羸弱不堪,唯有他们自己才是足下土地的真正主人。

---

① (清)吴一勤:《书逊学斋〈瑞安西北乡团练义民表序〉后》,同上书,第 205—207 页。
② 同上书,第 204 页。

工商阶层在地方军事化中趁势而起，结束了缙绅团练一枝独大的局面。震忠团练的前身是金钱会，因带有斋教印记受主流社会排斥。为获得经费在乱局中做大，他们抓准工商业者惧怕战争的心态，宣扬交钱入会者生命财产可以受到保护，并与地方政府结成政治联盟，在"去中心化"的统治格局中，与地方官员、望族团练、乡土团练共享地方治权。

震忠团练的领导者多是城镇商人、手工业作坊主，如兼做木材和餐饮生意的赵起，木材商蔡华、蔡岑，湖笔商周荣，草药商朱秀三，塑神匠缪元，铜制品作坊主王秀锦等。震忠团练与安胜义团最初的冲突，由牙商与土地主的纠纷引发，拥有大量粮田的乡村富绅认为粮食交易被城镇牙商控制，他们压低粮食价格并抽取高额佣金。牙商即货物买卖中间人，古时"牙"与"互"通用，牙市即互市。农业社会崇尚耕读，在乡村士绅看来，牙商凭嘴上功夫不劳而获，这样的发迹形同盗匪。城镇商人认识不同，他们认为自己应该获得行业自治权，本地事务不能完全由乡土富绅主导。团练运动打破地方权力的传统格局，给予商人阶层向地方政府及重农主义者争取权利的契机。

粮牙与土地主分别作出政治选择，整个牙商行业都加入震忠团练，与缙绅孙锵鸣关系密切的富绅陈安澜率林垟乡团加入安胜义团。牙商团勇与林垟乡团发生冲突，牙商拔掉乡团团旗，乡团推倒牙商团旗，"各伢（牙）奔告赵启（起），启大怒，拨匪千余攻之"[①]，两大团练火拼由此肇始。瑞安贡生蔡华起事，除了因和赵起是木行生意伙伴，还因与林培厚后人林若衣存在土地纠纷。林氏宗族祖居屿头，林培厚嘉庆年间官至重庆知府、湖北粮储道，蔡华祖上康熙年间从瑞安莘塍迁来屿头，难以抗衡地方望族。处于政治结构底层的工商阶层对望族后裔、科甲大吏、乡土士绅积怨甚久，为争取自身政治权利组建武装力量，利用地方官员、科甲望族、乡土士绅之间的矛盾，与地方政府结盟扩展势力范围。工商市民团练领导者并无明确的政治主张，在南北

---

① （清）刘祝封：《钱匪纪略》，《太平天国时期温州史料汇编》，第 157—158 页。

政权博弈中奉行机会主义，视域促狭局限一地，因军事冒险主义终遭失败。作为儒教社会的被排斥者，浙南工商业者尝试用宗教信仰、货币传销等诸多方式，筹资组团以求维护阶层利益，颠覆传统耕读科举正途模式，一度跻身多重统治权力格局。

乡土士绅武装成为战胜者，他们毫不留情地屠杀战俘，宣示农耕自然经济和乡村宗法礼教秩序的神圣不可侵犯。1861年12月7日，"（瑞安）城东北乡诸乡闻官兵至，城外贼走，则皆起杀贼"，"生缚贼五百人，送县城杀之城东小校场，皆破其腹而斩之。小校场贼尸如山，血流入河，水皆赤"。① 此时地方官员集体转身，坚定地站在乡土士绅一边，屠杀曾为其发牒祭旗的昔日盟友。清人刘祝封称温州知府黄惟诰与先前判若两人，蔡华、蔡岑战败逃到寨下这个地方时，"为土人所觉，抬至永嘉太守所。太守黄氏登时杀之，头未落地，手足先割"。②

公子与游侠

孙锵鸣撰有《孙氏世系表》，字里行间以孙武后裔为荣，"吾孙氏之先出于齐陈恒子无宇，无宇之次子书为齐大夫，有功，赐姓孙氏，食采于乐安。书之孙武为吴将军"。③ 孙衣言嫡孙孙延钊述及始祖时称，瑞安演下孙氏"系出吴将军孙武之子明"。④ 但军事实践表明，他和孙衣言都少读兵书，不谙军事，缺乏指挥能力。

闽浙总督庆端将震忠团练定性为会匪，派军队前来剿乱平叛，浙南局

---

① 《瑞安县志稿》卷一。
② （清）刘祝封：《钱匪纪略》，《太平天国时期温州史料汇编》，第168页。
③ （清）孙锵鸣：《孙氏世系表》，温州图书馆藏。
④ 孙延钊：《孙氏源济及家世》，《孙衣言孙诒让父子年谱》。

势为之一变。孙氏缙绅团练若经费充足训练有素，协同军队作战力歼震忠团练一部或大部，当可成为地方武装主力，从而奠定办团缙绅地方上的领导地位，但孙氏兄弟此时势单力薄已无翻身机会。1862 年 1 月，丽岙团练团总吴一勤率各乡团勇进攻据守衹陀寺的震忠团练，孙氏团练能出战的唯有孙诒谷及跟丁七八人。孙家公子出战首先要报复宗族叛徒，这些叛徒加入震忠团练成为首领，在蔡华的指挥下攻破安义堡，一把火将孙氏大吏的老宅烧成焦土。吴一勤记述孙诒谷随团进攻叛军基地衹陀寺，说他行军途中"甫抵潘岱"老家时，"欲烧同族（金钱会）会首孙包容、有得、有顺家，报焚之仇"。① 这哪里还是演下孙氏宗亲大族团练，在扎根本土的乡村团练领导者眼中，在籍办团的大吏缙绅早已是无用之人，他们被本族乡民无情地抛弃，处于极其孤立的境地，有堡无人没有办法拉起一支像样的宗亲武装。孙氏兄弟是难以依靠了，保乡护土唯有自己尽力，不惜流血甚至牺牲生命。吴一勤们脱离所谓的缙绅大团，一门心思经营本族团练，在他们看来孙诒谷这位公子哥不过就是乡团的跟丁而已。

大凡诗人总爱用热烈夸张的语言描述英雄，孙衣言笔下的孙诒谷神勇异常，冲锋陷阵力挽狂澜。曾经的宫廷诗人写道："咸丰十一年八月，平阳会匪数千人将为乱，先焚予居"，"予兄弟奉父母避开永嘉山中，携儿俱去，然儿愤甚，誓灭贼，居山中数日，郁郁不乐。"安义堡被毁祖宅被焚，孙诒谷虽随父亲和伯父逃到山中，他的心依然在战场。"贼围瑞安甚急，闽师无饷不能行，儿自募台州勇二百人以先，瑞安乡民闻官军至，则相约杀贼，贼死者数千人，遂解去。"实则募勇经费出自陈安澜等团绅，孙诒谷只是名义上指挥台勇，台勇在 1861 年 12 月 7 日的河乡之战中亦无突出表现，此仗主力是援温清军和瑞安乡土团练。清军记名道张启煊倒是要用孙诒谷为先锋，但雇佣兵

---

① （清）吴一勤：《书逊学斋〈瑞安西北乡团练义民表序〉后》，《太平天国时期温州史料汇编》，第 205 页。

为饷金作战，台勇无饷径自散去，孙诒谷只能率不多的跟丁随张启煊作战。1862年1月15日祗陀山之战，参战乡土团练8600人，总指挥吴一勤称孙诒谷及"九里跟丁八人"出战，孙衣言则称"儿以所部十六人破祗陀"①，诗人热切期待儿子建功立业的心情可以理解，而言词过于夸张就违反战争规律了。关于吴一勤的记述则较为真实："吴君集练万余人西越十二盘，疾驰焚祗陀寺贼巢，乘胜蹂桐乾及花井头诸村，遂会闽师守程头。"②近万兵力参与的攻坚战中真在一线战斗的如他所称"仅四五百人"，但比之孙诒谷所率跟丁八人，谁是战场主力一目了然。

　　孙衣言把吴一勤写成是与孙诒谷共同指挥祗陀寺之战："一勤、诒谷焚祗陀，贼皆西走"，"张启煊谋进剿金谷山"，"别调廪生吴一勤以一都团练，予子诒谷以廿五都团练先行会剿祗陀山贼"。③吴一勤撰文反诘，说廿五都被敌方占领，哪里有什么团练可言："岭西皆匪类，岭北皆民团"，"潘岱（潘埭）孙包容、上溪侯汇川等皆为会首。彼时二十五都抑复有何团丁耶？"吴一勤否定孙诒谷是此仗先锋，说他"于城则在曾君鸿昌家，于乡则在予局，启煊如何遣之先行，殆将为贼饵耶？"吴一勤还指责孙诒谷"所以先行者，殆急欲以焚会首备家以报复其私仇，擅带跟丁，不约而去，俄而烟焰四起"。为了保护这位孙家公子，他离开大部队赶去劝阻，说这一片都是敌占区："桐乾以上诸村未反正，君何轻身觑敌若是！倘贼以放火故悉锐而拒我，君七八人将若之何？"因孙诒谷擅自行动团练大部队暴露，金谷山守敌倾巢而出，炮战中团勇死伤甚多，"团众悉咎孙诒谷，谷亦惧而悔"。④孙衣言却不管不顾，罔顾事实称"儿以所部十六人破祗陀"，还为清军军官张启煊邀功，"张公进次程头，

---

① （清）孙衣言：《亡儿诒谷殡志》，《孙衣言集》卷五，第414页。
② （清）孙衣言：《敕建义民坊记》，同上书，卷二，第315页。
③ （清）孙衣言：《会匪纪略》，同上书，卷二，第328页。
④ （清）吴一勤：《书逊学斋〈瑞安西北乡团练义民表序〉后》，《太平天国时期温州史料汇编》，第205—206页。

复连破旁近诸贼巢"。

诗人赞颂孙诒谷作战英勇,对其冲动好胜则心知肚明:"儿少而鸷,寡言笑","儿在兵间,常与士卒同寝食,士卒甚爱之,然喜轻敌,见贼即嬉笑","儿之初出讨贼,予及二弟(孙锵鸣)稍稍禁制之,辄面赤不言;其妇在城中尝遮留之,遂不与妇相见","此儿胆气可为异日用,然必无使远离大军"。他如此冲动不克制,太平军白承恩部进入温州时,便将其诱至瑞安湖岭潮至村击杀之。关于孙诒谷的死孙衣言的记述极为简略:"旋以战贼死。"① 与孙家交好的乡绅刘祝封对孙诒谷之死的叙述要详细许多:"孙稷民先生,名诒谷,所带九里、薛里团勇五十人,办匪认真,靡有孑遗。以发逆大至,时将清明,人人俱欲归耕,转换湖石人,心意未洽。在潮至遇发逆,即去挑战,未识阵法。甫出战,用童子数十人,执小旗在阵前踞,无招呼笑骂,人人不知何故。稷民见之,持矛赶入,小队俱无踪迹。追不半里,两边夹阵而来,漫山遍野,都是大旗,后接马队,苍黄昂首,螺角悲鸣,喊声震地,见之者无不目迷心乱。湖石团丁不知躲身何处。孙曳矛而走,至光照寺左边,回顾众人,仅九里二人依依不肯去。遥见大汉肩负大刀,走至孙旁,劈头一刀,刀落头破。二人在侧,一被杀,一逃回,余则无所伤矣。后三日,生回者竟知死所,寻尸负归。发逆从后追赶,至廿五都潘埭老屋基内藏尸殡殓。"②

吴一勤认为张启煊对孙诒谷阵亡负有责任,孙衣言是把儿子托付张启煊照顾,遇到太平军,张启煊跑得最快,"割断马绳,骑马即走",全然顾不上轻敌好胜的孙家公子。这位清将"虽号巴图鲁,其兵勇见匪即胆丧",率部逃窜数十里奔至(瑞安)城下,绕城呼叫。城上义民不肯放进,只得扎城外三港庙。③ 张启煊被太平军打怕了,他奉命率部由金华驰援温州时途经东阳,遭侍王李世贤部伏击,"师溃,军械遗弃,只余数十闽兵,已不成军"。张启煊

---

① (清)孙衣言:《亡儿诒谷殡志》,《孙衣言集·文钞》卷二,第415—416页。
② (清)刘祝封:《钱匪纪略》,《太平天国时期温州史料汇编》,第169页。
③ 同上文。

率残部逃到温州，孙锵鸣向他提供当地富绅捐款四千两白银，使其"招集流亡，置械造船"，张部"驻隆山匝月，犹观望不敢言剿"。① 这回整军出征同样经不得太平军敲打，一战即溃。

孙衣言不以成败论英雄，他认为儿子死得其所："余初谓汝其钝庸，而不谓汝能以战为忠。执干戈以卫社稷，昔夫子犹谓汪锜之匪童。汝固知生之不足惜，而志之不可以不充。彼选懦畏避以苟活者，曾不若粪土与蚁虫。而汝之死也，乃有后世之荣。嗟乎！予又何所为怨恫？"②

孙诒谷最要好的朋友是张家珍。孙衣言撰有《张家珍传》，笔下之人栩栩如生："张家珍，瑞安生员，为人瘦小，有胆智，（口）吃而好大言，家贫浪游，喜饮酒博塞，然仗义好气，能以气役使乡里。"一个瘦小口吃的穷秀才居然能够役使乡里，应是集侠气匪气于一身。孙锵鸣1853年命演下团练攻打大罗山会徒营寨，张家珍率湖石团练火枪队协战，"以是得无赖名"。"无赖"用在这里应含褒义，生性豪放无惧死亡。孙衣言是真心喜欢这样的乡土士绅，集儒教精英的狂狷与乡间名士的侠义于一体，二者内在精神具有一致性。

《张家珍传》记述："瑞安盐私贩连樯泝江上，奸民为私关于八甲，截江取税，因为暴行旅，家珍率所亲数十人，袭毁其关，江为通。"③ 走私食盐和私设税卡都是违法的事，在走私者与路霸之间，张家珍认为错在设卡者，他选择站在前者一边，用暴力手段将卡点摧毁。游侠最痛恨恃强凌弱，私盐商贩谋生不易，路霸不可以欺负他们，张家珍的方式是以暴制暴。游侠的善恶观十分简单，一旦拥有武装组织便用来行侠惩恶，对抗他认为的社会不公，由此成为地方豪强。无独有偶，金钱会被官方注册为团练，有团绅找到孙锵鸣，"告之曰，赵启（起）者系一无赖出身"，在籍翰林便视其为敌。孙氏兄

---

① （清）吴一勤：《书逊学斋〈瑞安西北乡团练义民表序〉后》，《太平天国时期温州史料汇编》，第204页。
② （清）孙衣言：《亡儿诒谷殡志》，《孙衣言集·文钞》卷二，第416页。
③ （清）孙衣言：《张家珍传》，同上书，卷七，第460页。

弟对无赖持双重标准，张家珍为侠士，赵起系会匪。

侠气的定义飘移不定，侠过度了便是凶残。乡绅张祝封与张家珍有一段对话，张家珍对张祝封说："当道光末年，大港一路至泰顺，多设盐关，名曰禁止私盐，实则以盗御盗。我率乡人除此不遗余力，凶恶者恨入骨髓。今闻其皆入金钱，明目张胆，必欲杀我以为快。本年五月，我举一孙，片时溺之。人怪我何忍。我告之曰：'与其见杀于贼，不如见杀于己。'"①以溺婴表白自己不惧死亡，看似侠气实则焦灼恐惧，极易诱发难以控制的狂躁暴戾，做出反人类的残酷行为。

清人记事简略生动，皇家教员孙衣言更是笔力老到，写张家珍办团寥寥数句就勾勒出大概："家珍所居近村曰营前，丁壮数千人，家珍欲得之以起事，而营前人已有通贼者，家珍饮营前酒店中，贼侦者适至，或语家珍速避去，家珍即与从者大呼以出，劫营前人共杀贼，屠而投之江，营前人既与家珍杀贼则惧，皆愿从，近村应者数千人。"②刘祝封也写张家珍，其文以细节描写和人物对话见长："张（家珍）有健仆名银足者，胆勇绝伦，便捷奔驰，向作梁上君子，从张改过，刻不离身。二人相从至五十都，侨寓饭铺。有会匪二人口操闽语，两相答问。其人曰：'我奉赵大哥命，访拿张家珍，憾不识面耳。'张漫应之曰：'我则识之。亦奉赵命而来，明早我当与尔分途捕之。'匪应之曰：'可。'是夜三人同宿。次早分手而行。将至营前八甲，有郭奶姆者，盐关巨寇也，入金钱充作保首，酒次大酗曰：'我今要取张家珍作下酒物。'张在旁低声问银足曰：'可敌乎？'银足曰：'无畏！'即取腰间剑枭其首，悬于竿头，负之而归。且行且叫：'我杀郭奶姆，其首在此，三日后定来报复，若从我谋，可保无患，否则妻子为若虏矣！'人皆从其言，不呼自来者万余人，至湖石，伐竹为城，力局于家，名敬胜。"刘祝封把人物行状对话写

---

① （清）刘祝封：《钱匪纪略》，《太平天国时期温州史料汇编》，第161页。
② （清）孙衣言：《张家珍传》，《孙衣言集·文钞》卷七，第461页。

到这种程度，比孙衣言笔下形象丰满鲜活许多。

山林侠客的反侦察能力、政治策略、军事计谋、动员能力都远在官宦家的公子哥儿之上。孙诒谷鲁莽冲动逞匹夫之勇，不擅长组织队伍团结队伍，跟随他的人少得可怜，和他守安义堡的仅有亲勇数人，而只有跟丁八人和他一起参加祇陀山之战。张家珍就完全不同了，他在五十都饭铺识破震忠团练侦查员，逼营前人动手将其斩杀丢到江中，营前人由此与震忠团练构怨，数千人不得不加入他的敬胜团练。张家珍又在营前八甲捕杀盐关巨寇、震忠团练保首郭奶姆，当地人唯恐震忠团练报复，一万多人主动加入敬胜团练。张家珍趁机建立敬胜团练局，砍伐竹子修筑城堡，"各处猎户善枪弹者"不招自来。飞云江上游的泰顺木材商平日深受八甲郭奶姆私卡之苦，向为其除害的敬胜局"输粮百石"。震忠团练进攻敬胜团练，烧毁张家珍宅子，"张笑曰：'我今无所累矣。'"孙子是早就被他溺死于水中的，自家宅子被焚又谈笑如故，这样的侠气感动了所有团勇，他们都愿意与敌人浴血搏杀。营前江边山里都是竹林，敬胜团练砍伐竹子编成竹排，建造的竹寨宛如城堡。竹排还可以用作武器，张家珍设计把敌人引到伏击地点，团勇们扛起遍布竹尖的竹排抛向来敌，"至张鸡岭为压排所杀者以千计。逼至深潭者，亦数百人"。①这是一场大的胜利，张家珍指挥敬胜团练在张鸡岭打了一场歼灭战。

敬胜团练局的命门是缺乏经费，无法让一万多人的队伍常年备战。孙诒谷欲与白承恩部一战，试图以缙绅团练前线总指挥的身份率领敬胜团练随他出征，"时将清明，人人俱欲归耕，转换湖石人，心意未洽"，湖石团勇没有人愿意跟他打仗。潮至之战，轻敌盲动的孙诒谷，带着他仅有的几名亲兵走近敌军伏击圈，"湖石团丁不知躲身何处"。②

无人可敌的侠客张家珍死于外甥之手，外甥"与匪暗通，张不提防，为

---

① （清）刘祝封：《钱匪纪略》，《太平天国时期温州史料汇编》，第 162 页。
② 同上文，第 169 页。

伏兵所杀"。忠诚的仆人银足背着主人尸体逃跑,"为匪所觉,追而夺之,手刃数人,银足斗死"。两人被抬到离湖石不远的马屿团练局,被张家珍捣毁的八甲盐关就在这里。接下来的场面很血腥,据刘祝封所言,马屿团勇把张家珍和银足"烹而分食,先将首悬于竿头,鸣锣发喊,遍徇乡村,所弃者下体耳"。张家珍夫人也是位侠客,誓言杀死叛徒和凶手为夫雪仇。"张死后,其夫人与大树脚许先生同领民团。数月事平后,其从甥乃当日下手杀张之人,获之灌油,作烛烧祭灵前。"①

1861 年的乡村减租运动

打赢张家珍的湖石团练后,震忠团练认为"我今无患矣,所忌者,江南杨琴溪耳"。杨琴溪即张家堡堡主杨配篯,其家族拥有数千亩良田。杨配篯等土地所有者组建附属于安胜义团的江南团练,对抗工商市民团练震忠团练,对后者而言荡平安义堡、湖石敬胜局易,攻陷张家堡难。

位于平阳县慕贤东乡的张家堡是杨氏宗族聚居地,族人多富户。清廷动员乡土士绅参加内战,授给他们功牌、功名、职衔,以至于"乡人跻致名位,广积金钱","井凿耕田之子、椎牛屠狗之夫"亦可"戴各色顶子","高牙大纛美衣华服自豪于乡里"。② 据学者侯俊丹在《侠气与民情——19 世纪中叶地方军事化演变中的社会转型》中的统计:浙江乡土团绅中,科甲进士、举人为 15.8%,以捐输或战功获贡生、廪生、监生、文武生员名号的占 42.8%,其中监生、武生又各占 9.8% 和 21%。张家堡团绅杨配篯也不甘寂寞,他卷入到这场求功趋名的热潮中,捐纳白银成为太学生并获从七品职衔。

---

① (清)刘祝封:《钱匪纪略》,《太平天国时期温州史料汇编》,第 162 页。
② (清)赵钧:《过来语》,中国社会科学院近代史研究所编《近代史资料》(总第 41 号),中华书局 1980 年版,第 180 页。

挂靠安胜团练的林垟、雷渎两地乡团，地理位置靠近震忠团练根据地钱仓，先后被攻陷。张家堡所在地与钱仓隔着温州三大水系之一的鳌江，震忠团练试图攻占张家堡，地理位置对其构成很大困难，除了需要迂回渡江，还要面对战力颇强的杨配筦团练。

安义堡之败，败于族内名流与底层矛盾尖锐，守堡者人心涣散难以休戚与共。安义堡这座缙绅大族核心军事要塞几乎无人防守，孙宗族团如同人间蒸发。安义堡曾被孙锵鸣作为典型推行到温州各地，孙衣言期待此堡成为族群生存空间，族人守望一体守堡御敌，哪晓得真到战时这座坚堡土崩瓦解。乡绅刘祝封战后道出实情，孙家昆仲预料震忠团练即将攻堡，"调团勇百人，分班轮守。其封翁（孙父）素拘谨，以防贼原为地方起见，所有伙食均派邻近居民。乡村力薄，口虽应允，心实衔恨，遂喷有烦言矣。转派亲戚，亲戚路远，不能日给，只得抽减人数，至后仅留二十人在团"。① 团绅吴一勤亦称孙氏宗族内部矛盾尖锐，族人孙包容、孙有得、孙有顺投靠震忠团练，参与进攻安义堡并烧毁孙家祖宅。族人并未因内战消解贫富差距，底层民兵对战争的意义产生怀疑，他们除了流血牺牲还要交纳稻米粮食，这样的经济摊派撕裂了维系团结的族亲纽带，阶级矛盾难以逆转地溢出宗亲边界。

笃信理学教义的孙衣言认为，办团建堡并非全然出于军事目的，还在于晓以族人大义，"尤重者，则孝、友、睦、姻、任、恤之六行"②，诗人试图融政教于宗族，以家国情怀拯救帝国。其父孙希曾要求堡内乡人平摊团勇伙食，出发点是强化族人主体意识，底层族人不这样想，他们接受孝顺父母、男尊女卑等礼学观念，与大族休戚与共则并非其意愿。同族科甲精英享受体制优厚俸禄，他们的长辈获得相应品衔，孙希曾就先后"诰封奉正大夫，累封通议大夫"，孙家"有田百八十亩"，为谢皇恩孙希曾"每粜出谷，必手选

---

① （清）刘祝封：《钱匪纪略》，《太平天国时期温州史料汇编》，第158页。
② （清）孙衣言：《安义堡记》，《孙衣言集·文钞》卷二，第299页。

乾隆嘉庆钱别置之，以应官赋，未尝俟期会"。① 但帝国恩惠仅施于族内官宦缙绅，难以惠及底层宗亲，由此后者道义责任恍惚不明，仅凭儒学教义难以达成共识且相濡以沫。当工商市民团练突破宗族藩篱，族内秩序因战争扭曲变异，安义堡的陷落也就自然而然。

张家堡情况与安义堡不同，其优势在于富绅居多，张家堡堡主杨配篯有数千亩良田，安义堡堡主孙锵鸣全家不过百八十亩，两者几乎没有可比性。张家堡的强处还在于富户不止杨配篯一家，"张家堡杨氏多以资雄"，族人土地财富拥有量均匀，杨配篯做召集人方便许多。"配篯择日盛具，悉招诸大户豪民饮"，堡中富户不止杨配篯一家，而是形成一个群体，当"郡邑官庇贼，贼且不可制"时，土地所有者为保护自身生命财产安全，经杨配篯稍加动员，便"皆奋乐从"。② 经济基础悬殊导致团练战力不同，战场须由白花花的银子铺就，安义堡的陷落与孙氏宗族经济疲弱密切相关。

安义堡的失败为张家堡敲响警钟，杨配篯深知战时宗亲乡民休戚与共的重要性，其守堡经费的募集侧重于富户，尽量减轻底层族人的经济负担，为此实行堡内福利普惠措施，发动减租运动，动员富户减少田租，使底层族人对上层族亲产生归属感，避免其因经济窘迫生计困难投靠震忠团练。杨配篯"乃与族人谋减租以与民，凡佃杨氏田者，无得入会（震忠团练）。江南富民皆应之，皆减租。江以南皆入团，团者数十万人。先入会者，皆出会为团"。③ 杨配篯发动的减租运动成果斐然，平阳江南区域民众纷纷加入乡土士绅团练，先前加入震忠团练的一些人，也结伴离开走进张家堡。

乡土士绅通过减少田租的实际行动，使底层族人站到土地所有者一边。减租运动撬动整个江南地域，张家堡守堡团勇达到数十万人。休戚与共也好相濡以沫也罢，停留在口头上是没有用的，共同利益是不同阶层的族人最现

---

① （清）孙衣言：《盖竹山阡表》，《孙衣言集·文钞》卷五，第412—413页。
② 符璋、刘绍宽：《平阳县志》卷三十九，《人物志·杨配篯传》。
③ 同上书。

实的黏合剂。张家堡除了减租，守堡经费亦由富户承当，"配籛复率诸富民益出私财，储火药，治兵器，筑土城，沿江数十里"。① 孙衣言期待族亲相敬守望一体，安义堡没有做到的，张家堡做到了。

文化生成于血泊

浙南普行团练时期，工商市民团练利用巫术、宗教扩张势力。震忠团练前身是秘密组织金钱会，会首之一周兆荣在结社初期让入会会员各交 250 文铜钱，把钱币放到锅中舀出烧开的水让他们喝下，整个过程伴诵咒语，让会徒相信可借助超自然神秘力量刀枪不入，把这种巫术称为"铜钱壮"。金钱会发放私铸"金钱义记"字样铜币，入会者缴纳 500 文制钱可换回 1 枚铜币，制钱归诸会首。金钱会经官府改编为震忠团练后，私铸铜钱正面铸字"震忠团练"，背面依然铸"义记金钱"。从金钱会到震忠团练，私铸铜钱的样式也是变化着的，"九月四日又有来缴金钱及红帖者"，"钱式又异，背上有'天'字，钱包金，甚光洁，可知其种种不一也。又有'地'字钱"。② 大量铸造具有巫术意味的钱币用来募集经费，是工商市民团练在战时的创造。

缙绅大团为募集经费，模仿工商市民团练的方式，交纳 140 文制钱领取号衣者，即可加入安胜义团。号衣为"前后号布二方，印有'安胜义团'四字，并盖以孙侍读关防"，印字图标使用白布，安胜义团由此被民间称为"白布会"。③ 两大对立团练一个用私铸铜币兑换制钱，一个用关防号衣换取制钱，两者的差别在于金钱会允许异姓入团，无分少长老幼皆呼曰兄弟，白布会则强调等级制度，在号衣图标上加盖孙锵鸣印章，其结果是强调内部平等的震

---

① 符璋、刘绍宽：《平阳县志》卷三十九，《人物志·杨配籛传》。
② （清）赵之谦：《章安杂说》，《赵之谦集》第 4 册，第 1186 页。
③ （清）吴一勤：《书逊学斋〈会匪纪略〉后》，《太平天国时期温州史料汇编》，第 200 页。

忠团练筹款十分顺利，注重等级秩序的安胜义团集资艰辛难以为继。

震忠团练奉行多神教，团总赵起率众祭祀五显神，"其地有北山庙，祀五显神。众对神结盟"。① 五显神崇拜由江西婺源传入温州，五显神为5位财神，震忠团练领导层多为工商业者，对财神有着天然的亲近感。多神崇拜是温州习俗，平阳与福建交界，受潮汕风俗影响把农历十二月廿四视为妈祖上朝日，妈祖塑像被称为廿四神像，信徒亦称廿四社民。战时适逢旱灾，廿四社民到温州茶山祈祷雨水，经过瑞安时城中士绅认为廿四社民都加入金钱会，闭城不许他们进来，妈祖信徒大怒，"破城门直入，将廿四社神像抬至县署，委而去之"。② 震忠团练战败时举行降神仪式，祈求妈祖帮助他们战胜敌人，清人刘祝封叙述降神仪式："赵启（起）见兵势日促，于屿头局假托一丐者，扮作女神，戴凤冠，披蟒玉，下仍赤足，高踞神座，口唱闽曲，呢呢喃喃，以蛊入会者之心。"③ 震忠团练还信仰地方神陈十四娘娘，攻打温州前在娘娘宫集结团勇，"赵启（起）在沙垟娘娘宫戏台上"点兵。④ 赵起为激励士气把佛教强拉进战事，命令数千名团勇剃光头扮罗汉，声称这样一来"渡江可不用船，逾城可不用梯"，佛祖会保佑他们平步青云过江登城，结果惨败，"兵败逃回，被杀者千余人，均是和尚一般"。

赵起深信《周易》卜卦，金钱会得以建立就借助于人为制造卦象。会首之一塑神匠缪元谎称夜里梦见两个月亮，赵起对缪元说："两月为朋字。朋，同类也，在《易·咸（卦）》之九四：'憧憧往来，朋从尔思。'君有大志，异日必应以光明之象。"趁机召集8人结盟建会，"分作八卦"。⑤ 整编为震忠团练后，以八卦序号编为乾、坤、震、巽、坎、离、艮、兑8队，赵起归头

---

① （清）黄体芳：《钱房爱书》，《太平天国时期温州史料汇编》，第91页。
② （清）刘祝封：《钱匪纪略》，同上书，第159页。
③ 同上文，第166—167页。
④ （清）赵之谦：《章安杂说》，《赵之谦集》第4册，浙江古籍出版社2015年版，第1185页。
⑤ （清）刘祝封：《钱匪纪略》，《太平天国时期温州史料汇编》，第167页。

队乾字号，各队团服取不同颜色。攻陷温州城时，赵起坐蔸抬进城中，为战场涂抹上浓厚宗教色彩。为鼓励士气赵起用《周易》术语指挥作战，屿头一仗赵起为激发嫡系乾字队团勇斗志，宣称江西垟兑字号兵将来增援。

团旗是地方武装的灵魂，敌对双方都为此做足工夫。震忠团练经官方注册后，竖旗平阳城南，逼平阳知县翟惟本、平阳副将王显龙共祭旗。震忠团练发生内讧，赵起率部攻击另一团首程殿英宅院，"纠党数千人，阳若为官府仗义者，由钱仓直抵西门，刀枪耀日，旗帜连云"。安胜义团与震忠团练最初的冲突即因团旗纠纷引起，震忠团练拔安胜义团林垟团练团旗，林垟团总陈安澜、团绅曾燕卿命团勇反制，拔掉震忠团练旗杆以归，赵起愤怒地下令进攻林垟。震忠团练战胜安胜团练回师，"沿途放炮，分按八卦旗号，以次南去"①。

安胜团练总局开局即竖团旗，祈求得到地方神庇护。清人赵之谦叙及此事："瑞安民团旗上皆横书'辅正王'三字，邑神号也。中一大'护'字。"②辅正王即邑神号，震忠团练亦然，入会者须诣庙神誓无负约。震忠团练进入温瑞塘河区域作战，河乡团练为御敌鸣金吹角，用印有地方神字样的团旗恫吓他们。

震忠团练团旗色彩多样，"生员蔡卿云以所领三百人巡沙洲渡，贼数千聚于北岸，旗皆黑色，望之如云，逾时始退"。③湖石团总张家珍战前杀俘祭旗，"杀贼祭旗，连破旁近诸贼巢"。交战时他亲自挥舞团旗，求助神明帮他打赢敌人，"家珍每战尝自执大旗呼天，以前所部士皆呼天应之，呼声动天地，贼闻家珍呼声辄走"。④丽岙团总吴一勤为与安胜义团拉开距离，将其宗亲团练

---

① （清）黄体芳：《钱房爱书》，《太平天国时期温州史料汇编》，第91页。
② （清）赵之谦：《章安杂说》，《赵之谦集》第4册，第180页。
③ （清）林梦楠：《瀕江战守日记》，《太平天国时期温州史料汇编》，第208页。
④ （清）孙衣言：《张家珍传》，《孙衣言集·文钞》卷七，第461页。

改称忠义军，独树一帜，"一切旗帜均编吴号"。①

震忠团练较之安胜义团，发型、服饰样式丰富许多。震忠团练进攻温州府城，"一万人，分十队，以八卦字号，分付各人解散头发，分挂两耳。头上用白布、红布、绿布、蓝布包缠，照色归队。临阵时每人右手袖子脱下，把袖缠腰间以为记认。赵启（起）头上白布，身穿白短褂、白带"。②震忠团练渡飞云江进攻瑞安城及塘河地区，"相遇即称兄弟，包红巾，挂腰牌"。震忠团练朱秀山部服饰特异，"所带精兵五千人，执黑旗，衣黑衣，自号鸦军。为首者一老教习"，"同一徒弟，足缠红布"。赵起部为求神助剃光头发，其中含有反清反满意蕴，"从者须先剃发，名为罗汉阵，渡江可不用船，逾城可不用梯"。③

安胜义团团服模仿清军军服，团服前后白色号布标上孙侍读关防，把官方色彩、职位等级结合到一起。吴一勤团练号衣标有"忠义军"字样，虽被缙绅团练收编却不屈不挠，表示乡土士绅无视办团缙绅，其宗族武装坚持独立立场。各地乡土绅团团勇战时画上彩色眉毛，作为敌我识别标记，民国《瑞安县志稿》记载："城东北乡诸乡闻官兵至，城外贼走，则皆起杀贼，粉其眉以为号。"

温州水乡端午节盛行赛龙舟，这些龙舟战时成为战船。震忠团练围攻瑞安城，"以龙舟载薪，欲毁各处水门"，守城团勇"以石密填门内，敷湿苫于外，更多运水石置门楼上"④，严防装满木柴的龙舟自杀式攻击。光绪年间《永嘉县志》记述，元宵节所用花灯也搬上战场，被震忠团练邀至浙南作战的太平军花旗部队进攻据守城北双望岭的乐清团练，一路攻陷九丈小源、东村岭、罗坑诸村，危急时乐清团练趁夜黑风高，在高山上点亮上万只灯笼，

---

① （清）吴一勤：《书逊学斋〈会匪纪略〉后》，《太平天国时期温州史料汇编》，第191页。
② （清）赵之谦：《章安杂说》，《赵之谦集》第4册，第1185页。
③ （清）刘祝封：《钱匪纪略》，《太平天国时期温州史料汇编》，第167页。
④ （清）黄体芳：《钱虏爰书》，同上书，第112页。

"民祷于神，贼夜见岭上神灯万余，咸惊惧"，攻陷罗坑的花旗军惊恐万分，"遂由鱼田、沙头而逸"。① 饮食文化也被用于战争，为聚拢人心拉起队伍，筵席酒宴成为必不可少的工具。赵起开设饭铺招揽各色人等，他"设饭铺于其乡"，"结交皆拳勇辈，遇贫乏则赠以资财，以是名震江南北，渐至闽疆，亡命之徒，往依者众，人皆称赵大哥"。② 孙锵鸣为掌握地方武装领导权，在富户亲戚的资助下"择日在隆山寺杀羊设酒，公议开局"。为使乡土团练编入缙绅团练，孙锵鸣还在教士馆宴请各乡团总，"既而闻河乡与平阳各有团，乃借其戚曾鸿昌财力，设酒教士馆，招集乡民聚饮"。③ 平阳张家堡富绅杨配篯办团，也是置办酒席宴请绅民，"择日盛具，悉招诸大户豪民饮"，豪饮之后绅民"皆奋乐从"。④ 山珍海味壮勇豪饮，可谓舌尖上的团练。

战争催生了文学艺术创作高潮。有关战争的纪略、传记、诗歌等，多为在籍缙绅、乡土士绅所写。缙绅孙衣言撰《安义堡记》《会匪纪略》《瑞安北乡团练义民表叙》《雷渎团练义民表叙》《湖石团练义民表叙》《张家珍传》，乡绅张庆葵撰《瑞安东区乡团剿匪记》，乡绅吴一勤撰《瑞安西北乡团练防剿记》，乡绅张梦楠撰《瀬江战守日记》，缙绅黄体芳撰《钱虏爱书》，乡绅刘祝封撰《钱匪纪略》。

孙衣言撰写的《安义堡记》极富文采，寄托了他的儒家理想政治理念：

> 予谓村堡之设，盖古者同井守望之法。而先王之意则一 寓之于井田，如《周礼》遂人之所为，盖非第以通沟浍川浍而已。所以正其疆界而为之封域者，诚以为守助之资，禁强暴之扰也。后世井田废则无所谓疆界，民所恃为固者，舍城堡其道无繇。若其意则犹井田之意也，然先

---

① （清）张宝琳：《永嘉县志》卷八，《武备·兵事》。
② （清）刘祝封：《钱匪纪略》，《太平天国时期温州史料汇编》，第167页。
③ （清）张庆葵：《瑞安东区乡团剿匪记》，同上书，第158页。
④ 符璋、刘绍宽：《平阳县志》卷三十九，《人物志·杨配篯传》。

王之意又非第以为可守而已。尝考之大司徒之职，既制其井域而封沟之矣，又必详为教法以治之。其于比闾族党之间既示之以相保、受、宾、葬矣；又必颁之以职事，教之以三物。而所尤重者，则孝、友、睦、姻、任、恤之六行，其不孝、不友、不睦、不姻、不任、不恤者，则又有刑以纠之，必使尽就我教而后已。而至于礼乐之精微，亦未敢后焉。先王之所以联其民而教之备者，以为不如是，则虽予以可守之地而亦不能以自固也。①

孙衣言还分别写诗悼念阵亡的孙诒谷和张家珍：

  痴儿草草易谈兵，一死翻成孺子名。四海豺狼犹在眼，人生豚犊岂无情。
  却凭诗史篇章贵，谁识文翁教化成。我本职司柱下籍，忠奸两字欲吞声。
  磊落张郎我识之，眼中灼灼口期期。平时狂吸千钟酒，一怒能呼十万师。
  陇上蛇矛思壮士，军前马革称男儿。纷纷偷活兼跳死，说与书生总可悲。②

黄体芳也为孙诒谷写挽诗：
  名门生长部簪缨，亮节能将日月争。琐尾一家仇未雪，丧元三日面如生。

---

① （清）孙衣言：《安义堡记》，《孙衣言集·文钞》卷二，第295页。
② （清）孙衣言：《戴广文以安固二忠诗见示为生员张家珍及亡儿作也张死于会匪而大儿殉粤贼之难》，《孙衣言集·文钞》卷三，第234页。

神驹渥水怜长逝，啼鹃春山怨不平。赖有佳篇当合传，后先毅魄莫相轻。①

民间歌谣则多为同情震忠团练者所作，以官逼民反为其辩护："官不法，民难活，逼得良民造金钱。"震忠团练按《周易》八卦分队驻扎各地，歌谣对此也有记载："三月好景三月三，金钱分出外地方。坎字分出桥墩头，离字分出东江山。"民间把震忠团练、安胜义团称为金钱会和白布会，歌谣唱道："各地摆起团练酒，凑拢白布打金钱"，"金钱白布来交战，火烧九乡好人家"。②

无兵者无话语权

对于在籍办团的体制内官员，清政权总是给予相应的回报，孙氏兄弟亦因之受益。孙锵鸣1852年钦派在籍办团，1856年擢任侍读学士，1862年"以团练、捐输事竣，乃奏请回京供职"③，这年10月25日接到"翰林院侍读学士孙锵鸣为副考官"的谕旨。能够与正考官署兵部右侍郎桑春荣、吏部左侍郎孙葆元共同主持同治二年（1863）武会试，无疑是很有存在感的事。孙衣言也接到圣谕，他被实授为庐凤颍兵备道，奏准离开安徽时尚是安庆知府署安徽按察使，回皖已是辖庐州凤阳颍州亳州泗州六安诸地的军事主官。这样的荣耀优渥仅属于编制内缙绅大吏，是那些在战争中因功获得虚衔虚品的乡土团绅望尘莫及的。

孙锵鸣1862年赴京履职，8月登上援温福建水师战船，9月抵达福州，与福建巡抚徐宗干、廉访使刘翊宸、布政使丁日健等晤面，游武夷山，途中接

---

① （清）黄体芳：《黄体芳集》，中华书局2018年版，第373页。
② （清）《金钱会起义民歌十二首》，《太平天国时期温州史料汇编》，第269—270页。
③ （清）孙诒让：《先仲父侍郎公行述》，《籀庼遗文》，中华书局2013年版，第452页。

到谕旨任武会试副考官。农历新年正月初二抵江西南昌，门生、江西巡抚沈葆桢前来驿舍拜年。之后经湖北、河南、直隶，1863年4月抵京，一路走来用了8个月时间。他走得如此之慢，或是在籍办团迄今十载，受尽白眼积郁难解吧。

孙锵鸣离温时给闽浙总督左宗棠写了一封信，要求严惩引发温州之乱的前地方官员。见左宗棠未予回复，孙锵鸣抵京后再写一信，托门生、江苏巡抚李鸿章转给左宗棠，在这封信中，他抨击现任地方主官周开锡："于办捐一切，未免操之稍急。不肖绅董又从而假公营私，遂成苛扰，各城均有罢市之事"，声称"弟之所陈，即温州之大是非也"。①

新任温州知府署温处兵备道周开锡是左宗棠门生、姻亲。皇室近臣孙侍读将其治下的温州描摹得一团漆黑，信函又是托李鸿章转去的，等于广而告之。孙锵鸣的消息来源出自瓯地士绅，"敝邑公车友来，询以地方事"。乡土士绅鉴于自身利益，不满官府强征税赋，官府则是清廷政策的执行者，须顾及帝国整体利益，两者之间自然存在矛盾。况且现在的温处道府主官均来自湘系私军，此地已属湖南地方军事集团势力范围，孙锵鸣既回京复职，却依然以地方名流自居，干涉籍贯地政事，挑战湘系职官，称"但恐官场袒护之习牢不可破，窃以为访之于官不若访之于绅，访之于绅又不如访之于民，盖绅有邪正之不同，而民则直道之犹存也"②，这在左宗棠看来实在是恶劣得很，无非是要将浙南独立于浙省之外。

左宗棠接连两信都不作回应，期待孙锵鸣适可而止不要把事情闹大。他有许多理由反驳这位翰林侍读，又深知笔墨亦可取人首级，当年遭湖广总督官文构陷的阴影至今还留存心中。孙锵鸣不认为左宗棠是忍让，两次致函均不回复对他而言满满都是侮辱，翰林侍读愤怒地写就《温处两郡地方凋敝请

---

① （清）孙锵鸣：《与左季高制军书》，《孙锵鸣集》，第69页。
② 同上文，第69页。

蠲苛法俾民休息疏》，1862年11月递呈给垂帘听政的两宫太后，陈述温州乱象皆由前官员所致，新任温处道周开锡不明事理，重用参与叛乱的捐纳知县沈焕澜，沈"在盐局帮办，百端剥削，致令盐丁激变毁卡。又托名捕盐禀设缉捕勇船，实无一船一勇，不过借词需索"。翰林侍讲直指左宗棠苛待浙江绅民："浙江各属被贼蹂躏，生灵荼毒，惨不忍闻。浙东八郡虽经次第攻破，而孑孑遗黎仅延残息，亟须循良守令善为抚循，培养元气，方足以资安辑。"宫中给左宗棠的谕旨是："将被参各员确切查明，严行参办，迅速奏闻。"①事已至此，总督不得不部署反击。孙锵鸣以为用口舌笔墨即可达到目的，不晓得一旦得罪湘军中人，便是构怨整个湘军集团，即便封疆大吏也厄运难逃，更别提翰林侍读之类。

湖南湘阴人左宗棠1832年中举，三试礼部不第，弃科举读兵法，"尝以诸葛亮自比，人目其狂也"。太平军1852年由桂入湘，左宗棠助巡抚张亮基守长沙，因功"由知县擢同知直隶州"；骆秉章接任湘抚，邀其"佐军幕，倚之如左右手"。1856年左宗棠助湘军攻克武昌，曾国藩为其上疏请功，"诏以兵部郎中用，俄加四品卿衔"。骆秉章弹劾总兵樊燮，湖广总督官文构陷左宗棠，上疏要求严办他，曾国藩直言左宗棠无罪，"且荐其才可大用"，"故得不逮。俄而朝旨下，命以四品京堂从国藩治军"②。1860年5月，"左宗棠奉诏募5000人援皖"，"立5营，号楚军"。③祁门战役中左宗棠部与李世贤部战于乐平、鄱阳，太平军丢下"僵尸十余万，世贤易服逃"，祁门大营粮道得以保住，湘军随即攻克安庆。曾国藩再度为其请功，称"左宗棠初立新军，骤当大敌。昼而跃马入阵，暮而治事达旦，实属勤劳异常"。④李世贤部经皖南进入浙西，左宗棠率楚军即王鑫旧部数千人追击，在四省通衢之地衢州设大

---

① （清）左宗棠：《复陈参奏不实情形折》，《太平天国时期温州史料汇编》，第249页。
② 《清史稿·列传一百九十九·左宗棠传》。
③ 王盾：《湘军史》，岳麓书社2014年版，第39页。
④ （清）曾国藩：《左宗棠军克德兴婺源折》，《曾国藩全集·奏稿一》卷十二，第613页。

营。"国藩与宗棠计，以保徽州，固饶、广为根本。奏以三府属县赋供其军，设婺源、景德、河口三税局裨之，三府防军悉隶宗棠。"1861年12月，左宗棠率所部攻克严州，1862年2月，"克金华、绍兴，浙东诸郡县皆定"，驻军屯田种植粮食以供军需。"时诸军争议乘胜取杭城，宗棠不喜攻坚"，"刘典军既至皖南，遂留屯"。① 曾国藩和左宗棠在下一盘大棋，前两江总督何桂清嫡系、浙江巡抚王有龄将作为弃子，被剔出波诡云谲的棋局。

何桂清在两江总督任内轻慢湘军，把藩库白银尽数拨给江南大营，对湘军将士则不管不顾，还多次密奏宫中称曾国藩谎报战功。何桂清出任两江前是兵部侍郎，说起来与曾国藩还是同僚，他这样对待曾国藩，与湘军上下结下怨仇亦是自然。王有龄是何桂清旧属，何力荐其为江苏布政使，"专倚饷事"②，湘军就是因军饷与何桂清、王有龄闹翻的。太平军攻陷江南大营时，已任浙江巡抚的王有龄和江苏巡抚徐有壬，恳请何桂清坚守两江总督衙门所在地常州待援，何桂清则借口募兵逃往上海。何桂清兵败革职解往京城，王有龄和新任江苏巡抚薛焕上疏为他求情，这也是江浙系官员得罪湘系集团之处。

李秀成部1861年以苏南为根据地入浙作战，11月连克萧山、诸暨、绍兴，12月9日攻陷宁波。王有龄决定死守杭州，军队是指望不上了，江南、江北大营数十万官兵已被太平军成建制歼灭，湘军更是难以期望，曾国藩视他为陌路人。《清史稿》记载："贼酋李秀成悉众围杭州城，副将杨金榜败死，张玉良攻克罗木营贼垒，亦中飞炮死。城中夺气，且食尽，饥民死者枕藉"③，"围急，闽兵绝粮，不欲战，巡抚王有龄登陴泣"④。清将张玉良等战死，士兵饿得不能作战，城楼上的王有龄泪流满面，统辖江浙赣皖四省的曾国藩坐视不救，不待城破不派湘军驰援。他之所以"登陴泣"，是清楚自己

---

① 《清史稿·列传一百九十九·左宗棠传》。
② 《清史稿·列传一百八十四·何桂清传》。
③ 《清史稿·列传一百八十二·王有龄传》。
④ 《清史稿·列传二百八十·李贵元传》。

作为弃子必死无疑。

王有龄是多么的期盼援军到来，1861年6月即和杭州将军瑞昌联衔向宫中告急："常山、江山之贼，绕越衢州，连陷龙游、汤溪二县，及金华府城，请饬催援师。"6月25日，宫中谕令湘军驰援浙江："左宗棠一军屡获胜仗，声势颇壮，即着统带所部，克日起程，应援浙江，会同瑞昌等所派官员，将失陷城池次第收回，以靖逆氛。"两江总督曾国藩断然拒绝，回复宫中"无援浙之力"，"湖北、江西攻剿得手，或安庆克复，有兵可分，再与左宗棠力谋援浙"。① 湘军领袖总要等到杭州失陷浙抚战死，才会命令左宗棠率部收复浙省。

圣谕难以调动曾国藩私军，王有龄无奈之下奏请宫中允准已革安徽宁池太道李元度募勇援浙。湖南平江人李元度1853年加入湘军，1858年曾率所部入浙作战，因功授温处道；1860年曾国藩"调元度安徽宁池太道，防徽州"，李元度战败被曾国藩弃用。"会浙江巡抚王有龄奏调援浙，元度不待命，回籍募勇八千，号安越军。将行，粤匪犯湖南，巡抚文格留其军守浏阳，偕诸军破贼。"② 这或许就是天命了，杭城生死关头，李元度率八千雇佣军驰援，却被湘抚留在浏阳。至于曾国藩回复宫中称克复安庆后即遣军援浙，可1861年9月5日湘军攻克安庆，太平军12月29日攻陷杭州，一百多天中援杭湘军连人影都未见一个。

杭州城破，王有龄自尽。抵抗到最后的还有朱琦，"守清波门，城陷，死之"。③ 曾国藩的湘军不援杭州，李元度的安越军未见踪影，杭城是肯定守不住了，王有龄不愿做弃城保命的何桂清，决意与杭城共存亡，应邀来浙办团的朱琦愿意随他赴死。福建道监察御史朱琦是内战中最早在籍办团的缙绅，拜上帝会在广西起事时，他便和龙启瑞应邹鹤鸣委托成立广西通省团练总局，所辖团练在桂林保卫战中建有战功，朱琦"以守城劳议叙，以道员候

---

① （清）曾国藩：《复陈左宗棠军不能赴浙折》，《曾国藩全集·奏稿一》，第674页。
② 《清史稿·列传二百一十九·李元度传》。
③ 《清史稿·列传一百六十五·朱琦传》。

选"。朱琦是想在乱世中有所作为的,清廷却不赏识他,一直以候补官员对待他。未获实授的朱琦不甘心,1856 年去往帝都北京居住,依然无人理睬。1858 年"钦差大臣桂良至江苏",朱琦随行,一路"无所遇",唯有王有龄与他一番交谈下来,对他"独重之"。"有龄抚浙,辟赞军事",邀朱琦"总理团练局"。① 《清史稿》称杭人殉难者至众,而旗营死事尤烈,"协领巴达兰布等守花市营门,佐领德克登额、佛尔国纳、德勒苏等守钱塘门,呼松额、格勒苏、印福等督队出涌金门,皆迎战,奋刀杀贼,先后阵亡。协领赛沙备、连生等,佐领萨音纳、伊勒哈春等,防御贵祥、明阿纳等,骁骑校志善、佛尔奇纳等,文职如知府伊丽亨等,武职千总安忻保等,皆阵亡。合营纵火自焚,男妇死者八千余人"。② 外城陷落,杭州将军瑞昌率旗军退守满城,"及城陷,瑞昌先举火自焚,阖营次第火起,同死者,杭州副都统关福及江苏粮储道赫特赫纳以下男妇四千余人"。③

湘军是在杭州陷落之后开始备战的。1861 年 11 月 26 日,曾国藩奏请将"广信、徽州、饶州诸军""统归"时任"帮办军务太常寺卿"的左宗棠节制。④ 12 月 5 日,他再次提出:"臣自顾非才,实难胜任","请皇上明降谕旨,令左宗棠督办浙江全省军务,所有该省主客各军,均归节制。"⑤ 奏折走程序之时,杭州城破人亡。1862 年 2 月 6 日,曾国藩再次推辞节制浙江兵权,力荐左宗棠主管浙江军政,"臣与左宗棠往返熟商,所以规复浙江者在此,所以保全江西、皖南者亦在此。愚虑所及,舍此别无谋浙之方"。⑥ 因曾国藩一再举荐,左宗棠 1862 年 4 月接旨任闽浙总督兼浙江巡抚。

湘军入主浙省,曾国藩开始清理门户。湘系将领李元度屡屡为江浙系官

---

① 《清史稿·列传一百六十五·朱琦传》。
② 《清史稿·列传二百八十·巴达兰布传》。
③ 《清史稿·列传一百八十五·瑞昌传》。
④ (清)曾国藩:《左宗棠定议援浙节制诸军折》,《曾国藩全集·奏稿一》卷十四,第 706 页。
⑤ (清)曾国藩:《力辞节制浙省各官折》,同上书,第 711 页。
⑥ (清)曾国藩:《钦奉恩谕再辞节制四省折》,《曾国藩全集·奏稿一》卷十五,第 732 页。

员所用，尤其是1861年未经曾国藩同意，擅自在湖南招募安越军援浙，浙抚王有龄奏准"弃瑕录用"李元度，"补授该员盐运使，兹又擢授浙江按察使"。曾国藩无法容忍这样的行为，在奏折中称"臣查该员李元度，自徽州获咎以后，不候讯结，而擅自回籍，不候批禀，而径自赴浙"。他把李元度描绘成无道之徒，既不忠诚于湘军领袖，又辜负新主浙江巡抚，王有龄拨浙省藩库库银组建安越军，李元度却未率部赴杭守城，"该员前既负臣，后又负王有龄，法有难宽，情亦难恕"，据此要求朝廷将其免职，"所有该员补授浙江盐运使、按察使，及开复原衔加衔之处，均请饬部注销，仍行革职"。左宗棠对安越军也不放过，奏请将"其所部安越军八千人"，"或全行遣撤，另派差使，或酌留二三千人，令守城池"①。

湘军领袖更不会放过前总督何桂清。何桂清经略两江不善，江南江北两大营战败，他丢下总督府一路狂窜躲往上海，1862年被捕押往北京收监。"同治元年，始就逮下狱，谳拟斩监候。大学士祁寯藻等十七人上疏论救，尚书李棠阶力争，谳乃定。桂清援司道禀牍为词，下曾国藩察奏。国藩疏言：'疆吏以城守为大节，不宜以僚属一言为进止。大臣以心迹定罪，不必以公禀有无为权衡。'是冬，遂弃市。"②是曾国藩的一份奏折要了何桂清的命，让这位无视湘军苦战江西、倾两江库银于南北大营的前总督死于1862年冬天。这时的浙江，已没有何桂清、王有龄、瑞昌、李元度的任何痕迹，一切都清扫得干干净净。

孙锵鸣在湘军集团入主浙江的情况下，一而再再而三地挑战与曾国藩共同商定图浙战略的左宗棠，不彻底惹恼湘系督抚誓不罢休。细究起来他在籍办团与地方官闹翻，曾要求浙抚王有龄施以援手，后者当时亦确实站在他一边："是时王壮愍公有龄来抚浙，锵鸣复寓书陈之王公，王公以诘道府，而道

---

① （清）曾国藩：《参李元度片》，《曾国藩全集·奏稿一》，第757页。
② 《清史稿·列传一百八十四·何桂清传》。

府栗言贼已改团练,王公知其伪,责悉献伪钱乃听为练,道府嗫不敢复言。"①湘军集团与何桂清、王有龄的苏浙集团形同水火,孙锵鸣上疏期间浙省战事胶着,浙北、浙东尚在敌手,浙籍京臣与浙南士绅遥相呼应横生枝节,主持浙江战区的左宗棠一忍再忍,但在接到令其"将被参各员确切查明,严行参办,迅速奏闻"的谕旨后终于不再容忍,逐条驳斥孙锵鸣所言。

总督为周开锡担责,孙锵鸣奏称周开锡重用叛乱参与者沈焕澜,左宗棠则称,已查明"沈焕澜并无帮办盐局自设勇船";孙锵鸣控周开锡"试办盐厘""以杀立威"等,总督亦一一驳回。既然是反击皇室近臣孙锵鸣,那就索性一剑封喉,左宗棠称,孙锵鸣在籍办团行为不端,徇私挟嫌挑衅在先,以致引发事变。"臣查温州上年金钱会匪之变",时值"发逆已陷处州,温防吃紧,官兵未可轻动","孙锵鸣遂自募勇丁赴平阳,将前仓(钱仓)房屋烧毁,前仓(钱仓)匪党旋亦烧毁孙锵鸣房屋","言者但以纵匪之咎归于官,而不知构衅之故实绅团孟浪致之也"。②总督全盘否定翰林侍读所为的正当性,毫无情面地把他拉下道德高地,将其定位为麻烦制造者。至于孙锵鸣以民意代表自居,总督反诘道,孙侍读称"但恐官场袒护之习牢不可破,窃以为访之于官不若访之于绅,访之于绅又不如访之于民,盖绅有邪正之不同,而民则直道之犹存也"③。那么"民"就一贯正确吗?"民与兵勇仇,绅与官吏仇,久且民与民仇,而械斗之患起;绅与绅仇,而倾轧之计生,乖气积久,灾沴乘之。"④总督把球踢还给翰林侍读,这是个炽热的火球。比较孙、左奏折的论点、论据和逻辑性,举人出身的左宗棠显然高于进士及第的孙锵鸣,前者最得意处是解构了后者民粹主义的正当性,抽去后者自设为民意代表的立论基础,使其辞穷理屈被逐出朝廷中枢。

---

① (清)孙衣言:《会匪纪略》,《孙衣言集》卷二,第318页。
② (清)左宗棠:《复陈参奏不实情形折》,《太平天国时期温州史料汇编》,第251—252页。
③ (清)孙锵鸣:《与左季高制军书》,《孙锵鸣集》,第69页。
④ (清)左宗棠:《复陈参奏不实情形折》,《太平天国时期温州史料汇编》,第251—252页。

孙锵鸣1863年春节尚在宫中,"正月元日,保和殿朝贺,锵鸣以讲官传班,凡四人,先时人立殿内",正月初二即被罢官逐出宫门,"次日,以劾周开锡,勒令休致"。两宫太后的择选非常现实,为了皇室和帝国的利益她们必须为左宗棠站队。以幼帝爱新觉罗·载淳名义颁发的谕令是,"左宗棠奏遵查黄惟诰等被参各款,既据该督查无其事,孙锵鸣所奏着毋庸议","今据所奏各情,是其徇私挟嫌,居心实属险诈。孙锵鸣著即勒令休致"。① 皇室最终取领军疆臣,舍无兵言官。

1864年3月,左宗棠部攻克杭州,总督衙门移驻省城。浙籍翰林孙锵鸣在年前的笔墨官司中,提醒总督须予浙人休养生息的空间,称"孑孓遗黎仅延残息,急需循良牧令为掬循,培养元气,方足以资安辑"。② 这是孙锵鸣不顾战时军费枯竭难为博眼球的虚浮之言,还是他为内战汲尽浙省民膏民脂而鼓与呼,左宗棠应该心知肚明。于是有了加盖总督关防的布告,这些布告贴满浙江城乡,是些事关民生的政策:"申军禁,招商开市,停杭关税,减杭、嘉、湖税三之一。"

宫中为左宗棠"加太子少保衔,赐黄马褂"之际,正是孙锵鸣回到废弃的瑞安演下安义堡之时,愁绪怨尤尽在诗中:

长沙太息未过六,柳下一黜不待三。我生孤僻俗眼白,人事崄巇鬼面蓝。

老踏京华寡俦偶,埋头柱下随史骖。出入危机历已遍,往往干戈生笑谈。

君恩宽大许归去,谴诃虽至犹覆含。头颅五十倏将及,文章政事百不堪。

---

① (清)载淳:《谕将参奏不实之员勒令休致》,《太平天国时期温州史料汇编》,第252页。
② 《清穆宗实录》卷八。

何如学道谢忧患,坐听万壑松风酣。一维堕地才学语,双亲衰鬓况毵毵。

纵言禄养强颜耳,梦魂多悸神先惭。乱后耕犁行可把,菽水足助含饴甘。

春水方生江之南,云帆转海如飞骖。归心已逐春雁发,一官鸡肋又焉贪。

誓与老农同击壤,息影不离山中庵。①

---

① (清)孙锵鸣:《开岁二日以言事罢官,将南归,叠三韵》,《孙锵鸣集》,第169—170页。

第九章 战上海

淮军出师

1860年8月,太平军第一次进攻上海,英法联军坚守上海县城,李秀成受伤率部撤回苏州。1862年1月,太平军卷土重来,相继攻占青浦、奉贤、南汇、宝山、吴淞、川沙,完成对上海的包围。

英国驻华舰队司令何伯、陆军司令士迪佛立1862年2月13日与法军驻华舰队司令卜罗德会晤,决定再次联手守卫上海。此时英法联军主力已离开中国,留在上海的仅有1550名官兵和少量炮艇。逃入上海租界的难民说从苏州开拔的太平军有八万人,在上海的清军只有一万来名,兵力如此悬殊,英国人只能寻求华尔洋枪队协助。英国驻华公使卜鲁斯同意何伯撤销对洋枪队队长、美国人华尔的拘捕令。1860年南京政权要求英国对中国内战双方保持中立,条件是允许英国船只通航长江、太平军1861年年底前不进入上海周边50公里区域,英国作出相应姿态表示对南京政权的善意,颁布不许在华外国人加入洋枪队的禁令。1861年5月19日,英军依据禁令逮捕华尔。现在已经是1862年,南京政权不派军队进攻上海的承诺已经到期,逮捕华尔不再有意义。

华尔早就逃离英军旗舰囚室,潜至松江雇佣军秘密训练基地,收罗旧部招募新队员,这些雇佣兵中有许多中国人,他们的薪饷"只有外籍佣兵的十分之一,于是兵力大增"。华人雇佣兵穿上欧式军服,在华尔调教下"以变换快速的阵形打仗与移动","那是英国人入侵北京期间令他们大为满意的'广州苦力团'的翻版,差别只在这些人带的是枪,而非运送的补给"。① 1862年2月3日,华尔率雇佣兵五百人参加松江保卫战,会同清军打赢数万太平军;2月21日,华尔联络英法联军击败数千名装备滑膛枪的太平军,夺回吴淞口。

洋枪队队长华尔和他的队员由上海银行家、买办杨坊出钱雇佣,作为私军服从杨坊的命令。杨坊是苏松太道署江苏布政使吴煦的密友,吴煦也是银行家、买办,通过捐纳获得职务,私属杨坊的洋枪队亦接受吴煦的命令。洋枪队在吴淞打赢太平军后,杨坊把女儿杨常梅嫁给华尔,利用婚姻关系使华尔成为他的家庭成员,为他的私人雇佣军涂上宗亲色彩,而对华尔来说他和雇佣兵将源源不断地得到白银。美国学者裴士锋称:"位于中间的杨常梅一生成谜,唯一留下的东西就是现今摆在美国马萨诸塞州塞勒姆一间博物馆里的少许首饰。"②

华尔因功获得四品花翎顶戴,成为清帝国军官,江苏巡抚薛焕将洋枪队队名改为常胜军。常胜军的表现可圈可点,却仍难消除薛焕、吴煦、杨坊的不安。太平军已攻陷青浦、嘉定、南汇、奉贤,完成对上海县城的扇形合围,一旦李秀成集结数十万兵力发起进攻,英法联军、常胜军兵力过少毫无胜算。巡抚和富绅们度日如年,决意派出代表潘馥、钱鼎铭等赴安庆曾国藩大营求援。

上海绅民代表溯江而上,手捧粤籍买办冯桂芬手写的"书辞深婉切至"的乞师信,面朝曾国藩"坐次哭泣",许诺"上海每月可筹饷六十万两之多","绅民愿助此间饷项,冀上游之兵早赴江东"。湘军领袖禁不住为这些白银心动,意识到上海完全可以作为筹资之地,为湘军攻打南京、苏州准备充足的军费。总督把他的决定写进折子送往北京,告诉宫中"镇江为进兵形胜之区,上海为筹饷膏腴之地,两者并重,均不可稍有疏失"。③上海代表不枉此行,

---

① (美)裴士锋:《天国之秋》,社会科学文献出版社2014年版,第287—291页。
② 同上书,第290页。
③ (清)曾国藩:《李鸿章军政由轮船赴沪折》,《曾国藩全集·奏稿二》卷十五,第761页。

说动两江总督派兵赴沪守城。

湘军领袖的眼光比来人远许多,既然湘军去上海那就干脆把局做大,在南京、闽浙之外再设苏沪战区,由曾国荃主持南京、苏沪战区,左宗棠依然主持闽浙战区。曾国荃的心思全在南京战区,1862年3月24日率部渡江南下,抵近南京城外雨花台挖壕筑垒,他告诉曾国藩其部无法兼顾苏沪战区。曾国藩决定由湘军陈士杰部入沪,奏请宫中任陈士杰为江苏按察使,哪里料到陈士杰也不愿前往,无奈之下只得启用皖籍幕僚李鸿章,命他组建安徽地方武装赴沪守城,这支部队称为淮军。

上海商绅"筹款十八万两"白银作为运费,让英国麦李洋行轮船公司改变"不肯雇载兵勇"①的中立立场,1862年4月至5月间,乘坐英船抵沪的淮军有"陆师六千五百人,编为十三个营,其中八营四千人由湘军调来;淮扬水师三千五百人,编成九营"②,总兵力约一万人。淮军脱胎于湘军,以血缘、族群、师生关系建军,营勇尊营官为父,营官以营勇为子,所有营官听命于李鸿章,李鸿章听命于曾国藩。淮军士兵多来自安徽乡土团练,最初的四营淮军为西乡团练张树声的树字营、刘铭传的铭字营、庐江团练潘鼎新的鼎字营、吴长庆的庆字营。李鸿章的弟弟李鹤章又回合肥召集李氏团练旧部,编为张桂芳的桂字营、吴毓芳的华字营、张志邦的志字营、李胜之的胜字营。曾国藩为建立淮军不遗余力,不惜把3营皖籍湘军调入淮军,他们是桐城马复震的震字营、巢湖张遇春的春字营、李济元的济字营,之后又拨给李鸿章八营湘军,其中有程学启的2营开字营,滕嗣林、滕嗣武的2营林字营、陈飞熊的熊字营、马先槐的垣字营,韩正国、周良才统带的曾国藩2营亲兵。

1862年4月25日,李鸿章署理江苏巡抚,首要之事就是招兵,派人回

---

① (清)曾国藩:《李鸿章军政由轮船赴沪折》,《曾国藩全集·奏稿二》卷十五,第761页。
② 王盾:《湘军史》,岳麓书社2014年版,第56页。

安徽招募15营步兵、1营骑兵。上海原有五万军队，李鸿章裁汰多半，留下一万人编为淮军。一些苏沪当地团练、皖籍太平军战俘，也被编入淮军。李鸿章组建淮军水师，他在曾幕时奉命创建淮扬水师，其中孙善成、黄翼生部划归淮军。郑国魁、郑国榜的枪船编为魁字营加入淮军水师。江南水师提督曾秉忠所率360艘师船，裁减半数后组成6营编入淮军水师。此外淮军陆营刘铭传部等，分别拥有水师4营。

淮军的诞生使帝国军事力量发生结构性变化，湖南地方军事集团由此演化为湘淮地方军事集团。这支新军是多棱剑，在进一步挤压南京政权空间的同时，清帝国权力架构亦更趋多重，而花费巨量白银谋求雇主身份的沪上精明商人，因打错算盘很快就尝到请神容易送神难的滋味。

淮勇入沪之初装备简陋衣衫褴褛，得到每月数十万两白银资助后，武器军服焕然一新，人也显得精气神十足。沪上富绅认为这样的生意两厢不吃亏，花钱雇人的守住城保住财，拿人钱财的付出体力乃至生命也属应该，要守住上海靠常胜军的洋枪是不够的，增加几万安徽雇佣兵才稍稍让人心安，英法联军、常胜军加上淮军，他们的身家安全必须有三重保险。精明的上海官员和商绅小瞧了湘淮集团的野心，李鸿章既率安徽地方武装入沪，岂能以佣军身份受人摆布，曾国藩更是动作频频，淮军入沪之时便上折子，指责江苏巡抚薛焕"偷安一隅，物论繁滋"，"不能胜此重任"[①]，奏请实授李鸿章江苏巡抚。苏抚薛焕、浙抚王有龄都是江浙系核心人物，何桂清兵败羁押待审，薛焕和王有龄上疏为其求情，王有龄既死也就算了，薛焕是断不能留在江浙了，宫中知道曾国藩的心思，谕告薛焕回京另用。

李鸿章更是要取得上海政事权，随着越来越多的淮军进入苏沪，他反客为主，借整顿吏治任用湘淮系官员接管上海。淮军从内地初到华洋杂处的上

---

① （清）曾国藩：《查复江浙抚臣及金安清参款折》，《曾国藩全集·奏稿一》卷十四，第713页。

海，与治下的口岸城市格格不入，居然生有"竟如李陵、王嫱之入匈奴"①之感，十分敌视这座国际范的通商都市。上海主官多系浙人，苏松太道、江海关监督兼署江苏布政使、杭州钱塘人吴煦，盐运使衔苏松粮储道、宁波鄞县人杨坊等，熟稔夷务政商不分，多与江浙系督抚何桂清、薛焕、王有龄交好。李鸿章为扳倒上海地方官，不惜攻讦浙抚王有龄结党营私贻害江浙，称"吴中官场素习浮靡，自王雪轩当事，专用便捷、圆滑、贪利、无耻一流，祸延两省，腼然不知纲常廉节为何物，其宗派至今不绝"。②

　　湘淮集团领导层成员多是科举精英，受理学熏染以正统儒者自居，鄙视政商不分、纳捐入仕的江浙系官员。王有龄未经科考正途入仕，"捐纳浙江盐大使，改知县"③；吴煦在上海开有茂记、绂记、元盛、元丰等多家银号，纳捐获任苏松太道、江海关监督兼署江苏布政使；杨坊拥有上海泰记钱庄，系宁波四明公所董事，纳捐获任盐运使衔苏松粮储道。这些捐纳富绅把持上海地方官府，官场商场混淆一体纠缠难分，李鸿章对此难以容忍，抨击他们"假托洋人名义合伙开洋行，造市房于洋泾浜，置轮船、沙船从事江海运输"④，"在挪借名下高下其手，令人捉摸不测"，其手法刁滑巧诈难以查实，"众论虽已佥同，而鬼蜮伎俩，无凭查实"。曾国藩在安庆总督府接到李鸿章从上海寄来的信，他的这位门生愤怒地控诉道台吴煦，称其"钱谷猾幕出身，会计最精，弥缝最巧"⑤；杨坊也被归入贪官之列，"以通事奸商起家致数百万"⑥，"沪中十年来发公家财，惟吴、杨、俞（斌）三人，远近皆知"⑦。江浙系捐纳

---

① （清）李鸿章：《复曾沅浦方伯》，顾廷龙、戴逸编《李鸿章全集·信函》，安徽教育出版社2008年版，第101页。
② （清）李鸿章：《复吴漕帅》，同上书，第81页。
③ 《清史稿·列传一百八十三·王有龄传》。
④ 谢世诚：《李鸿章评传》，南京大学出版社2011年版，第78页。
⑤ （清）李鸿章：《上曾制军》，《李鸿章全集·信函》，第107页。
⑥ （清）李鸿章：《致左中丞》，同上书，第113页。
⑦ （清）李鸿章：《上曾制帅》，同上书，第98页。

买办官员花钱雇勇帮助他们守城，现在才晓得后者反客为主鸠占鹊巢。

对淮军生有戒心的吴煦，多方照顾杨坊所雇外人私军，淮军的军饷则拖欠不发。李鸿章要求吴煦公布账目，道台托词推诿，巡抚恼火地致函两江总督，"三令五申，总不肯报出细账，关于开销，一时实难清厘"。淮系巡抚决定对浙系道台摊牌，由安徽候补道王大经、常州知府薛书堂接管捐税总局，"饬将月款十余万全行解局呈候批拨，方伯（吴煦）不得过问"。①又规定厘捐用于淮军，关税拨给常胜军，吴煦财权失去大半。李鸿章还不肯就此罢休，命曾府幕友郭嵩焘任苏松粮储道、刘郇膏署布政使、黄芳署海关道，把杨坊所有权力一并收回。吴煦、杨坊被派往常胜军任督办，率雇佣兵去南京前线作战，若关税不足支付常胜军饷银军粮和武器装备，差额由吴、杨两人自行筹措。这已是釜底抽薪了，常胜军的性质起了变化，经费源自海关税即雇主易人，由杨坊换为苏沪官府，杨坊却依然要为其买单。

一举端掉江浙系上海官员，白银滚滚输往湘营，"每月解送曾国荃大营军饷银两四万两外，仍不时额外需索"②，上海已如曾国藩所言成为湘淮地方武装筹饷膏腴之地。为筹集更多经费用于内战，淮军四处设卡增厘加捐。学者谢世诚在其史著中述及淮军征收厘金："十里、五里即设一厘卡，十钱抽三，由浙、沪至苏，绸缎须捐八九次，木料须捐五六次，甚至'茶棚桌子、赌场桌子、点心、剃头担、粪担日捐数千文至数十文，并有妓女捐名色'"，"从同治元年四月到同治三年六月两年多，'共收厘捐银六百四十余万'"③。

内战初期上海粤系捐纳官员吴健彰、李绍熙组建过买办团练，买办武装内部闽粤地域冲突尖锐、阶层分化派系林立，未与太平军作战即倒戈易帜迅速瓦解，以至于粤籍买办捐纳官绅退出沪上权力场，让位于江浙系买办捐纳官员。

---

① （清）李鸿章：《上曾制帅》，《李鸿章全集·信函》，第 97 页。
② 谢世诚：《李鸿章评传》，第 81—83 页。
③ 同上书，第 77 页。

工商买办集团通过经费运作，牢牢控制外籍私军，将雇佣兵的作战范围限定在上海区域，使这座远东最大的通商口岸城市成为中外资本的避难所。美国学者裴士锋称，英美史家历来把华尔、戈登当作英雄甚至是神，"称他们是冲进中国拨乱反正的外国人"①，然而，就上海买办而言，华尔、戈登不过是雇佣兵，领取高薪服务于他们的私军。他们之间的关系是雇主与雇员的关系，由资本决定，前者付给后者"比诸湘淮各军加厚，自是常胜军之用，始得力矣"。②这是来自资本的力量，近代都市工商业者创建了为其所用的外国雇佣军，为东方大陆烙上错综复杂的近代印记。

清廷乐见英国放弃中立，1862年2月8日颁旨"借师助剿"。4月入沪的李鸿章接到上谕："务当体察洋人之性，设法笼络。上海洋枪队颇资得力，外国人时常夸耀其力。该署抚不妨多为教演，以鼓舞洋人。至华尔等名利兼图，亦当遇事牢笼，毋惜小费。"宫中又谕李鸿章："将上海事宜布置稍定，可以分身赴镇。"此时，江宁将军都兴阿部遭太平军围攻，扬州危在旦夕，让淮军主力移驻镇江是为驰援都兴阿部。苏抚李鸿章以种种借口拒绝移师镇江，奏称淮军初到上海兵力不足难援扬州。为不使淮军离开上海，李鸿章上折子说："英国水师提督何伯迭次与臣会商，谆催派兵会剿浦东之川沙、南汇、奉贤、金山等厅县，急不可待"，为谨遵圣谕"不至绝洋人之欢"，"务当体察洋人之性，设法笼络"③，以淮军应以协同联军作战为要务，作为不出兵增援镇江清军的理由。

李鸿章赴沪前与曾国藩商议定当，淮军大营设在镇江，上海则为筹饷之地，到沪后李鸿章改变主意，苏沪战区与南京战区清晰分开，淮军不进入湘军作战区域，以使苏沪战区相对独立。曾国藩看透李鸿章心思，知道他与曾国荃争抢攻克南京之功，亦不愿赔上本钱解扬州都兴阿部之围，欲以上海为

---

① ［美］裴士锋：《天国之秋》，《序》。
② （清）梁启超：《中国四十年来大事记》，中华书局2015年版，第16页。
③ （清）李鸿章：《初到上海履陈防剿事宜折》，《李鸿章全集·奏议》，第3页。

基地谋求苏南。湘系总督致函淮系巡抚:"羽毛不丰,不可高飞;训练不精,岂可征战?纵或中旨诘责,阁下可答以敝处坚嘱不令出仗。二三月后各营队伍极整,营官跃跃欲试,然后出队痛打几仗。"①

诞生于中英战争的近代口岸城市上海,用取之不竭的白银哺育来自安徽的战士,初抵沪上时衣衫褴褛的人们一改旧貌,脸色红润精力充沛。西方商人为获取白银,把工业纺织品、鸦片和先进武器运往中国,黄浦江江面泊满一艘艘洋轮。近距离接触到英法军队的李鸿章,深以中国军器远逊外洋为耻,每日告谕将士虚心忍辱,"学得西人一二秘法,期有增益而能战之"。②因他的倡导淮军装备焕然一新,到了1862年9月全军已有1000多支欧洲制造的先进步枪,主力程学启部每3营中即有1营洋枪队,还添置了西洋劈山炮。

1862年5月英法军队和常胜军精锐尽出。5月1日,攻陷嘉定。5月13日,英法军队用重炮炸坍青浦城南门,常胜军中的3500名华人士兵冲进缺口,英军军乐队高奏《天佑女王》,被炮弹震得七荤八素的守军溃退。苏抚李鸿章上折子报捷:"近来洋人助剿,连复嘉定、青浦二城"③,此时他的淮军依然毫无声响。

英法联军的进攻瓦解于松江南桥,一位狙击手射杀了法国驻华陆军司令卜罗德少将,愤怒的法军为复仇,奋力拿下附近的柘林村,"屠杀该村包括妇孺在内三千人"。④华尔率常胜军增援法军,留下副手法尔思德及1500人守青浦城。太平军乘青浦兵力空虚,攻陷城池俘虏法尔思德,屠杀了城里的所有雇佣兵。这一仗打下来,英国驻华陆军司令士迪佛立、海军司令何伯心灰意冷,知道已无可能肃清上海周边的叛军,命令联军回防上海。战局发生重大变化,李秀成命谭绍光等领五万兵力进攻上海。

---

① (清)曾国藩:《复李少荃》,《曾国藩全集·书札二》卷十八,第5979页。
② (清)李鸿章:《上曾中堂》,《李鸿章全集·信函》,第187页。
③ (清)李鸿章:《初到上海履陈防剿事宜所》,同上书,第4页。
④ [美]裴士锋:《天国之秋》,第309页。

英法军队撤回城中、常胜军折损大部之时，李鸿章命令淮军出战。首战选择虹桥，1862年6月2日，程学启、滕嗣武、韩正国部击溃一千余太平军，夺取虹桥、七宝。6月15日，李鸿章亲率淮军进攻泗泾，6月17日歼灭太平军二千余人，击杀纳王郜永宽；6月19日，攻陷泗泾。淮军各部再战，击败松江、南汇、川沙、奉贤守军，7月11日攻达金山，8月7日克复青浦。

　　为遏制淮军的攻势，李秀成发动北新泾会战，集结慕王谭绍光、潮王黄子隆、会王蔡元龙诸部，1862年8月26日全线反攻。8月28日两军在北新泾决战，淮军营官刘玉林阵亡，太平军黄子隆部、蔡元龙部战败撤回苏州。李秀成命谭绍光等部攻击四江口淮军，李鸿章命郭松林、刘铭传、程学启分统左、中、右三路，11月13日正面迎战，歼灭敌军一万多人。李秀成见难以取胜，命令各部撤回苏南。

　　此役李鸿章跃马独出不作生还之想，曾国藩在湘军大营盛赞后生可畏："伟哉君侯，足为吾党生色！鄙人从军十载，未尝临阵手歼一贼，读来书，为之大愧，已而大快，遥对江天浮一大白也！"① 他知道门生羽翼已丰，将独领一军远他而去。

非私军者亡

　　上谕李鸿章夺回苏州，李鸿章回折子驳斥拟旨的军机处："若我以孤军深入，而贼以四面来抄，坚城阻于前，粮路断于后，此危道也。"② 他的计划是消灭苏州外围之敌，使李秀成大营孤悬苏南，然后歼灭之。

　　1863年1月16日，李鸿章策反常熟守将骆国忠，骆部万余人编为忠字

---

① （清）曾国藩：《复李少荃中丞》，《曾国藩全集·书札二》卷二十，第6064页。
② （清）李鸿章：《复奏近日军情折》，《李鸿章全集·奏议》，第158页。

营。苏南防线被撕开口子，太平军苏南诸部拔营围攻常熟。李鸿章令潘鼎新、刘铭传、张树珊部，水师黄翼升部进击福山，调动常熟城下之敌驰援福山，骆国忠部打开城门反攻，歼灭悍将朱衣点部，常熟解围。5月2日，李鸿章调常胜军协同淮军攻陷太仓；6月1日，攻占昆山逼近苏州。

李秀成1863年2月率主力三十万人北上，寻战江北湘军以解南京之围。4月在无为石涧溪遭湘军堵截，5月西攻庐江、舒城、六安不克，兵力折损大半。6月20日，余部三万人撤至九洑洲，寻船南渡。6月26日，曾国荃部攻陷南岸下关、草鞋峡、燕子矶，湘军从长江两岸围住九洑洲。6月30日，湘军水师战炮齐射，狂轰九洑洲，将北征太平军残部全部歼灭。

整个战场的局势都对南京政权不利。陈玉成部在安徽痛遭碾压，英王兵败被俘，1862年6月在寿州受死。石达开部1863年6月在四川大渡河降清，翼王被凌迟处死。太平军三大主力仅剩李秀成部，北征失败后余部撤回苏州。李鸿章认为战略反攻期已经到来，1863年6月26日呈《分路规取苏州折》："李秀成为诸贼之冠，不甚耐战而最多狡谋，据有苏、杭、嘉、湖四郡之地，其余各伪王皆其死党，悉听指挥。"淮军将发动苏州战役，先夺苏南诸城，"以翦苏州枝叶，而后图其根本也"。①

1863年7月7日，李秀成由南京赶往苏州大营，集结诸部以攻为守进击昆山、常熟、江阴，均被守军击退。战至11月，淮军攻克江阴、吴江、无锡，摧毁苏州城外所有营垒。藩篱尽失孤城难守，忠王觉察部属异动，"带所部万余，由胥门出光福、灵岩一带小路，搭桥而去"。②

李秀成劝慕王谭绍光同返南京，谭绍光不从，发誓死守苏州城。守军中除慕王力主抵抗，纳王郜永宽、宁王周文佳、康王汪安钧、比王伍贵文等都打算献城降清。策反者是淮军开字营营官程学启，他原是英王陈玉成麾下悍

---

① （清）李鸿章：《分路规取苏州折》，《李鸿章全集·奏议》，第294页。
② （清）李鸿章：《克复苏州折》，同上书，第387页。

将，投曾国荃助其攻取安庆，调入淮军后成为李鸿章得力战将，四江口、昆山、太湖之战都由其部担任主攻。程学启是李秀成克星，苏州战役中率开字营攻陷苏州娄门外永定桥、五龙桥、百龙桥，击破蠡口、黄埭、浒墅关、十里亭、虎丘，"盘门至娄门连垒十余里，号曰'长城'，亦悉破"。身经百战的李秀成遇上这样的劲敌，为之胆寒，"知不可为，又江宁被围急，遂以城守付其党谭绍光，自出走"。①

程学启不单是悍将，还擅长统战，苏州守军纳王郜永宽等就由他策反，郑国魁是他的联络员。郑国魁也是降将，此人原是巢湖帮枪船首领，两江总督何桂清招募其部守无锡高桥，又随提督曾秉忠驻军上海。李鸿章任江苏巡抚后将其部编入淮军水师，郑国魁率部参与四江口、昆山、宝带桥诸战，因功"擢至副将"。经郑国魁斡旋，淮军代表程学启与苏州守军代表郜永宽在阳澄湖秘密谈判，为取得郜永宽信任，程学启邀请常胜军会带、英国人戈登作为保证人参与密谈。程学启向郜永宽提出，守军必须处死谭绍光以示诚意，郜永宽表示同意，程学启许诺守军献城后，由李鸿章保举郜永宽为二品职官，当场"折箭誓不杀降"。②

1863年12月4日，郜永宽等发动苏州事变。慕王在王府宴请纳王等商议如何守城，发生激烈争执，谭绍光被揿倒在地割下首级。次日，郜永宽、周文佳、汪安均、伍贵文诸王，会同天将范启发、张大洲、汪怀武、汪有为开城投降。等待他们的是一场屠杀，"诸酋出城谒鸿章，留宴军中。酒半，健卒百余挺矛入，刺八人皆死。"

血屠源自双方在李鸿章营中的短暂谈判。郜永宽等要求程学启兑现承诺，转告李鸿章给予他们总兵、副将职务，"署其众为二十营，划半城为屯"。守军献城后不加入淮军，独立为营与淮军划城而治，这样的要求突破了阳澄

---

① 《清史稿·列传二百三·程学启传》。
② 《清史稿·列传二百三·郑国魁传》。

湖密议，是李鸿章、程学启绝不接受的。程学启告诉李鸿章，入城受降时发现郜永宽等8人，"皆歃血为誓，然未薙发"，未薙发即没有剃去长发，很显然他们心怀反意，对此唯有杀降以绝后患。李鸿章认为"杀降不祥，且坚他贼死拒心，未决"。程学启说："今贼众尚不下二十万，多吾军数倍，徒以战败畏死乞降，心故未服。分城而处，变在肘腋，何以善其后？"①李鸿章最终被他说服。

杀死这么多的降将，遣散二十万降军，此事非同小可。李鸿章1863年12月13日向宫中说明杀降理由：一则"降众实有二十余万，其精壮者不下十万"，"臣思受降如受敌，必审其强弱轻重能否驾驭"，鉴于区区数万淮军难以驾驭二十万降军，不如杀掉降酋使其群龙无首；二则"苏省财赋名区，岂容该酋等拥众盘踞，致贻无穷之忧"，杀降是为保住湘淮集团筹饷膏腴之地；三则"该酋等八人来营谒见，讵郜云官并未剃发。维时忠逆李秀成尚在望亭，距苏甚近。郜云官等皆系忠逆党羽，诚恐复生他变，不如立断当几，登时将该伪王、天将等骈诛"，"于是降众二十万咸缴军器，乞就遣散"。②总之诛杀降将很有必要，遣散降军方可一劳永逸。

戈登对苏州杀降事件非常气愤，位及江苏总兵、常胜军会带的英军少校觉得中国上司李鸿章很不尊重他。戈登是在华尔战死浙江慈溪后出任常胜军指挥官的，在此之前美国人白齐文一度掌控这支私人雇佣军。李鸿章命苏松太道吴煦督带常胜军赴南京作战，白齐文要求华尔的岳父杨坊付清欠饷，否则雇佣兵们不会参战。白齐文鼓动雇佣兵去上海讨薪，到洋行痛殴杨坊，抢走四万块银圆，逃到苏州效力太平军。英国驻华陆军司令士迪佛立向李鸿章推荐戈登少校指挥常胜军，李鸿章奏准宫中，"以英将戈登统常胜军，权授江苏总兵"。③戈登想不明白，如此器重他的李巡抚，为什么完全不顾谈判保证

---

① 《清史稿·列传二百三·程学启传》。
② （清）李鸿章：《骈诛八降酋片》，《李鸿章全集·奏议》，第393页。
③ 《清史稿·志一百二十九·邦交二》。

人的感受，违反契约精神杀死已经放下武器的投诚者。

关于苏州杀降，美国学者裴士锋在其史著中有详细描述。献城密约保证人戈登在清军进入苏州前去纳王府，发现投诚者"已经薙发"，并非如程学启所说没有剃发。晚些时候戈登再去纳王府时，"发现里面空无一人并且遭到洗劫"。他找程学启打听郜永宽等人消息，"前太平军将领程学启往地上一坐，哭了起来"，请一位外籍军官替他向戈登致歉，"说他完全是奉李鸿章之命行事"。"更晚时，戈登终于找到献城诸王的遗体。他最先认出的是丢在泥地上的纳王头颅，然后找到其他人的遗骸。他报告道：'手和身体被人以可怕方式划过，砍成两半。'纳王的'身体部分埋在土里'。李鸿章的部下把他们全部处死并肢解。"保证人戈登憎恨这种毫无契约精神的虐杀行为，觉得这是对英国皇家军官的人格侮辱，他捧着郜永宽的头颅痛哭，发誓要与程学启绝交，还写信给远在苏格兰的母亲，说再也不想见到背信弃义的李鸿章。苏州屠杀事件引起的义愤，"像燎原之火蔓烧到整个洋人圈"，10个外国领事馆发表联合声明谴责李鸿章，威胁收回对清政权的支持。《泰晤士报》报道：在中国的英格兰军官，"每个人都气愤到极点，个个都遗憾于戈登未能抓到（李鸿章），将他吊死"。①

淮军的屠杀行为绝不止于苏州，1863年5月2日，戈登率常胜军协同淮军攻陷太仓，也曾发生屠杀事件。守太仓的会王蔡元隆诈降，李鹤章前去受降时腿被刺伤，淮军伤亡数百人。李鸿章调常胜军参战，戈登指挥雇佣兵攻占太仓城外营垒，炮击西城墙炸开缺口，淮军入城巷战，蔡元隆弃城突围。夺取太仓后李鸿章下令，"立将城贼万余人围而杀之"。②这些事实李鸿章自己也承认，并将屠杀行为写入《复奏近日军情折》呈报宫中。戈登不同意杀俘行为，苏州事件后越发憎恨淮军，"声称即带常胜军与官兵开仗。经道员潘曾

---

① [美]裴士锋：《天国之秋》，第358—360页。
② （清）李鸿章：《克复太苍州折》，《李鸿章全集·奏议》，第236页。

玮、总兵李恒嵩劝止"。

戈登为宽慰郜永宽义子郜胜镳，将他和一千多名粤籍降军编入常胜军，李鸿章大为恼怒，控诉戈登"招去纳逆义子郜胜镳暨久从苏贼之广东人千余名，意殊叵测"。①戈登向英国新任驻华陆军司令伯郎报告淮军屠杀降将、战俘事件，伯郎怒不可遏，前往苏州责问李鸿章。李鸿章亦向宫中奏告："（伯郎）谓其代英国君主与官商众人与我说理，要鸿章备文认错，方有办法。"②他驳斥伯郎的指责，淮军并非如他所说一律杀俘，叛军南汇守将吴建瀛投诚，他准其带兵一千人编为2营，常熟守将骆国忠归顺，他准其带两千人编为4营，这些降将遵守约定退出城池，均以战功保至副将。郜永宽等怀有野心违反密约，"所求太奢，欲踞省城；关系太大，未便姑息，养痈成患"，③其下场咎由自取。

英国人为杀降一事倍感焦虑，是因瑞士慈善家亨利·杜南倡议创立国际红十字会，瑞士、法国、比利时、荷兰、西班牙等12国，准备在日内瓦达成《改善战地武装部队伤者病者境遇之公约》和《关于战俘待遇之公约》。伯郎、戈登等要求李鸿章承认错误并承担责任，是基于欧洲国家的共同伦理原则。李鸿章则认为英国人干涉中国内政，"此中国军政，与外国无干，不能为汝认错"。④李鸿章与伯郎有过交集亦算熟人，淮军初来上海时武器装备十分落后，"鸿章尝往英、法提督兵船，见其大炮之精纯，子药之细巧，器械之鲜明，队伍之雄整，实非中国所能及。其陆军虽非所长，而每攻城劫营，各项军火皆中土所无，即浮桥、云梯、炮台，别具精工妙用，亦未曾见"。⑤伯郎为使淮军增强战力，同意他们参观英军军舰，在武器装备更新方面给予诸多帮助，

---

① （清）李鸿章：《骈诛八降酋片》，《李鸿章全集·奏议》，第394页。
② （清）李鸿章：《上曾揆帅》，《李鸿章全集·信函》，第272页。
③ （清）李鸿章：《骈诛八降酋片》，《李鸿章全集·奏议》，第394页。
④ （清）李鸿章：《上曾揆帅》，《李鸿章全集·信函》，第272页。
⑤ （清）李鸿章：《上曾中堂》，同上书，第186页。

现在为苏州事件闹得不可开交，以至伯郎"一怒而去"。①

李鸿章的底气在于当下的淮军与刚抵沪时已不可同日而语，人数不多的英法军队已难以对其施加影响力。至于仅有三千名雇佣兵的常胜军与装备新式武器的五万淮军相比，人数与实力都不在一个量级。伯郎、戈登为扳倒李鸿章，将苏州杀降事件报告给英国公使卜鲁斯，建议他向北京的总理衙门提出交涉，卜鲁斯告诉他北京对此类事件毫不在意。戈登感到绝望，他能做的就是拒绝接受清廷赏给他的一万两白银和头等功牌，称"外邦小臣叨沐殊恩，感愧交并，当此军饷支绌，不敢滥膺上赏，虚縻帑项"。②据李鸿章《戈登辞赏片》称，这位洋总兵为抗议中国上司对他的侮辱，拒领江苏巡抚衙门犒赏常胜军的七万两白银。

外交途径没有取得任何结果，英国人现在终于明白，戈登的常胜军并非为了日不落帝国在中国作战，外籍雇佣兵参与的这场战争，是中国的内战，是"李鸿章与曾国藩的战争，而非戈登的战争"，"尽管在华那些骄傲的英国代理人一再反驳说他们不是佣兵，但其实他们就是佣兵，一直都是"。③不断发生的杀降杀俘事件，使暧昧不明的事实露出水面，湘淮武装集团一旦引入西式先进武器，外国雇佣兵在中国便无足轻重。光鲜军服掩盖不了雇佣军里子，无论华尔、白齐文还是戈登，他们只是受雇于上海银行家杨坊、淮军领袖李鸿章的私军，在中国内战中他们仅是配角，一俟战争结束便是无主飘萍。

常州之战是常胜军的最后一仗。淮军和常胜军共四万余人将常州合围，1864年4月22日，攻毁城外营垒；5月10日，炸坍城墙歼灭守军，护王陈坤书被俘处死，志王陈志书阵亡。常州是南京政权在苏南的最后一城，攻守之战极为激烈，仅4月27日一天，淮军、常胜军"即伤亡将官、士兵一千五百

---

① （清）李鸿章：《上曾揆帅》，《李鸿章全集·信函》，第272页。
② （清）李鸿章：《戈登辞赏片》，《李鸿章全集·奏议》，第418页。
③ ［美］裴士锋：《天国之秋》，第360页。

人"。① 戈登在此仗中指挥雇佣兵进攻南门，因功获赏黄马褂、提督品衔。

常州失陷，南京政权仅剩金陵孤城。1864年6月11日至22日，宫中连发4道谕旨，命李鸿章进攻南京，李鸿章抗命不遵，致函曾国藩称："沅丈劳苦累年，经营此城，一篑未竟，不但洋将、常胜军不可分彼功利，即苏军亦须缓议。是以常州奏捷后，不敢轻言越俎。"②表明苏南淮军不参与南京会战夺人之功，更不允许外籍雇佣兵前往参战。

湘淮地方军事集团足可应付内战，不再需要外国军队参战。士迪佛立1863年4月去安庆大营见曾国藩，提议组建中英混合雇佣军帮助湘军攻下南京，这支雇佣军的10200名华人雇佣兵分属17个营，每营派驻21名英国军官。曾国藩对驻华英军司令的提议不屑一顾，仅给他1小时会面时间，打发他去北京总理各国事务衙门谈这事。就主权意识而言，湘淮军事集团强于中央政权，认为借师助剿不足为论。

官至清军提督的戈登少校，终于明白自己的角色始终是雇佣兵，他决定辞职，并在离开中国前解散常胜军。在华外交官巴夏礼、英籍大清总税务司赫德希望戈登改变想法，他们认为需要保留这支武装，但戈登坚持离开中国，声称常胜军已失去存在的理由。李鸿章乐观其成，为戈登解散常胜军大开方便之门，出手大方地拨给雇佣兵遣散经费12.28万银圆，补发月饷60000银圆。雇佣军"所有军械、洋枪、帐篷、号衣、船只、大小炮位"，全部呈缴淮军。少部分雇佣兵收到聘书，换穿淮军军服编入部队担任教官。李鸿章对处置结果写道："现留炮队六百名，经臣委派副将罗荣光管带，调扎城外浒关，留外国兵头十一名帮同教习，听管带官号令约束"，"枪队三百名暂留昆山，交李恒嵩督率巡防，并留外国兵头一名随同弹压，以免各国流氓冒充滋事。各兵丁改穿中国号衣，约计每月口粮共需一万数千两，仍由关道筹发。

---

① 谢世诚：《李鸿章评传》，第122页。
② (清) 李鸿章：《上曾中堂》，《李鸿章全集·信函》，第310页。

此后逐渐训练,操纵由我,自不致另生枝节"①。

远东最大的军火市场

战争促使内战各方武器装备转型更新。从这一时期曾国藩、曾国荃、李鸿章之间的书信来往,可以看出他们在军事实践中对敌我双方武器装备的了解,和湘淮军对近代武器的需求。清军江南大营拥有"洋人军器最多";②湘军水师出省征战伊始,"配炮五百七十余尊",绝大部分是购自外国的"洋铁炮";③李秀成部开辟江南战场,"专恃洋枪,每进队必有数千杆冲击,猛不可当";陈玉成部守安庆以先进武器压制湘军,曾国荃对洋枪洋炮盼望"甚切",④因武器劣势其部只能筑土垒结硬寨围困安庆守军,使其粮尽弹绝不得不缴出"洋步枪"。

随着战事日趋激烈,曾国荃不顾曾国藩的劝阻加快更新轻武器,率部围攻南京时委托李鸿章在上海代购武器弹药⑤。对于大量使用西式武器的太平军,李鸿章认为"我军唯有多用西洋军火以制之",⑥将淮军"拨归英国人训练的1000人,分作两营,全部操习洋枪;拨归法国人训练的600人中,500人操习洋枪,100人专习洋炸炮"。⑦

太平军、清军、湘淮军争相更换武器,在内战中掀起装备改型高潮。巴夏礼向伦敦报告:"鸦片和军火,鸦片和战火,我们所到之处,都听到清朝官

---

① (清) 李鸿章:《裁遣常胜军折》,《李鸿章全集·奏议》,第499页。
② (清) 曾国藩:《致沅浦弟书》,《曾国藩全集·家书》卷八,第7747页。
③ 罗尔纲:《太平天国史》第3册,中华书局1991年版,第1083—1084页。
④ (清) 李鸿章:《复曾九帅》,《李鸿章全集·信函》,第114页。
⑤ 程红:《〈曾国荃致李鸿章函〉探析》,《学术界》2003年第5期。
⑥ (清) 李鸿章:《复曾沅帅》,《李鸿章全集·信函》,第134页。
⑦ 王宏斌:《晚清海防:思想与制度研究》,商务印书馆2005年版,第71页。

员、军人和人民发出这样的呼声。"① 上海成了远东最大的军火走私市场，进入流通环节的除了轻武器，还有大宗重武器交易。"有些军火从远地运来，香港甚至新加坡每年至少有三千门大炮进入国际军火市场，各家海军商店都出售炮和小型武器，工部局虽然一再抱怨军火贸易过热，但它自己也促成了部分军火的扩散，因为每当新型远距离来复枪运来配备给各支志愿兵部，工部局就把旧式的滑膛枪和雷管卖出去以筹备资金。英国军队也在推波助澜，士迪佛立将军卖了第二十二旁遮普步兵团和第二孟加拉国步兵团的'军火和装备'，以减少这两个团队受命回防印度时所需的调防费用。"②

对于装备西方新式武器的热情，太平天国远在清帝国之上，大宗武器买卖的规格和数量也远在后者之上。美国学者史景迁在其史著《太平天国》中写道："一家'以卖军火给叛军而闻名'的美国公司在 1862 年里卖给太平军的军火如下：2783 杆滑膛枪，66 支卡宾枪，4 支来复枪，895 门大炮，484 小桶火药，10947 磅炮药，18000 发子弹以及 3113500 枚雷管。这支由四个美国人、一个翻译和十一个苦力开着两条船组成的商队取得了在太平天国辖区里'水陆'均有效的通行证，这个通行证由忠王李秀成手下的军官签署。""英国巡捕抓到一条船，船上有一些欧洲人，还有装运给太平天国的 1550000 枚雷管和 48 杆滑膛枪。法国人截住另一条船，上装约五千件'军火'。""大部分外国军火走私者和不法商人是英国人或美国人，也有比利时人、瑞典人、普鲁士人或意大利人。"③ 英国人开的大卫维苏洋行旗下一艘货轮 1862 年被查获时，正在运送三百门炮、一百箱小型武器、五十吨弹药，目的地是太平军占领区。一艘被查扣的美国货船上留有货物清单，他们的公司刚供应吴淞叛军"将近三千支滑膛枪、八百门火炮、一万八千颗弹丸，还有三百多万个雷管"。④

---

① [美]裴士锋：《天国之秋》，第 201 页。
② [美]史景迁：《太平天国》，第 399 页。
③ 同上。
④ [美]裴士锋：《天国之秋》，第 288—289 页。

创建湘军水师的曾国藩与时俱进，青睐大型蒸汽动力舰船。湘军攻占安庆后，曾国藩立即建立安庆军械所，提出"中国试造轮船"。①一时间来往两江总督府的多是技术专家。曾国藩与洪仁玕虽处敌对阵营，就中国军队武器近代化一事，他们的想法却惊人的一致。后者思路比前者更为阔远，认为"中国若想成为强国，就得善用新兴的全球工业经济"，中国必须制造"汽船、火车、钟表、望远镜、六分仪、连发枪"，②两者不同之处在于曾国藩已着手实施近代蒸汽轮船的建造，洪仁玕则还在无望地空想建立太平军舰队，由他与洋人交涉通过购买或租借获取20艘蒸汽动力战舰。

与久居香港的洪仁玕不同，曾国藩从未出过国门，尽管如此他对列强的认识依然十分到位，认为诸国各怀心事谋取私利，并非铁板一块。他在写给宫中的折子中称："以大西洋诸夷论之，英吉利狡黠最甚，佛郎西次之，俄罗斯势力大于英、佛，尝与英夷争斗，为英所惮。"③曾国藩最警惕沙俄，致函左宗棠说："俄夷王庭虽在泰西，然大段山国也。如欲与我为难，恐当从西北阑入，未必迂由海道。"④湘军领袖的这番话，是颇具先见之明的。

在侵华各国中，俄罗斯最具领土野心，强逼清廷签订《瑷珲条约》《北京条约》，割走大片中国东北部领土。为与英国争夺在华利益，俄使向总理各国衙门表示愿意提供"一万把步枪和八门火炮"，⑤以及蒸汽动力炮艇和"夷兵三四百名助剿金陵发逆"，并武装保护江浙地区运送漕粮到北京。宫中颇为动心，征求曾国藩意见，后者同意俄国参与运送漕粮，但拒绝俄罗斯海军助攻南京。他认为俄国人贪得无厌，参与内战居心叵测，在折子中奏告两宫太后："但恐该国所贪在利，借口协同剿贼，或格外再有要求，不可不思患预

---

① （清）曾国藩：《新造轮船折》，《曾国藩全集·奏稿二》卷二十七，第1314页。
② ［美］裴士锋：《天国之秋》，第769页。
③ （清）曾国藩：《复陈洋人助剿及采米运津折》，《曾国藩全集·奏稿一》卷十二，第609页。
④ （清）曾国藩：《致左季高》，《曾国藩全集·书札一》卷六，第5445页。
⑤ ［美］裴士锋：《天国之秋》，第188页。

防。"湘军领袖强调湘军水师足可控制长江:"惟长江二千余里,上游安庆、芜湖等处,有杨载福、彭玉麟等水师;下游扬州、镇江等处,有吴全美、李德麟之水师。臣现又在长沙、吴城等处添造师船,为明年驶赴淮扬之用。"总之,湘军有实力打赢反叛军,无须俄舰介入南京战事。

曾国藩提出学习西方技术制造近代先进武器,称"将来师夷智以造炮制船,尤可期永远之利"。① 这是对其湖南同乡魏源"师夷长技以制夷"论的首肯,是晚清洋务运动的滥觞。1861 年 9 月 5 日湘军攻占安庆,当年年底即开办安庆军械所,熟悉西方数学、化学、物理学的李善兰、徐寿、徐建寅、华蘅芳、龚芸棠、张斯桂、吴嘉廉等本土专家,被曾国藩邀入幕府供职安庆军械所,设计制造开花炮、火炮弹药、蒸汽轮船等军工产品。为"求自强之道",军械所"全用汉人,未雇洋匠"。② 总督阐释自强之道,"总以修政事、求贤才为急务,以学作炸炮、学造轮舟等具为下手工夫"。③

曾国藩对于武器近代化的决心和热情,极大地鼓舞了专家型幕僚,华蘅芳、徐寿等登上外国轮船,观察蒸汽机构造,"心中已得梗概",又反复参照《博物新编》图文资料,华蘅芳负责"推求动理,测算汽机",徐寿负责"造器置机"④,制造小样,1862 年制成缸径 4.4 厘米、每分钟 240 转的首台国产蒸汽机。曾国藩为此欣喜不已:"窃喜洋人之智巧,我中国人也能为之! 彼不能傲我以其所不知矣。"⑤ 1863 年,安庆军械所造的长 8.4 米的蒸汽动力轮船下水试航。1865 年,中国首艘国产轮船"黄鹄"号建成,长 17 米,重 25 吨,航速 6 节,单缸高压蒸汽机、主轴、锅炉、汽缸购自国外,"雌雄螺旋、螺丝钉、活塞、气压计等"⑥ 配件均为国产。

---

① (清)曾国藩:《复陈洋人助剿及采米运津折》,《曾国藩全集·奏稿一》卷十二,第 609 页。
② (清)曾国藩:《新造轮船折》,《曾国藩全集·奏稿二》,第 1314 页。
③ (清)曾国藩:《求阙斋日记类抄》卷上,中华书局 2018 年版,第 7173 页。
④ 《清史稿·列传二百九十二·艺术四》。
⑤ (清)曾国藩:《求阙斋日记类抄》卷上,第 7174 页。
⑥ 赵敏:《开启我国自造轮船时代》,《科学大观园》2010 年第 4 期。

在南京的洪仁玕也不遗余力地推进军队装备近代化，设想建造配置阿姆斯特朗舰炮的蒸汽战船，歼灭湘军水师的老式木质战船。史景迁在史著中述及南京城中建有重炮制造厂："1862年夏天，一个在南京的洋人写道，'这座城市有一些天资聪颖的能人'，在那里造的枪炮——包括重炮——比官府造的还好。"① 在黄浦江巡逻的法国军舰，在驶往太平军占领区的货轮上发现用于军火制造的设备。

差点儿就有了中英联合舰队

即便囊括国内最杰出的科技专家，也不能一蹴而就批量生产蒸汽机战船，为利用舰载重炮摧毁南京城墙，曾国藩奏请购买欧洲战舰。总理各国事务大臣奕䜣表示同意，以打击海盗保护贸易为由，向英国政府申请购买战舰。驻华公使卜鲁斯态度积极，认为英中签有通商条约，向条约国提供战舰保护两国贸易是可行的。1862年2月，回国休假的英国人、首任大清海关总税务司李泰国收到副总税务司赫德的信函，称两广总督劳崇光授权李泰国代表政府，赴伦敦谈判购买"一支新式武装舰队"。②

这是一笔数目可观的军火交易，唐宁街允许向中国出售先进战舰，英国造船厂为得到这笔生意欣喜若狂。来自中国的订单为7艘舰船和1艘军需船，总共配置40门现代火炮，中方要求其中的蒸汽明轮战船能在内河浅水区快速行驶。1863年5月，舰长73.3米的"江苏"号旗舰下水，在斯托克斯湾试航时最高时速达到19节，"是当时世上最快的军舰"。③

李泰国称7艘舰船已全部造好，汇往英国的80万两白银购舰费不够用，

---

① ［美］史景迁：《太平天国》，第399页。
② 史伟：《清政府在建立第一支新式舰队中靡费了多少钱?》，《历史教学（下半月刊）》1981年第4期。
③ ［美］裴士锋：《天国之秋》，第328—329页。

需再汇 12 万两。江苏巡抚李鸿章拒绝汇钱，说账目"皆无准数，与赫德前在总理衙门所议各条迥不相符"。① 不但不汇款，他还在巡抚衙门对前来催款的李泰国厉声说："无款终奈我何，且重兵十万，攻克上江，从未有劳外助。若因此挟制，激怒军情，我两人不免勒兵交战也。"②

李鸿章这样对待李泰国，是因为身为大清海关总税务司的后者，在伦敦代表清廷与英国海军上校阿思本签订的"统带轮船合同十三条"中，规定舰队官兵清一色为英国人，阿思本担任舰队司令，直接听命于中国皇帝，也就是说这支舰队是皇家雇佣军，这是淮军领袖难以容忍的。而李泰国物色的阿思本，动用淮军在沪经费资源打造近代舰队，其目的是借此次进口先进军事装备，使中国人认识蒸汽动力、重型火炮、电报通信等在战争中发挥的决定性作用，促使更多数量的近代武器出口到中国，继而"促成全帝国行政治理上的全面改革"③。

湘淮集团主张购买新式军舰，是为控制战区航道水域，以利于最终攻夺南京，与此同时达到垄断帝国水上军事力量的目的。清皇室同意湘淮集团购买英制战舰的初衷，从表面上看是为歼灭反叛军，实则面临旧式陆军几近淘汰的残酷现实，欲抢占先机争得新式海军领导权。阿思本完全不顾中国国情，一厢情愿地编织虚幻梦境，无视清皇室和湘淮集团均无借引进近代科技改革现行体制的想法，可谓政治上病得不轻。

舰队指挥权归属问题引发涉事各方关系紧张。总理大臣奕䜣反对英国人控制舰队，更不情愿其归属湘淮集团，提出舰员应由中国"不同族群组成"，鲁人充任水兵，湘人去做炮兵，满人编成海军陆战队。两江总督曾国藩不同意舰员由各省人混编，主张舰队归属湘军水师，仅保留少数洋人从事技术工作。

---

① （清）李鸿章：《致前通商大臣薛》，《李鸿章全集·信函》，第 219 页。
② 陈锦：《淞沪从戎纪略》，太平天国历史博物馆编《太平天国史料丛编简辑》第 2 册，第 214 页。
③ [美] 裴士锋：《天国之秋》，第 323—324 页。

奕訢忌惮湘淮军掌控舰队，命李泰国与阿思本订立《火轮师船章程》，由湘军水师总兵蔡国祥担任舰队总统，阿思本为帮办总统，以4年为期，舰队人员仍由英国水兵组成，"轮船到达海口后，由曾国藩、李鸿章节制调遣"。① 曾国藩看穿奕訢用意，致函李鸿章称："此次总理衙门奏定条议，将兵柄全予李泰国，而令中国大吏居节制之虚号，不特蔡国祥如骈拇枝指无所用之，即吾二人亦从何处着手？"② 李鸿章复函曾国藩，对奕訢也大为不满："此事有李泰国主持，引用英国弁兵六百余，船炮又非我所素习，总理衙门乃欲派一总统以分其权，又奏令吾师与鸿章节制调遣，谓可随时驾驭，不至授人以柄，岂非掩耳盗铃？"③ 他们都认为蔡国祥名义上为舰队总统，但对先进战舰一窍不通，舰上官兵都是英国人，舰队指挥权还不是紧握在帮办总统阿思本手里，"由曾国藩、李鸿章节制调遣"更是一句空话。

对于军权曾国藩毫不含糊，命令蔡国祥速募一营500名水勇，一俟舰队由英抵沪，即上舰换下英国水兵。又奏告宫中，说阿思本若不同意他这样做，"不如早为疏远，或竟将此船分赏外国，不索原价，折其骄气"。李鸿章表示完全赞同，奏称"蔡国祥虚拥会带之名，毫无下手之处。一家吴越，小大异形，强弱异势，终不能相为附丽"。在南京作战的曾国荃也奏称："江边仅金陵一城未复，长江水师帆樯如林，与陆军通力合作，定可克期扫荡，实不借轮船战攻之力。并因轮船所需经费甚巨，请裁沿海水师，节省饷需，以资酌剂。"湘淮系官员也纷纷发言，提出将购自英国的战舰"或拟送还外国，以省纠缠；或拟调巡沿海，以资控驭；或借以载运盐米，上下长江，出入津洋，收其余利，藉得实际"。④

明明是曾国藩先提出购买英国舰船，战舰造好了却又不要了，这一切都

---

① 谢世诚：《李鸿章评传》，第93页。
② （清）曾国藩：《复李少荃中丞》，《曾国藩全集·书札二》，第6148页。
③ （清）李鸿章：《上曾中堂》，《李鸿章全集·信函》，第238页。
④ 《清穆宗实录》卷八一。

因湘淮集团、清王室、英国人目的不同引起。湘淮集团认为皇室之于战舰既宁付客卿不托家臣，那就不如玉石俱焚放弃这支舰队。从根源上曾国藩要的是近代化的湘军水师，而不是清王室的皇家水上雇佣军、阿思本的中英联合舰队。

1863年9月1日，阿思本率舰队到达上海。他自诩为公共知识分子，启程赴华前为一家英国杂志撰文："中国政府和人民都要我们在他们危难的时刻出手相助，而他们将会给予我们长久以来所努力争取，且往往用武力去争取的进入机会和通商自由。"上校强调他指挥的这支舰队，是"以中国境内的欧洲人为兵员的欧华部队"，其所谓的欧华部队即中英联军，落到实处即中英联合舰队。阿思本打算把蒸汽动力、电报和铁路引进中国，"使这个广大国家敞开大门接受基督教和通商"，①"促成全帝国行政治理上的全面改革"②的政治理想也在这篇文章中被详细阐述。上校完全没有料到，李泰国向其灌输的几乎全是其个人想法，当他率领这支由先进战舰组成的舰队抵达中国的港口后，迎接他的将是无以穷尽的麻烦，他的中国上司对近代海军毫无概念，上司的领导是地方民兵领袖，他们每时每刻都在相机换掉随他来华的英军官兵，让他交出舰队指挥权返回英国。

上校用辞职表示他的愤怒，去北京拉上英国公使卜鲁斯，一起去总理衙门提出强烈抗议。他所做的一切只能激化矛盾，太后以幼年皇帝的名义颁布圣谕，宣布终止中英军事合作，并将主办此事的英籍大臣李泰国免职。李泰国在中国已经没有任何前途，王室对他的厌恶在圣谕中表现得淋漓尽致："至李泰国之为人，本极刁诈，中外皆知，久欲去之而不能，今以办船贻误，遵行革退，借此驱逐。其总税务司一缺，派赫德办理。"③对这位一度掌握大清海关的英国人，不仅是免去职务更是驱逐出境。这道谕旨也表明帝国上层政

---

① [美]裴士锋：《天国之秋》，第353页。
② 同上书，第323—324页。
③ 《清穆宗实录》卷八一。

权已无力就军事控制权对湘淮地方集团发起挑战。

南京政权一直观察这支舰队的动向。购买蒸汽铁甲战舰，夺回长江制水权，一直是天王族弟干王梦寐以求的战略目标。清王室与湘淮集团的角逐，使这支抵华舰队成了无主飘萍，但其在洪仁玕眼里却是圣器一般地高大上。一些英国水手经不住白银的诱惑，开始从上海去往南京，为防止水兵劫持军舰叛逃，阿思本率舰队驶往中国北方港口。盯上这支舰队的还有美国人，南北战争正在进行，交战双方都想购买这支被中国人抛弃的舰队。鉴于英国在美国内战中的立场，华盛顿不想这些战舰落入南方军队手中，美国驻华公使蒲安臣居间调停，促成这支舰队解散，舰船在英格兰和印度拍卖。

中国出售这些英制蒸汽机动力战舰，基本上可以冲抵购舰费，但船员遣散费是省不掉的，这是一笔巨大的开支。1863年11月6日，总理衙门、李泰国和阿思本议定舰队遣散办法，"所有轮船回国薪俸经费，共约三十七万五千两。内薪俸九个月，约银十六万二千两（此款由中国认还）。经费约银二十一万三千两（此款作为卜大臣向中国借用，俟下结由应扣英国二成款内归还中国）。"①舰队最后拍卖，中国收回106万两白银，冲抵遣散费等，实际用去约66万两白银，中国约亏空40万两白银。

购舰费106万两白银是什么概念？可比照的例子是：1862年上海代表去安庆湘军大营乞师，向曾国藩许诺每月筹集饷金60万两白银付给援军，约一万名淮军从安庆乘英国轮船去上海，花掉高价运费18万两白银。1863年的中国离近代舰队近在咫尺，权力博弈场中的人们却最终共同拒绝了这次机遇，他们着眼于在帝国疆域中打赢内战，不知道外部世界已走向海洋时代，即便知道也不会为跻身其中而放弃既有政治体系。

---

① 史伟：《清政府在建立第一支新式舰队中靡费了多少钱？》，《历史教学（下半月刊）》1981年第4期。

沪上广东帮

江浙系纳捐官员主政上海前,这座远东最大的通商口岸城市由广东买办控制。上海自1842年中英战争结束后辟为通商口岸,成为远东最大的贸易中心,此时广州反洋情绪高涨,欧美洋行、航运巨头纷纷北上寻找商机,岭南行商、捐客、买办、翻译、厨师随其迁移上海,为谋生北漂的还有上万艘木帆货船上的船主、水手。到了19世纪50年代,在上海的广东人约有八万人,他们为上海带来庞大的资本和国际贸易经验。

吴健彰、李绍熙、刘丽川是广东帮领袖。香山人吴健彰在上海发展最为顺利,他原是广州洋行员工,开设同顺行成为十三行行商,上海开辟为通商口岸后他北上经营茶叶、典当生意,与怡和、旗昌、宝顺3家大洋行关系密切,成为沪上著名买办。为谋求稳固的权力基础,吴健彰1847年捐纳50万两白银,获候补苏松太兵备道、记名按察使兼江海关监督职衔,1848年实授,进入文官体系成为苏沪地区最高长官。吴健彰"召募在上海的广勇数百人为亲兵",这些粤籍亲兵"恃乡谊,多不法","吴氏'终姑息不坐'"。嘉应州人李绍熙(李少卿)在沪经营茶栈,系上海嘉应公所董事、捐纳候补县丞,与吴健彰交好。1853年3月太平天国建都南京,清廷颁旨在长江沿岸各省推行地方军事化,吴健彰"饬粤董李少卿等团练粤人,闽董李仙云等团练闽人,沪董徐紫珊等团练本邑人"。① 太平军战略重点为北伐西征,尚无谋取苏沪之意,为节省经费吴健彰裁撤部分团勇,其香山同乡刘丽川趁机起事。

香山人刘丽川也是一名洋行买办,在沪从事食糖贸易。吴健彰裁撤团练辞退团勇,后者多为失业船主、水手、仆役,来上海前就是反满秘密组织成员。"团练既罢,游民无所归"②,"贸易上海,习于洋商,与苏松太道吴健彰

---

① 谢俊美:《上海小刀会起义再认识》,《历史教学问题》2004年第2期。
② (清)佚名:《上海小刀会起事本末》,《太平天国史料汇编》,第7775页。

有旧"的刘丽川,"纠客籍粤、闽、江右会党二千人"成立小刀会,1853年秋天攻入上海县城,杀死知县袁祖德,劫取道库白银,"邻境乱民纷起应之,宝山、嘉定、青浦、南汇、川沙五城连陷","吴健彰遁入领事署"。①

买办出身英语流利的刘丽川,以"太平天国统理政教招讨大元帅"的身份,与各国驻沪领事会谈。美国学者马士述及此事,称刘丽川的广东同乡洪秀全十分恼火,在南京发表声明斥责小刀会的"不道德习惯和恶劣嗜好,拒绝承认他们是他的信徒"。刘丽川与领事们的谈判也不顺利,各国均不承认他建立的上海政权。此时,口岸贸易处于停顿状态,出口茶叶、丝绸大量积压,进口棉纺织品难以入港,英美商人转而增加输华鸦片数量。国内市场也受到影响,"甚至在上海附近的那些比较还没有受骚扰的地区,也由于人心惶惶,大大地限制了货物的购买"。②

西方国家酝酿派兵干预,南京政权则与刘丽川划清界限,守住上海已无可能。小刀会内部矛盾重重,"合之数千人",派系林立,分为"七党","闽则曰建,曰兴化;粤则曰广,曰潮,曰嘉应;浙则曰宁波;而土著则上海也"。③各派构怨皆为逐利,"闽帮查获道库银20万两,主张两帮均分。广帮指其为'私己',表示反对,主张留作起义活动经费。于是闽帮退出城守,双方关系紧张,几致决裂"。地方主义也成为广东帮与福建帮的离心力,"上海道吴健彰被捕后,闽帮力主杀掉,广帮念其为同乡,坚决表示反对。此后两帮各自为党,貌合神离,离心离德"。④

上海商界捐款招募一千名四川雇佣兵,由在籍刑部主事刘存厚指挥夺回青浦、嘉定。署江苏巡抚许乃钊、署江苏按察使吉尔杭阿率江南大营援军攻陷宝山、南汇、川沙,刘丽川部困守上海城。1854年7月,接任江苏巡抚的吉尔

---

① 《清史稿·列传一百八十二·吉安杭阿传》。
② [美]马士:《中华帝国对外关系史》,上海书店2006年版,第514页。
③ 《上海事辑》,《太平天国史料汇编》,第17258页。
④ 谢俊美:《上海小刀会起义再认识》,《历史教学问题》2004年第2期。

杭阿委托吴健彰与英法美领事交涉，以上海海关由三国委派税务官共管，换取各国出兵清剿小刀会。1855年1月6日，法国驻华舰队司令辣厄尔命令法舰开炮炸坍城墙，清军攻入县城；2月17日，突围至虹桥的刘丽川战死。

南京政权则欢迎苏沪富裕阶层的加入，依靠他们提供战时经费，"苏南和浙江24个州县都试行维持原来土地占有关系"，承认土地私有制，设立官方、半官方收租局帮助土地所有者收租，"如有顽佃抗还吞租，即许送局追比"①。如同内战使清政权由单极集权变成多重统治结构，南京政权亦发生相应变化，由中央集权转变为洪氏皇室、战区指挥官、地方武装集团多重权力架构。上海买办团绅、苏南士绅等富裕阶层的加入，诱发了太平天国上层难以抑制的物欲，原教旨主义者和投机主义者达成默契，共同分享统治区域政治、军事、经济权力。一些跟随洪秀全打天下的高级将领，借助职权广敛财富，迅速成为有产者，李秀成的部将郜永宽、钱桂仁、骆国忠、熊万荃等都拥有大量财产。"钱桂仁以种种方法聚敛财产后，用黄金打成金狮，献给李秀成，并为李秀成建造行宫。"②李秀成照单全收，欣然迁居苏州王府。学者罗尔纲称，忠王府之豪华连李鸿章都感慨不已，淮军攻陷苏州后他进入王府，惊奇地发现"忠王府琼楼玉宇，曲栏洞房，真如神仙窟宅"，府中"花园三四所，戏台两三座，平生所未见之境也"。③李秀成在南京也有王府，他离开南京经略苏南，洪秀全不放他走，要求他助饷银十万两方可出城。李秀成"后不得已，将合家首饰以及银两交十万"。④李秀成1861年率部攻取苏浙一部，两年时间即富可敌国，与率团练武装归顺的上海粤籍买办、苏南富裕团绅不无关系。

现在整个苏南地区都充斥着腐烂糜甜的气息，而这里不久前枪林弹雨腥

---

① 李侃等：《中国近代史》，第99页。
② 同上书，第95页。
③ 罗尔纲：《太平天国史迹调查集》，生活·读书·新知三联书店1958年版，第31—32页。
④ 罗尔纲：《增补本李秀成自述原稿注》，中国社会科学出版社1995年版，第329页。

风血雨。找到这种感觉的还有广东嘉应人李绍熙，这位很会看势头的买办在上海发家，成为同乡买办吴健彰的心腹，吴不舍得花钱，裁撤大批团练，留下李绍熙继续当团总。同为粤籍买办的刘丽川看不下去，1853 年纠合被裁失业团练起事，李绍熙一看势头不对，赶紧加入刘丽川的小刀会，捐纳道台吴健彰只得孤家寡人躲到外国领事馆。刘丽川是个很会搞事的贸易商，为继吴健彰之后获取上海统治权，一边联络在南京的同乡洪秀全，一边约谈驻沪领事争取各国承认新政权，李绍熙乐观其成。刘丽川的努力没有成功，洪秀全和各国都不理睬他，李绍熙觉得势头不对，暗中接触清军将领吉尔杭阿，此事泄露后其家人和跟随他的嘉应人被全部杀光。1854 年 3 月，"两江总督怡良、署江苏巡抚徐乃钊奏称，李绍熙因全家被害，其同籍嘉应州之三百余人一起被杀，请募勇五百人与小刀会起义军作战，雪耻报仇。怡良派该部驻扎上海大东门外"。① 到了 1860 年，局势又发生变化，李秀成率所部精锐号称十万人进攻苏州，奉江苏巡抚徐有壬之命率数万兵勇守城的李绍熙看势头不对，毫不犹豫地开门献城，"被授为太平天国文将帅，改名李文炳，驻守昆山"。② 与李绍熙共议献城的城北永昌团练团董、记名道员徐佩瑗，被南京政权封为抚天候。常熟团绅庞钟璐，无锡团董华翼纶、杨宗濂，江阴团总王元昌等，也因倒戈得以封侯。为使身家财产得到保全，上海粤籍买办、苏南乡土富绅，一律认准强者站队。

上海已经基本没有粤籍买办的事了，买办行业领袖吴健彰官至苏松太兵备道、按察使衔江海官监督，却被脑筋活络的刘丽川撵下台去，灰头土脸回到老家香山当寓公。最会看势头的买办李绍熙几番倒戈，到头来全家人和数百嘉应人罹难沪上。买办刘丽川头脑活络想法很多，实行起来则尽是失败，连命都丢在上海虹桥。还在努力着的上海广东领袖现在就剩下嘉应公所董

---

① 贾熟村：《太平天国时期的粤勇》，《广西师范大学学报·哲学社会科学版》2006 年第 2 期。
② 谢世诚：《李鸿章评传》，第 113 页。

事李绍熙，苦心孤诣花费重金换来的上海统治权已经不会再有，广东帮内讧为昔日辉煌画上句号，这就是所谓的往事如烟了。改名为李文炳的太平天国江南文将帅李绍熙，现在待在昆山城的军营中，无时无刻不在警惕地观察时局，一旦有事就再次易帜保命，以求战争结束后回上海做茶叶外贸生意。

时局果然又发生变化，苏浙系地方官填补了粤系地方官留下的空白，浙省富绅吴煦以捐纳获得实授苏松太兵备道，主持上海军政事务。富商出身的捐纳道台，官衙偏又设在上海这个商业氛围浓厚的地方，想法自然非常现实，苏沪缺乏能战团练武装应付近在苏州的太平军，像湘军那样结硬寨打呆仗的事更是连想都不敢想，吴煦的思维方式是商业性的，即利用上海充裕的财富改变军事情势。新任道台和在上的江苏巡抚薛焕商议，"准备使用150000两白银，陆续发交苏州永昌练首徐佩瑗，'并加给谕单，许以事成破格奏保，请赏官阶、勇号、翎顶、银两'"。①

这项秘密策反计划于1961年实施，徐佩瑗与吴煦派来的密使接触后，和胞弟徐佩璋、徐佩瑀、徐佩瑛密商，认为这是一桩有利可图的生意，联络"'枪船'一万数千只之多"用于倒戈。驻守昆山的粤籍买办李绍熙听到风声，准备再来一次易帜。太平军常熟守将钱桂仁、江阴守将黄耀昌、常州守将余探海等，也奔着钱意欲献城降清。苏州守将熊万荃和听王陈炳文，立场亦十分微妙。钱桂仁、熊万荃、陈炳文都是李秀成心腹爱将，钱桂仁在安徽加入李秀成部，驻守常熟主管政事，随李秀成攻取杭州，擢升慎天义受天军主将；熊万荃随李秀成参加金田起义，时任忠殿左同检，主政苏州；陈炳文在芜湖加入李秀成部，参加过安徽三河、江南大营、上海松江各役，战功卓著受封听王。李秀成部如此高级别的嫡系将领都被策反，可见太平天国高官进入经济富裕地区后被当地富裕团绅同化，政治立场产生动摇。

以苏沪团练领袖、太平军高级将领为核心的变节集团，秘密拟定叛乱计

---

① 谢世诚：《李鸿章评传》，第113页。

划《永昌进剿章程》，这些被国内战争催生的既得利益者们，"准备进攻江阴、无锡、常州等处，连陈炳文也有牵连"。① 江苏巡抚薛焕认为倘若未能做到万无一失，还是延缓实施这项计划为妥，"逆首陈坤书极其狡悍，附从之贼甚众，急切难以下手"。②

1861年年底事情有了转机，李秀成率主力进攻杭州，护王陈坤书率部赴江西作战，李绍熙、徐佩瑗等留守苏南。徐佩瑗潜入上海与薛焕密商，薛焕与浙江巡抚王有龄深交，认为夺取苏州可解杭州之围，急拨库银二万两用于起事。徐佩瑗赶回苏南，"齐集民团，添募枪船，逐日冠带点名"。获知苏南后院异动，李秀成从杭州赶回苏州，顾忌李绍熙、徐佩瑗部人数众多不敢贸然动手，下令对"徐氏船只仍照常放行"③，徐佩瑗则在常熟守将骆国忠率部投清时，被李秀成密捕处死。

李绍熙在徐佩瑗之前就被处死了，李秀成密调刘肇钧部进驻昆山，自赴昆山诱捕李绍熙将其处死。④ 李绍熙的军事生涯毫无亮点，除了倒戈就是易帜，他把变节视为商业方式，如同商品置换进出那样频繁，亦如期货股票交易那样日常。在商业运作中股东之间发生纠纷可以转售股权，政治活动则不是同道即为死敌，变通的余地较商业操作少许多。北上经商的香山吴健彰丢官返乡、刘丽川命丧沪上，嘉应州李绍熙死于昆山，粤籍买办纵然有更多白银，亦不再是这座东方最大的通商港口城市之主人。如果没有这场残酷的国内战争，他们或不会有这样的人生悲剧，只是历史不能假设，他们的命运最终如那个时代的大多数因战争而失去生命的逝者一样，坠落于尘埃。

---

① 谢世诚：《李鸿章评传》，第113页。
② 贾熟村：《清政府在太平天国苏浙地区的颠覆活动》，《浙江学刊》1992年第5期。
③ （清）吴云：《两罍轩尺牍》卷十二，马玉梅校注，上海古籍出版社2020年版，第30页。
④ （清）王韬：《瓮牖余谈》卷七，朝华出版社2015年版，第19页。

第十章　万里江山图

他们选择离开

为解开北京、南京政权划江而治的死结,太平天国后期国策总设计师洪仁玕热切地盼望与外部世界建立关系,1858年在香港即认为"须尽快劝说南京方面与洋人合作,否则迟矣"①,1859年4月抵天京执政后他撰写内容涉及政经改革的《资政新篇》,主张宗教完全西化,建成基督教国家,打开国门与各国通商。他在《资政新篇》中劝导臣民使用文明词语对待外国人:"凡于往来语文书,可称照会、交好、通和、亲爱等意。"他还劝导臣民不要使用过激语言激怒洋人:"盖轻污字样是口角取胜之事,不是经纶实际,且招祸也。"洪秀全、李秀成等南京政权建立者则倾向于以军事手段造成既成事实,以上海实际占领者的身份与西洋诸国交涉,促使后者承认太平天国统治区域达及长江以南广大地区且包括上海。西方诸国的底线是南京政权的军队不得进入上海,为此不惜参战并改变对中国内战的中立态度。

此间恰逢美国爆发南北战争,英国政府选择站在南方政权这边。一些英国国会议员认为中国国内战争几乎就是美国南北战争的翻版,太平天国如同美国南方政权,清帝国类似美国北方政权;既然英国支持南方政权美利坚联盟国,承认它与北方的美利坚合众国一样具有合法性,那么在中国亦应秉承

---

① ［日］菊地秀明:《末代王朝与近代中国》,马晓娟译,广西师范大学出版社2014年版,第44页。

这个原则，承认南方政权太平天国与北方政权清帝国同属竞逐统治权的合法政府。其外交政策是给予太平天国交战国地位，同时向交战双方提供武器并进行贸易，他们发起动议迫使内阁考虑是否修改对华政策。

但在另一部分政客眼里，与割据政权建立外交关系被视为节外生枝，谁知道神秘色彩浓郁的南京政教合一政权是不是比清政府更难缠的谈判对手？

犹如南方军队的失败使以蓄奴制度为本的美利坚联盟国处于危险境地，太平军在安徽的溃败亦使以民族主义为压舱石的太平天国濒临倾覆，建国者们认为唯有迅速占领上海才能改变战场势态。1961年12月9日，太平军占领了与上海隔着海湾的港口城市宁波，他们对在华欧美商人释放善意，允许当地商人与西方商人进行大宗商品贸易。英法商船从暹罗收购稻米供应战乱中的浙江，中国商人通过宁波出口英国最急需的棉花，"至一八六二年六月三十日截止的那个年度的宁波对外贸易"，甚至比"清廷控制下的前一年度成长八成二"。① 南京政权以事实告诉西方国家，他们并不排外，西方国家的商业利益会得到充分保护，宁波模式同样适合于上海，列强不必为上海行政权归属太平天国过分担忧。

伦敦忽视南京的示好，不认为宁波模式适用上海，不肯改变其谈判对象为清政府的现状，英国首相巴麦尊、外交大臣罗素再次重申，上海界域是不可逾越的红线，英国军队必须坚守这座远东最大的通商城市。国会议员巴克斯特认为太平天国比清廷更人道，外交大臣罗素不这样认为，他拿出驻华外交官给他的报告，称中国内战双方都在毫无顾忌地屠杀战俘和平民，内阁现在能向议员保证的是有限的，即尽可能地保护英国商人在南京政权占领区的贸易不至于中断。

驻宁波领事夏福礼对南京政权怀有深深的敌意，他致函英国驻华公使卜鲁斯，称尽管攻占宁波的叛军允许西方商人进行贸易活动，但他仍然认为南

---

① [美]裴士锋：《天国之秋》，第297页。

京政权是不可信赖的。夏福礼对太平天国的敌视态度，甚至影响到德国哲学家、革命家卡尔·马克思。马克思曾在1853年为南京政权欢呼，把中国革命想象成点燃欧洲受压迫民族起身反抗的火花，他在《国际述评》中写道，中国这个"世界上最古老、最巩固的帝国，八年来在英国资产者大批印花布的影响下，已经处于社会变革的前夕，而这次变革，必将给这个国家的文明带来极其重要的结果。如果我们欧洲的反动分子不久的将来逃奔亚洲，最后到达万里长城，到达（这个）最反动、最保守的堡垒的大门，那么他们说不定就会看见这样的字样：中华共和国——自由、平等、博爱"。① 9年后马克思修正了自己的观点，希望清帝国以稳健方式解体，结束其集权统治，使中国得以复兴，在帝国解体的过程中，采取荒唐骇人的毁灭方式并不足取。他撰写《中国记事》刊发在维也纳的《新闻报》上，文章中大量引述夏福礼关于中国现状的资料，认为西方宗教与其全球贸易体系引发了中国革命："（太平天国）运动一开始就带着宗教色彩，但这是一切东方运动的共同特征。运动发生的直接原因显然是：欧洲人的干涉，鸦片战争所引起的现存政权的震动，白银的外流，外货输入所引起的经济平衡的破坏，等等。看起来很奇怪的是，鸦片没有起到催眠作用，反而起了惊醒作用。"对于南京政权在内战中的表现，马克思显然并不满意，"实际上，在这次中国革命中奇异的只是它的体现者。除了改朝换代以外，他们没有给自己提出任何任务。他们没有任何口号。他们给予民众的惊惶比给予老统治者们的惊惶还要厉害。他们的全部使命，好像仅仅是用丑恶万状的破坏来与停滞腐朽对立，这种破坏没有一点建设工作的苗头"。这位德国革命家认为太平天国运动是"停滞型社会生活的产物"，"他们对人民的危害更甚于旧统治者带来的危害"，"他们的使命似乎就只是阻止（中国）以稳健方式解体，就只是在毁灭它，而且其毁灭方式荒

---

① [德]马克思：《国际述评》，《马克思恩格斯全集》第7卷，人民出版社1963年版，第265页。

唐骇人，又未植下复兴的种子"。①

南京政权军队第二次进攻上海是个很关键的节点，让欧洲改变了对中国内战的中立态度。主张给予太平天国交战国地位的英国国会议员邓洛普，在与内阁成员辩论后撤回他的动议。《泰晤士报》发表社论赞赏内阁与议员达成共识，"不管我们对通往中国重生之路有多清楚的认知，从各方面来说，我们都万万不该蹚这浑水"。②社会舆论大幅转变，与在华传教士在南京的经历有关，自以为能够在西方与南京之间搭建桥梁的他们，现在终于幡然醒悟，像伦敦的议员、记者一样不再蹚这浑水。

美国传教士罗孝全搭乘"伦纳德"号逃离南京，他在这艘军舰上写的声明，刊登在1862年1月22日的英文报纸《华北先驱报》上。罗孝全自称他在1847年就是洪秀全的宗教导师，之所以支持洪秀全领导的太平天国运动，是期待他在宗教、商业以及政治上能造福中国，现在自己的想法改变了，刊登在《华北先驱报》的声明称："我觉得他是个疯子，又缺乏一个起码的像个样子的政府，根本就无法治理国家；他和他那些苦力出身的头领们甚至也无力去组织一个对老百姓来说堪与旧王朝匹敌的政府。"罗孝全说他的这位学生性格暴戾动辄发怒，南京没有言论自由，谁说错一句话便不经审判被处死；在南京经商充满危险，一些政府雇员因此事被杀害，外国人想来这里合法贸易被毫不犹豫地加以拒绝。这位传教士还抨击洪秀全所创本土宗教的荒诞性，说拜上帝会的教义是反基督教的，洪秀全"把耶稣基督、天父、他自己以及他的儿子组成为一个凌驾于一切的上帝"，"任何一个传教士，若是不相信他那神圣的职位有如此崇高，因而不照此宣传他的政治宗教，就无法在这群造反者中间平安度日，保住他的性命、仆役和财产"。资深传教士控诉他的学生在他来到南京后不久就威胁他，说"如果我不信仰他，我就要毁灭，就如犹

---

① ［德］马克思：《中国记事》，《马克思恩格斯全集》第15卷，第545—548页。
② ［美］裴士锋：《天国之秋》，第254—255页。

太人不信仰救世主得到的下场那样"。① 最令他难堪的是见洪秀全时,他不得不当场行跪拜礼,他曾经表示拒绝,洪仁玕逼迫他接受这样的现实。受尽凌辱失望至极的传教士,决计于1862年1月20日离开南京。

罗孝全在15年前结识洪秀全,在广州南关礼拜堂为他讲解《圣经》,此后自诩爱国革命党首领太平王的宗教导师。罗孝全去南京见洪秀全很不容易,中国军队封锁了所有道路,美国领事馆也严禁传教士去南京,违反中立政策者将被处死。直到1860年10月13日,罗孝全才带着在美国募集到的资金,千辛万苦抵达南京。南京政权第二号领导人洪仁玕是基督徒,他安排洪秀全的宗教启蒙导师罗孝全担任政府译员,罗孝全除了向洪秀全下跪,没有任何机会与昔日学生交流宗教问题。把话说满了的美国传教士,不好意思回到广州,只能留在南京做些无足轻重的琐事,在百无聊赖的日子里想明白了,他于新政权是一个多余人,好为人师是多么地荒唐可笑。

伦敦传道会传教士杨格非紧随罗孝全之后,1860年11月行抵南京。这年7月上旬他和艾约瑟等6位英美教士在苏州见过忠王李秀成、干王洪仁玕,两位青年领袖给他们留下极佳印象,杨格非、艾约瑟和同行者一致认定,太平天国政权统治中国是西方新教国家的福音,教士们不了解,这些青年领袖对西方国家的认识程度并不相同。

杨格非相信新政权与西方通商、传教自由的承诺,反对伦敦和巴黎冒失的外交政策。1860年李秀成部进攻上海,杨格非为太平军辩解,谴责法国军队过度防卫,说中国兄弟怀着对洋兄弟的无比友善来沪,英法士兵却以令我们国旗蒙羞的方式对待他们。杨格非决定率新教传教士代表团访问南京,深入了解被他视为同道的人们。在新政权首都逗留一个月后他返回上海时,已不认为太平天国臻于完美,而是离理想中的基督教中国非常遥远。执政者篡改基督教教义,谎称自己是上帝之子,广纳妻妾铺张靡费,这些都是亵渎

---

① [美]罗孝全:《声明》,《华北先驱报》1862年2月8日。

神的行为！洪仁玕在苏州对传教士们说过，正统基督教将成为太平天国的宗教，他在南京看不到任何这样的迹象。但杨格非没有放弃希望，期待南京当局作出改变，他认为太平天国领袖毕竟承认上帝的存在。

鼓吹太平天国革命的还有英国传教士艾约瑟。未到南京前他就极力为太平军的杀戮行为辩护，说"那些罪行全是最新招募的兵员所犯，他们尚未得到长官应有的宗教教诲"。他说南京政权由"不折不扣的革命分子"组成，"杀戮和劫掠都是为完成大业而不得不为。这类运动必然免不了这样的恶事，只要这运动本身有正当理由，这些事就说得过去"，而"官军的罪行还更加令人发指"。① 他自以为能够在宗教问题上说动洪秀全，1861 年 3 月率传教团前往南京。天王对艾约瑟一行不感兴趣，让他们在小房子栖身，艾约瑟和同行的教士难以习惯这样的居住条件，离开南京改去天津。

杨格非在艾约瑟之后再赴南京，"这时的南京城安静得像个死城，几乎见不到老百姓。所有店铺都奉天王之命歇业"，违反禁令者"遭草草处死"，在上海的外国商人"怪叛军干扰丝与茶的贸易"。② 和艾约瑟一样，他现在终于明白，南京政权无法兑现许诺。杨格非现在非常担心，与洪氏王朝走得过近会使自己在圈子中陷入孤立，他决定离开南京去湖北汉口传教。

欧美传教士受到冷落，与干王洪仁玕失势有关。洪秀全警惕族弟成为外来宗教的代理人，从而对他创立的本土宗教造成威胁；更使天王感到不安的，是诸王敌视他和洪仁玕的政治联盟，这些从血泊中存活下来的人们，不相信这位亲西方文人的高谈阔论能够改变太平天国的走向。洪秀全命令干王去安徽作战，招募新兵组成嫡系部队，让族弟以军事斗争胜利证明自己。洪仁玕 1861 年 5 月率两万士兵进抵桐城，这些临时招募自浙江、江西的新兵未经任何军事训练，在战场上除了死伤便是溃散，集总理与军师于一身的干

---

① ［美］裴士锋：《天国之秋》，第 89 页。
② 同上书，第 237—238 页。

王不得不黯然返京。战败者不再被天王重视，所有奏折无须他过目直呈天王府，洪秀全的儿子洪天贵福作为王储进入权力中心。1862年1月20日发生干王府译员罗孝全叛逃事件，洪秀全为此免去族弟所有职位，让他担任幼天王洪天贵福的私人教师。试图改革现状的洪仁玕被逐出权力中心，意味着南京政权对洋兄弟彻底失去耐心，对外部世界关上厚重大门。外交政策的变化作用于军事斗争，天王赞同忠王的军事冒险主义，放任他率部进攻上海。

被南京政权冷落的罗孝全、杨格非、艾约瑟，或返回上海，或转去天津、武汉，以示与不堪回首的往事切割。罗孝全在南京任政府译员期间，曾极力鼓吹神权和暴力，主张太平军拥有"消灭反对者的权力和义务，就和神权统治下的犹太人所拥有的义务一样"，他宣扬"《旧约圣经》的硫黄烈火观，把太平天国视为替上帝惩罚罪人"。这位天王的宗教启蒙者甚至认为："从最崇高战争的角度来看，如果杀掉这国家一半的人，将使另一半的人得以认识何为正义，那其实不是比维持现状来得好吗？"① 与杨格非、艾约瑟不同，与洪秀全有过私谊的罗孝全，逃离干王府后成了南京政权的敌人，利用各种机会抨击天王和他的同道，把他们视为罪不可赦的撒旦。

传教士被政客和官员视为幼稚的理想主义者，伦敦、巴黎、华盛顿都没有改变清帝国政治体制的计划，传教士们时而认为中国发生的是一场革命，时而180度转弯视他们的中国兄弟为上帝之敌，将他们描绘为该下地狱的恶魔，这些都是教士个人轻率肤浅的观点，政府和议会不会照单全收。西方外交官多认为教士是麻烦制造者，英国驻华公使卜鲁斯指责教士们缺乏判断力，传递不实信息误导舆情；驻宁波领事夏福礼挖苦这些传道者，说真实的太平天国与英格兰传教士的错觉完全不相符。

---

① [美]裴士锋：《天国之秋》，第204页。

江边再无"天国"

淮军进入战略反攻时,上海暴发瘟疫。1862年5月,上海发现首例霍乱病例;6月每日病死数百人;7月,日死亡数字激增,疫情最烈时租界一天多达三千人死于瘟疫。"上海街头横七竖八躺着未埋的尸体,其中有些尸体装在薄木板制成的简陋箱子里,有些尸体则只是用草席草草盖着,在盛夏的高温里任其腐烂。"租界里住着两千名洋人,每日病死10—15人,死者包括军人、商人和他们的家眷。英国人和罗马传教士估算,上海数百万人中"约有八分之一人口死于霍乱"。霍乱还通过从上海起锚驶往天津的船只往北扩散,这是"当年额尔金入侵北方的路线",在几星期内夺走两万天津人的生命,并进入"毫无防御之力的帝都"①,北京仅在8月至9月"死亡人数就超过15000人"。②

淮军令人不可思议地躲过了这场瘟疫,在苏南战场取得令人信服的胜利。在安徽、浙江、南京作战的湘军就没有这样的运气了,1862年秋天,主力部队中瘟疫流行,几乎已不能再战。曾国藩言说军中惨状:"大江南岸各军,疫疾盛行","近日秋气已深,而疫病未息,宁国所属境内最甚,金陵次之,徽州、衢州次之。水师及上海、芜湖各军,皆厉疫繁兴,死亡相继。鲍超一军……现病者六千六百七十人,其已死者数千,尚未查得确数。宁国府城内外,尸骸狼藉,无人收埋。病者无人侍药,甚至一棚之内,无人炊爨,军中著名猛将如黄庆、伍华瀚等先后物故。鲍超亦染病甚重。……张运兰一军驻扎太平、旌德等处,病者尤多,即求一禀案之书识、送信之夫役,亦难其人。张运兰送其弟之榇至祁门,亦自患病,尚难回营。皖南道姚体备至岭外查阅一次,归即染病不起。臣派营务处四品卿衔甘晋至宁国一行,现亦染病回省。杨岳斌自扬州归来,亦抱重病。"瘟疫摧毁了总督的所有自

---

① [美]裴士锋:《天国之秋》,第331页。
② 徐悦东整理《近百年中国瘟疫史上防疫是如何制度化和行政化的》,《新京报》2020年1月31日。

信，使他惊恐万状地在奏章中悲鸣："天降大戾，近世罕闻，恶耗频来，心胆俱碎！"①

廷寄六百里加急送抵安庆大营，两宫太后宽慰湘军领袖："至天灾流行，必无偏及，各营将士，既当其阨，贼中亦岂能独无传染？"②这是辩证思维，湘军瘟疫蔓延战力受损是实情，可叛军就能躲过瘟疫吗？至少这年夏末，占领浙江海宁的太平军就因"疮痍及瘟疫大发，死无算"③。但就整体而言，太平军受瘟疫的影响远轻于湘军，长江中下游大部被湘淮军控制，南京、苏南守军无法从上海港口运入武器和粮食，减少了霍乱病菌进入部队的机会。反而是能从上海得到战略物资的湘军，因携带病菌的船员和物品抵达安庆码头，又从安庆转运各条补给线，从而扩散到各只部队以致将士大批倒下，"疾疫大作。昔时劲旅，顿变孱军"④。

李秀成决定抓住这个极难得的机会，全歼因瘟疫顿变孱军的敌人。1862年8月，他在苏州召集军事会议，决定集本部苏南、皖南十万兵力，侍王李世贤在浙十万兵力，发动雨花台战役。10月，太平军以人海战术攻击土垒内的曾国荃部，曾国藩在安庆大营夜不能寐，难以想象被瘟疫击垮的湖南子弟能够守住雨花台下的战壕土垒。为保存嫡系部队，他命令曾国荃部放弃守垒转移阵地，速登水师战船驰援同样因疫情陷入绝境的鲍超部。总督是那样地绝望，倘若曾国荃部、鲍超部被歼，他的湘军也就走到头了。

曾国荃宁死不撤，他相信自己在安庆打赢过陈玉成，那么在南京同样会击败李秀成。他现在的对手李秀成比陈玉成更善于打攻坚战，李秀成让工兵们把地道掘到湘军土垒底部，引爆火药炸毁土墙，曾国荃的对策是修筑多道土垒，以交叉火力抗击敌人。染病的士兵不断地倒下，在前沿阵地指挥作战

---

① （清）曾国藩：《请简亲信大臣会权军务片》，《曾国藩全集·奏稿二》卷十六，第830页。
② 《曾国藩全集·年谱》卷八，第8199页。
③ （清）冯氏：《花溪日记》卷下，中华书局2013年版，第163页。
④ （清）曾国藩：《近日军情仍请简派大臣会办诸务片》，《曾国藩全集·奏稿二》卷十七，第856页。

的曾国荃也中炮重伤，率部驰援雨花台防线的曾国葆染疫死于军中。而在这之前的1858年，曾国藩另一位胞弟曾国华在安徽三河战死。

"结硬寨打呆仗"的战术在三十多天后产生效果，持续强攻耗尽弹药粮食仍未能打赢受瘟疫之累的湘军，太平军将士疲惫不堪无力再战。1863年2月，未实现预定战略意图的李秀成决定转战安徽，征收兵员粮食再战湘军。6月，其北上部队被湘军全歼，南京与世隔绝。随着上海战役的失败，李秀成还失去了苦心经营的苏南地区。这是南京政权的至暗时刻，缺粮断炊的天王、将士和市民，无望地坐困殿府堂宅，静静等待湘军破城血屠。

湘军1864年5月总攻南京，此时距曾国荃部进抵雨花台挖壕筑垒正好两年。此役为终极搏杀，参战湘军水陆部队计230营12.3万人，南京守军约十万人。

太平天国建都南京14年，城防工事坚固，强攻难以奏效。曾国荃命李祥和部攻取龙膊子山，在山顶用重炮轰击守军炮阵地，令李殿臣部在爆炸声中挖掘通往城墙的地道。为掩护李部工兵挖通地道，又命各营修筑10个炮阵地对轰守军炮台，以炮弹炸出焦土混淆从地道挖出的新土。李殿臣部日夜施工，将地道挖到城墙底下，填埋数万斤火药。戈登解散常胜军离华返英前去南京观战，发现湘军挖掘的地道有30多条，这些地道距地面4.5米深，1.5米宽，高2米。守军用各种方法破坏这些夺命地道，一旦侦知地道位置即组织兵力突袭，投掷炸弹引水灌注，湘军则用火炮锁定出城作战的敌军，对其进行覆盖式轰炸。

李秀成知道大势已去，失败难以避免。曾国荃是攻城高手，陈玉成就在安庆战役中败在他的手下，现在轮到自己步其后尘了。不会再有突围的机会，湘军修筑的土垒可谓浩大壮观，这些包围南京的土垒由双层土墙构成，前后土墙相距300米，400米至800米土墙设一个碉堡，共有120座碉堡，架设机枪控制土垒与城墙之间的开阔地。李秀成等待地道下的火药爆炸，等待城墙被炸开缺口敌人涌进城来，等待满街满巷躺倒战死的部属，他没有办法改变即将发生的一切。1863年年底，他曾提议弃守南京孤城转战赣皖，洪秀全粗暴地训斥他："朕奉上帝圣旨、天兄耶稣圣旨下凡，作天下万国独一真主，何惧之有。不用尔奏，政事不由尔理，尔欲出外去，欲在京，任由于尔。朕铁桶江山，尔不扶，有人扶。尔说无兵，朕之天兵多过于水，何惧曾妖者乎！尔怕死，便是会死，朕事不与你干。"①天王离不开嫔妃缠绕的宫殿，忠王对重建根据地毫无把握，只好困守孤城。

　　粮食成为最迫切的需要，侍王李世贤被派去江西建立后勤补给线，失去实权的干王洪仁玕也奉旨去浙江湖州征粮，他们如泥牛入海一去不返。都城终于耗尽食物，连深宫中的天王和嫔妃们，也饿得瘦骨嶙峋。天王并不畏惧，在宫中细读《出埃及记》，认定上帝会眷顾他和他的天朝子民，一如救主在每天清晨用沾有露水的玛娜，"来保佑在西乃荒漠里的以色列子民，达四十年之久"。洪秀全鼓励李秀成战斗下去，说玛娜可以用来维持生命。天王要做嫔妃、将士、臣民的表率，将玛娜"取来做好，朕先食之"②，以待出现神迹。洪秀全所谓的沾有露水的玛娜甘露，其实就是长在宫墙底下的野草。神圣的先驱者以野草充饥，很快就病倒不起，偏又不肯吃药，1864年6月3日饿死宫中。

　　1864年7月19日，曾国荃命令工兵点燃火绳，引爆各条地道中的火药炸开城墙，湘军涌入南京。李秀成护送幼天王洪天贵福离城，途中受伤躲入山中，山民将他捆缚押送湘军。忠王在狱中写下数万字供词，称曾国藩若宽恕赦免两广老兵，他可出面劝余部放弃抵抗。此时的李秀成认为一切都由洋人引起，把曾经的洋兄弟称作洋鬼，提出太平军与湘军结盟，消灭在中国土地上的洋鬼子。这位被俘者雄心勃勃喋喋不休："欲与洋鬼争衡，务先买大炮早备为先，与其有争是定。"③他这样地仇视西方国家，源于两次进攻上海均遭

---

① （清）李秀成：《李秀成自述》。
② ［美］史景迁：《太平天国》，第415—416页。
③ （清）李秀成：《李自成自述》。

失败，他的洋兄弟即使不支持南京政权，至少也应该保持中立，怎么可以去做撒旦，使太平天国惨遭灭亡。

李秀成的一番言辞，在曾国藩看来简直就是对他智商的侮辱。这位囚徒试图驱使湘军与洋人作战，他自己则坐收渔利，也只有垂死之人才能想出这样搞笑的离间计。湘军领袖创建私军是为保住大清，凿穿帝国双重统治结构，使汉人精英进入核心领导层，以维持儒教政权。他是要将异教徒清除掉的，是要杀掉阶级宿敌的。用毛笔在宣纸上写完冗长供词的当天，广西高地烧炭工出身的内战名将李秀成即被处死。

幼天王洪天贵福一行逃往湖州，在这里见到征粮的族叔洪仁玕，还有堵王黄文金、辅王杨辅清、佑王李远继。湘军闻风而来攻克湖州，杨辅清剃发乔装逃往上海，黄文金、李远继跟着洪天贵福寻找侍王李世贤、扶王陈得才、听王陈炳文以图再起。鲍超部追至江西抚州东乡，早有异心的陈炳文率六万部属降清，石城一役黄文金病亡，其部溃散，李远继避走福建，幼天王无路可走只好东返。为提防李秀成、陈玉成拥兵自重，洪秀全封王2600人，此时护驾洪天贵福的仅有本家干王洪仁玕、恤王洪仁政，外姓王仅剩裕王杨继达，连同家眷、亲兵、仆役也就几百人。湘军席宝田部、鲍超部由石城、瑞金两面合围，1864年10月25日在赣南截获洪天贵福、洪仁玕、洪仁政等，江西巡抚沈葆桢下令将其全部处死。

李世贤部16万人转移至福建，康王汪海洋部12万人由赣入闽，会合后号称百万，建立闽南根据地发动漳州战役。闽浙总督左宗棠统湘军六万余人出战，江苏巡抚李鸿章命令淮军乘外轮登陆厦门，湘淮军合围漳州之敌。太平军余部溃退到广东，汪海洋诱杀李世贤，率部退往嘉应州。左宗棠部、鲍超部紧追不舍，汪海洋中炮战死，偕王谭体元指挥残部退守黄沙嶂。鲍超将被俘的734名军官全部斩首，"余众震慑，投械请降者十万人"。谭体元受伤跳崖，被俘后处死。自此长江以南，再无天国的王，再无天国的兵。

赢者断臂

南京的大火烧了几天几夜，王府民宅烧焦了，秦淮河水烧烫了，整座城烧没了。进城的湘军成了无恶不作的强盗。1864年7月19日攻破南京后，幕僚赵烈文先于幕主曾国藩进城，目睹惨状后在日记中写道："计破城后，精壮长毛除抗拒时被斩杀外，其余死者寥寥。大半为兵勇扛抬什物出城，或引各勇挖窖，得后即行纵放。城上四面缒下老广贼匪不知若干。其老弱本地人民不能挑担，又无窖可挖者，尽遭杀死。沿街死尸十之九皆老者，其幼孩未满二三岁者亦斫戮以为戏，匍匐道上。妇女四十岁以下者一人俱无，老者无不负伤，或十余刀，数十刀，哀号之声达于四远。其乱如此，可为发指。"赵烈文痛斥怂恿士兵施暴的营官："不知何以对中丞？何以对皇上？何以对天地？何以对自己？"①

屠城未经预设突然发生，在瘟疫和炮火中活下来的士兵，以虐杀弱者寻求快感，释放累积至今的恐惧和疲惫。这些挖壕垒墙、挖地炸城、发射炮弹、提刀肉搏的人们，现在脑袋里装的全是抢夺财物掠取妇女，衣锦还乡置田盖房繁殖儿女。混乱的局面是曾府幕僚难以阻止的，即便战区最高长官也无法控制，禁止施暴的公告被视为废纸，惩戒制度完全失去作用，官至浙江巡抚的曾国荃现在能做的，仅是让各营尽快掩埋街上的尸体，城内交通尽快得以恢复。

湘军官兵劫掳回湖南的南京女子无以数计，16岁的黄淑华是其中一个，她不甘心这样地了此一生，在途中杀死劫持者，把自己的遭遇写在纸上贴在客栈墙壁，自缢而死。其遗书写道："今岁六月，官军复金陵"，"克城之二日，则有乱兵至，杀二兄于庭，乃入括诸室。一壮者索得余，挈以出，弟牵其衣，母跪而哀之。彼怒曰：'从贼者杀无赦，主帅令也。'遂杀母及弟。长

---

① （清）赵烈文：《赵烈文日记》，第1171页。

嫂至，又杀之。掠余行，而仲嫂则不知何往。余时悲痛哭詈，求速死。彼大笑曰：'余汝爱，不汝杀也。'遂系余于其居。旋迁于舟，溯长江而上。"① 劫掠者杀光黄淑华全家，要把她当作战利品带回湖南，黄淑华不认命，情愿去死也要为家人复仇。死去的黄淑华和被她杀死的湘军士兵，都是在内战中逝去的生命个体，这样的生命个体数以千万计，他们用白骨铺就支离破碎的帝国大地。

学者葛剑雄、侯杨方、张根福在所著《人口与中国的现代化：1851年以来》中认为，内战主战场江西、湖北、安徽、浙江、江苏5省，1851年至1864年人口减8700万，全国人口减少一亿多。学者华强、蔡宏俊在《太平天国时期中国人口损失问题》一文中论定，迟至1913年，中国总人口仍未恢复到1850年的数量。

曾国藩在湘军攻克南京第9天后入城。自1852年11月在籍办团，创建湘军转战12年，千辛万苦就为夺取此城，现在终于实现夙愿。只是一切与预想大不同，他面对的是废墟一般的空城，部属野兽一般纵火劫财砍杀平民，与他口口声声的贼匪长毛如出一辙。他在进城前就已知道，死于营勇自发屠城的人口达十万之多，这数目也忒多了些，但这一切已然发生，留给他去做的唯有掩盖真相。

进南京的前两天，曾国藩在安庆大营秉烛急书拟急送北京。湘军领袖在近四千字的奏言中详述战役过程，告诉宫中湘军如何浴血杀敌攻取伪都。他承认十万人死于南京城中，但他们都是顽抗到底不投降的叛军，"此次金陵城破，十余万贼无一降者，至聚众自焚而不悔，实为古今罕见之剧寇"，既然敌人不投降，那么除了杀掉他们别无他法。湘军领袖在折子中写道，"两广、两湖、江北多年悍贼"，湘军攻入城中"分段搜杀"，"三日之间，毙贼共十余

---

① （清）杨奕青、唐增烈等：《湘乡县志》卷末，《湖南地方志中的太平军史料》，岳麓书社2010年版，第339页。

万人，秦淮长河尸首如麻。凡伪王、伪主将、天将及大小酋目，约有三千余名，死于乱军之中者居其半，死于城河沟渠及自焚者居其半"，"其伪宫殿侍女缢于前苑内者，不下数百人，死于城河者，不下二千余人"。至于烧掉南京的大火，曾国藩将其归罪于叛军，称"时已三更矣，伪忠王传令群贼，将天王府及各伪王府同时举火焚烧，伪宫殿火药冲霄，烟焰满城"。湘军领袖在折子中告诉垂帘听政的太后："金陵一军，围攻二载有奇，前后死于疾疫者万余人，死于战阵者八九千人，令人悲涕，不堪回首。"① 言下之意收复南京系湘军尤其是曾国荃部血战换来，江山社稷由三湘子弟舍命保住，他们入城后即便有过激行为亦情有可原。

湘军将士是那样地渴望攻克南京，这是决定性的一仗，也是最后的发财机会。曾国荃的命令被当作耳边风，目睹战事的赵烈文在其日记中记述："中军亲兵传令出六成队，留四成守营，而兵勇贪破城功利，皆违令赴前敌，中军至无一人。中丞派营务处易良虎司后事，其意见与诸兵勇同，竟不过问。"② 全军的编制都乱了，战前的部署不当一回事了，将士们疯了似的往前冲，一股脑儿冲到城里去，去抢劫去杀人去纵火，连维持营务秩序的将官都弃总指挥曾国荃而去，可见混乱到了何种程度。

也有一些湘军将领看不下去，水师统帅彭玉麟建议曾国藩大义灭亲诛曾国荃。曾国藩不接受这样的忠告，为尽快结束这场旷日持久的战争，他不强求将士坚守道德伦理，允许他们为帝国而战亦为物欲而战。帝国给予的回报微不足道，库银不足屡屡欠饷，战场不是书院，走上战场就不再是儒生而是战争机器，须血红着眼睛开炮射击挥刀砍杀，去做杀戮者捕猎者，须消灭敌人的肉体夺取他们的财物，暴力倾向会随着胜利亢奋到极点，血气杀气波及黎民伤及无辜。虽然战争中的暴行会随着复杂政事在战后放大开来，那也只

---

① （清）曾国藩：《金陵克复全股悍贼尽数歼灭折》，《曾国藩全集·奏稿二》，第1040—1042页。
② （清）赵烈文：《赵烈文日记》，第1163页。

好事到临头再作打算。

　　胜利者是打算把整座金陵古城都搬回湖南的，搬不动的则烧毁掉。清人杨恩寿在长江所见："邻舟有客声訩訩，自言凯撤从江东，桅杆簇簇连艨艟，前列五色纛，后列八宝骢；左拥二八姬，右拥十五童；船头低压雪白镪，船尾饱载赤堇铜，敷腴意气何豪雄！"①这样的盛况延续到1865年春，运载财物、妇女返湘的船队依旧连绵不绝。这是物质主义的胜利，并非英雄主义行为，三湘子弟出境作战时的正义性和神圣性，已被南京浩劫漂洗得一干二净，湘军的神圣光环已不再有，他们的形象等同于籍贯地绅民眼中的太平军。

　　1861年9月5日湘军克复安庆，次日曾国藩报捷，称曾国荃部"将安庆省城克复，杀毙长发老贼二万余人。该逆情急，赴江内、湖内凫水遁窜，又经水师截杀，实无一人得脱"，"军兴十载，惟五年之冯官屯、八年之九江、此次安庆之贼，实无一名漏网，足见伸天讨而快人心"。②宫中的应答是在1861年12月26日把"一船要送给曾国藩的无价珍宝运抵安庆"，其中有"慈禧太后赐予他的稀有礼袍、貂裘、绸缎、御用玉指环、地毯和其他宝物"。③1864年7月19日攻取南京，曾国藩一反常态，不是急呈战报而是缓递，《奏报攻克金陵尽歼全股悍贼并生俘逆酋李秀成洪仁达折》是7月26日送出的，比湘军入城迟了7天。宫中也未如同安庆那次一样，再赏一船珍宝给曾国藩。非但如此，宫中还转来户部质询湘军侵吞南京政权巨额库银的奏疏："两接户部复奏之疏，皆疑弟广揽利权，词意颇相煎迫。"④事情都是明摆着的，太后朝臣也都是明眼人，伪都南京不比江北安庆，湘军缴获的战利品在哪儿呢？

　　科尔沁亲王僧格林沁也上心了，盯着南京政权圣库库银下落，命江宁将军富明阿以查看满城为名暗中察访。指控曾国荃的奏疏越来越多，说他向北

---

① （清）杨恩寿：《坦园日记》卷三，岳麓书社2010年版，第80页。
② （清）曾国藩：《克复安徽省城片》，《曾国藩全集·奏稿一》卷十四，第689页。
③ [美]裴士锋：《天国之秋》，第276页。
④ （清）曾国藩：《致毛寄云制军》，《曾国藩全集·书札二》卷二十三，第6216页。

京隐瞒幼天王突围，未能全歼反叛军。《清史稿》记载："国荃功高多谤，初奏洪福瑱已毙，既而奔窜浙江、江西，仍为诸贼所拥。"① 功高多谤的根由是功高震主，皇室和满蒙上层坐不住了，倘若曾氏兄弟割据江南怎么办？挥军北上怎么办？湘军领袖更是惊恐不已，接下来是狡兔死良弓藏？还是干脆利落兔死狗烹？

胜利是把双刃剑，败者不再有实体在世，赢者亦失去存在理由。战争使太平军与湘军在博弈中相互坐大，前者不再存在，后者独大的同时亦失去存在的意义，失去共存体的结果便是式微，除非找到新的敌人。南京一役可谓内战终结之战，湘军摧毁了南京政权首都，帝国版图得以统一，不再有国中之国，清王室走出危局之后已无须"专恃此军"。一些令人不快的往事现在被太后和王爷们回想起来，那年英法联军攻入北京占了皇宫，曾国藩未派一兵一卒北上护驾；千辛万苦从英国买来新式战舰，都驶到上海黄浦江码头了，曾国藩领头百般阻扰，不得已只好卖掉；人口最多税赋最多的江南各省，现如今都在湘淮督抚手中，照这般情形下来，内战赢家到底是谁那是明摆着的。解决之道唯有裁撤，湘军既是曾氏私军，更是帝国官勇，按规矩仗打赢了雇佣军即行遣散。

帝国战后亟需恢复经济，没理由继续耗用白银为湘军买单。但需不需湘军宫中说了不算，得看曾国藩怎么想。湘军初起，即有廷臣奏言警惕曾国藩："以侍郎在籍，犹匹夫耳。匹夫居闾里一呼，蹶起从之者万余人，恐非国家之福。"② 若不幸被言中，现下任何一支帝国军队，都无法抗衡处于鼎盛期的湘军。湘军存废一事摆上桌面，情势骤然紧张。被英国驻华公使卜鲁斯称为"中国中心地带厉害的权力角逐者"的两江总督，是爽快交出兵权留在体制内，还是北伐清廷取而代之，一时间中外瞩目。

---

① 《清史稿·列传二百·曾国荃传》。
② （清）徐凌霄、徐一士：《曾胡谈荟》，中华书局2018年版，第367页。

湘军并无异动。曾国藩裁军,裁到让宫中放心为止。先裁嫡系部队,"今幸大局粗定,因与臣弟国荃商定,将金陵全军裁撤其半"①,"曾国荃占领南京的嫡系部队大量裁撤,一下子撤近5万人",其余各部跟进裁撤,"左宗棠部6万人立裁4万","湖北成大吉、赣南席宝田、江西王开琳军也全部裁撤。湘军全盛时55万,裁去40余万,仅剩不到10万人。"②为免皇室生疑,曾国藩命曾国荃辞去浙江巡抚一职,《清史稿》称曾国荃:"遂引疾求退,遣撤部下诸军,温诏慰留;再疏,始允开缺回籍。"③宫中乐见湘军领袖断臂之举,先是故作挽留状,随即降旨将曾国荃开缺。

　　湘军创始人从不曾有僭越之心,不会为建立汉民族国家发动内战,亦不会一退到底拱手让出所有权力。湘淮地方精英必须留在体制内,以督抚道府身份平衡帝国权力架构,这是曾国藩的政治底线。嫡系曾国荃部成建制裁撤,左宗棠楚军、鲍超霆军、彭玉麟水师、李鸿章淮军等,裁去大半保留建制,这是曾国藩作出的牺牲,是各方都能接受的结果。皇室姑且认为已废去曾国藩武功,后者仍以残躯钳制前者,这是双方心照不宣的政治妥协。湘军各部虽散去十之八九,仍是虎狼之师,湘系督抚牢牢掌握辖区兵权、财权、人事任免权,中央政权接受权力外移的现实,以怀柔政策争取湘淮督抚,督抚平权亦在实行,曾国藩降格为督抚阶层中普通一员,走下私军领袖神坛是必须的。

　　努力过了,一切随缘。曾国藩作出高调的退却姿态,孱弱被无限地放大开来,任凭满朝君臣猜忌戒备,任凭门生部属自立门户,作揖行礼挥袖而去,孤寂一身囿于两江总督府。

---

① (清)曾国藩:《曾国藩年谱》卷九,第8235页。
② 王盾:《湘军史》,第18页。
③ 《清史稿·列传二百·曾国荃传》。

无所不在的袍哥

　　曾国藩裁去大半湘军,还在于难以启齿的自身原因,他的部队早已被哥老会噬咬得千疮百孔。战争的规模和烈度一直增强着,老勇伤亡众多,补充进来的新勇不再是宗亲乡党,外省秘密组织成员进入湘军。哥老会最初出现在鲍超营中,成员多为四川人。"哥老会者,本起四川,游民相结为兄弟,约缓急必相助"[1],鲍超所部霆军战斗力强,与川籍营勇多为兄弟兵有关。

　　湘军名将刘坤一认为哥老会并非外来,原本就源于湘军:"咸丰年间,从征江粤等省,每遇悍贼恶斗,辄听各营挑选锐卒,自成一队,称为兄弟兵。别制号衣旗帜,陷阵冲锋,为主将者,犒赏酒肉,以资鼓励。此哥老会之所由来也。"[2]湘军作战多用敢死队,共进退同生死成为兄弟兵,兄弟兵结党成为哥老会。

　　军事斗争实践证明兄弟兵形式行之有效,使得部队战力倍增,随即各营争相效仿。曾国藩出于军事斗争需要,以儒学色彩浓厚的民间神祇为标杆,撰写民谣动员异姓士兵结拜兄弟:"个个齐心约伙伴,关帝庙前立誓愿。若有一人心不诚,举头三尺有神明。"[3]金兰结义的副作用是拜把结义一旦成为风气,极易形成帮派发展为秘密组织,以至于部队内部结构随之改变,明里由统兵官发号施令,暗中隐匿无所不在的隐性首领。

　　随着哥老会势力在军中扩展,帮派内部产生利益冲突,兄弟兵怯于公战勇于私斗,劫掠商旅抢夺钱财,鼓噪营盘索饷闹粮,甚至挟制统兵官,曾国藩在建军初期制定的纪律条令形同虚设。曾国荃所领之军是嫡系部队,总攻令下达后一哄而上,进城烧杀掠夺无恶不作,曾氏兄弟无法节制,接受现

---

[1] (清)王闿运:《湘军志》,第20页。
[2] (清)刘坤一:《复张伯纯》,《刘坤一集·书牍》卷十二,陈代湘点校,岳麓书社2018年版,第92页。
[3] (清)曾国藩:《曾国藩全集·杂著》卷一,第6663页。

实任其妄为，事后为其掩盖恶迹。哥老会在军中筑牢底部，盘根错节难以清除，曾国藩为此惶惶不安，他承认军中当有隐疾，"深悔募勇之太多，惴惴焉恐生他变。"①内战使太多人获得军功奖赏，湘军中人职衔品阶泛滥，战后归宿则大不相同，进入编制的享受荣华富贵，未入编者裁员返乡。被裁撤倒也没什么，问题是许多退役营勇领不到欠饷，罗尔纲在《湘军兵志》中称："湘军攻占南京后，欠饷几百万两，其中鲍超部欠饷数目达 120 万两。"其中原因固然是国家财政困难，但不补发立下军功营勇的欠饷，与过桥拆板又有什么两样。

中央政府也有难处，战争使地方财权落入督抚手中，上缴中央财政的税赋寥寥无几，户部银库空空如也。湘军军费多取自捐纳、厘金、贸易税，督抚承诺战后将这些税款中的很少部分上缴户部，但他们往往食言。农业大国的中央财政依赖农业税，与弹性过大的贸易税相比，田赋是稳定的税源。内战使农业税受到冲击，《哈佛中国史》称："1750 年占政府总收入约 75% 的田赋，到了清末降到约 35%。因此财政来源随着时间彻底地从中央转移到地方政府。"

地方督抚面临同样困局，即便掌握地方税源，依然缺钱难以发放欠饷。数十万湘人出省作战，死者魂灵游荡异乡，生者卸甲归田，依旧还得捐钱纳粮，付出的与得到的实在不成比例。在下级营官、底层营勇看来，战争的好处全都落在领袖、将官身上，曾氏兄弟封作侯伯，统兵官们做了督抚道府，在战场拼杀的他们却至今拿不回卖命钱，这样的结果换谁都不愿意。此时哥老会成了暖心组织，兄弟从战场做到地方，众人齐心，湘军兵源地湖南、湖北、四川纷纷闹饷。曾国藩的家乡湘乡也不例外，加入秘密社会的湘军退伍营勇视其领袖和其家人如同陌路。

曾国藩因功做了一等毅勇侯，在近邻湘乡的地方买了六百多亩地盖侯府，侯府坐南朝北背靠鳌鱼山，峰峦叠嶂树木茂密，门前地势开阔有河流

---

① （清）曾国藩：《奉旨复奏并陈近日军情折》，《曾国藩全集·奏稿二》，第 1035 页。

过，风水自然没的说。府邸内建了白玉堂、黄金堂、万年堂、富厚堂、有恒堂、大夫第等，气派也是够大。军事家的身份总要体现出来，于是在府门前竖起湘军帅旗，终究又是儒者文人，砌筑求阙斋、旧朴斋、艺芳馆、思云馆、八宝台、辑园、凫藻轩、棋亭、藏书楼也理所当然。值得一提的是富厚堂，此堂原名八本堂，曾国藩有"读书以训诂为本，诗文以声调为本，事亲以得欢心为本，养生以少恼怒为本，立身以不妄语为本，居家以不晏起为本，居官以不要钱为本，行军以不扰民为本"名言①，八本堂其名由此而来。曾家公子说《后汉书》有"富厚如此"一句，不如改名为富厚堂。曾国藩是想功成名就后就回乡养老的，嘱咐家人新邸"屋宇不尚华美，却须多种竹柏，多留菜园，即占去田亩，亦自无妨"②。结果建成的侯府富丽堂皇。1861年初曾国藩接到家人从湖南寄来的信，告诉他侯府差不多已经建成，耗用工程经费七千串铜钱（约五千两白银），毅勇侯在总督府写日记时提及此事："闻家中修整富厚堂屋宇用钱共七千串之多，不知何以浩费如此，深为骇叹！余生平以起屋买田为仕宦之恶习，誓不为之。不料奢靡若此，何颜见人！平日所说之话全不践言，可羞孰甚！"③毅勇侯深刻反思诚心忏悔，话是这么说可豪宅毕竟建成了，木已成舟，总不能狠心毁去了。1866年秋天，曾国藩夫人欧阳氏携儿女及一干仆役乔迁新居。

军队中的哥老会也没闲着，1865年5月，霆军总兵娄云庆、宋国永趁鲍超丁忧回籍，率18个营近万人在江西驻地哗变，江西布政使孙长绂急拨库银六万两，送往娄云庆部以防激变，宋国永部则拔营赴赣粤交界处，投入太平军汪海洋部。哗变事件频频发生，驻徽州的唐义训、金国琛部，驻西北的穆图善、杨岳斌部，都有营勇结队闹饷。剿捻湘军成大吉部也在湖北哗变，大批士兵加入捻军。

---

① （清）曾国藩：《曾国藩全集·求阙斋日记类钞》卷上，第7131页。
② （清）曾国藩：《曾国藩全集·家书》卷十，第7894页。
③ （清）曾国藩：《曾国藩全集·求阙斋日记类钞》卷上，第7162页。

曾国藩严惩闹饷官兵，成建制裁撤哥老会成员居多的勇营编制。他亲自审讯徽州闹饷案，撤除唐义训、金国琛部番号，之后朱品隆、成大吉、蒋凝学、刘连捷、朱洪章、朱南桂、王可升、鲍超、周宽世诸部均被解散。将官们实授督抚道府并无大碍，下层官兵尽数遣返乡中。湘省随处可见有军功的退役营勇，愤懑难平的人们结为团伙，湘乡、长沙、衡州、永州诸地，很快沦为哥老会活动区域。

湘乡成为动乱的重灾区之一，欧阳氏写信告诉曾国藩，曾国荃、曾国潢主张严惩哥老会，招致众怒处境十分危险，她想带家人去南京避祸。曾国藩读完信惊恐不安，对幕僚说："方今多故，湘中人人以为可危，两舍弟方径情直行，以敛众怨。故吾家人屡书乞来任所，以为祸在眉睫。"①他致函主持族事的曾国潢："哥老会匪，吾意总以为解散为是。顷已刊刻告示，于沿江到处张贴，并专人至湖南发贴，兹寄一张与弟阅看。人多言湖南恐非乐土，必有劫数。湖南大乱，则星冈公之子孙自须全数避乱远出。若目前未乱，则吾一家不应轻去其乡也。"总督让族人尽最大可能留守湘乡，这是湘军创始处，也是他养老之地，不到万不得已不要离开。②

曾国藩同意解散哥老会，但不赞成处罚有军功的会徒。内战中各省因功保举武职三品以上的达数万人，三品以下数不胜数，曾国荃部便有许多人被保至一、二、三品武职候补官员，以至于有人把曾国藩说成是哥老会的最高领袖。曾国藩四处张贴解散哥老会的布告，无非是向朝廷自证清白。总督不希望激化矛盾，不许曾国潢"搜剔根诛"搜捕哥老会会徒，"哥老会之事，余意不必曲为搜求"，"提、镇、副将官阶已大，苟非有叛逆之实迹实据，似不必轻言正法"，"余意凡保至一、二、三品武职，总须以礼貌待之，以诚意感之。如有犯事到官，弟在家常常缓颊而保全之；即明知其哥老会，唤至密

---

① （清）赵烈文：《赵烈文日记》，第 1525 页。
② （清）曾国藩：《至澄侯弟书》，《曾国藩全集·家书》卷十，第 7917 页。

室,恳切劝谕,令其首悔,而贷其一死"。①

为不与哥老会发生冲突,曾国藩又致函湘乡知县:"哥老会一案,弟有告示,但问其有罪无罪,不问其是会非会,严禁株累诬报之风,以靖民气。"② 为不使事态扩大,总督还致函湖南巡抚:"生杀之权当操之抚帅,湘邑不准擅杀一人;狱讼之权当操之邑侯,局绅不准擅断一狱"③,强令主持团练局的曾国潢把审判权交给地方官员。他这样做十分策略,不使曾氏家族与秘密会社正面冲突,即使发生激变亦由地方政府应付,让哥老会面对国家政权而非曾氏一门。他这样做亦为平复人心,让人知道其体恤之意。

但在非体制内失业军功获得者看来,用鲜血和伤痕挣得的高阶位武职,一旦虎落平阳,地位远不如七品知县,甚至县衙小吏都可对其侧目而视,这样的侮辱实在难以接受。不满现实者内部亦分化着,战时抢来的财物多寡有差,一些人"尽载劫掠来的资财、妇女,回乡大量圈章田地,起造大宅,妻妾成群,狂嫖阔赌"④,一些抢得不多的人没钱购置田地,只能荷锄劳作做佃农,收成往往仅够缴纳田赋军粮,带兵吃粮的日子随着战争结束一去不返。总之战争使少数人得益,没能改变大多数参战者的生存境况。

秘密会党一直伴随湘军,扎根其中成为难以根除的痼疾。左宗棠部1866年入陕作战,哥老会多次在军中引发骚乱。提督刘松山部兵卒"邀结哥老会",1869年3月发动哗变,"左军四营弁丁从而附和,右军后旗及马队四营继起应之"⑤,劫老湘军所设粮局,"据绥德,松山驰捕首逆百余人而定",斩叛将四人、叛卒一百二十七人。⑥哥老会继而又以索饷为名策动杨店湘军哗变,杀死提督高连生,部将桂锡桢"严扼同官县城",部将周绍濂"严扼古

---

① (清)曾国藩:《至澄侯弟书》,《曾国藩全集·家书》卷十,第7895页。
② (清)曾国藩:《致朱尧阶》,《曾国藩全集·书札二》卷二十六,第6323页。
③ (清)曾国藩:《复郭意城》,同上书,第6328页。
④ 王盾:《湘军史》,第7页。
⑤ (清)左宗棠:《老湘军叛勇袭踞绥德州城调军进剿片》,《左宗棠全集·奏稿四》,第59页。
⑥ 《清史稿·列传一百九十六·刘松山传》。

泉旧垒"①，擒斩 1300 余名哗变者，使事态得以平息。1870 年 6 月，振威军傅先宗部亲军右营哗变，征西军南路总统周开锡得到密报，赴军营处斩"闹饷勇丁三十五名"，拘捕哥老会渠魁、已保举为总兵的魏绍珍等"倡首滋闹"者，经陕甘总督左宗棠批准将其正法。被处斩的还有"纠众谋杀"统领的哥老会头目副将袁庄②。

淮北之乱

在晚清团练运动中异军突起的是淮北苗沛霖团练。苗沛霖和洪秀全一样都是乡村塾师，生逢乱世的塾师似乎想法比较多，洪秀全要改朝换代做皇帝，苗沛霖想独霸一方当军阀。

安徽是内战中最早推行地方军事化的省份之一，也是缙绅大吏团练，乡土士绅团练最为活跃之地，而真正把本土团练做大的是凤台县生员苗沛霖。苗沛霖科举不顺，应邀去做捻党张乐行的红笔师爷。张乐行靠贩私盐起家，成了家有百亩田地的涡阳富绅，趁局势不稳于亳州雉河集拉起队伍组建捻军。捻军以宗群血缘为纽带，苗沛霖难以进入核心层，离开雉河集捻军老寨回到老家凤台下蔡武家集。

武家集被捻军列为打劫对象，苗氏富绅出资办团，请苗沛霖主持团务，塾师一口答应。"高筑墙，广聚粮，先灭贼，后称王"③是苗沛霖制订的策略和计划：高筑墙，把自然村落改造成寨墙高筑的圩寨，用来抵御捻军的侵袭；广聚粮，储存足够多的战备粮，招募团练守住圩寨；先灭贼，通过军事斗争消灭进入淮北的外部武装；后称王，建立地方政权成为割据两淮的军阀。

---

① （清）左宗棠：《请奖周绍濂桂锡桢二员片》，《左宗棠全集·奏稿四》，岳麓书社 2009 年版，第 61 页。
② （清）左宗棠：《惩办闹饷为匪各营并请敕部拣补展伯营都司片》，同上书，第 453 页。
③ （清）张锡嘏：《上巡抚李乞师援寿禀》，《太平天国史料汇编》，第 6051 页。

圩寨按照军事堡垒样式建造，"规方百丈，斩地以为濠，因土以成垒，穴垣以居炮，哨楼以阚敌，残壁断碣皆辇佐守具"。圩寨实行军事管制，"弗隶于官""每寨置心腹一人监守其中，统名先生，婚姻、土地、钱债细故悉主之，生杀予夺取决于沛霖，官为守俯而已"。①圩寨兵役制度设计者，考虑到为贫富阶层均能接受，"练三丁取其一，贫者出兵，富者供资粮扉屦"。

下蔡武家集是圩寨试点。苗沛霖把下蔡所有自然村居民迁入寨内，派遣五百名团练守卫圩寨。武家集模式的核心是公寓制度，公寓为苗练派出机构，设公寓总管行使审判权、税收权。又在下蔡置厘卡征收厘金即货物贸易税。武家集圩寨作为样板推广到各地，"居民俱令入圩，不从者杀之"。②

为将苗练势力扩展到皖、豫、苏、鲁4省交汇的淮北地区，苗沛霖劝说各县团练与其结成军事同盟，设黄、青、赤、白、黑五旗，邀寿州团总徐立壮、怀远团总邹兆元等担任各旗旗主，自己作为召集人做了盟主。

督军淮北的胜保率部在正阳关与太平军、捻军激战，为不使苗沛霖部攻其后背，命凤台知县李霖带他手谕收编苗练，条件为授予苗沛霖五品职衔，苗沛霖接受招抚，胜保纳他为门生。1857年4月苗沛霖部突袭捻军雉河集老寨，牵制与清军作战的张乐行部。苗沛霖利用胜保威势把队伍扩充为十万人，分为东练和西练，作战区域为安徽、河南十多个州县，1858年至1860年初，协同胜保部攻陷捻军多地据点，苗沛霖因功获川北道衔，1860年安徽巡抚翁同书奏准赏加布政使衔。

苗练垄断淮北军政，地方主官被边缘化。苗沛霖严厉打压敢于出头的官员，宿州知州董声元不服从他的命令，被逮捕至武家集老寨关押，宿州政务由苗练团董侯克舜接管。靠拢官府的乡土绅团被强行收编，蒙北团总陈子言在城北修建圩寨，苗沛霖以通捻为由将其拘捕，由苗练黑旗统领刘兰馨接

---

① （清）李师沅等修，葛荫南等纂：《凤台县志》卷六。
② 汪箎、于振江、黄与授修纂：《蒙城县志》卷六。

管蒙北团练，设蒙城苗练公寓，控制蒙城军政事务。苗练势力蔓延到怀远，钦差大臣袁甲三命知县英俊主持怀远圩寨公局，苗练驻怀远代表张士端断然拒绝。圩寨连绵淮北，割据状态形成，寿州、凤台、怀远、蒙城、颍上、阜阳、霍丘、光州、固始、息县、商城 11 个州县被苗练控制，总计建有三千多座圩寨，每座圩寨部署一千至三千团勇，统治区域总人口约九百万。

苗练割据地区实行网格化管理。圩寨由圩董主管，大圩设圩董六至七人，小圩二至三人，圩董管理地保，地保管理圩民，圩董一职多由豪强富绅通过捐纳白银获得。圩董制度脱胎于保甲制度，本质上又与后者全然不同，其特点是有产者成为基层社会组织负责人。以富裕阶层担任圩董，苗练军费得到充分保证。地方官府因圩董制度被完全架空，中央政权失去淮北地区行政权，人口、徭役、田赋等都落到割据者手里。苗练还以防卫淮河流域为由，控制淮河水运、两淮食盐专卖权，将厘金、盐税全部输往苗练银库。正阳关税卡、三河尖税卡，甚至袁三甲部驻地临淮关税卡，也全都落到苗练手中。

第二次鸦片战争爆发时，英法联军占领天津逼近北京，奕訢携后宫嫔妃逃往热河，胜保邀苗练北上勤王，苗沛霖拒绝，建议安徽巡抚翁同书赴庐州对付陈玉成部，钦差大臣袁甲三、徐州总兵傅振邦率部北上勤王，苗练留在淮北寻战捻军。很显然这是苗沛霖的阴谋，以勤王迫使袁甲三、傅振邦离皖，由他割据淮豫一部。僧格林沁部兵败八里桥，苗沛霖认为满人气数已尽，趁机称王割据一方。赵烈文在其日记中称，苗沛霖在蒙城设坛，为尚且活着的咸丰皇帝缟素发丧，称"天下已无主，我等当各求自全"，"戴用宝石顶、三眼翎等物"，宣称自己为"河北天顺王"。①

钦派在籍办团的寿州缙绅孙家泰是苗沛霖割据淮北的最大障碍。孙家泰在朝任刑部员外郎时，因工部侍郎吕贤基提名被钦派回籍办团，倾尽家产协助安徽巡抚周天爵剿捻，以至于"毁家佐军，贫甚，菽水养亲，晏如也"。吕

---

① （清）赵烈文：《赵烈文日记》，第 649 页。

贤基、徐启山兵败舒城投水自尽，周天爵剿捻无果病亡亳州，朱麟祺战死北峡关，李文安、李鸿章父子一个病死军中，一个投奔曾国藩帐下，同批回籍办团官员落到这般地步，孙家泰不觉心灰意冷杜门谢客不言兵事。吕贤基、周天爵之后，先后主持安徽军务政事的有舒兴阿、和春、福济、翁同书、袁甲三，孙家泰统统看不上，认为皖省"时事糜烂，守土之吏，畏贼如虎狼，而视民如鱼肉，是驱良入于暴也，吾无死所矣"。他这样的态度自然为众人不容，结果便是"寻为人所构，吏议落职"。①

孙家泰是科举精英，看不起乡间塾师出身的苗沛霖，从不与后者来往。安徽战事频仍正是用人之际，孙家泰"旋复职"，"尝集诸团长州城，家泰短后衣，跨马佩剑，丁壮持矛戟夹持，出入威仪甚盛"，反观苗沛霖，即使受到主持淮北军事的钦差大臣胜保赏识，"闻檄召，则跨青骡，衣大布衣，戴小冠往会，从者百十人，类村野不习容止，座中皆鄙视沛霖，无与语"。苗沛霖自然清楚自己相较于孙家泰的落差，这样的落差使他更加奋发努力。1859年，孙家泰的弟弟孙家蕭殿试得中状元，苗沛霖备厚礼去寿州祝贺，孙家泰懒得理他，"州城闭，不得入，沛霖望成辑，长啸疾驰去"。②这样的羞辱苗沛霖当时忍了，之后办团作战因功获四川川北道职衔督办淮北练总，地位已在孙家泰之上，孙家泰再看轻他就另当别论了。既然以道台衔督办淮北团练，那么自然有权让在籍办团缙绅孙家泰去苗练总部下蔡老寨听取命令，不去则军法从事。孙家泰哪里肯去，这样一来就"大拂该道之意，函令寿州团练将孙家泰捆献，方保无事"③，寿州团练原本就是孙家泰办的，怎么可能执行苗沛霖的命令捆献团总，这分明是找借口生事。苗沛霖准备攻打寿州，先派游击衔花翎都司李学曾等七人潜入城中做内应，寿州团练捕获李学曾等将其全部斩杀，苗沛霖率部包围寿州。

---

① （清）赵烈文：《赵烈文日记》，第649页。
② 金天翮：《孙家泰传》，《皖志列传稿》卷七。
③ 《钦定剿平捻匪方略》卷九十。

此时苗沛霖做的另一件事是为泄私愤，报复和他一起创办淮北团练的同乡徐立壮，领人去徐老家凤台北乡"焚其房屋，抢其资财，掳其人口，毁其坟墓，徐立壮仅以身免"。①徐立壮为避难逃到寿州，翁同书让他带团练去河口阻击进攻寿州的苗练。这就更加惹恼了苗沛霖，苗练开始疯狂抢劫，督办淮北剿捻的钦差大臣袁甲三上折子惊呼，苗部"在颍上县地方劫掠饷银、官米，并将炮船二十只扣留备搭桥渡淮之用"。身为钦差当然要阻止苗部行暴，他报告皇帝"经臣飞函饬谕，该道捏称患病，诿为不知，令其公局复臣禀函，亦自谓所行实有过当之处，而饰词夺理，借端要求，竟不知法纪为何物？"②从这篇折子来看，奉旨在淮北办团的袁甲三至今不曾握有足以威慑当地圩寨团练的武装力量，由此难以阻止淮北团练火拼，再者行文之中称苗沛霖不知法纪为何物，那么时至当下他仍把后者当作体制中人看待。

苗沛霖可不在乎自己是否体制中人，他现在要做的是借为属下复仇逮杀孙家泰为由，占据安徽巡抚衙门战时所在地寿州，扩大自己的政治影响力和军事统治区域。1861年2月10日，苗练渡过淮河进入两河口。寿州绅民见苗练逼近城垣，前往巡抚衙门求见翁同书，"环呼号泣，并具公呈，苦相请留"。③翁同书早已不想待在安徽，递奏折恳请皇帝准许他辞职，寿城民众哭着求他留下来和他们共同守城。翁同书心一软便决定留下，命令总兵黄鸣铎率水师迎击苗练。相持半个月后围城的苗练越来越多，翁同书不懂军事一筹莫展，召集下属官员议事，众人对是战是和莫衷一是。参将韩殿甲说苗沛霖悖逆无状主张讨伐，署安徽按察使张学醇认为苗沛霖攻寿州仅针对孙家泰并非背叛清廷，建议守河口的水师撤防。翁同书采信张学醇之言，命令黄鸣铎部停战，苗练乘势由菱角嘴渡河，抵达寿州城下。

苗沛霖是决意反清了，为此联络在定远的死敌捻军领袖张乐行，苗捻

---

① 《钦定剿平捻匪方略》卷九十。
② 同上书。
③ （清）翁同书：《翁氏家书》卷三，北京图书馆善本部藏。

双方达成谅解不再交战，合力进攻清军。他又派人去庐州联络太平军陈玉成部，约定合兵攻打寿州，并且同部分苗练按太平军规矩蓄发，陈玉成则代表南京政权授予苗沛霖"奏王"封号，并给予奏王印章。① 这样一来安徽北部局势大变，苗家军击溃寿州清军黄鸣铎部、灵璧清军沈宝臣部，凤阳、霍丘、怀远、颍上等地都成为苗练占领区，捻军也频频出击攻城夺地。宫中无奈之下打算换人，让翁同书下李续宜上，让湘系将领去做安徽巡抚，借湘军之力扭转皖北局势。曾国藩对这样的诱惑表示拒绝，他不着急，得等到皖北糜烂至极再去处理烂摊子，对浙抚王有龄如此，对皖抚翁同书也这样，湘军对于现在的安徽北部地区"实无意及之"②，即便位至两江总督，安徽全省为其理当经略之地。至于如何搪塞宫中，领兵之人自有各种理由，李续宜写折子称："陈玉成图解安庆之围，悉锐西窜，以攻我之所必救。湖北为众军根本，臣宜提师回援，不能遽任皖抚之事。"③

球又踢回到翁同书和袁甲三手中，看他们怎样救寿城于水火之中。翁同书的应付方法是牺牲徐立壮以求得苗沛霖的谅解，让后者看到他的诚意停止进攻寿城。1861年6月，在苗沛霖武装重重包围中的寿城，徐立壮被翁同书派人斩杀。苗沛霖麾下五旗团练中以黄旗为尊，徐立壮是黄旗旗主，翁同书曾极力拉拢他为己所用。"巡抚翁同书，文墨生，不知兵，欲倚立壮办贼，奏授永固副将"④，徐立壮避难至寿州，翁同书命他守河口，奏准授予其副将衔，现在徐立壮不但没价值还成了麻烦，翁同书便出卖他还将其处死。杀掉孙家泰则是袁甲三的主意，都是科举精英且都是钦派到安徽的办团官员，孙家泰还比袁甲三早一年到安徽，后者紧要关头杀起同僚来毫不手软。深刻理解钦差意图且逮捕孙家泰入狱的则是翁同书，文弱书生之于待宰同僚既不文

---

① （清）王定安：《湘军记》卷七，岳麓书社2008年版，第427页。
② （清）王闿运：《湘军志》卷九，岳麓书社2008年版，第108页。
③ 《清史稿·列传一百九十五·李续宜传》。
④ （清）金天翮：《孙家泰传》，《皖志列传稿》卷七。

又不弱。

　　为在战火中存留一座城市以及此地官绅平民身家性命，妥协不失为基于现实考量的一种方法，如答应对方所提条件将特定人员作为祭品献给强敌。只是明知献祭之人无辜，却还要强加给他种种罪行，则就显得不地道了。袁甲三列举必杀孙家泰的理由，将孙的罪行写入折子送往宫中："孙家泰刚愎任性，暴厉恣睢，擅杀无罪，已非地方官所能钳制。若令有众数万，其悖逆有不可知者矣。"① 这样的理由实在过于牵强，孙家泰即使刚愎自用暴厉恣睢也只是性格缺陷，怎么可以当作处死他的罪名。擅杀无罪并非空穴来风，1854年孙家泰以在籍办团钦差名义逮获四名通捻者，巡抚福济认为孙家泰未经地方官允许处死人犯属于越权擅杀，究其缘由是地方官员与在籍缙绅的权力之争，巡道府县四级官员认为在籍缙绅动了他们的奶酪，尤其看不惯孙家泰动辄打出"钦命帮办团练防剿事务刑部员外郎加三级孙"名号②，拿出钦差派头视地方主官为空气，非要夺去他们手中的司法权不可。官与绅在推行地方军事化中的种种冲突，局外人或许不甚了解，在籍办团的袁甲三也落井下石就显得过分了。八年后寿州团练捕杀潜入城中的苗练间谍，则因苗沛霖已计划进攻寿州，战前情势千变万化。守城团练指挥官下令处死间谍亦属常理，定为擅杀之罪未免牵强。至于孙家泰一旦拥兵数万即会反叛清廷，更是空穴来风无稽之谈，袁甲三手中兵力多于孙家泰，按他的逻辑难道自己也要悖逆反清？

　　袁甲三是打定主意要除掉孙家泰了，他在奏折中告知宫中："臣已密告翁同书，若不量思变通，寿民被围情急，万一私将孙家泰捆送苗练，又岂翁同书所能禁止？"③ 其意是让翁同书先行捕杀孙家泰，防止一旦由民间之人绑献孙家泰，他和翁同书对苗沛霖不好交代。对反清的圩寨团练这样地示弱，对办团同僚则强势霸凌到无以复加的地步，袁甲三之所以这样做，是因其想法

---

① 《钦定剿平捻匪方略》卷九十五。
② 崔岷：《山东"团匪"：咸同年间的团练之乱与地方主义》，中央民族大学出版社2018年版，第83页。
③ 《钦定剿平捻匪方略》卷九十五。

与皇室高度一致。

从推行地方军事化伊始，清廷就对地方武装充满警惕，竭力动员其与反叛者作战，又唯恐其过度扩展颠覆国体。团练是奇毒无比的鸩酒，不得已而用之，迟早总要将所有团练裁撤掉，这是宫中的想法，反正最终是这样的结果，为情势所迫处死孙家泰这类办团者也就无所谓了。问题在于从决策者到执行者，行事实在过于毒辣。翁同书是以毒攻毒的始作俑者，他表明上和徐立壮关系密切，授其副将职衔，背地里则密奏宫中："苗、徐不睦，如蛮触相争，官兵毋庸过问。"① 宫中欣赏这种方法，还为促使苗、孙、徐火拼煽风点火，下谕称："该练等结仇已深，恐非查办所能了结。苗练既无归路，若俾令进退维谷，不激而生变其谁信之？莫若以毒制毒，令苗练即攻孙、徐，以赎前愆，兼泄私忿，此三人互相格斗，能歼除一二，官军坐收其利，较之敷衍羁縻似有把握。"② 如此毒辣的圣谕出宫门六百里加急送到袁甲三大营，对淮北各地团练领袖而言简直就是催命符。

按察使张学醇、总兵傅崇武接到袁甲三逮捕孙家泰的密札，与苗练小分队会合商议如何实施抓捕。这回翁同书抢先下手，先将徐立壮逮捕斩杀，又派人将孙家泰和寿城团绅蒙时中押入牢中，既然朝中同僚已是待宰祭物，弱鸡巡抚勃然雄起浑身霸气。孙家泰知道徐立壮已被翁同书处死，万念俱灰，在牢中"仰药死"。

孙团徐团已除，苗练一团独大。1861年10月29日，苗沛霖发出总攻寿城的命令，守城清军军官朱天祥、赵森保等倒戈，寿州城破，翁同书、张学醇、傅崇武等一干文武高官被俘，"家泰家属被执，不屈，皆死之"。③ 苗沛霖成了战时省城的实际统治者，对他而言这不啻人生高光时段，战胜者心情自然是好的，对成为其阶下囚的巡抚、按察使、总兵亦以礼相待，不但免除一

---

① 《钦定剿平捻匪方略》卷九十四。
② 《钦定剿平捻匪方略》卷九十八。
③ 《清史稿·列传二百八十·孙家泰传》。

死还开恩将他们释放。只是这些被拘押过的高官们，人虽还活着颜面则已丢尽。

奕訢1861年6月28日死于热河，淮北局势未能如他所言任凭团练火拼坐收渔利，安徽军政主官卷入团乱，淮北落入苗练之手。两宫太后执掌帝国最高权力后，谕令满蒙八旗主力僧格林沁部进入淮北，清剿苗练、捻军和太平军残部，建立拱卫京师的战略屏障。

苗沛霖为避僧军锋芒，表示愿助僧格林沁攻捻。僧格林沁决定先灭捻后剿苗，1863年3月会同苗练强攻捻军雉河集老寨，张乐行突围至宿州被俘处死。苗沛霖此时才明白过来，他犯了致命的战略错误，祸事将临死期将至。这些年他之所以纵横一方，无非是清军、湘军、捻军、太平军博弈淮北形成均势，苗练借此频繁易帜扩展空间，现在陈玉成战败庐州，张乐行失守雉河集，僧军和湘军必定合力剿苗，其结局是割据之地终将失去，凤台武家集圩寨将是他的葬身坟地。

新任湘系巡抚唐训方发布苗练遣散令，苗沛霖率诸部殊死一搏。活动于河南的捻军张宗禹部应苗沛霖约，回师淮北攻夺失陷的捻军雉河集老寨。降清旧捻宋景诗部赴陕剿回途中反戈，返回山东易帜黑旗军反清。僧格林沁率部赴鲁平乱，苗练趁淮北空虚再陷寿州，蒙城、怀远、临淮、彭埠守军与苗练激战。战至1863年11月，苗部强攻蒙城未果，苗沛霖死于乱军；湘军攻陷怀远，苗沛霖之弟苗希年、侄子苗长春战死；张士端献彭埠降清。12月，僧军和湘军合攻苗练老巢凤台武家集，杀死圩寨中的苗沛霖妻子徐氏、儿子苗连生。寿州、颍上、正阳关各部苗练相继战败，淮北最强地方武装走到尽头。

清政权严厉追究为苗沛霖伸出援手的胜保，以此警告与团练武装关系密切的满人将领。胜保守制期满后奉旨赴陕西督办军务，"擅调苗沛霖率兵赴陕"，这是宫中难以容忍的，"严诏斥阻，不听，命僧格林沁大军监制，乃止"。满人疆臣不顾一切地维护汉人门生，对出自叶赫那拉氏之手的圣旨置若罔闻，僧格林沁接谕密查，呈密折称胜保"拥兵纵寇"，太后"密诏多隆阿率师至陕，传旨宣布胜保罪状，褫职逮京，交刑部治罪，籍其家"。胜保是满洲苏完瓜尔氏权贵，须由王大臣商议定罪，王爷们称"苗沛霖已戕官踞城"，胜保罔顾旨意重用贼寇。重用宋景诗是胜保另一重罪，降捻"宋景诗反复背叛，皆其养痈贻患"，议决结果定为死罪。上谕："念其战功足录，从宽赐自尽。"①

苗沛霖反复倒戈易帜，密度远超苏沪团练。先投捻后反捻，继而投清随之反清，僧军入皖再度降清。张乐行兵败逃回老寨，清廷怀疑苗沛霖纵敌，为释疑苗沛霖诱杀陈玉成。苗沛霖是曹孟德的忠实粉丝，清人张锡龈称其"极慕曹操之为人"。②蒙城团总李南华劝苗沛霖北上勤王，以求获赏品级更高的职衔，后者笑曰："现今英雄，独使君与操耳！"③苗沛霖视曹孟德为人生标杆，汉末枭雄迭起连年鏖战，黄淮流域正是战乱中心，曹操剿平群雄割据长江以北广袤地区，给予汉王朝致命一击。曹操和苗沛霖皆无官宦家庭背景，后者虽与前者朝代不同却心向往之，所做之事也异曲同工。生逢乱世举旗而起，或建国称帝或割据做军阀，这样的想法和做法其实很传统，多少君王霸主都是这般走来，通过军事斗争夺取江山，所谓成者为王，败者为寇。曹操努力打拼创建魏国，苗沛霖战死沙场沦落为寇，既然是寇自然多是差评。

曹操是大战略家，苗沛霖邯郸学步亦有所获。苗沛霖对内战各方都不服气，取而代之又无可能，于是现实主义地去割据做淮北王。宿州知州董声元被他派兵拘捕，关在武家集，苗沛霖让亲兵传话给这官儿听："我家老先生他日之皇帝也。"亲兵传的是苗沛霖的话，当皇帝过于夸张了，充其量也就是地方军阀。学者池子华在所著史书中论及苗沛霖："在他看来，天下大事譬如残棋，得一着犹可支数步，建立独立王国的绝妙佳机，哪能轻易放过呢。"④只是前塾师观棋还是走了眼，有僧军湘军淮军轮番碾压他的地盘，哪里有什么军阀割据的条件？

---

① 《清史稿·列传一百九十·胜保传》。
② （清）张锡龈：《上巡抚李乞师援寿禀》，《太平天国史料汇编》，第6051页。
③ 汪箎等修纂：《蒙城县志》卷六。
④ 池子华：《晚清枭雄苗沛霖》，安徽人民出版社1999年版，第63—75页。

曹操是魏晋文学鼻祖,以乐府诗见长,苗沛霖写联作诗也有亮点。他最看不起的是洪秀全,于是把想法写成楹联:

> 什么天主教,敢称天父天兄,丧天伦,灭天理,竟把青天白日搅得天昏,何时申天讨天威,天才有眼;
>
> 这些地方官,尽是地痞地棍,暗地鬼,明地人,可怜福地名区闹成地狱,到处抽地丁地税,地也无皮。①

可他自己就是把青天白日搅得天昏,将福地名区闹成地狱的人。"粮草马匹器械皆于有余之家起之,不从者杀"②,"每秋熟时,练总率队刈获,与田主中分之,田主不能私有其产"③,"有不从者多方挟制,或烧房屋,或扰耕种,或掘坟墓,或掠妇女、牲畜,令纳钱勒赎,有抗拒者,轻则戮其全家,重则屠其合族"④。

苗沛霖在秋夜仰望星空写诗袒露心迹:

> 手披残简对青灯,独坐寨帏数列星。六幅屏开秋黯黯,一堂虫语夜冥冥。
>
> 杜鹃啼血霜华白,魑魅窥人灯火青。我自横刀向天笑,此生休再误穷经。⑤

戊戌变法失败,谭嗣同慨然赴死前写绝命诗,"望门投止思张俭,忍死须

---

① (清) 汪辟疆:《汪辟疆文集》,上海古籍出版社1988年版,第657页。
② (清) 李师沆等编纂:《凤台县志》卷七。
③ (清) 王安定:《求阙斋弟子记》卷十五。
④ (清) 曾道唯编修,葛荫南、孙恩诒、孙家鼐等纂:《寿州志》卷十一。
⑤ (清) 苗沛霖:《秋宵独坐》,荒芜:《纸壁斋说诗》,生活·读书·新知三联书店1985年版。

臾待杜根。我自横刀向天笑,去留肝胆两昆仑",其中"我自横刀向天笑"一句,照搬自苗沛霖这首题为《秋宵独坐》的七律诗。一个是割据淮北的团练士绅,一个是慨然赴死的维新志士,他们都握刀仰天啸笑,大清帝国基石哪里经得住这样的刀锋这样的高分贝笑声,终究会崩裂会坍塌。

苗沛霖还是词人,他写的《满江红》气势磅礴激昂悲壮:

匹马西风,几踏遍关山夜月;看今夜霜华掌大,征衣似铁。逸兴顿辞陶令菊,雄心待咽苏卿雪。叹江南江北尽沉沦,红羊劫。

情不惜,妻孥别;心不为,功名热;只随身兵法,孙吴基业。猛虎山中行就缚,妖星天末看将灭。趁秋波挽袖浣罗袍,沙场血。①

"匹马西风,几踏遍关山夜月","趁秋波挽袖浣罗袍,沙场血",这是兵败蒙城行将就死的哀怨之词,字里行间依然全是豪放。鏖战之余亦有细腻感情,想起离别武家集老寨妻儿情状,"情不惜,妻孥别",心软似水。从词里走出去却是另一番狰狞面目,清人所修的《涡阳县志》称:"苗沛霖带人抵高炉集涡河南岸,驻圩驻扎,遂沿涡河南西至赵屯五十余里,烧、杀、淫、掠,残忍已极","带队过涡河,往西北五十余里,扰害之苦,亦若涡河南。又扎营黄家店,每日搜寻,民逃亡奔于外","纵横百余里,皆成赤地"。②清人所纂《寿州志》道:"(苗练)到城南一带掳去妇女数百,群居裸处,择其有姿色者入营献酒,其次则便给旗下嬲淫取乐。"③清人赵烈文在其日记中记述:"聚所得女口处一围内,使之接客,而收其夜合之资,以充军饷。"④

---

① (清)苗沛霖:《满江红》,《纸壁斋说诗》。
② (清)石成之、杨雨霖主纂:《涡阳县志·军事》。
③ (清)曾道唯等修纂:《寿州志》卷十一。
④ (清)赵烈文:《赵烈文日记》,第985页。

江山属谁

曾国藩是要经略安徽的，两江总督的辖区原本就是苏赣皖三个省份。湖南地方武装为夺得安徽，前仆后继代价惨重。江忠源部楚军两千人、李孟群部湘军二千五百人、李续宾部湘军六千人先后战死。曾国荃部1861年攻克安庆，湘军大营和总督衙门迁到城中，湘军才算在安徽有落脚之地。

清王室亦视安徽为重中之重，江忠源、舒兴阿、吕贤基、周天爵、袁甲三、李续宜、和春、福济、翁同书、胜保、彭玉麟、唐训方、僧格林沁等，先后奉旨主持皖省军政，可谓倾尽帝国精英。这份由奕訢和叶赫那拉氏拟定的人事名单，满蒙汉钦差督抚混编，旗兵绿营私军各属其主，各种背景各种派系内卷互戕，无一日不生事，无一日不冲突。

袁世凯的叔祖父袁甲三最先卷入漩涡，弹劾满洲正蓝旗人、陕甘总督舒兴阿。袁甲三在江南道监察御史、兵科给事中任上奉旨赴安徽办团，1853年抵皖，恰逢周天爵病亡亳州军中，于是接管后者麾下游击朱连泰部。袁甲三是河南人，无法在安徽组建宗亲团练，命其子翰林编修袁保恒招募豫勇入皖作战。袁甲三嫡系部队兵员不足，调动南阳镇总兵邱联恩部、大名镇总兵史荣椿部、徐州镇总兵傅振邦部，进攻凤阳、颍州、徐州捻军。御史出身的他利用奏事权，弹劾怯战避战的文臣武官，钦差大臣也不放过，舒兴阿兵抵庐州城外，畏惧不前以至于庐州城破江忠源自戕，袁甲三上疏奏准将其革职。

满洲正黄旗人、钦差大臣和春，满洲镶白旗人、安徽巡抚福济，与在皖办团的袁甲三不和，联名弹劾其"株守临淮，粉饰军情，擅截饷银，冒销肥己"。"部议褫职"，宫中召袁甲三回京。《清史稿》记叙袁氏离皖时，"军民泣留者塞道"，怀远人胡文忠更是"鬻子女，徒步京师，控都察院求以甲三回镇"，未得到应允，愤而"怀状自缢"。①1856年清廷重新启用袁甲三，命

---

① 《清史稿·列传二百五十·袁甲三传》。

他回皖对捻作战。满洲镶白旗人、钦差大臣胜保与袁甲三不合，密奏其驻军徐州、宿州自树一帜。宫中采信胜保所言，1859年袁甲三再度被召回京，转任漕运总督，直到胜保丁忧守制，袁甲三才补其空缺任钦差大臣督办安徽军务。此时淮北情状与之前全然不同，淮北团总苗沛霖以圩寨制度瓦解传统基层社会组织，利用胜保为靠山控制淮北乡土团练，其麾下苗练经过多年积累，兵员、武器和战力在淮北屈指一数，远超袁甲三指挥的绿营和豫勇。

袁甲三畏惧苗沛霖团练，对其采取羁縻之策，牺牲掉早他一年在籍办团的孙家泰。地方豪强苗沛霖拥兵数十万，与之抗衡的缙绅孙家泰和寿州团练实力虽弱小，却一味硬"刚"。袁甲三、孙家泰都是科举精英，同在朝廷为官，前者深刻理解丛林原则，后者却以虚职逞强。"家泰强直有气，天爵亦赏异之，天爵薨颍州，家泰以忤道府夺官，旋复职。尝集诸团长州城，家泰短后衣，跨马佩剑，丁壮持矛戟挟侍，出入威仪。"① 前刑部员外郎孙家泰以地方名流自居，前凤台下蔡武家集塾师苗沛霖则摆足地方豪强派头。孙家泰、苗沛霖、袁甲三同在淮北办团，袁甲三位至钦差大臣，为使苗沛霖攻捻，放下身段巴结妥协，保奏苗沛霖为淮北练总，使其获赏布政使衔。一个叫张龙的寨主率部归顺袁甲三，苗沛霖欲图其妻暗中潜害，"钦差袁畏苗沛霖之恶，竟将张龙正法"②，把张妻赏给苗沛霖为妾。袁甲三处事这样地现实，牺牲孙家泰也就顺理成章了。孙家泰自视甚高俯视群雄，他的底气还在于弟弟孙家鼐状元及第名声很大，怎么着塾师出身的苗沛霖也不敢动他，但他运气实在是差，苗沛霖就是要拿他当祭品。

袁甲三也曾叱咤淮北，认为将在外君命有所不受，与奕䜣不断较劲。咸丰帝命袁甲三移师桐城，救保庐州，袁甲三拒不受命。捻军攻占永城，袁奏言："贼将窜宿州、趋徐州。徐州为粮台重地，急应严防。"咸丰帝命他确探

---

① 金天翮：《孙家泰传》，《皖志列传稿》卷七。
② （清）尹嘉宾：《征剿纪略》卷二，《太平天国史料汇编》，第12668页。

贼踪，迎头截剿。袁追到萧县后改变了主意，称徐州镇道兵勇足剿土匪，"臣应折回宿州，严堵南路窜匪"，不待旨意径自回师。袁甲三与钦差和春、巡抚福济不和，擅自奏请将宿州知州郭世亨开缺办理军务，以王启秀代之，奕䜣告诉他人事问题须与和春、福济商定会衔，袁甲三我行我素依然单独上折，奕䜣愤怒地说："著传旨申饬。"袁甲三杀心很重，攻破临淮关后下令杀掉数千降捻，"七十以下十五以上尽诛之"。攻下凤阳后，"于城外别筑七营，驱两城降贼入，择尤悍者三百余人诛之"。① 如此强悍桀骜之人，居然奈何不得苗沛霖，原因与后者以圩寨制度改造乡村基层组织，系统性架空地方政府有关，袁甲三作为中央政府驻淮北代表，除了招抚苗沛霖别无他法。

鉴于自身力量不足，袁甲三决定引湘入皖，借用湖南地方武装压制淮北军阀。他奏请任命湘军将领李续宜为安徽巡抚，利用湘军钳制苗练；由奏准主抚的贾臻为布政使、张学醇为按察使，让他们游说、驾驭苗沛霖。袁甲三的软肋在于没有自练之兵即嫡系私军，剿捻只能依赖河南雇佣兵、外省援皖军队、湘军和苗练，剿捻总指挥当得够窝囊。随着湘军主力进入淮北，胜保调离安徽依然遥制苗沛霖部，颇受宫中信任的钦差袁甲三陷入边缘化处境，又因多年征战积劳成疾，遂奏请宫中开缺回籍，1863年病故。

安徽进入湘军与苗练争霸时期，后者与满臣胜保关系极其密切。湘军占领安庆后，战线向北延伸至皖中、皖北，胜保力阻湘军进入他的势力范围，声称其部与苗练协同作战，无须湘军参战也可剿灭捻军，曾国藩对他的抚苗论痛加驳斥。

曾国藩对翁同书也很是不满，他既然做了两江总督，安徽巡抚自然应该向他汇报皖事，翁同书却不把他放在眼里，有事绕过他直接请示宫中。总督决定拿巡抚开刀，上疏宫中称翁同书先帮孙家泰守城，继而出卖孙家泰弃城求和，以至苗练破城后孙家泰全家被杀，寿州绅民遭屠妇女受辱，翁同书等

---

① （清）佚名：《袁甲三传》，《清史列传》卷五十，中华书局1987年版，第3930页。

被俘受辱。特别恶劣的寿州事件发生后，翁同书上疏为苗沛霖辩白，已不是昏庸而是无耻。曾国藩要把翁同书逐出安徽，他说："若翁同书自谓已卸抚篆，不应守城，则当早自引去。"翁在寿州事件前已辞去巡抚职务，就不应该再插手安徽事务，他却出尔反尔留在寿州，成事不足败事有余。此人酿成大祸后还全无反思，"事定之后，翁同书寄臣三函，全无引咎之辞，廉耻丧尽，恬不为怪"。曾国藩弹劾翁同书："军兴以来，督抚失守逃遁者皆获重谴，翁同书于定远、寿州两次失守，又酿成苗逆之祸，岂宜逍遥法外？应请旨即将翁同书革职拿问，敕下王大臣九卿会同刑部议罪，以肃军纪而昭炯戒。"为扳倒巡抚，曾国藩特意强调其两江总督身份："臣职分所在，例应纠参，不敢因翁同书之门第鼎盛瞻顾迁就。"① 为使湖南武装控制安徽，湘军水师统帅彭玉麟也上疏弹劾翁同书："苗沛霖背国如此虐民如此，而尚复议抚，则逆党愈以得志，良民谁不寒心。"② 湘军核心层成员同时发声，指控扶苗派官员胜保和翁同书。

年轻的西太后一字不落读完这些折子，决定站在湘系督抚一边。曾国藩毕竟科举出道翰林出身，其有无反意还在观察中，过早地抑制曾国藩私军，八旗绿营又不能打赢叛军，结局便是帝国灭亡，皮之不存毛将焉附，局势尚未清晰前，她不会去惹湘军领袖。苗沛霖就不同了，此人自称河北天顺王，接受发逆奏王伪印，明摆着就是反清。对于苗逆的态度，翁同书是糊涂无能，胜保就另当别论了，他是心存祸心。

年轻的叶赫那拉氏极富政治智慧与宫廷权谋，在战场局势与宫廷斗争之间，她更着意后者。出生于女真扈伦四部之一叶赫部的她，现在握有帝国最高权柄，对其家族曾是爱新觉罗宗族世仇这一点，则依然敏感时时警觉。爱新觉罗·努尔哈齐在世时，传说挖出过刻有"灭建州者叶赫"字样的石碑，

---

① （清）曾国藩：《参翁同书片》，《曾国藩全集·奏稿二》卷十五，第735页。
② （清）彭玉麟：《遵议苗逆剿抚事宜并再辞皖抚折》，《彭玉麟集·奏稿》，岳麓书社2008年版，第9页。

这使她的宫廷生涯充满恐惧不安。即便现在端坐大殿垂帘听政，眼前晃过的依然是永不消停的腥风血雨。胜保在辛酉政变中拥戴过她，此人是恭亲王的人，这对宫中的孤儿寡母意味着什么，叶赫那拉氏心知肚明。她要借曾国藩之力扳倒胜保，让奕訢清楚，参与祺祥政变助她夺权，并非就是任意妄为的理由。

爱新觉罗·奕詝1861年8月22日病逝热河，遗嘱为5岁的儿子爱新觉罗·载淳嗣位，命领侍卫内大臣爱新觉罗·载垣，郑亲王爱新觉罗·端华，大学士爱新觉罗·肃顺，额驸景寿，军机大臣穆荫、匡源、杜翰、焦佑瀛八人为赞襄政务大臣即顾命大臣，辅弼幼帝总摄朝政，两宫太后握有"御赏""同道堂"两枚御章，宫中颁诏须盖上两枚御章方能生效。

懿贵妃叶赫那拉氏鼓动皇后钮祜禄氏垂帘听政，与被排除在顾命大臣名单之外的恭亲王爱新觉罗·奕訢发动祺祥政变，睿亲王爱新觉罗·仁寿、醇郡王爱新觉罗·奕譞率亲兵抵密云，拘捕护送皇帝梓宫回京的肃顺等，"械系，下宗人府狱"，两宫太后以同治皇帝名义颁发诏书，"赐载垣、端华自尽，斩肃顺于市"。①

政变发动者叶赫那拉氏很快就进入新角色，通过垂帘听政掌控整个帝国。她是清醒的，知道自己并非至高无上的女皇，而是各种政治派系的仲裁者，政治平衡术是自己的生存之道。年轻的慈禧太后坐在幼帝身后，隔着轻轻晃动的珠帘，忧郁的目光越过满汉朝臣的顶戴花翎，越过层叠起伏的宫殿，越过宫墙越过京城，看到帝国宽广辽阔的江山，看到为帝国而战的清军湘勇。

太后知道肃顺与湘军往来密切，肃顺"喜延揽名流，朝士如郭嵩焘、尹耕云及举人王闿运、高心夔辈，皆出入其门，采取言论，密以上陈。于剿匪主用湘军，曾国藩、胡林翼每有陈奏，多得报可，长江上游以次收复。左宗

---

① 《清史稿·列传一百七十四·肃顺传》。

棠为官文所劾，赖其调护免罪，且破格擢用"。① 肃顺重用湘人或出于军事需要，借此拉拢湖南地方势力为自己站台恐怕也是目的，即便这样叶赫那拉氏还是竭力笼络手握重兵的曾国藩，没有这位手握重兵的湖南人，帝国永远打不赢叛军。曾府幕僚赵烈文道出实情："朝廷四顾无人，不得已而用之。"② 这样的实情叶赫那拉氏、曾国藩心里都明镜似的，知道了还走到一起，这就是政治智慧，两者都需要这个摇摇欲坠的帝国，都想使帝国在炮火中得以续命。

1861年12月26日，一艘装满貂裘、绸缎、玉指环的船只抵达安庆码头，这些宫中物品是两宫太后赏赐给曾国藩的，为犒赏湘军攻下这座长江北岸的战略城市，给攻夺伪都南京奠定了坚实基础。叶赫那拉氏为这次胜利倍感激动，这次胜利距辛酉政变不到两个月。而在这艘装满皇家赐物的船只抵达安庆前，湘军领袖还接到加盖"御赏""同道堂"印章的圣旨，命他"节制浙江"，两江总督节制浙省，这在有清一代还未曾见过，恩宠之意全在里头。

曾国藩决意经略安徽。胜保针锋相对，1862年4月上疏称："袁甲三为皖省统帅，实则株守临淮，而于苗练捻匪并未办理分毫"，李续宜"未以帮办皖军自任"，"仍附于曾国藩，于捻匪苗练诸事均未着手"。他要求宫中将安徽、河南军政统归于他，"两省联为一气，实为军务大局有裨"。③ 曾国藩对此大为恼火，不许胜保插足安徽，上折子说湘系督抚将领胡林翼、李续宜、严树森等，"皆不愿与胜保共事"，"李续宜之才足以绥定皖疆，其力又足以制服苗党"，"请旨责成李续宜专办安徽军务"，"胜保专办河南军务，无庸兼顾皖省"。④ 宫中准奏，将胜保调往陕西清剿回民武装，安徽军务统归李续宜办理。李续宜是坚定的剿苗派，不因苗沛霖诱捕陈玉成停止攻苗。1862年5月25日，湘军蒋凝学部歼灭苗练贯金部、金毛兽部于霍丘。

---

① 《清史稿·列传一百七十四·肃顺传》。
② （清）赵烈文：《赵烈文日记》，第1132页。
③ 《钦定剿平捻匪方略》卷一百四十一。
④ 《钦定剿平捻匪方略》卷一百四十四。

胜保1862年5月25日呈递折子，愤怒地要求湘军不得剿苗，他将把苗练改为钦差练营随其平捻，安徽巡抚李续宜不得与闻。对于这份最后通牒式的折子，宫中的回复是所奏各条"著不准行"，"苗沛霖系皖省练总，自当听巡抚约束"。① 胜保越发恼怒，上疏直斥宫中所做的一切都是误国之举，悲愤难抑的满洲重臣在赴陕作战前再递折子："现当我皇太后、皇上信任楚军之际，奴才既不必与之争功，亦不屑与之负气"，"我朝自列圣以来，从不以重柄尽付汉臣，具有深意，不可不深思而远虑也！奴才满洲世仆，受国厚恩，苟愚见所及，不敢逆探圣意所向以为语"②。

　　胜保言必称满汉畛域，却把苗练这支汉人武装视为己出，必欲调到身边随其入陕，送入宫中的折子口气强硬："臣拟传谕苗沛霖挑选精锐，不得超过一万人，饬令来营助剿，转可藉资钤束"，同时饬河南军需局拨银万两接济盘费。③ 口称奴才的胜保已经把自己当主子了，在折子中说话是命令式的，欺负孤儿寡母倒也罢了，可径自调动苗练就非同小可了，这些圩寨中人强悍凶残，连经略皖省多年的袁甲三都奈何不得，淮北驻军被打惨，寿城团练遭痛歼，巡抚做了囚徒，胜保调苗入陕是何居心？

　　两位太后在言辞懔厉的圣旨上盖了御赏同道堂印章，六百里加急送往胜保大营："胜保身为大臣，岂不知征兵遣将皆须禀命朝廷？乃并不先行请旨，辄敢擅拨饷银，派员迎提苗练，胆大妄为，实堪痛恨。著胜宝于接奉此次谕旨之日，即迅速飞檄截止苗练，不许一人一骑入陕，仍令静候僧格林沁调遣，以免纷歧。倘敢不遵谕旨，阳奉阴违，必将胜保从重治罪，决不宽待。"

　　胜保豁出去了，"严诏斥阻，不听"，宫中"命僧格林沁大军监制，乃止"，他这样地不顾一切灯蛾扑火，是把性命都博上了。叶赫那拉氏让僧格林沁密查，僧王回折称胜保"拥兵纵寇"。太后当机立断，"密诏多隆阿率师至

---

① 《钦定剿平捻匪方略》卷一百四十六。
② 池子华：《晚清枭雄苗沛霖》，第129页。
③ 《钦定剿平捻匪方略》卷一百六十。

陕，传旨宣布胜保罪状，褫职逮京，交刑部治罪，籍其家"。① 胜保是必死无疑了，罪状写入上谕："擅调其练众入陕，迭谕旨不准犹复屡次抗辩。今苗沛霖已戕官踞城，肆行背叛……靡饷劳师，皆胜保之养痈贻患所致，而胜保之党护苗、宋（宋景诗）二逆，不得谓无挟持朝廷之心"。盖上同道堂印章的这道谕旨判处胜保极刑，"赐令自尽"。②

最后的满蒙铁骑

僧格林沁继胜保之后进入淮北攻捻，与后者不同，蒙古王爷率领着最精锐的帝国铁骑，这也是历经中外战争后帝国所剩的最后一支主力部队。

僧军并非首次对捻作战，早在1860年，僧格林沁就已奉诏率德楞额、格绷额、伊什旺布、伊兴额、西凌阿、舒通额、苏克金、色尔图喜、恒龄、卓明阿等悍将，在江苏徐州、丰县，河南商丘、杞县，山东济宁、菏泽、曹州、泰安、青州、临朐、金乡一带剿捻。此次宫中授僧格林沁正黄旗领侍卫内大臣，1862年3月僧军与捻军在河南开封杞县许冈会战，僧格林沁"三路合剿，歼匪万余"，③ 7月僧军攻克商丘金楼寨，歼灭白莲教郝姚氏、金鸣亭武装，前锋进入亳州境内，逼近捻军根据地。

在曾国藩任两江总督的情况下，僧格林沁部进入安徽剿捻，缘于湘军主力集结于皖中、南京地区对太平军作战，无法全力清剿淮北捻军，捻军除在淮北活动，还进入豫南靠近直隶，不除此患京师不宁。僧部进入两江总督辖地安徽，还因帝国上层贵族集团意识到湘淮地方集团对中央政权的威胁，通过剿捻可以显示帝国铁骑仍是不可觑的强大军事力量。联合苗练攻捻，牵

---

① 《清史稿·列传一百九十·胜保传》。
② 《钦定剿平捻匪方略》卷一百九十四。
③ 《清史稿·列传一百九十·僧格林沁传》。

制湘军坐大，是这位蒙古王爷的老到盘算。他制定抚苗剿捻政策，拨给苗练一万两白银作为剿捻军费，对胜保为不使苗练被湘军清剿将其编入直属部队赴陕作战一事，与先前态度大不一样。他奏告宫中为苗沛霖陈情，称此间本无异情，他"密派土人扮作商贾前往苗沛霖处查访，据回营报称，探得苗沛霖曾有声言预备干粮前往陕西之说，复又中止，此时并无动静"，又称苗练正在积极攻捻，尚有利用价值，他考虑再三"惟有仍用羁縻之法"。①

僧军、湘军、苗练三足鼎立，对苗沛霖最为有利，打破均势则是险棋。个性张扬的苗沛霖哪肯久居僧格林沁之下，他走了一步险棋，结果便是难以逆转的死局。苗沛霖认为找到了新靠山僧格林沁，从惧怕湘军转变为挑衅湘军，欲以僧王代理人的角色将李续宜和湘军挤出淮北。苗练开始主动攻击驻颍州、寿州的湘军，若湘军反击则不惜扩大战争规模，以期与入皖旗军合攻湘军。

曾国藩看出苗沛霖意图，奏告宫中称："驻颍州、寿州湘勇，动辄被苗沛霖掳杀。苗沛霖有意挑衅，意在激我之怒，加兵与彼，彼乃藉词以构乱。"他指出苗沛霖背后站着僧格林沁："僧格林沁十月初五与苗沛霖札稿，拨给苗银万两，令其带兵剿捻"，苗沛霖随即"前后禀词，痛诋楚师，令人发指"。总督通报两宫太后，鉴于这样的局势，"碍于僧格林沁抚苗剿捻之局"，"拟将寿州、正阳、霍丘等处湘勇撤出，并调至庐州、巢县一带驻防"。②在写给沈葆桢的信中，湘军领袖说明为何退避："敌军若与苗党开仗，必与僧邸（僧格林沁）南北水火。今日之天下，岂堪将帅更有水火之争？故不能不早退一步也。"③实则曾国藩看得更深，僧格林沁惨败通州八里桥，亟需一场凌厉搏杀展示残存战力，让世人看到帝国铁骑可控制长江以北地区，在蒙古王爷的这盘棋局中，湘军和苗练均是棋子，僧格林沁既是拱火者又是最后得益者。湘

---

① 《钦定剿平捻匪方略》卷一百七十三。
② （清）王定安：《求阙斋弟子记》卷十五。
③ （清）曾国藩：《致沈中丞》，《曾国藩全集·书札二》卷二十，第 6079 页。

军领袖选择战略退却，棋局中示弱方往往棋高一着。

僧军、苗练合攻涡阳雉河集老寨，1863年3月19日，全歼二十万捻军。这是一场巨大的胜利，亦是僧格林沁的高光时刻，周天爵、袁甲三、胜保、曾国藩、李续宜做不到的，他做到了。这对于同为捻军克星的苗沛霖而言，是招妙棋亦是死棋，获胜之日即是灭亡之时。僧格林沁不是胜保，他对苗练示好只是利用，最终要将其剿灭于淮北。剩下的便是你死我活的搏杀，结束忍耐期的湘军也参与进来，和僧军一道将苗沛霖和他的苗练从地球上抹去。

作为钦派统辖山东、河南军务，并直隶、山西四省督、抚、提、镇的统兵大员，僧格林沁这回是打定主意要经略他的地盘了。当然，他的地盘还包括淮北，僧王打算精心治理这块曾经的军阀割据之地，将其作为典型推广到各省。恢复中央政府统治权是重中之重，必须坚决地摧毁圩寨制度，改变地方绅权强于地方官府的现状。僧格林沁奏告宫中，钦差督抚滥保团总官品职衔，团董练总聚众囤粮截断税源，亟需解散圩寨抑制绅权。内阁随即颁发上谕："皖北之患，实由民圩过多、练总权大所致。各团练总文职保至府道以上，武职保至二三品，仗势自豪。不但生杀之权地方官不能专主，甚至乡井小民止知有练总之尊，不知有官长之令"，"著僧格林沁将如何遣散各处民圩，渐削练总之权，俾团练无从抗官之处悉心筹画"。①

僧格林沁的想法没有错，他的软肋是缺乏可用于地方治理的人才，建立成熟的文官系统，即便他的满蒙铁骑浴血牺牲，在淮北歼灭了捻军和苗练，安徽主官依然是湘系将领，只不过由李续宜换为唐训方。宫中允准僧格林沁所奏各条，具体执行的又是汉人督抚，宫中颁发的上谕为："著曾国藩、唐训方督饬地方文武力加整顿。此后该处民练总须官为督办，毋再畀权练总，致成尾大不掉之势，方为妥善。"②这样一来，僧格林沁仅是提议者而非执行人。

① 《清穆宗实录》卷八五。
② 《清穆宗实录》卷八五。

对于帝国上层贵族而言，没有什么比这更痛苦了，但现实就是如此，官府行政人才来自科甲制度，科甲精英与民族人口数量密切相关。

湘军也是要铲除苗练圩寨的，湘系新任巡抚唐训方奏折的内容，与僧格林沁奏言一模一样，也是要恢复地方官府施政权，把安徽置于两江总督曾国藩治下。唐训方告诉宫中："民筑土为圩，备枪械以自卫，嗣且甃以砖石，增以雉堞，限以重濠，棋布星罗，坚如城郭，于是各圩自立，圩主违抗钱粮，擅操生杀，州县官除一城外，禁令不行。"①"格于强练降勇，其牧令不过伴食。一切征收、厘卡、听断、生杀之权，不能过问。"②他不能容忍这样的现实，一俟捻军张乐行部被僧军、苗练歼灭，立即颁布苗练遣散令，命令驻淮湘军剿除苗练。

湘军势力扎根安徽，僧格林沁如鲠在喉，必欲除之而后快。他参奏唐训方渎职，不亲督部属作战，其部将也参与倒唐，"都统富明阿奏劾训方"，③实者矛头指向曾国藩。实际情况并非如此，曾国藩、唐训方一直指挥湘军作战，僧格林沁1863年3月率主力赴山东征剿宋景诗黑旗军，捻军张宗禹部6月趁机进攻桐城，"为湘军周宽世阻遏"，捻军转攻六安，"又为湘军王临祥、曾广翼所阻"。④

湘军更是全力剿苗。僧格林沁主力赴鲁，苗沛霖1863年5月易帜反清，全线进攻蒙城、凤阳、临淮，曾国藩、唐训方命令湘军陆营梁洪胜、左光培、成大吉、赵克彰部，水师张启基部，马队尹家宾部与之激战，"抚循降圩，收其兵械，奏移凤台，治下蔡雉河集，增立涡阳县"。⑤僧格林沁、富明阿罔顾事实弹劾唐训方，致使后者调离安徽，降职为湖北署按察使。

---

① 《钦定剿平捻匪方略》卷二百八。
② （清）唐训方：《旌别道守牧令淑慝折》，《唐中丞遗集·奏稿》卷二，清光绪十七年刻本，第13页b。
③ 《清史稿·列传二百十九·唐训方传》。
④ 王盾：《湘军史》，第236页。
⑤ 《清史稿·列传二百十九·唐训方传》。

僧格林沁已经掌控安徽军政权力了，其部势力范围从山东、河南、直隶、山西扩展到安徽。1864年7月湘军攻克南京，帝国上层贵族集团悲欣交集，悲的是这样的胜利由湘淮集团获得，喜的是终于有了裁撤湘淮军的理由。僧格林沁与朝中倒湘派遥相呼应，断定南京圣库所有库银被曾国荃部劫走，"命江宁将军福明阿以查看满城为名"①，暗中察访圣库黄金白银下落，罗织罪名加害曾氏兄弟。叶赫那拉氏这回站在僧王一边，在上谕中附上质询湘军侵吞伪都圣库库银的户部奏疏。曾国藩为避害再次示弱，大规模裁撤湘军，让曾国荃辞职返湘。满蒙铁骑现在可以驰骋在长江以北的帝国土地上了，这是宫中乐于看到的。

此前，一支突如其来的生力军出现在僧格林沁面前，他们选在1864年与满蒙骑兵决战。这是太平军陈玉成余部和捻军张宗禹、陈大喜部混成的军队，由太平天国扶王陈得才、遵王赖文光任正副总指挥。1861年安庆失陷陈玉成退守庐州，"城内乏粮，恐难持久"，命陈得才、赖文光等率三万精锐，"往河南、陕西等处去打江山"；② 1864年2月天京危急，陈得才等率部自陕西、河南分兵回救，一路上会合了捻军张宗禹、陈大喜等部，"众至数十万，声势甚壮"。③

陈得才等的战略目标是攻击湖北，调动围攻南京的湘军，僧格林沁要做的是消灭这支部队，使湘军打赢南京战役。唯有占领太平天国首都，清政权才能延续下去，裁撤湘军的事放到克复伪都之后解决，科尔沁亲王为南京决战的胜利率部阻击湘军侧翼之敌。作出这个决定时的王爷，对战胜这支太平军、捻军混成部队信心满满，1854年他曾率骑兵与太平军北伐部队鏖战，那是一支由林凤祥、李开芳指挥的突击部队，快速穿过安徽、河南、直隶，攻至距北京不到三百里的天津杨柳青，帝国铁骑用马刀阻止他们前进，1855年3月7日围歼林凤祥部于沧州东光连镇，5月31日在茌平冯官屯全歼李开芳部。

---

① 王盾：《湘军史》，第17页。
② 罗尔纲：《太平天国史料考释集》，生活·读书·新知三联书店1956年版，第201页。
③ 李侃等：《中国近代史》，第101页。

相隔 10 年后，僧格林沁指挥大军再战太平军。

战役 1864 年 2 月打响，8 月进入高潮，这是一场古老的步骑兵大战，战场跨越安徽、湖北，惨烈程度令人难以想象，许多八旗将领力竭而亡战死军中。红石堰之战，太平军"以万众来扑"，"苏克金力战，歼贼甚众，遽病暍卒"。苏克金骁勇善战，是僧格林沁最得力的部将。"贼窜河南光山、罗山"，"僧格林沁亲督马队追击，战于萧家河，援贼大至，稻陇地狭，马队失利，自翼长舒通额以下，阵亡将领十二人"，这是重大损失，一仗战损 12 名悍将。光山柳林之战，僧军中伏，"为贼所围，力战始退，总兵巴扬阿死之"。战局在 10 月开始有利于僧军，河南捻军张宗禹部进入上巴河、蕲州，与太平军陈得才部会师风火山，僧格林沁率军强攻，连战连胜，陈得才部、张宗禹部退往安徽潜山、太湖、英山。11 月，僧格林沁组织霍山战役，攻克土漠河、乐儿岭、陶家河，"匪目黄中庸率千人来降"、"马融和率党七万人投诚"、"贼党甘怀德诱擒伪端王蓝成春出献"、"余党汪传第、吴青泉、吴青泰、范立川等各率众乞抚，先后受降十数万人，著名匪首仅存数人"，陈得才无法控制局面，"穷蹙自尽"。①

这是继全歼淮北张乐行捻军、苗沛霖团练之后，帝国骑兵再次赢得大捷，僧格林沁因此战被尊为帝国战神，外战外行内战内行的满蒙骑兵亦成为帝国神话。蒙古弯刀片刻不停割喉放血，马掌过处土崩花飞草碎，五彩军旗之下白骨无垠，败于通州八里桥的蒙古汉子，羞辱郁积内心整整 4 年，现如今终于可以飘洒热泪仰头长啸。

霍山战役并非完美无懈的歼灭战，太平军赖文光部，捻军张宗禹、陈大喜部数千人突围，撤到湖北、河南交界处组建新捻军，推举赖文光为军事领袖。新捻军实行太平军军制，改变捻军忽分忽和不相统属的松散组织形式，为适应北方平原作战特点，采用骑兵奔袭的运动战。这是一次重大调整，赖

---

① 《清史稿·列传一百九十一·僧格林沁传》。

文光以满蒙骑兵为模板，建立了与其战法相同的野战军，以其人之道还其人之身。在之后的交战中，不再有垒墙围圩据寨死守，作战双方天驰百里成为常事，将士骑着马背疾驰，遇上了就贴身挥刀搏杀你死我活。这是古老的野战，也是真正的野战，比骑术比体质比耐力，疲乏到极点也痛快到极点。这也是消耗战而非速决战，僧军的战损率成倍增长，蒙古骁将满族悍兵逐渐战死，战场优势不再属于满蒙铁骑。

南京是1864年7月被湘军攻占的，那一刻僧格林沁情绪复杂，为防止湘淮集团任性坐大，欲借伪都库银失踪案扳倒曾国藩，因此期盼能够速战速决，腾出精力应付新的局势。赖文光摸准僧王心思，利用其速胜心理布阵诱敌。

1864年12月，僧格林沁率所部寻战，在河南邓州唐坡中伏，伤亡惨重。1865年2月，"贼折而南犯鲁山，大军追及，战于城下。前锋得利穷追，后路为贼钞袭，翼长恒龄等阵亡。舒伦保、常顺马队接应，陈国瑞横突扼桥上，始得全师退，而舒伦保、常顺亦以伤殒"，又是一场大败。僧军终于在这年3月在淮河北岸确山围住敌军，僧格林沁登山督战，大败新捻军。赖文光再次突围，率余部"奔入山东境，渡运河至宁阳，折向曲阜"。科尔沁亲王不顾一切地驰马向前，身后跟着疲惫不堪的满蒙骑兵，他们为寻战为决战，"驰追匝月，日行百里，往返三千余里，马力久疲"。"自苏克金、舒通额、恒龄等殁后，得力战将渐稀"，僧格林沁本应制定新的战术战法以适应战场变化，但他的头脑中除了疯狂追击没有其他，在这样的追击中，让他自己和部属耗尽体力。这样的情状连宫中和内阁都看得出来，"朝命先调湘淮军著名兵将"，帝国战神哪里肯依，自然是"不愿用之"。他态度这样地傲慢，湘淮军便有了坐观其战的理由，"多观望不至"。① 淮军战斗力最强的铭军，就驻在安徽六安、霍山，刘铭传未派一兵一卒增援僧军，任僧军消耗殆尽终至陨灭。清廷震

---

① 《清史稿·列传一百九十一·僧格林沁传》。

怒，严旨申饬两江总督曾国藩，谕令刘铭传革职留任。

僧军残部一万余人成为疲惫不堪的孤军，从追击模式切换到溃退模式，从山东溃逃至河南光山，继而又退到邓州。捻军好像也精疲力竭打不动了，帝国将士精神为之一振，"僧格林沁督师猛进，再战再捷"。他们不晓得这些胜仗是虚拟的，是赖文光导演的诱敌之计。1865年5月18日，僧军追击新捻军至山东菏泽县西北的高楼寨，忽然遇到顽强抵抗，三路进击皆败。接下去便是屠杀，这回被屠的是满蒙骑兵，"退扎荒庄，遂被围，兵不得食。夜半突围乱战，昏黑不辨行，至吴家店，从骑半没"。部队中了埋伏，半数人战死，僧格林沁与亲兵走散，独自骑马跑向漆黑的阔野，等待他的是平常不过的死亡，"抽佩刀当贼，马蹶遇害"①。

淮盛湘衰

失去僧格林沁的清帝国，从此不再有可战的皇家军队。捻军偏又满血复活，由最难缠的太平军将领率领逼近京畿。无论多么不愿意，叶赫那拉氏还是谕令湘军渡江北进，"诏国藩速赴山东剿捻，节制直隶、山东、河南三省"②，把已故蒙古王爷的防区全都给了湘军领袖。

湘军大部已被裁撤，曾国藩此时手中只有三千亲兵，让他怎么剿捻？只有在湖南重新招回被撤的湘勇，然后借调淮军助战。李鸿章奉旨署两江总督，他爽快答应曾国藩请求，将淮军最精锐的刘铭传、周盛波、张树声、潘鼎新、刘秉璋诸部，都交给曾国藩指挥，实际淮军成了剿捻主力。

曾国藩设大营于江苏徐州，一改僧军寻战速战的做法，沿用"结硬寨，

---

① 《清史稿·列传一百九十一·僧格林沁传》。

② 《清史稿·列传一百九十二·曾国藩传》。

打呆仗"的打法,"重迎剿,不重尾追",筑垒开壕守河护城,滞缓敌军行进速度和攻击力。看似保守的做法实际上隐藏杀机,"分地甫定"是新的提法,即利用区块防守中将敌军切割开来,在固守中寻机反攻,相机歼灭敌人有生力量。湘军以静制动对付快速移动的捻军,相比僧军以动制动在运动战中歼灭捻军的战术,理论上有可行之处,实行起来则困难重重。固守河流城池壕垒需要人数众多的军队及巨额经费,廷臣朝官多认为这些想法不切实际,曾国藩不管,他不这样又能如何,他告诉宫中,"僧格林沁尝周历五省,臣不能也","今贼已成流寇,若贼流而我与之俱流,必致疲于奔命,故臣坚持初议,以有定之兵,制无定之寇"。①

孰是孰非只能由战争实践决定了,1866 年 9 月,曾国藩调湘军刘松山、张诗日、鲍超部为游击之师,在河南开封发动芦花岗战役,战役意图为以芦花岗防线阻敌前进,以游击之师即野战军将其围歼。赖文光看透湘军意图,9 月 24 日趁沿岸工事未完工,指挥骑兵渡河冲开堤墙填平堑壕,一举突破湘军黄河、运河防区。赖文光将捻军分为东、西两军,欲率东捻军进抵湖北东北部,和张宗禹西捻军会师川陕,建立以四川为中心,外围延伸至陕、鄂、滇、黔的根据地。

芦花岗战役失利,花费巨大的人力物力未能歼灭捻军,曾国藩被宫中弃用,1866 年 12 月接谕复任两江总督,北上剿捻的湘淮军统归李鸿章指挥。总督心情恶劣,把劳师无功归结于淮军诸将不服从指挥,作战计划难以贯彻。湖北按察使徐宗亮在所著《归庐谭往录》中说,曾国藩为不能灭捻痛呼:"撤湘军一事,合九州铁不能铸错!"将剿捻湘军交给淮军领袖指挥,以败将身份结束军事生涯,这实在是太不体面了,湘军领袖恳请宫中让他留在徐州大营效力,愿意为此辞去两江总督职务,在折子中曾国藩写道:"继请开缺,以散员留军效力。"为留在军中,他甚至提出"请削封爵",宫中的回复干脆利落:

---

① 《清史稿·列传一百九十二·曾国藩传》。

"皆不许。"

曾国藩虽被弃用，被裁撤几乎废掉的湘军还是利用剿捻恢复些许元气。预测剿捻主战场将移至湖北，曾国藩奏请曾国荃担任襄抚，"与豫抚会办西路"。① 在安徽的遭遇告诉他，没有嫡系部队是不行的，他期待湘军在湖北崛起，一改先前颓势。很快有任命曾国荃为湖北巡抚的上谕下来，"命帮办军务，调旧部剿捻匪"。曾国荃是安庆、南京两大战役的前敌总指挥，战功远在李鸿章之上，李鸿章现在做了剿捻总指挥，曾国荃则是帮办军务，自然会有心理落差。曾国荃赶去湖北已是1866年6月，"汰湖北冗军，增湘军六千，以彭毓橘、郭松林分统之"。② 到了1867年2月，在湖北的湘军增至三万余人，湘系广东提督郭松林、浙江提督鲍超、福建汀漳龙兵备道彭毓橘均率部抵襄，湘军水师左光培部也进入江汉防线。

果真如曾国藩所料，赖文光在1866年9月开封芦花岗战役后，率东捻军经山东、河南于11月进入湖北，攻占麻城抵近武汉。曾国荃率湘军诸部和淮军张树珊部迎战，东捻军攻势凌厉，1867年1月设伏成建制歼灭湘军郭松林部，郭松林受重伤，其弟郭芳珍、悍将曹仁美以下四千人战死。湘淮军不适应捻军骑兵战法，一旦被咬住就难以挣脱，淮军张树珊部孤军深入，捻军迂回断其后路，"树珊力战陷阵，至夜半，马立积尸中不能行，下马斗而死"。③ 郭松林部、张树珊部接连败于捻军马刀下，历经百战的曾国荃为之心寒。

1867年2月19日，湘淮军在湖北京山尹隆河与捻军战，湘军主力为鲍超霆军，淮军主力是刘铭传铭军。刘铭传部提前发起进攻，被捻军围住，唐殿魁、田覆安、吴维章等将领先后阵亡，刘铭传脱掉制服坐地等死，残兵不过两百人。鲍超见淮军"辙乱旗靡，驼马盈野"，知道其被捻军击败，当即命令湘军全线压上进行反包围，歼灭捻军万余人，俘虏八千余人，缴获骡马五千

---

① 《清史稿·列传一百九十二·曾国藩传》。
② 《清史稿·列传二百·曾国荃传》。
③ 《清史稿·列传二百三·张树珊传》。

多匹，夺回铭军所失洋枪四百支。鲍超又集结被俘的数千名铭军，与霆军一起追击捻军至直河、丰乐河、襄边河，歼灭捻军万余人，俘虏近四千人。清人刘声木记述，此战淮军刘铭传顶戴官服被捻军缴获示众，湘军鲍超奚落他说："省三得头品顶戴，穿珊瑚细珠为帽结，以示异于众，今获于贼手，其殆死乎？"①

尹漋河之战，刘铭传及余部得以生还全靠湘军，刘铭传却把战败诿过于鲍超，说鲍超未按约定时间下令进攻。李鸿章袒护爱将，奏称刘铭传部于辰刻"先至尹隆河"，"接仗过猛，又因鲍超期会偶误，致有此失"，指责鲍超指挥失误，铭军"忽后路惊传有贼，迭次飞报，不知系霆军亦由此路进也"。②曾国藩不这样认为，他对鲍超的评价与李鸿章截然不同，盛赞鲍超英勇，称"鲍公以偏师破贼数万，出人意料"。湘淮集团因尹隆河战役产生内部矛盾，这是叶赫那拉氏乐意看到的，为拱火她扬李抑曾，"下诏谴鲍"。③鲍超激愤难抑称病返湘，宫中乐观其成，将32营霆军"裁撤18营，只留14营，改成霆峻军"。④鲍超部将唐仁廉不想脱离战场，挑选精壮组建仁字营"改隶淮军"。⑤曾府幕僚王闿运痛呼："自此无霆军焉！"⑥

湘军尹隆河大捷，反而痛失虎狼之师，自然构怨淮军。叶赫那拉氏不去居中调停，反而站在淮系李鸿章、刘铭传一边压制湘系鲍超，撬大湘淮地方武装裂痕，皆因她始终认为曾氏兄弟是清政权的心腹之患。连年战争埋葬了最精锐的皇家部队，尚能为帝国而战的只有湘淮军，叶赫那拉氏用来治国治军的唯有政治平衡术，只是这回的对象不是湘系曾国藩与满蒙胜保、僧格林沁，而是湘系曾国藩与淮系李鸿章。

---

① （清）刘声木：《异辞录》，《捻军资料别集》，上海人民出版社1958年版，第341页。
② （清）李鸿章：《铭军尹漋河挫败片》，《李鸿章全集·奏议》，第39页。
③ 王盾：《湘军史》，第242页。
④ 郭豫明：《捻军史》，上海人民出版社2001年版，第421页。
⑤ 谢世诚：《李鸿章评传》，第145页。
⑥ （清）王闿运：《湘军志》卷十四，第158页。

战败后的东捻军仍有七万人，马背上的他们快速移动犹如闪电，最终目的是进入川陕建立新政权。曾国荃为阻止其入川，命彭毓橘部一万二千人在蕲水建立防线，自领 13 营淮军从浠水六神港赶赴溪潭坳堵截捻军。1867 年 3 月 23 日，赖文光佯败诱敌进入港河，伏军"四面齐出，约有四五万人"，①将陷进淤泥难以自拔的湘淮军死死围住，候选道葛成霖，提督罗朝云、邓泰福、王仕益、陈致祥，总兵彭光友、罗兴祥等五十名将领丧命，三千多人战死。曾国藩表弟彭毓橘阵亡于此役，其部多是湘乡、湘潭、长沙籍湘军，作为曾国藩亲兵参加过安庆、南京战役。蕲水之战后曾氏兄弟再无成建制亲兵。

　　东捻军越战越勇，经河南进击山东，碾压湘淮军苦心经营的运河河防。1867 年 6 月，六万东捻军进入胶东半岛。无数人力天量白银堆成的河墙炮台顷刻土崩瓦解。叶赫那拉氏震怒，"诏斥诸疆吏防剿日久无功，国荃摘顶，下部议处"。曾国荃苦战数月不敌捻军，萌生退意奏请开缺，宫中也不留他，"允之"。②

　　李鸿章亦被申斥，令其"戴罪立功"，同时给予他更大的军事指挥权。朝野以为东捻无敌，李鸿章则认为"贼入死地，可灭也"。③若把胶东半岛当作布囊，以运河束住进入囊中的捻军，即可将其一举歼灭。刘铭传、潘鼎新赞同李鸿章的想法，认为灭捻"惟有觅地兜围之一法"④，于是有了"倒守运河"之策，各部把守运河东岸阻击敌军进入胶东半岛改为在运河西岸构筑工事，期望以胶东半岛三面环海一面临河的地理条件全歼东捻军。

　　山东巡抚丁宝桢不想所治之地辟为战场，反对"倒守运河"，主张把东捻军逐出鲁东。两江总督曾国藩也认为倒守运河在军事上不可行，批驳李鸿章

---

① 郭豫明：《捻军史》，第 422 页。
② 《清史稿·列传二百·曾国荃传》。
③ （清）张瑞墀：《两淮戡乱记》，中国史学会编《中国近代史资料丛刊·捻军》第 1 册，1953 年版，第 302 页。
④ （清）李鸿章：《陈明办贼大致暂难亲赴前敌折》，《李文忠全书·奏议》，第 81 页。

此策"甚平实",称豫鲁"两省地段五百数十里,东岸长墙难尽毁,西岸长墙难遽修,则一隙之疏,已亏全局"。① 李鸿章不顾这些非议,行使专办剿捻钦差大臣职权,调动湘淮军和豫、襄、苏、浙、皖、直隶诸省绿营防军,使运河西岸守军增至"五万多人",集结"三四万人"的主力用于机动作战。② 1867年7月31日,赖文光率军突围,攻击胶莱河南部麻湾口,未果;8月6日,全军转攻新河,被淮军潘鼎新部击溃。东捻军突击潍河北段出海口,8月19日击退丁宝桢部,进入胶莱河以西、运河以东地区,击碎李鸿章"倒守运河"围歼捻军计划。

李鸿章另辟战场实施"觅地兜围"计划,把守胶莱河西岸调整为守东岸,在胶莱河与运河之间寻机歼敌。曾国藩全盘否定这个计划,称"胶莱三百余里尚难堵御,沿运千有余里更觉毫无把握"。③ 失去兵权的湘军领袖,在战时相当于李鸿章的后勤部长,为供给剿捻大军的军火粮饷忙得焦头烂额,他写信给幕僚郭嵩焘诉说自己的难处:"江南民困已深,而湘淮之正饷日增,京协之杂款日迫。"④ 致函李鸿章称剿捻经费窘迫:"今年尚可支持,明年断难接续。"⑤

"倒守运河"失效,谁还相信"觅地兜围"? 李鸿章哀叹:"中外皆以运河为不必守,地长人杂,河水日浅,断不敢谓有把握。"⑥ 但他已经无路可选,现在能做的就是相信自己的判断力。1867年9月19日,他上折子称:"(东捻)正急欲出运","若先撤运防,是示贼以弱也。守运各军,早夜修防,尚无疲倦,较穷年追逐者,劳逸饥饱略殊。忽令守,又忽令不守,是使军心惶惑也。"淮军领袖在奏折中强调:"运河东、南、北三面,贼氛来往窜扰,官

---

① (清)李鸿章:《复潘方伯》,《李鸿章全集·信函》,第501页。
② 郭豫明:《捻军史》,第427页。
③ (清)曾国藩:《复李少荃宫保》,《中国近代史资料丛刊·捻军》第5册,第333页。
④ (清)曾国藩:《复郭筠仙中丞》,同上书,第282页。
⑤ (清)曾国藩:《复李宫保》,同上书,第281页。
⑥ (清)李鸿章:《复何子水》,江世荣编《捻军史料丛刊》第2册,商务印书馆1957年版,第49页。

军分路兜逐，地方必受蹂躏。然不过数府州之地。驱过运西，则数省流毒无穷。同是疆土，同是赤子，而未便歧视也。"① 这段话不仅涉及军事部署，还反对地方主义者道德绑架，要求山东地方官员须有大局观念。

李鸿章决定先消灭东捻主力任化邦部。任化邦原是南京政权鲁王，其部战力强悍，"拥骑万匹，东三省及蒙古马兵俱为战尽，实今日第一等骑将好汉"，湘军悍将鲍超、淮军悍将刘铭传与其交战"皆畏其锋"。② 李鸿章祭出策反法宝，"密属刘铭传等悬赏购线，使其自相戕杀，若军士能于阵前擒杀该逆，许以破格保奖，并赏银数万两"。③ 刘铭传以"允给三品花翎，并赏银二万两"策动捻军营官潘贵升、哨官邓长安归顺。1867年11月19日，赖文光、任化邦在苏鲁交界的赣榆设伏，欲围歼刘铭传部，旗军善庆、温德勒克部。刘铭传率骑兵突入包围圈，已被策反的潘贵升、邓长安在阵中施放烟雾，趁任化邦不备开枪将其射杀，捻军溃败。潘鼎新部追击赖文光部至山东寿光，会合刘铭传、郭松林、杨鼎勋部，将东捻军余部压制在北洋河与弥河之间的狭小地带。12月24日，赖文光率余部背水一战，"被歼三万余人"。东捻军主力精锐殆尽，"赖文光仅率数百人南下"④，1868年1月5日，被淮军吴毓兰部在扬州东北瓦窑铺全歼，赖文光被俘处死。

河防兜剿的战略构想最初为曾国藩提出，未能奏效，只得交出关防，由李鸿章统军。李鸿章认准曾国藩"贼流而官兵不可与之俱流"论，用脱胎于曾国藩河防兜剿之策的觅地兜围之法，最终剿灭东捻军。倒是曾国藩未能坚持初衷，自我怀疑其最初的战略构想，先是反对李鸿章倒守运河，之后又否定李鸿章觅地兜围，给人莫衷一是之感。

湘淮地方集团虽因权力分配相互较量出手颇重，对灭捻一事则具有高度

---

① （清）李鸿章：《不罢运防片》，《李鸿章全集·奏议》，第99页。
② （清）李鸿章：《复应敏斋观察》，《中国近代史资料丛刊·捻军》第6册，第50页。
③ （清）李鸿章：《铭军赣榆大胜阵毙任柱折》，《李鸿章全集·奏议》，第148页。
④ 谢世诚：《李鸿章评传》，第154页。

共识,他们决不允许帝国存在另外一股武装力量。曾国藩攻捻,署两江总督李鸿章不但派遣主力部队由其指挥,还把大量武器装备和军饷粮食输往徐州大营,据他统计:"专指苏、沪税厘,历经奏明在案,统计每月饷需及制造采办各项杂支额款将近五十万(两白银)。"① 曾国藩指挥不力返任两江总督,所想所思也尽是如何筹办剿捻经费送往李鸿章军中。李鸿章平定东捻军,曾国藩致函庆贺:"仆前不以倒守运河为然,今或赖此以收大功。"②

终战

东捻军被歼,西捻军还在,由张宗禹率领进入陕西。督办陕西军务的钦差大臣胜保解京赐死,续任钦差大臣多隆阿战死,宫中将陕西攻剿捻军平定回乱之事交给湘军水师统帅杨岳斌办理,谕令他为钦差大臣兼陕甘总督,署陕西巡抚刘蓉改任帮办陕西军务,安徽巡抚乔松年调任为陕西巡抚。刘蓉与罗泽南一起办团,1861 年任四川布政使,随骆秉章入川作战。刘蓉率部追击石达开部至大渡河,石达开无路可退命余部缴械,"蓉亲往受俘,槛送成都诛之"。③

因功擢升的刘蓉"颇怀轻敌之心",④ 1867 年 1 月 23 日,率湘军三十营一万五千人追击西捻军,从西安临潼灞桥冒进至浐桥十里坡,陷入张宗禹部数万精锐骑兵重围,此时大雪纷飞天寒地冻,湘军西式枪炮弹药受潮"不能点放",⑤ 补用提督萧德扬、记名提督萧集山、候补道萧德纲等战死,所部"为

---

① (清)李鸿章:《署理总督筹办大概情形折》,《李鸿章全集·奏议》,第 71 页。
② (清)曾国藩:《复李宫保》,《曾国藩全集·书札二》卷二十六,第 6327 页。
③ 《清史稿·列传二百十二·刘蓉传》。
④ (清)刘蓉:《与左季高制军书》,《养晦堂文集》,《中国近代史资料丛刊·捻军》第 6 册,第 160 页。
⑤ (清)刘蓉:《前署陕巡抚刘蓉奏捻窜郃、渭、新丰等处情形阵亡总兵萧德扬等请恤折》,同上书。

贼所乘，大溃"。① 上谕严斥刘蓉及巡抚乔松年，将刘蓉革职，陕甘总督杨岳斌被调离陕西，由宁夏将军穆图善署陕甘总督，命闽浙总督左宗棠为钦差大臣督办陕西军务。

左宗棠1867年2月22日接到上谕，在湖北停留四个多月，是为湘军更新武器装备，每营配备38门车载短劈山炮，60%的官兵使用进口枪支。为对抗擅长运动战的捻军骑兵部队，左宗棠征募包括骑兵在内的马步军近三万人，户部银库空虚无法拨足军费，左宗棠"先向洋商借一百二十万两"②白银。6月24日，左宗棠部从樊城启程赴陕，7月19日抵达潼关，与在陕湘军会师后增加到四万人，分为剿捻之师和剿回之师。

1867年8月，左宗棠部与张宗禹部交战，湘军车载火炮齐射铅制散弹，射程2—2.5公里，装备轻武器的西捻军"倏见炮车，皆不战狂奔"。③张宗禹部撤往河南、湖北，左宗棠部在泾水与洛水之间设伏，张宗禹再避锋芒，9月3日率部自咸阳渡泾水向东突围，10月24日经白水攻取洛川，进入沟壑遍野的陕北高原。

湘军的火炮和散弹拖累了行军速度，西捻军先机攻占安塞、延川、绥德。1867年12月4日，湘军刘松山、郭宝昌、刘厚基部追抵绥德。张宗禹部弃城南下，由宜川龙王庙过黄河进入山西，1868年1月27日渡漳河入直隶，2月1日过滹沱河攻保定，前锋逼近北京房山。追之不及的左宗棠哀叹："捻自南而北千有余里"，"局势艰危，州县城池迭陷"，自请"交部严加议处"。④八旗军形同废柴，北京城危在旦夕，叶赫那拉氏后颈冰凉，急谕湘淮系督抚率部勤王，又令恭亲王节制各军，奕䜣不谙军事，命他制军无非宣示将举国一战。

左宗棠剿捻不力，清廷把宝压在李鸿章身上，1868年1月25日至2月2

---

① 《清史稿·列传二百十二·刘蓉传》。

② （清）左宗棠：《答杨石泉方伯》，《中国近代史资料丛刊·捻军》第6册，第112页。

③ 《清史稿·列传一百九十九·左宗棠传》。

④ （清）左宗棠：《捻逆连陷州县回逆猖狂自请严议折》，《左宗棠全集·奏稿三》，第449页。

日，宫中连续4次急谕淮军北上歼敌。李鸿章不予答复，2月4日，上谕将其"交部严加议处"，吏部的处理意见是"照不应重杖八十例上加等，降三级留任"。① 2月6日又有圣谕，"褫其翎衣世职"，② 收回原先赏给李鸿章的双眼花翎、黄马褂，革去骑都尉世职。淮军领袖对宫中忽擢忽褫的举动和吏部的纸面处分不屑一顾，这些不过是年轻的太后惧怕西捻攻入京城，慌乱之中神经质地发泄罢了。

李鸿章现在亟须做的，是劝说"浩然回乡"的刘铭传、"退志已坚"的潘鼎新和周盛传归队，随他北上剿捻。刘铭传部歼灭护送洪天贵福的黄文金部，获授直隶提督成为当时淮军中军职最高者，尹隆河战役指挥不当铭军失利，随即突破捻军宏济桥防线攻克黄陂，1867年11月会同潘鼎新、郭松林、杨鼎勋部在山东寿光歼灭东捻军主力。宫中赏刘铭传白玉柄小刀，授三等轻车都尉世职，刘铭传认为封赏太少称病回乡。潘鼎新、周盛传亦对封赏太少不满，告假回皖不理军事。铭军、鼎军和盛字营是淮军中武器最好、战力最强的部队，他们不参战怎么可能打赢西捻军。李鸿章用儒学大义规劝这些一起办团练打烂仗直至成为帝国高级军官的乡党："求诸侯莫如勤王，此等大节我辈岂不力争！或以偃蹇推诿见疑，甚哉，何不学无术至此！"③

李鸿章说通刘铭传诸将率部北上，张宗禹部从直隶转入河南。捻军对付淮军的办法是敌进我退敌疲我打，"官军能战，应不与战，专以走疲之，则可常活"。④ 西捻军从不据城死守，打法凶狠无比，清人张瑞墀在《两淮戡乱记》中写其与淮军交战："遇官军步队，以二万骑横截直冲，人挺长矛，腰挟洋枪炮如雨。与马队遇，则以一人视骑，九人跃下马，挥刀直进，骑军亦不敢逼。若大军云集，则扬鞭宵遁，追必二日始能及，又搜粮掠马远扬矣，故纵

---

① 《清穆宗实录》卷二二二。
② （清）李鸿章：《上曾相》，《李鸿章全集·信函》，第580页。
③ 同上文。
④ （清）李鸿章：《复陈作梅观察》，《中国近代史资料丛刊·捻军》第6册，第57页。

横数千里，莫敢遏其锋。"①

淮军 1868 年 3 月转战进入河南、山西。李鸿章向左宗棠提议，广筑河墙扼守黄河、北运河，将捻军逼进黄河以北、运河以东的东昌至津沽区域，湘淮军合力将其围歼。李鸿章的战略构想源自打赢东捻军的战争实践，左宗棠认为这个计划需要大量兵力和财力，并不现实。李鸿章决意实施他的军事计划："运河自天津至张秋黄河口，计一千二百里，内张秋至临清二百四十里，年年黄水倒灌，淤成平陆，尤费兵力，约须十余万人方可分布。"②左宗棠不配合淮军作战，湘军只负责把西捻逐出直隶，剩下的烂摊子由淮军收拾。李鸿章愤而放言："左公放贼出山，殃及鄙人，若使办贼者获罪，何以激劝将士！侍心如古井，恨不投劾归去，断不以目前荣辱介怀。"③

接下来便是淮军与西捻的搏杀，河南、山西、山东诸省都成为战场，双方都难以给予敌人致命打击。张宗禹甩掉淮军突袭京畿门户天津，1868 年 4 月 27 日，其部攻抵杨柳青，京城中的君臣绅民再次陷入恐慌之中。4 月 29 日，西捻忽然自天津外围撤退，经河北沧州进入濒临渤海的山东北部海丰、阳信、武定地区。张宗禹犯了与赖文光、任化邦同样的致命错误，李鸿章狂喜难抑："任、赖之灭虽借天威，实乘地利也。今贼复趋沧、瀛，蹈其覆辙，所谓天亡之时。"④

1868 年 5 月 2 日，上谕李鸿章总统前敌各军，左宗棠专守运河西岸，运河东岸至渤海由李鸿章全权指挥，淮军领袖取得军事主导权。现在亟须解决的是运河防线过长、沿河筑墙工程时间不足、防军兵员严重不足等问题，最伤脑筋的是淤泥堵塞、河道过浅，西捻军极易突围。忽然间到来的暴雨解决了这些问题，简直是天助李鸿章，5 月中旬，漳河、卫河突降大雨引发山洪，

---

① （清）张瑞墀：《两淮戡乱记》，第 303—304 页。
② （清）李鸿章：《追贼北上附陈筹画情形折》，《李鸿章全集·奏议》，第 237 页。
③ （清）李鸿章：《复豫抚李》，《李鸿章全集·信函》，第 582 页。
④ （清）张瑞墀：《两淮戡乱记》，第 303—304 页。

李鸿章称"适黄（河）水骤涨三尺"，"开坝引黄灌运以俾防守"。① 郭松林、潘鼎新"将沧州迤南捷地坝掘开"，"运（河）水立时灌入，深可四五尺"。② 引水入河提高水位，运河防线缩短，西捻军突围艰难。李鸿章又调湘淮水师北上参战，命徐道奎部疏浚运河，淮军丁寿昌水师、湘军丁长春水师布防德州运河，黄翼升水师亦奉曾国藩令由长江驶入北运河。沿河士绅团练也被动员起来，运河河西团勇冒雨昼夜施工筑建长墙，河东团勇筑寨堆垒坚壁清野，李鸿章对有功团董民兵"许诺封号、免税"。③

滂沱大雨从5月中旬下到6月下旬，"黄（河）水复暴涨，自运河以洎马颊诸河无不盈堤拍岸，横溢四出，流潦纵横"。衣衫湿透的淮军领袖站在河岸上，真心感谢"遂为金城巨防"④的天助豪雨。西捻军则被困于运河与渤海之间，其情状几同东捻军翻版。

张宗禹的应付办法酷似赖文光、任化邦，集中兵力孤注一掷强渡运河。1868年6月20日至7月2日，西捻军接连不断地突围均被守军击溃，又被湘淮军机动部队拦截穿插包抄，张宗禹之弟张宗先部基本打光。大雨丝毫没有停歇的迹象，运河、海河、漳河、黄河水位越来越高，沿河地带沦为一片泽国。西捻军的骑兵和步兵全都陷入泥淖，几乎寸步难行，游弋在河面上的湘淮军水师战船却可以不断地向他们发射散弹，让他们的鲜血随着雨珠流入水湿的泥地。捻军活动空间日趋缩小，龟缩在鲁北阳信、海丰。7月16日，张宗禹集结骑兵两万多人突围，被淮军击退；7月19日至24日，败于武定、滨州；7月26日，退至商河城下，阵亡数千人，张宗禹受伤；30日，结筏强渡黄河不果；7月31日，剩余主力在玉林镇被包围，死伤惨重；8月16日，淮军在山东茌平徒骇河全歼张宗禹残部。

---

① （清）李鸿章：《驰往沧州仍回德州调度折》，《李鸿章全集·奏议》，第246页。
② （清）李鸿章：《贼窜西南筹商置情形折》，同上书，第241页。
③ 郭豫明：《捻军史》，第487页。
④ （清）周世澄：《淮军平捻记》卷十，《太平天国史料汇编》，第1820页。

从 1855 年亳州雉河集捻党会盟，公推张乐行为盟主建号大汉，到 1868 年捻军被淮军全歼，历时 13 年。安徽是内战最激烈的省份，清政权、南京政权、地方武装、割据军阀的所有精锐主力，麇集此地厮杀鏖战，最后淹没于血泊的是捻军，爬出焦土的是淮军，这支脱胎于皖省团练的私军，后来居上，超越湘军成为清帝国最强大的军事力量。

微光摇曳水云间

国内战争已经结束，帝国不再需要大量地方武装，团练运动降下帷幕。事物发展很多时候都是橄榄形的，从低点到高点然后回到低点。晚清团练运动也不例外，从滥觞于两广到式微于淮北，此后不再有钦派在籍办团缙绅，不再有省级团练总局，也不再有大型地方团练武装。

回溯清廷推行地方军事化的整个过程，官权与绅权的缠斗贯穿始终，多少人的心智和生命耗损其间，人性弱点亦斑斑点点星散于中。以科举精英组成的文官群体是官绅博弈的主体，地方军事化把他们分为体制内职官与体制外缙绅，身份转换使其分成两个阵营，因战时环境极度险恶，儒家知识分子全然不顾毕生所学，由同道顷刻间转为敌我关系者比比皆是。以皇室为核心的中央政权是将职官转为在籍办团缙绅的始作俑者，既利用办团者又防范他们，不仅是政策摇摆不定，而且从谕令其脱下官袍回籍办团之时起，就将其视为帝国的潜在敌人，办团者自钦派之日起身份地位便一落千丈，头上戴着的红顶子也如纸糊一般。

宫中受限于"密其回避"法，给回籍办团职官的身份定位是督办或帮办地方团练事务，也就是说他们不再是体制中人，似乎这样一来就合乎清律了。皇帝心情好些时会在谕令中称在籍办团前官员在朝当差时的官名，大多情况下则称其缙绅或绅士，这对由官至绅者而言是很要命的，编制内、准编制以及编制外之别，就个人政治身份及命运而言不啻是天壤之别。在籍办团的前高官很不甘心，想出种种招数以求改变处境，他们与官僚系统争夺地方治权，官绅博弈愈演愈烈一刻都不消停，此起彼伏间多少人死于非命。

团练大臣这个称呼原先不曾有过，即便脱下朝服回乡办团者中有官至内阁学士、督抚道府者，依例都是缙绅、绅士、士绅。1860年有了"团练大臣"的说法，兵部侍郎殷兆镛在奏折中称："咸丰二年以来，各省蒙派团练大臣，沈歧、侯桐、季芝昌、程庭桂、吕贤基、潘锡恩辈，指不胜屈，俱无寸效。"但这只是朝臣的个人表述，指称1852年那批回籍办团者为团练大臣，难以改变他们并非在编官员的事实。殷兆镛上折称在籍办团者为团练大臣后，皇帝在谕旨中继续以绅指称他们，使用的措辞未变。1860年第二次鸦片战争进入第三年，广州团练继续与英法联军作战，中英代表则在上海谈判，英方代表额尔金出示奕䜣发给广东团练总指挥、在籍缙绅罗惇衍的一份密旨："该大臣罗惇衍等，务宜仰体朕心，密为筹画，暗中统率各乡，在在广为团练，联络激励，声气相通，以挫外夷之势，而振中国之威。不必官与为仇，止令民与为敌，即本省督抚及各该地方官员，亦一概不必关会，以期机密，而免泄露。如此，则胜固可以彰天讨，而败亦不致启兵端，庶几数年来之敌国外患，暂就乂安，攘夷敌而尊华夏，在此一举。"① 英方试图以此证明当地团练并非自发参战，策动者是中国皇帝和他派往广东的大臣，额尔金拿出这份证据的目的是在谈判中提高要价。他提供的圣旨显然是伪造的，英方并未获得奕䜣的密谕，即便拿到谕旨行文也不会称罗惇衍为大臣。真正的谕令依然把在籍办团者的身份定位为绅而不是官："著柏贵与士绅罗惇衍等密传各乡团练，宣示朕意"，若夷军"仍冥顽不服，久踞城垣，唯有调集各城兵勇，联为一气，将该夷驱逐出城，使不敢轻视中国。"②

---

① （清）奕䜣：《桂良等折附件》，《筹办夷务始末（咸丰朝）》，第1255页。
② （清）奕䜣：《据黄宗汉奏著穆克德讷、柏贵熟商安内攘外之方》，同上书，第626页。

也就是在这年的上谕中,出现了"团练大臣"的字样,1860年6月奕訢下谕:"著派前任户部右侍郎杜翰,作为督办山东团练大臣驰驿前往。并著登莱道贡璜、登州府知府,暂留济宁州知州卢朝安帮办团练事宜。"① 这表明从这年开始,清代官制中终于有了团练大臣的一席之地,且可以编内正式职官的身份让地方官员协助其帮办团练事务。继杜翰之后,又8名团练大臣派往豫鲁赣皖苏浙皖川战区,"至当年八月",清廷总共对"8省委任了9名'督办团练大臣'"。② 改变在籍缙绅办团单一模式,由编内职官担任团练大臣,目的是组合各地团练,使其接受统一指挥联合作战。

浙江余姚人邵灿以进士出仕,官至吏部左侍郎在军机处行走,1853年出任漕运总督兼署河道总督,1860年奉旨在籍指挥全省团练。与先前的办团者不同,他这回的身份并非在籍缙绅,而是编制内督办团练大臣,这样的官方身份与一省巡抚封疆大吏并无不同。但地方主官不这样认为,他们依然视官中派来的团练大臣为地方绅权代表者,即便从漕运总督任上空降到浙江的邵灿持有"团练大臣"关防,浙江巡抚王有龄、杭州将军瑞昌亦视他为官场另类。此时太平军侍王李世贤部进入浙西抵近浙北,浙省局势极为险恶,王有龄、瑞昌可用兵力严重不足,邵灿赶赴宁波、绍兴,计划组织六千人的团练武装,在浙东阻击太平军部队。这个计划需要大量经费,督办团练大臣决定统筹两府"厘捐、房捐、业捐、户捐、洋药捐、丝茶捐,用来购置武器发放饷银。杭州将军瑞昌大为光火,称团练大臣如此跋扈,驻扎浙江的清军"日后兵饷将从何出?"他这样地愤怒,还因习惯于把在籍办团者看作地方士绅而非朝廷命官,瑞昌在折子中写道,邵灿"办团以来出入均用督抚仪制,内则地方官僚谒见,俱令巡捕传唤,执版庭参;外则鼓吹鸣炮,八人肩舆,旌旄导前,骑从拥后。本省绅士从来无有此体制,此等供应不知出于何款?"可以

---

① 《清文宗实录》卷三二〇。
② 崔岷:《咸丰初年清廷委任"团练大臣"考》,中央民族大学出版社2018年版,第101页。

发现他指称邵灿为本省绅士，公然与中央政权唱反调。瑞昌还奏称："闻邵灿甚至批销命案，擅受民词，妄作威福，以致民情怨怒，众论哗然，传为奇谈。"既然编制内团练大臣只是一介绅士，怎么可以让他享受封疆大吏的特定礼仪和政治待遇？至于地方事权则更不能让其掌握。皇帝对团练大臣的态度也转变得极快，瑞昌1860年11月13日递出的折子，11月26日宫中就颁发上谕撤掉邵灿的职务，浙江团练指挥权交给王有龄。

左副都御史王履谦奉旨"帮同浙江巡抚办理团练"，1861年5月上疏弹劾浙抚王有龄："浙省团练自归王有龄督办，并未定有章程。"王有龄将私亲、故旧及品行卑鄙善于逢迎之道员张景渠、知府孙士达、知县甘应槐依为心腹，委以要职，以致文武员弁奔走其门，物议沸腾。张、孙、甘等依势修怨，绅富多被中伤，以致遇有地方公事，顾虑不前。王有龄派段光清赴绍办团，并不知会王履谦。其各处办团绅士，亦任听张景渠等纷纷札委。"亩捐一项本系奏明专为团练经费，被张景渠擅自示停止，浙东捐款又悉数解省，团防经费一无可筹。绍郡捐局，自本年正月间经王有龄改归地方官办理，派委张景渠及知府怀清等专办山阴会稽户案各捐。该员等差传捐户，按照上年捐输以十倍加捐。职员张存浩、生员胡寿颐等稍事迟疑，即予管押并欲杖枷，又欲将该捐户提赴军前充当头阵。职员李镜人、举人陈圭等，亦因威逼书捐卖田鬻产者，不一而足。捐户陈颖生因差扰迁避，该道等即饬县查封房屋，并查其田亩，形同籍没。催捐员弁动辄持令箭拘提，并纵令差役入陈梁、余英家内室索扰，城乡大震。而江防事宜仍置之不问。"①浙江主官上疏逐走团练大臣，宫中不得不将"所有浙江团练事宜"责成浙江巡抚王有龄督办②，浙江防区兵力不足又无可战团练，湘军根本不来救援，结局是杭州城破瑞昌战死王有龄自杀。

---

① 《清文宗实录》卷三四八。
② 《清文宗实录》卷三三五。

抵制团练大臣成为趋势，理由是必须分清楚朝廷命官与在籍办团者的界限。主持华北剿捻的科尔沁亲王僧格林沁也掺和进来，上折子参奏督办山东团练大臣杜翙，说杜翙"数月以来，每至一处，地方官供应车马饭食不暇，俨然本省督抚，物议沸腾"。①五天后即有撤销杜翙职务的上谕，令其接谕后立即离开山东。杜翙原本好端端地当他的漕运总督，没想到换做团练大臣后落得如此下场，1862年便郁郁而终，只活了57岁。他是帝师杜受田之子，奕䜣在亲王督抚的压力下连宫中师傅的家人都保护不了。1860年的清帝国内外交困危如累卵，封疆大吏和团练大臣本应同舟共济，结果却吵作一团，奕䜣在宫中哀叹："近日如王有龄、王履谦、文煜、清盛、杜翙、联捷等无不各存意见，彼此猜嫌，殊失人臣和衷之义。"②曾国藩也对团练大臣捅刀子，提议把团练大臣召回京城。他说团练"只能防小支千余之游匪，不能剿大股数万之悍贼"，"其练丁口粮若太多，则与募勇之价相等，团练自保即成空名；若太少则与兵勇之价迥殊，不能得其死力"。湘军领袖现在坐在两江总督衙门，看问题有了督抚角度，对团练大臣与督抚之争非常反感，在奏章中告诉奕䜣："团局经费若取之丁漕厘捐四者之中，则有碍督抚生财之道，若设法于四法之外则更无丝毫措手之处，事权既无专属，刚柔实为两难。"他的态度很明确，在地方督抚和团练大臣两者之间，宫中只能二选一，即选择以湘淮人居多的地方督抚。他故作公正地评价团练大臣，对江北团练大臣晏端书、江南团练大臣庞锺璐颇有好评，称他们"办理（团务）极有斟酌"，转而又称"目下贼势，断非团练所能奏功"，抛出他的团练无用论。总督最后翻出底牌："晏端书庞锺璐清操雅望，内任最宜。应请撤去团练差使，仍回京供职。"从奉旨在籍贯地湘乡办团，备受湖南编内文官武将打压，到奋力与后者博弈硬生生从团练模式中脱茧而出，创造出湘军且衍生淮军，曾国藩自然与团练作了切

---

① （清）张曜：《山东军兴纪略》卷二十二。
② 《清文宗实录》卷三四九。

割弃如敝屣。

团练大臣成为众矢之的，奕䜣也觉得自己孟浪，随后相继发出召回团练大臣的上谕，理由是"前因各路办理团练大臣随带多员，任意骚扰，有害无利，是以陆续裁撤"。① 到了1863年，垂帘听政的两宫太后为强势团练敲响丧钟。1883年5月，僧格林沁部、湘军唐训方部发动攻苗战役，战至12月歼灭战力强悍的苗沛霖团练。1864年1月1日，僧格林沁奏请将"所有河南省团练事宜，亦统归官办，以一事权"②，东太后钮祜禄氏和西太后叶赫那拉氏当天颁谕允准。为遏制地方主义蔓延，果断夺取地方武装领导权，剥夺缙绅、乡绅、工商市民阶层在战时获取的权力，成为皇室成员、上层贵族、地方督抚的共识。

如果说1860年曾国藩对团练大臣捅刀子尚且手下留情，仅止于上折提出建言，到了1863年对割据地方的大团强团就是势不两立，必须将其彻底歼灭了。湘军开始进攻异己武装。1863年3月，苗沛霖部会同僧格林沁部攻陷捻军雉河集老寨，湘系巡抚唐训方5月发布团练解散令，"札令苗沛霖将练归农"。这是苗沛霖不曾预料到的，与清军联合作战打赢捻军，收到的却是解散令，不再度举旗反清说不过去，而这正是湘军期待的。湘军梁洪胜、左光培、成大吉、赵克彰部，水师张启基部，马队尹家宾部，奉曾国藩命令参战剿苗。8月，曾国藩又令何绍彩部、朱元兴部6营3000人，李世忠豫胜营10营5000人，水师彭玉麟部、杨岳斌部80艘战船，赶赴临淮参战。10月，湘军发起蒙城战役，唐训方至淮河北岸部署防线。12月，唐训方部、李世忠部攻克彭埠、怀远，蒋凝学部、成大吉部攻占颍上。这个月发生的正阳关炮战，则是湘军与清军争功互殴，此时长久争霸淮北的苗沛霖团练已经寿终正寝。苗沛霖割据皖北欲做曹孟德，工诗能文的他挥毫洒墨：

---

① 《清史稿·志一百八·兵志四》。
② 同上书。

故园东望草离离，战垒连珠卷画旗。乘势欲吞狼虎肉，借刀争割马牛皮。

知兵乱世原非福，饿死寒窗不算奇。为鳖为鱼浑不解，终归大海作蛟螭。①

亦文亦武的曾国藩哪里在苗沛霖之下，他写的诗大气磅礴直逼云霄：

去年此际赋长征，豪气思屠大海鲸。湖上三更邀月饮，天边万岭挟舟行。

竟将云梦吞如芥，未信君山铲不平。偏是东皇来去易，又吹草绿满蓬瀛。②

经略两江的曾国藩不遗余力地翦除地方武装，他治下的苏赣皖地区不允许存在强团大团。对那些愿意投诚的团练姑且用之，达到目的后则对其形同路人任其自生自灭。霍丘三河尖人潘垲出身耕读世家，受捻军威逼不得不去做捻首，心里却时时想着被官方招安，"所部常七八万，私与官军通消息"。安徽巡抚翁同书暗中授予潘垲五品军功牌，命他伺机潜入苗团做内应，潘垲依翁所言取得苗沛霖信任，做了管辖两百多个圩寨的练总。1862年湘军李续宜部进入皖北，潘垲"颇以忠义自许"，表示不与湘军作战。1863年5月苗沛霖易帜反清，曾国藩为使潘垲部弃战，委托寿州举人刘本忠说服潘垲，林与潘交谈后回复曾："垲感泣，乃宣布曾公威德，凡向为沛霖所胁之十三营，众十余万，地数百里，皆愿倒戈杀贼。"曾国藩命成大吉部前往三河尖接受潘部投诚，"假以团练之权"③，让潘垲统领安徽霍丘、阜阳及河南光州、固始等地

---

① （清）苗沛霖：《书怀》，钱仲联编《清诗纪事》，第2915页。
② （清）曾国藩：《岁暮杂感十首》，《曾国藩全集·诗集》卷一，第4600页。
③ （清）张文虎：《舒艺室杂著》，朝华出版社2018年版。

团练。1864年3月,河南道御史吕序程参劾潘氏父子;5月,潘垲、潘立勋父子被僧格林沁处斩于三河尖校场口。两江总督曾国藩对此一声不吭,作壁上观。湘淮集团自身亦被中央政权列为裁撤对象,却主动去做打击地方团练的主力军,他们借由团练运动发展壮大,经过内战成为战力远超旗军和绿营的军事力量,现在湘淮军上层人物要分享奶酪成为帝国权力共享者。曾国藩们以帝国主人的立场考量问题,不容许帝国分裂被地方势力架空,他们甚至比满蒙贵族更为警惕地方团练对于官权的挑战,因他们原本就在地方举办团练,深谙基层社会难以抑制的巨大力量,那是激荡在地底下的熔岩,一旦冲出火山口,将把他们连同皇室焚毁碾压成焦黑粉末。

科尔沁亲王则意欲把所有地方武装都连根拔除掉,包括湘淮军政集团,在他看来曾国藩、李鸿章与苗沛霖没有什么区别,他们都经由办团路径做了高官大吏,同时又是不折不扣的军阀。僧格林沁清楚力量对比于湘淮军有利,他麾下的部队无力清除后者,现在使出浑身解数亦不过剿灭皖北豫南的苗练和捻军,给直隶京畿地带建立安全屏障。心气很高的僧格林沁怎么也没有想到,他和历经百战的满蒙骑兵会被捻军全歼于山东菏泽高楼寨。自此清王室不再有可战嫡系部队,已再无可能清除地方武装,现在就军事而言皇室成员手上已没有任何可出的牌子,一切都得由一等毅勇侯曾国藩、一等肃毅伯李鸿章说了算。

浩浩汤汤风云激荡的团练运动结束于1868年。这年5月李鸿章发动剿捻总决战,动员运河沧州段沿岸团练修筑长墙,许诺对有功团绅团勇赏加功牌免去税赋。参加此次战役的都是弱团小团,团勇们卷起裤腿去做挑夫和泥水匠,在运河边垒起高陡的泥墙,这些令人生畏的长墙摧毁了捻军的意志,使他们在淮军陆营和水师的炮火中溃散毁灭。这是帝国团练的最后一击,他们听从淮军领袖的指挥集结成群,为获取荣誉减免粮赋而战。

大规模团练运动结束后的城镇和乡,依然存在小规模团练,这些武装局限于一城一乡,用来维持社会治安。西方诸国与近邻日本入侵大清藩属国时，地方团勇会出现在江口海岸关隘炮台。1884年中法交战，孙锵鸣门生李鸿章麾下淮军在越南北部与法军交战，孙锵鸣侄子孙诒让应座师两广总督张之洞动员，在浙江瑞安与里人筹办团防。1894年甲午战争爆发，因中国痛失朝贡国琉球，孙诒让父亲、太仆寺卿孙衣言含恨辞世。在籍刑部主事孙诒让被地方士绅公推为瑞安筹防局总董，为防堵法军购置军火"修城办团"。① 父辈们在籍办团的事弹指间已过去四十多年，国家一旦有事挺身而出筹钱办团的风气依然还在。一旦帝国处于危机之中，皇室依然会记得利用团练，任命团练大臣在籍办团的法宝也被重新祭出，1884年中法战争，闽籍山西布政使林寿图被任命为福建团练大臣；1894年至1895年中日战争，兵部左侍郎王文锦回籍任天津团练大臣、翰林院侍读王懿荣回籍任山东登州团练大臣、太仆寺卿林维源回籍任台湾团练大臣。1900年八国联军攻陷天津大沽口炮台，清廷宣战，宫中任工部右侍郎李端遇、国子监祭酒王懿荣为京师团练大臣，任吉林副都统成勋、伯都讷副都统嵩昆为吉林督办义和团团练大臣。1911年帝国大厦将倾，宫中谕令浙籍缙绅汤寿潜办理浙江团练，农工商部右丞袁克定回籍办理河南团练，提学使柯劭忞、御史王宝田回籍办理山东团练。就大清帝国而言一切都已无可挽救，就大清团练而言亦不过回光返照，无可奈何花落去，旧模式跟不上新情势。

  1905年的中国西学东渐风尚趋新，1894年被地方士绅公推为瑞安筹防局总董的孙诒让，十一年后再次被地方士绅公推为温处学务分处总理，主持温州、处州两府教育。温处学务分处名义上为官绅合办，实际由地方士绅控制，行事范畴溢出地方教育，设调查部、编检部、文牍部、管理部、评议部等，各部负责人为有功名的科场中人，亦有旅日归国留学生，地方知识精英全在其中。在地方官看来这又是绅权扩张，缙绅孙诒让被地方官府认定为麻烦制造者，孙氏筹款营造温州师范学堂、提议"地丁钱粮带征""改红封为柜

---

① （清）孙诒让：《甲午瑞安防办条议》，《籀庼遗文》，第314页。

完"筹集办学经费，府县主官一概不允肆意打压。① 孙诒让办学三年，筹集教育经费近五十万元，创建新式学校近三百所，1908年6月孙氏病逝，浙江巡抚冯如骙当即下令裁撤温处学务分处，其手段与内战时期为抑制地方绅权动辄解散团练如出一辙。

湘军名将彭玉麟岳父俞樾是孙诒让的忘年交，曾撰联句寄给孙诒让："到老不离文字事，所居合在山水间。"1907年年初，86岁的俞樾在苏州辞世，孙诒让写长联挽之："一代硕师，名当在嘉定、高邮而上，方冀耄期集庆，齐算乔松，何因梦兆嗟蛇，读两平议遗书，朴学销沉同堕泪；卅年私淑，愧未列赵商、张逸之班，况复父执凋零，半悲宿草，今又神归化鹤，检三大忧手墨，余生孤露更吞声。"② 挽联中"朴学销沉同堕泪"一句，可谓写尽晚清儒学大师苍凉孤寂的心境，西学东渐人心思动，曾经辉煌的乾嘉之学将被历史之笔无情勾销，朴学销沉之时俞樾也在变化，他在留给子孙的遗言中写道："吾家自南庄公以来，世守儒业，然至今日，国家既崇尚西学，则我子孙读书之外，自宜习西人语言文字，苟有能精通声、光、化、电之学者，亦佳子弟也。"③ 这就是明智开通了，孙诒让则走得更远些，光绪元年做了四个月刑部主事便"乞假出都"，光绪二十七年"京师大学堂聘先生任经学教习，辞不就"，光绪三十一年"京师大学堂复聘先生任经总教习，再辞不就"。④ 他是决意久居天远地偏的水云间了，留在这里只能做受官府挤压的士绅，做压不垮煮不烂的铜豌豆。

"官绅新旧之间，凿枘不相入"，此话出自孙诒让之口，唯有对官绅博弈感触至深者才会有这样的体会。官绅之间凿枘不相入，官绅之争贯穿晚清团练史，官权主张者是为巩固皇权统治，绅权主张者则争取地方自治空间，湘

---

① （清）孙诒让：《改红封为柜完以其羡余充学款议》，《籀顾遗文》，第581页。
② （清）孙诒让：《挽俞曲园年丈》，同上书，第523页。
③ 胡小远、陈小萍：《蝉蜕——晚清大变局中的经学家》，北京大学出版社2018年版，第355页。
④ 张宪文：《孙仲容先生年谱简编》，（清）孙诒让：《孙诒让遗文辑存》，浙江人民出版社1990年版。

淮军政集团兼顾两头，成为团练运动的最大受益方。湘淮系督抚道府既是皇权在地方的延伸，又是地方主义政治实体。新旧之间凿枘不相入，"新"指新派士绅，"旧"谓守旧官员，新派士绅倡导维新运动，参与立宪运动，触及守旧者切身利益，撬动清帝国政权根基，官绅博弈的性质与团练运动时期不同，已然发生质的变化。就历史发展而言，官绅双方的利益诉求不同，前者维持捍卫旧事务旧传统，后者尽管成员纷杂大致上却有着追求某种变革的意愿，他们于固化的传统社会中发出异质声音，拓宽自身所处的逼仄空间，尝试抵抗任性独大的官僚体系，充满理想地希冀获得平等的权利，去约束上层集团的权力。清末的士绅阶层充满渴望，他们以为愿景可以轻易实现，他们忘记了自己从来没有手握过像样的武器，与团练运动中全副武装的士绅全然不同，他们推开一扇沉重的窗口，书房里的残烛带着些许霉味，在扑面而来的亮光中摇曳不止。微弱的烛火终究也是光呀，光不灭！

事物总是不断地发生变化，任何力量都难以遏制。晚清团练是变化着的，团练运动硕果仅存的湘淮军也是变化着的。这是一支难以归类的武装部队，既是地方督抚私军又是国家雇佣军，既是地域性武装又是清帝国国防主力军。湘淮集团是分化着的，中高层军官拥有帝国职官编制，底层军人战时出征战后裁撤从来不知义务兵役制为何物，他们从始至终都是地方民兵和雇佣兵，而不是国家建制军成员。在19世纪80年代初期的裁撤团练运动中，为保留好不容易创建的湘军水师，曾国藩奏准宫中使其转为建制军，称谓亦从湘军水师改为内江水师，官兵构成仍是清一色湖南人。这样的情状直到左宗棠创办福州船政局时才有改变，湖南远离海洋，湘人对海军没有感觉，由此不得不招收闽粤幼童为船政学堂学生，经过外教授业，去过欧美留学，成为湘系福建船政水师军官。列强将清帝国拉入万国竞争格局，洋务运动领袖李鸿章为海防创建北洋舰队，因现实如此不得不推倒地域界碑籍贯藩篱，其淮系北洋水师官兵不再是安徽子弟，而是外语流利熟谙航海的闽粤籍青年。这是了不得的做法，而推开地域界碑第一人居然是曾国藩，这位用宗法制与血缘关系紧紧绑牢湘勇乃至湘军的在籍办团者，和容闳、李鸿章一起最早将中国幼童送往大洋彼岸的美国留学。

只是耕读文化对办团者影响实在太深，蓝色海水可以洗涤他们的皮肤却不能楔入灵魂，湘淮军制造国产舰船求购西方舰船，却终难将其打造成现代舰队，淮系北洋舰队、湘系南洋舰队的主官必须出自湘淮，他们与毕业于海军院校的闽粤职业军官各说各话难以对接，以至于拥有当时亚洲最先进战舰的北洋水师、南洋水师葬身海底，这就是团练胎记的作用了，农耕社会难以支撑湘淮海军，他们与大航海时代无缘。

晚清团练是中国近代史的重要组成部分，清帝国末期政治、军事、外交、经济等均因团练运动发生巨大变化。团练运动结束后的中国，面临的局势更为复杂严峻，尤其是明治时代的日本迅速崛起，琉球列岛、朝鲜半岛、台湾本岛、关外领土均面临日军挑战，沙俄也加快扩张步伐，俄军东进占领伊犁，北下逼近辽东，新疆则被来自中亚的阿古柏武装占领，清帝国能依靠的国防力量是湘淮军，从内战走来的湘淮将领和雇佣兵，推着炮握着枪再次走上战场，用他们的身躯去筑帝国长城。这是一群为帝国续命的人，也是帝国的掘墓者，他们孕育于团练运动，在历史必然中去演命定角色。

2024 年 3 月完稿于宝石山下卧桂斋

参考文献书目

A 政书、文集

（清）奕䜣主编，朱学勤等编纂：《钦定剿平捻匪方略》，同治十一年刊本。

（清）唐训方：《唐中丞遗集》，清光绪十七年刻本。

（清）徐宗亮：《归庐谭往录》，清光绪十七年刻本。

（清）王安定：《求阙斋弟子记》，光绪二十年刊本。

（清）盛康编《皇朝经世文续编》，光绪二十三年思补楼刊本。

（清）翁同书：《翁氏家书》，北京图书馆善本部藏。

（清）刘蓉：《养晦堂文集》，中国史学会编《中国近代史资料丛刊·捻军》，1953年。

（清）张瑞墀：《两淮戡乱记》，《中国近代史资料丛刊捻军》，1953年。

（清）刘体智：《异辞录》，《捻军资料别集》，上海人民出版社，1958年。

（清）梁廷枏：《夷氛闻记》，中华书局，1959年。

（清）王延熙、王树敏辑：《皇朝道咸同光奏议》，台北商务印书馆，1960年。

广西通志馆编《忠王李自成自述》，广西人民出版社，1961年。

（清）文庆等纂修，齐思和等整理：《筹办夷务始末（道光朝）》，中华书局，1964年。

（清）林则徐：《林则徐集》，中华书局编辑部编，中华书局，1965年。

赵尔巽主编，柯劭忞等编修：《清史稿》，中华书局，1977年。

（清）贾桢等纂修：《筹办夷务始末（咸丰朝）》，中华书局，1979年。

（清）张集馨：《道咸宦海见闻录》，中华书局，1981年。

（清）郭嵩焘：《郭嵩焘日记》，湖南人民出版社，1981年。

（清）魏源：《魏源集》，中华书局编辑部编，中华书局，1883年。

《清实录》，中华书局，1986—1987年。

《清史列传》，王钟翰点校，中华书局，1987年。

（清）汪辟疆：《汪辟疆文集》，汪千帆编，上海古籍出版社，1988年。

（清）夏燮：《中西纪事》，岳麓书社，1988年。

（清）孙诒让：《孙诒让遗文辑存》，张宪文缉，浙江人民出版社，1990年。

刘锦藻：《清朝续文献通考》，浙江古籍出版社，2000年。

（清）薛福成：《庸庵笔记》，凤凰出版社，2000年。

（清）孙锵鸣：《孙锵鸣集》，胡珠生编注，上海社会科学出版社，2003年。

（清）王定安：《湘军记》，岳麓书社，2008年。

（清）胡林翼：《胡林翼集》，胡渐逵、胡遂、邓立勋点校，岳麓书社，2008年。

（清）李鸿章：《李鸿章全集》，安徽教育出版社，顾廷龙、戴逸编，2008年。

（清）夏燮：《粤氛纪事》，中华书局，2008年。

（清）左宗棠：《左宗棠全集》，岳麓书社，2009年。

（清）冯氏：《花溪日记》，中华书局，2013年。

（清）江忠源、王鑫：《江忠源集／王鑫集》，谭伯牛校点，岳麓书社，2013年。

（清）孙诒让：《籀庼遗文》，徐和雍、周立人辑校，中华书局，2013年。

（清）赵之谦：《章安杂说》，《赵之谦集》，浙江古籍出版社，2015年。

（清）容闳：《西学东渐记》，岳麓书社，2015年。

（清）姚莹：《姚莹卷（中国近代思想家文库）》，施立业编，中国人民大学出版社，2015年。

（清）孙衣言：《孙衣言集》，刘雪平点校，浙江古籍出版社，2017年。

（清）王闿运：《湘军志》，朝华出版社，2018年。

（清）曾国藩：《曾国藩全集》，中华书局，2018年。

（清）刘坤一：《刘坤一集》，陈代湘点校，岳麓书社，2018年。

（清）张德坚：《贼情汇纂》，《太平天国史料汇编》，凤凰出版社，2018年。

（清）李滨：《中兴别记》，《太平天国史料汇编》，凤凰出版社，2018年。

（清）汪士铎：《汪梅翁乙丙日记》，《太平天国史料汇编》，凤凰出版社，2018年。

（清）王韬：《瓮牖余谈》，朝华出版社，2018年。

（清）黄体芳：《黄体芳集》，俞天舒编，潘德宝增订，中华书局，2018年。

（清）赵钧：《赵钧日记》，陈伟玲整理，中华书局，2018年。

（清）吴云：《两罍轩尺牍》，马玉梅校注，上海古籍出版社，2020年。

（清）赵烈文：《赵烈文日记》，中华书局，2020年。

B 方志

（清）魏笃修，王俊臣纂：《浔州府志》。

（清）都宠锡、李道章等修纂：《颍上县志》。

（清）黄云、林之望等修纂：《续修庐州府志》。

（清）吴坤修、何绍基等修纂：《重修安徽通志》。

（清）周家齐等修纂：《高唐州志》。

（清）李垒等修纂：《金乡县志略》。

（清）刘文煃等修纂：《寿张县志》。

（清）毕炳炎等修纂：《郓城县志》。

（清）齐伍德、黄楷盛等修纂：《湘乡县志》。

（清）郑荣、桂坫、何炳坤修纂：《续修南海县志》。

（清）张宝琳、黄㮾、戴咸弼、孙诒让等修纂：《永嘉县志》。

（清）何庆钊、丁逊之、吴振声修纂：《宿州志》。

（清）曾道唯、葛荫南、孙恩诒、孙家鼐等修纂：《寿州志》。

（清）李师沆、葛荫南等修纂：《凤台县志》。

（清）石成之、杨雨霖等编纂：《涡阳县志》。

张自清等修纂：《临清县志》。

周自齐等督修，李经野总纂：《单县志》。

郁濬生督修，毕鸿宾、黄维准纂：《续修巨野县志》。

杨霁峰等修纂：《增修阳谷县志》。

安徽通志馆编《安徽通志稿》。

项葆祯、孙延畛、宋慈抱、洪彦远、俞熙甡等修纂：《瑞安县志稿》。

符璋、刘绍宽纂：《平阳县志》。

黄佩兰、王佩箴等修纂：《涡阳县志》。

汪篪、于振江、黄与绶修纂：《重修蒙城县志》。

金天翮编撰：《皖志列传稿》。

C 资料汇编

（清）丁振铎编《项城袁氏家集》，宣统三年清芬阁铅印本。

中国史学会主编《中国近代史资料丛刊·鸦片战争》，神州国光社，1954年。

聂崇岐编《捻军资料别集》，上海人民出版社，1958年。

中国社会科学院上海历史研究所筹备委员会编《上海小刀会起义史料汇编》，上海人民出版社，1958年。

中国史学会济南分会编《山东近代史资料选集》，山东人民出版社，1959年。

中国史学会济南分会、山东省历史学会编《山东近代史资料》，山东人民出版社，1961年。

太平天国历史博物馆编《太平天国史料丛编简辑》，中华书局，1961年。

姚贤镐编《中国近代对外贸易史料》，中华书局，1962年。

姚贤镐编《中国近代对外贸易史料》，中华书局，1962年。

沈云龙主编《近代中国史料丛刊》，台北文海出版社，1966年。

"中央研究院"近代史研究所编《四国新档》,"中央研究院"近代史研究所,1966年。

[德] 马克思、恩格斯:《马克思恩格斯选集》,中共中央马克思恩格斯列宁斯大林著作编译局编译,人民出版社,1972年。

杨家骆主编《太平天国文献汇编》,鼎文书局,1973年。

广东省文史研究馆编《三元里人民抗英斗争史料》,中华书局,1978年。

太平天国历史博物馆编《太平天国文书汇编》,中华书局,1979年。

《太平天国印书》,江苏人民出版社,1979年。

(清)何桂清、黄宗汉、王有龄等:《何桂清等书札》,江苏人民出版社,1981年。

罗尔纲编《吴煦档案选编》,江苏人民出版社,1983年。

龚书铎、方攸翰主编《中国近代史学习手册》,北京大学出版社,1985年。

陈显泗主编《中外战争战役大辞典》,湖南出版社,1992年。

中国第一历史档案馆编《清政府镇压太平天国档案史料》,社会科学文献出版社,1992年。

胡滨译:《英国档案有关鸦片战争资料选译》,中华书局,1993年。

中国近代史资料丛刊编委会编《中国近代史资料丛刊:太平天国》,上海人民出版社、上海书店出版社,2000年。

熊武一、周家法主编《军事大辞典》,长城出版社,2000年。

马允伦编《太平天国时期温州史料汇编》,上海社会科学院出版社,2002年。

罗尔纲、王庆成主编《中国近代史资料丛刊续编:太平天国》,广西师范大学出版社,2004年。

[美] 卫斐列:《卫三畏生平及书信集》,顾均、江莉译,广西师范大学出版社,2004年。

罗尔纲、王庆成主编《太平天国》,广西师范大学出版社,2004年。

俞光编《温州古代经济史料汇编》,上海社会科学院出版社,2005年。

万里主编《湖湘文化大辞典》,湖南人民出版社,2006年。

严中平等编《中国近代经济史统计资料选辑》,中国社会科学出版社,2012年。

郭卫东编《中外旧约章补编(清朝)》,中华书局,2018年。

[琉球]郑学楷、阮宣诏、向克秀、东国兴：《琉球诗录》，（清）孙衣言评点，福建省图书馆藏。

[琉球]东兴国：《东兴国诗集》，日本东琉球大学图书馆藏。

D 出版著作

闻天钧：《中国保甲制度》，商务印书馆，1935 年。

谢兴尧：《太平天国前后广西的反清运动》，生活·读书·新知三联书店，1950 年。

广东省文史研究馆近代史研究会三元里人民抗英史料研究组编《广东人民在三元里抗英斗争简史》，广东文史研究馆，1955 年。

[英]呤唎：《太平天国革命亲历记》，王维舟译，中华书局，1961 年。

简又文：《太平天国全史》，猛进书屋，1962 年。

中国史学会主编《第二次鸦片战争》，上海人民出版社，1979 年。

翦伯赞主编《中国史纲要》，人民出版社，1979 年。

沈渭滨：《洪仁玕》，上海人民出版社，1982 年。

罗尔纲：《湘军兵志》，中华书局，1984 年。

茅家琦：《太平天国对外关系史》，人民出版社，1984 年。

军事科学院编写组编《中国近代战争史》，军事科学出版社，1984 年。

荒芜：《纸壁斋说诗》，生活·读书·新知三联书店，1985 年。

[美]费正清主编《剑桥中国晚清史》，中国社会科学院历史研究所编译室译，中国社会科学出版社，1985 年。

王庆成：《太平天国的历史与思想》，中华书局，1985 年。

[美]孔飞力：《中华帝国晚期的叛乱及其敌人——1796—1864 年的军事化与社会结构》，谢亮生、杨品泉、谢思炜译，中国社会科学出版社，1990 年。

马西沙、韩秉方：《中国民间宗教史》，上海人民出版社，1991 年。

罗尔纲：《太平天国史》，中华书局，1991 年。

李侃、李时岳、李德征、杨策、龚书铎：《中国近代史》，中华书局，1994 年。

朱东安：《曾国藩幕府研究》，四川人民出版社，1994年。

黄仁宇：《万历十五年》，生活·读书·新知三联书店，1997年。

杨国强：《百年嬗变：中国近代的士与社会》，上海三联书店，1997年。

王先明：《近代绅士：一个封建阶级的历史命运》，天津人民出版社，1997年。

池子华：《晚清枭雄苗沛霖》，安徽人民出版社，1999年。

蒋廷黻：《中国近代史》，上海古籍出版社，1999年。

葛剑雄、侯杨方、张根福：《人口与中国的现代化（1851年以来）》，学林出版社，1999年。

[美] 亨特：《旧中国杂记》，沈正邦译，广东人民出版社，2000年。

张宏杰：《曾国藩的经济课》，上海三联书店，2020年。

梁启超：《李鸿章传》，百花文艺出版社，2000年。

朱东安：《曾国藩传》，百花文艺出版社，2001年。

郭豫明：《捻军史》，上海人民出版社，2001年。

[美] 徐中约：《中国近代史》，计秋枫等译，香港中文大学出版社，2001年。

崔之清：《太平天国战争全史》，南京大学出版社，2002年。

张研、牛贯杰：《19世纪中期中国双重统治格局的演变》，中国人民大学出版社，2002年。

[美] K. E. 福尔索姆：《朋友·客人·同事：晚清的幕府制度》，刘悦斌、刘兰芝译，刘存宽校，中国社会科学出版社，2002年。

钱仲联编《清诗纪事》，凤凰出版社，2003。

王宏斌：《晚清海防：思想与制度研究》，商务印书馆，2005年。

谢世诚：《李鸿章评传》，南京大学出版社，2006年。

[美] 马士：《中华帝国对外关系史》，张汇文译，上海书店出版社，2006年。

宋钻友：《广东人在上海（1843—1949）》，上海人民出版社，2007年。

中国社会科学院近代史研究所政治史研究室、苏州大学社会学院编《晚清国家与社会》，社会科学文献出版社，2007年。

李志茗：《湘军：成就书生勋业的"民兵"》，上海古籍出版社，2007年。

雷颐：《李鸿章与晚清四十年》，山西人民出版社，2008 年。

龚咏梅：《孔飞力中国学研究》，上海辞书出版社，2008 年。

[德] 贡德·弗兰克：《白银资本：重视经济全球化中的东方》，刘北成译，中央编译出版社，2008 年。

[美] 魏斐德：《中华帝制的衰落》，邓军译，黄山书社，2010 年。

[英] 斯坦利·莱恩-普尔、费雷德里克·维克多·狄更斯：《巴夏礼在中国》，金莹译，中西书局，2011 年。

[美] 史景迁：《太平天国》，朱庆葆、计秋枫、郑忠、蒋婕虹、李永刚译，广西师范大学出版社，2011 年。

[美] 孔飞力：《中国现代国家的起源》，陈兼、陈之宏译，生活·读书·新知三联书店，2013 年。

王盾：《湘军史》，岳麓书社，2014 年。

[日] 上田信：《讲谈社中国的历史·第 9 卷：海与帝国》，高莹莹译，广西师范大学出版社，2014 年。

[日] 菊池秀明：《讲谈社中国的历史·第 10 卷：末代王朝与近代中国》，马晓娟译，广西师范大学出版社，2014 年。

王开玺：《晚清政治史：数千年未有之变局》，东方出版社，2016 年。

[加] 卜正民主编，[美] 罗威廉著：《哈佛中国史·最后的中华帝国：大清》，李仁渊、张远译，中信出版社，2016。

刘铮云：《档案中的历史：清代政治与社会》，北京师范大学出版社，2017 年。

[美] 魏斐德：《大门口的陌生人：1839—1861 年间华南的社会动乱》，王小荷译，新星出版社，2017 年。

茅海建：《天朝的崩溃：鸦片战争再研究》，生活·读书·新知三联书店，2017 年。

李伯重：《火枪与账簿：早期经济全球化时代的中国与东亚世界》，生活·读书·新知三联书店，2017 年。

崔岷：《山东"团匪"：咸同年间的团练之乱与地方主义》，中央民族大学出版社，2018 年。

李志茗：《晚清幕府：变动社会中的非正式制度》，上海社会科学院出版社，2018 年。

胡小远、陈小萍：《蝉蜕——晚清大变局中的经学家》，北京大学出版社，2018 年。

刘晨：《萧朝贵与太平天国早期史》，社会科学文献出版社，2019 年。

[美] 斯文·贝克特：《棉花帝国》，徐轶杰、杨燕译，民主与建设出版社，2019 年。

王笛：《走进中国城市内部：从社会的最底层看历史》，北京大学出版社，2020 年。

[美] 詹姆斯·M. 波拉切克：《清朝内争与鸦片战争》，李雯译，中国人民大学出版社，2020 年。

[美] 梅尔清：《躁动的亡魂：太平天国战争的暴力、失序与死亡》，萧琪、蔡松颖译，郭劼审定，卫城出版社，2020 年。

刘大先：《八旗心象：旗人文学、情感与社会（1840—1949）》，社会科学文献出版社，2021 年。

瞿同祖：《清代地方政府》，范忠信、何鹏、晏锋译，新星出版社，2022 年。

E 刊物文章

张海林：《第二次鸦片战争中清政府"辑民攘夷"政策述论》，《苏州大学学报·哲学社会科学版》1988 年第 2 期。

朱东安：《关于曾国藩的幕府与幕僚》，《近代史研究》1991 年第 5 期。

贾熟村：《清政府在太平天国苏浙地区的颠覆活动》，《浙江学刊》1992 年第 5 期。

中国第一历史档案馆编《道光三十年冬清军镇压广西会众史料》，《历史档案》1995 年第 3 期。

谢俊美：《翁同书、袁甲三与寿州绅练仇杀事件》，《安徽史学》1999 年第 1 期。

杨呈胜：《湘军军饷运用情况和特点考》，《扬州职业大学学报》1999 年第 3 期。

熊英：《论湘军饷源与湖南地方财政之关系》，《军事历史研究》2000 年第 1 期。

程红编《〈曾国荃致李鸿章函〉探析》，《学术界》2003 年 10 月第 5 期。

张研、牛贯杰：《试论团练大臣与双重统治格局》，《安徽史学》2004 年第 1 期。

谢俊美：《上海小刀会起义再认识》，《历史教学问题》2004 年第 2 期。

贾熟村：《太平天国时期的粤勇》，《广西师范大学学报（哲学社会科学版）》2006 年第 2 期。

罗士杰:《地方宗教传统与"去中心化"的地方政治:重探温州金钱会事件(1850—1862)》,《"中央研究院"近代史研究所集刊》第 75 期(2011)。

杨国安:《"从贼"与"反贼":变乱格局下地方绅民的反应及其关系网络——以咸丰年间太平军挺进两湖之际为中心的考察》,《江汉论坛》2012 年第 9 期。

闻海娇:《太平军在桂林战役中失败的原因浅析》,《文史博览》2014 年第 3 期。

崔岷:《咸丰初年清廷委任"团练大臣"考》,《历史研究》2014 年第 6 期。

张超:《第二次鸦片战争期间广东团练总局的创设及活动》,《五邑大学学报(社会科学版)》2014 年第 3 期。

侯俊丹:《侠气与民情——19 世纪中叶地方军事化演变中的社会转型》,《社会》2014 年第 3 期。

黎瑛:《国家—社会视阈下的会党——以道光末年的广西为例(1847—1851),《史志学刊》2015 年第 2 期。

崔岷:《倚重与警惕:1843 年的团练"防夷"之议与清廷决策》,《史学月刊》2018 年第 11 期。

尤育号:《清末温州士绅与地方教育转型考察》,《中国地方志》2019 年第 1 期。

徐悦东:《近百年中国瘟疫史上,防疫是如何制度化和行政化的》,《新京报》2020 年 1 月 31 日。

夏春涛:《太平天国再评价——金田起义 170 周年之反思》,《中国社会科学》2021 年第 7 期。

后　记

　　《大清团练》写于《蝉蜕——晚清大变局中的经学家》之后,是前书的延续和深入。《蝉蜕》为晚清知识群体存影写照,叙述这个民族中最优秀的一部分人,在古典情怀与近代转型的夹缝间艰难突围,在当时充斥暴力的全球化浪潮中走出自身语境,选择性接受部分现代文明。

　　《蝉蜕》采用虚实并进的方法,正文中收录适量引文,注释及插图占全书三分之一篇幅,将文学手段、学术方法和视觉艺术融合起来,形成完整的文本意义。在巴黎时,去过蓬皮杜国家艺术文化中心,这座高技派产物用工业材料强势宣示现代主义,任意暴露内部管道,将其外置于建筑立面,与建筑主体合为整体,直观犹如炼油厂,细察则坦率开诚,所有建筑元素被和盘托出,使观者体会什么叫作本真。令人想到,历史写作也应该是本真的。

　　《大清团练》的写作方式与《蝉蜕》差别明显,不再采取虚构方式,文学手段竭力节制,仅用于搭建全书复杂架构,以区别规范性学术写作。北京大学出版社编辑闵艳芸继担任《蝉蜕》责编之后,再度成为《大清团练》的催生者,对初稿提出严谨详尽的修改意见,期待现有史料能支撑这样的结构:即"个人的人生故事和他们所处的时代、历史叙述和文学想象相交织,大历史和微观史交融"。对晚清团练现象作整体性的考量,是著者和编者的共识,在本书中湘淮地方武装无疑是阐述重点,对更广泛区域不同类型的团练亦留足篇幅。以编年体为主轴,时空交错展现不同文明交织、地缘政治冲突、阶层斗争剧烈的动荡历史,尤其关切个体生命在英雄史诗与历史暴虐中绵密交会,微观生命的哀痛与大历史悲壮交会,这是编者和著者的共同期许。致谢不吝付出心血和时间合力完成这项工作的闵艳芸老师!

还要感谢我的夫人陈小萍,写作本书的参考资料和书籍都嘱她借来或购到,确定选材内容、文本形式亦与她多次讨论,烦琐家务她承担更多。还要致谢家庭成员亦冰、语霏,三年疫情我们一起在上海度过,难忘经历中有她们的坚强和乐观。语霏戴上口罩还要不断说话,伴随着雨丝一般绵密的稚嫩童音,触摁键盘慢慢码出书稿,这样的过程令人难忘。